新闻与传播学译丛·国外经典教材系列

传播学

Comm

鲁道夫·F·韦尔德伯尔 (Rudolph F. Verderber)
[美] 凯瑟琳·S·韦尔德伯尔 (Kathleen S. Verderber) 著
迪安娜·D·塞尔诺 (Deanna D. Sellnow)

周黎明 译

中国人民大学出版社
·北京·

“新闻与传播学译丛·国外经典教材系列”
出版说明

“新闻与传播学译丛·国外经典教材系列”丛书，精选了欧美著名的新闻传播学院长期使用的经典教材，其中大部分教材都经过多次修订、再版，不断更新，滋养了几代学人，影响极大。因此，本套丛书最大限度地体现了现代新闻与传播学教育的权威性、全面性、时代性以及前沿性。

在我们生活于其中的这个“地球村”，信息传播技术飞速发展，日新月异，传媒在人们的社会生活中已经并将继续占据极其重要的地位。中国新闻与传播业在技术层面上用极短的时间走完了西方几近成熟的新闻传播界上百年走过的路程。然而，中国的新闻与传播学教育和研究仍然存在诸多盲点。要建立世界一流的大学，不仅在硬件上与国际接轨，而且在软件、教育上与国际接轨，已成为我们迫切的时代任务。

有鉴于此，本套丛书书目与我国新闻传播学专业所开设的必修课、选修课相配套，特别适合新闻与传播学专业教学使用。如传播学引进了《大众传播效果研究的里程碑》，新闻采访学引进了《创造性的采访》、《全能记者必备》，编辑学引进了《编辑的艺术》等等。

本套丛书最大的特点就是具有极强的可操作性，不仅具备逻辑严密、深入浅出的理论表述、论证，还列举了大量案例、图片、图表，对理论的学习和实践的指导非常详尽、具体、可行。其中多数教材还在章后附有关键词、思考题、练习题、相关参考资料等，便于读者的巩固和提高。因此，本丛书也适用于新闻从业人员的培训和进修。

需要说明的是，丛书在翻译的过程中提及的原版图书中的教学光盘、教学网站等辅助资料由于版权等原因，在翻译版中无法向读者提供，敬请读者谅解。

为了满足广大新闻与传播学师生阅读原汁原味的国外经典教材的迫切愿望，中国人民大学出版社还选取了丛书中最重要和最常用的几种做双语教材，收入“高等院校双语教材·新闻传播学系列”中，读者可以相互对照阅读，相信收获会更多。

中国人民大学出版社

目 录

第一部分　传播基础

第 1 章　传播视角 / 3

学习目标 1　传播过程 / 4
学习目标 2　传播功能和传播背景 / 7
学习目标 3　传播原则 / 10
学习目标 4　提高我们的传播能力 / 13

第 2 章　自我知觉和他人知觉 / 17

学习目标 1　知觉过程 / 17
学习目标 2　自我知觉:自我概念和自尊 / 19
学习目标 3　他人知觉 / 24
学习目标 4　讯息知觉 / 27

第 3 章　语言传播 / 31

学习目标 1　语言的性质和使用 / 31
学习目标 2　提高语言技能 / 36
学习目标 3　适当地讲话 / 40

第 4 章　通过非语言行为进行传播 / 45

学习目标 1　非语言行为的特征 / 46
学习目标 2　非语言传播的来源 / 46
学习目标 3　自我表现暗示 / 51
学习目标 4　非语言传播的文化和性别变化 / 53
学习目标 5　提高非语言传播的指导方针 / 54

第二部分 人际传播

第5章 跨文化传播 / 59

学习目标1 文化和传播 / 59
学习目标2 识别文化规范和价值标准 / 63
学习目标3 有效跨文化传播的障碍 / 67
学习目标4 跨文化传播能力 / 70

第6章 关系传播 / 74

学习目标1 关系类型 / 74
学习目标2 关系的披露和反馈比例 / 77
学习目标3 关系发展阶段的传播 / 79

第7章 倾听和反应 / 84

学习目标1 注意 / 85
学习目标2 理解 / 86
学习目标3 记忆:保持信息 / 88
学习目标4 评价或批评地分析 / 90
学习目标5 对给予安慰做出支持反应 / 91

第8章 在关系中发展亲密性:自我披露、反馈及冲突解决方案 / 96

学习目标1 自我披露和隐私 / 97
学习目标2 披露感受 / 99
学习目标3 给出个人反馈 / 101
学习目标4 自主性 / 104
学习目标5 管理关系冲突 / 106

第9章 访谈 / 109

学习目标1 访谈使用的问题 / 109
学习目标2 信息访谈 / 111
学习目标3 实施工作面试 / 113
学习目标4 为获得工作进行面试 / 114
学习目标5 媒体采访 / 119

第三部分 群体传播

第 10 章 参与群体传播 / 123
学习目标 1 有效工作群体的特征 / 123
学习目标 2 群体发展的阶段 / 129
学习目标 3 群体问题解决方案 / 132
第 11 章 群体中的成员角色和领导力 / 138
学习目标 1 成员角色 / 138
学习目标 2 群体会议中的成员职责 / 141
学习目标 3 领导力 / 143
学习目标 4 主持群体会议 / 146
学习目标 5 评价群体的有效性 / 149
总结 / 153

第四部分 演讲

第 12 章 发展话题和进行研究 / 157
学习目标 1 识别话题 / 158
学习目标 2 分析受众 / 159
学习目标 3 分析讲话背景 / 161
学习目标 4 选择话题 / 162
学习目标 5 写出讲话目标 / 163
学习目标 6 确定和评价信息来源 / 165
学习目标 7 识别和选择相关信息 / 168
学习目标 8 记录信息 / 170
第 13 章 组织讲话 / 174
学习目标 1 发展讲话的主体 / 175
学习目标 2 创建导语 / 181
学习目标 3 准备结论 / 185
学习目标 4 列出资料来源 / 186
学习目标 5 审视讲话提纲 / 187

第 14 章 语言适应和视觉适应 / 191

学习目标 1 在语言上适应受众 / 191
学习目标 2 在视觉上适应受众 / 198

第 15 章 通过练习讲话方式来克服讲话焦虑 / 210

学习目标 1 演讲焦虑 / 211
学习目标 2 讲话方式的要素 / 214
学习目标 3 讲话方式 / 217
学习目标 4 讲话方式的类型 / 220
学习目标 5 排练 / 221
学习目标 6 评价讲话的标准 / 225

第 16 章 解说性演讲 / 231

学习目标 1 有效的解说性演讲的特征 / 231
学习目标 2 解说性方法 / 235
学习目标 3 解说性演讲的常见类型 / 238

第 17 章 劝说性演讲 / 249

学习目标 1 人们如何处理劝说性讯息:劝说详尽可能性模型 / 249
学习目标 2 将劝说性演讲目标写成主张 / 251
学习目标 3 通过情感诉求提高受众参与 / 256
学习目标 4 劝说性演讲的组织模式 / 260

章节练习

第 1 章 传播视角 / 270
第 2 章 自我知觉和他人知觉 / 273
第 3 章 语言传播 / 276
第 4 章 通过非语言行为进行传播 / 278
第 5 章 跨文化传播 / 281
第 6 章 关系传播 / 284
第 7 章 倾听和反应 / 286
第 8 章 在关系中发展亲密性:自我披露、反馈及冲突解决方案 / 289
第 9 章 访 谈 / 292
第 10 章 参与群体传播 / 295
第 11 章 群体中的成员角色和领导力 / 298

第 12 章 发展话题和进行研究 / 301
第 13 章 组织讲话 / 306
第 14 章 语言适应和视觉适应 / 308
第 15 章 通过练习讲话方式来克服讲话焦虑 / 311
第 16 章 解说性演讲 / 314
第 17 章 劝说性演讲 / 316

索引 / 319
参考文献 / 331
译后记 / 335

第一部分

传播基础

学习目标

1. 界定传播过程。

2. 讨论传播功能和传播背景。

3. 识别传播原则。

4. 探索如何提高传播能力。

第1章

传播视角

3 雇主从大学毕业生身上寻求的第一项技能就是传播，包括讲话技能和写作技能。

多年研究得出的结论认为，对于几乎任何工作而言，雇主寻求的两项最重要的技能是口头传播能力和人际交往能力。即使在通常被认为不需要强大传播技能的领域里，雇主也在寻求这种能力。举例来说，一篇有关工作场所传播角色的文章认为，工程领域是一个高技术领域，在对该领域72%的雇主进行的调查表明，讲话技能非常重要。由美国全国大学和雇主协会（National Association of Colleges and Employers）所做的一项调查，指出了雇主从大学毕业生中寻求的前10项个人素质和技能，第一项技能就是传播，其中包括讲话技能和写作技能，第7项是人际交往技能。因此，这门课程能够显著地提高你找到一份工作的能力，并使你在选择职业生涯方面获得成功。

你与他人如何进行有效的传播，对你的职业生涯至关重要，它也是你全部个人关系的基础。建立和保持朋友关系的能力、成为一名优秀的家庭成员的能力、拥有满意的亲密关系的能力、参与或领导群体活动的能力以及准备和发表讲话的能力，均取决于你的传播技能。在学习这门课程的过程中，你将学习传播过程，同时，你将有机会练习基本的传播技能，这些技能能够有助于你改善各种关系。

你怎么认为

在分享我的想法时，我喜欢在一对一的基础上这么做。

强烈反对						强烈赞同
1	2	3	4	5	6	7

在第1章里，我们解释基本的传播过程，全面概述传播需要满足的功能，并探讨传播出现的各种背景。然后，我们介绍传播的主要原则。最后，我们讨论传播能力以及一个可以用于提高你的传播技能的过程。

学习目标 1　传播过程

传播（Communication）是在非正式会谈、群体互动或演讲中创设或分享意义的过程。为了理解这个过程是如何进行的，我们首先描述传播的基本要素：参与者（何人）、讯息（何事）、语境（何处）、信道（如何）、有无噪音（分散注意力的东西）和反馈（反应）。

4 参与者

参与者（Participants）是在某个相互作用过程中，承担讯息发送者和接收者角色的个人。作为发送者，参与者使用语言符号和非语言行为，形成并传送讯息。作为接收者，参与者解释传送给他们的讯息和行为。

讯息

讯息（Messages）是在传播过程中赋予意义的语言表达方式和非语言行为。为了理解讯息产生和接收的方式，我们需要理解意义、符号、编码、解码以及形式或组织。

意义

意义（Meanings）包括一个人头脑中的想法以及一个人对另一个人的讯息所做出的解释。意义是指传播者搞清讯息的方式。重要的是，要认识到意义并不是从一个人转移到另一个人，而是在交流过程中产生的。有些传播背景能够使参与者证实他们已经分享了意义，而在其他传播背景下，使参与者证实他们已经分享了意义则是比较困难的。举例来说，如果莎拉通过讯息的交流，向蒂芙妮描述她的猫又老又肥的话，她们就可以在一定程度上共同理解“年老”和“肥胖”的意义。但是，如果有 200 人在倾听莎拉发表有关猫的讲话，蒂芙妮是其中的一名受众，那么，她质疑莎拉并协商共同意义的能力就会受到限制。

符号

为了表达你自己的想法，你形成由语言符号和非语言行为组成的讯息。符号（Symbols）是试图表示具体想法和感受的词语、声音和行为。在讲话时，你选择文字符号来表达你的意义。同时，面部表情、目光接触、手势以及声调——所有符号的非语言暗示——伴随着你的话语，试图表达你的意义。作为一名倾听者，你要对听到的讯息做出解释或赋予其意义。

编码和解码

编码（Encoding）是将我们的想法和感受转换成词语或非语言暗示的过程。**解码**（Decoding）是解释另一个人的讯息的过程。通常，你不会有意识地考虑编码或解码过程。只有当遇到某种困难时，如以第二语言讲话或必须使用比较简单的词汇跟孩子们讲话，你才会意识到编码。你也许不会考虑解码，除非某个人看上去似乎在兜圈子或使用陌生的技术性词语讲话，而且，你解释或理解这个人所说的话有困难。

> **➢传播**
> 在非正式会谈、群体互动或演讲中创设或分享意义的过程。
> **➢参与者**
> 在某个相互作用过程中，承担发送者和接收者角色的个人。
> **➢讯息**
> 在传播过程中赋予意义的语言表达方式和非语言行为。
> **➢意义**
> 在我们头脑中的想法以及对他人的讯息所做出的解释。
> **➢符号**
> 一般被理解为表示具体想法和感受的词语、声音和行为。
> **➢编码**
> 将我们的想法和感受转换成词语或非语言暗示的过程。
> **➢解码**
> 解释另一个人的讯息的过程。

形式或组织

当我们希望分享的意义比较复杂时，我们也许就需要按部分或以一定的顺序对它进行组织。当一个人在没有被打扰的情况下，进行如演讲等相对长时间的讲话时，或在工作中向一个同事汇报某件事的时候，讯息形式便尤为重要。

语境

语境（Contexts）是传播发生的背景，包括人们说话的前后背景。语境影响参与者的预期、这些参与者得出的意义以及他们随后的行为。语境包括围绕传播事件的自然、社会、历史、心理、文化环境。

事实一点通——密码机

在第二次世界大战期间，密码机被德军用来传送编码讯息。一条讯息一旦被准备发送出去，德国情报人员就会使用密码机，将这条讯息进行编码，这样，不知道编码的人们就无法理解它。一旦这条讯息被发送出去，接收者就能够使用密码机，将这条讯息解码为最初的形式。

5 **自然语境**

自然语境（Physical Context）包括地理位置、环境条件（温度、照明、噪音水平）、传播者之间的距离、座位排列和时间。上述各个因素都能够对传播产生影响。举例来说，一次交谈分享的意义，也许会受到在一个拥挤的公司自助餐厅、一个雅致的烛光餐厅、通过电话或在互联网上进行交谈这些环境的影响。

社会语境

社会语境（Social Context）是已经存在于参与者之间的关系的性质。无论传播发生在家庭成员、朋友、熟人、同事之间，还是陌生人之间，都会对讯息形成、分享和解释的方式和程度产生影响。举例来说，与大多数人在同朋友交谈时相互作用的方式相比，他们在同父母或兄弟姐妹交谈时，相互作用的方式发生了改变。

历史语境

历史语境（Historical Context）是由以前的传播事件在参与者之间提供的背景，它影响着参与者对现在遇到的传播事件的理解。举例来说，假设在一天上午，查德告诉谢尔比，他将拿到他们留给老板圈阅的报告草稿。当谢尔比在那天下午走进办公室时，她看见查德并说道："你拿到它了吗？"另一个人听到他们的谈话，不会知道谢尔比所指的"它"是什么。可是，查德却可以准确地回答："在我桌上。"谢尔比和查德由于较早交流过这个话题而彼此理解。

心理语境

心理语境（Psychological Context）包括每个人带入人际交往中的语气和感受。假设科琳处于许多压力下，当她正在为一次考试学习时，一位朋友来访并恳求她休息一下，约她一起去健身房，平时有着很好性格的科琳也会勃然大怒，为什么？因为她所处的压力程度提供了这种心理语境，在这种心理语境下，她听到这个讯息，这种心理语境影响了她回答的方式。

文化语境

文化语境（Cultural Context）包括普遍存在于某个社会的人们中间的价值观、态度、信仰、倾向以及潜在的假设。

文化渗透到我们生活的各个方面，对我们的思考、交谈和行为方式产生影响。每个人都是一种或多种种族文化的组成部分，虽然我们也许在认同种族文化的程度方面存在着差异。当两个来自不同文化的人相互作用时，由

➤**语境**
传播发生的背景，包括人们说话的前后背景。

➤**自然语境**
传播事件的地理位置、环境条件（温度、照明、噪音水平）、传播者之间的距离、座位排列和时间。

➤**社会语境**
存在于参与者之间的关系的性质。

➤**历史语境**
以前的传播事件在参与者之间提供的背景，它会影响人们对现在遇到的传播事件的理解。

➤**心理语境**
每个人带到交谈中的语气和感受。

➤**文化语境**
普遍存在于某个社会的人们中间的价值观、态度、信仰、倾向以及潜在的假设。

于在他们之间存在着文化差异，因此误解就可能产生。例如，在某种亚洲文化中，学生的角色也许意味着非常文雅和恭敬，而在美国课堂上，学生的角色则可能意味着积极发言、过于自信，并针对别人的观点发生争论。

信道

信道（Channel）不仅是讯息传播的途径，也是传输的手段。讯息通过感官信道进行传送。面对面传播有两个基本的信道：语言符号和非语言暗示。在线传播使用与上述相同的信道，尽管一些像动作、触摸以及手势等非语言暗示也许看不到。然而，如面部表情、各种噪音和时间的使用等非语言信道的诸多方面，确实在在线传播中存在。 6

我们将在第 4 章“通过非语言行为进行传播”中更多地解释这些概念。

噪音

- **信道** 不仅是讯息传播的途径，也是传输的手段。
- **噪音** 妨碍分享意义过程的任何刺激。
- **自然噪音** 环境中的景象、声音和其他刺激物，吸引人们的注意力偏离预设的意义。
- **心理噪音** 基于对符号的想法、感受和情感反应的内部分散注意力的东西。
- **内部噪音** 争夺注意力并妨碍传播过程的想法和感受。
- **语义噪音** 由特定符号引起的注意力分散，使我们的注意力偏离主要讯息。
- **反馈** 对讯息做出的反应和回答。

噪音（Noise）是妨碍分享意义过程的任何刺激。噪音可以是自然噪音（基于外部声音），也可以是心理噪音（基于内部分散注意力的东西）。

自然噪音（Physical Noise）包括环境中的景象、声音和其他刺激物，吸引人们的注意力偏离预设的意义。举例来说，当一位朋友正在指导你如何操作新型 MP3 播放机时，你的注意力也许被你喜欢的电视剧的外部噪音分散，这部电视剧正在隔壁的房间里播放。然而，外部噪音却不一定有某种声音，也许在这个人指导你如何操作时，你的注意力瞬间被一个有吸引力的男子或女子所吸引，像这种视觉性的分散注意力的东西，同样是外部噪音。

心理噪音（Psychological Noise）包括基于对符号的想法、感受和情感反应的内部分散注意力的东西。心理噪音可以分为两类：内部噪音和语义噪音。

内部噪音（Internal Noises）是指争夺注意力并妨碍传播过程的想法和感受。如果你在课堂上听教授讲授课程时开小差，做起白日梦或想到一次过去的谈话，那么，你便经历了内部噪音。

语义噪音（Semantic Noises）是指由特定符号引起的注意力分散，使我们的注意力偏离主要的讯息。如果一位朋友将一个 40 岁的秘书描述为“办公室的女孩”，而你认为，对于一个 40 岁的女人来说，“女孩”是一个古怪的和施惠于人的词语，你甚至可能不去听朋友要说的其他的话。每当我们对某个词语或行为做出情感反应时，我们就在经历语义噪音。

反馈

反馈（Feedback）是指对讯息做出的反应和回答，表示是否以及怎样听到、看见和解释发送者的讯息。我们既可以通过词语在语言上表达反馈，又可以通过身体语言用非语言方式表达反馈。当我们倾听一个人讲话时，我们要不断地给出反馈。只要我们专心倾听，我们可以流露出一副迷惘的样子，也可表现出厌烦的迹象。我们可以通过说“我不理解你提出的观点”或者“你刚刚做出的评论太棒了”，进行非常直接的反馈。

传播过程的基本模式

图 1—1 说明了两个人之间的传播过程。这两个人打算分享他们脑海里的意义、想法或感受。他们的全部阅历，包括价值观、文化、环境、经历、职业、性别、兴趣、知识和态度等因素，产生、形成并影响着他们的想法或感受的性质。为了传播讯息，发送者就要将想法或感受编码为一条讯息，用一个或多个信道进行发送。

接收者解码或解释符号，试图理解讲话者的意图。这个解码过程受到接收者全部阅历的影响——也就是说，受到形成编码过程的全部相同因素的影响。反馈讯息完成编码过程，从而，发送者和接收者能够达到对讯息的相似的理解程度。

这个模式将语境描述成参与者周围的区域。自然、社会、心理和文化语境渗透到这个过程的各个组成部分。同样的，这个模式表明，在谈话过程中，自然和心理噪音，包括内部和语义噪音在内，可以出现在不同位置上，并因此影响人们分享类似意义的能力。正如你可能想象的那样，当两个以上的人进行交谈时，或某个人面对一个大量的和多样化的受众讲话时，这个编码过程就会变得更加复杂。 7

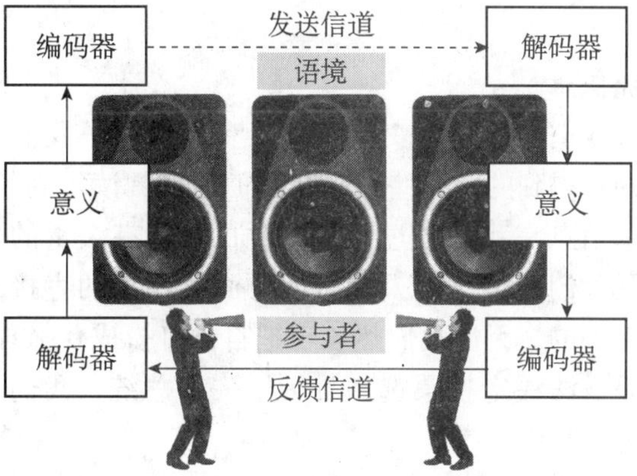

图 1—1　两个人之间的传播模式

学习目标 2　传播功能和传播背景

传播提供了诸多功能，并在各种背景下发生。当我们了解了传播的不同目的时，我们就可以做好准备，更好地理解传播情境的目标。当我们认识到背景如何影响这个过程时，我们就可以调整我们的行为，从而更加有效地进行传播。

传播功能

传播为我们提供了几种功能，包括社会功能、发展功能和影响功能。

满足社会需求

我们进行传播用以满足我们的社会需求。正像我们需要食物、水和住所一样，作为社会动物，我们也需要和他人联系。两个人可以愉快地交谈几个小时，闲聊无关紧要的、事后谁也记不住的事情，分手时，他们可能没有交流真正的信息，他们可能再也不见面了，但是，他们的传播却发挥了作用，以满足与他人简单交谈的重要需求。同样的，为了遵守社会规范，我们从别人旁边经过时，都要与他们打招呼。

发展和保持自我

我们通过传播发展和保持我们的自我意识。

通过相互作用，我们认识到我们是谁、我们擅长什么以及人们对我们的行为表现做出怎样的反应。我们在第2章“自我知觉和他人知觉”中，将详细探讨这一重要的传播功能。

发展关系

我们通过传播发展关系。我们不仅通过与别人进行沟通开始了解他们，而且，更重要的是，我们发展了与他们的关系——逐步发展并使关系密切，或者停滞并使关系恶化。我们在第6章“关系传播”中，将讨论传播如何创建和保持关系。

交流信息

我们通过传播交流信息。有些信息是我们通过观察得到的，有些信息是我们通过阅读得到的，有些信息是我们通过媒体得到的，还有大量的信息是我们通过与别人进行面对面或在线的直接传播得到的。无论我们热衷于把自己打扮成什么样，还是设法决定投票选举谁为下一届总统，我们所有人都无数次地进行与发送和接收信息直接有关的交流。我们在第10章“参与群体传播”和第16章“解说性演讲”中，将讨论作为信息交流的传播。

影响别人

我们通过传播影响别人。你恐怕不可能在一天里不从事任何劝说行为，如设法说服朋友去一家特色餐馆吃饭或观看影片、劝说上司修改你的时间表、说服老师更改你的课程分数等。我们在第11章“群体中的成员角色和领导力”和第17章“劝说性演讲”中，将讨论影响他人的角色。

传播功能

1. 满足我们的社会需求
2. 发展和保持我们的自我意识
3. 发展关系
4. 交流信息
5. 影响他人

8 传播背景

上述基本的传播过程描述了分享意义的方式，但是，你还是可以学到各种传播技能，从而使你在各种背景下有效地使用这些技能。在本书中，我们将向你介绍在人际传播、问题解决群体、演讲以及电子媒介背景下的各种技能，这些技能将有助于你提升传播能力。

> **➤人际传播背景**
> 在彼此有关系的少数人之间进行的非正式的相互作用。
> **➤问题解决群体背景**
> 参与者聚集在一起，以解决问题或做出决策为特定目的。

人际传播背景

我们的大多数传播是在**人际传播背景**（Interpersonal Communication Settings）下发生的，人际传播背景是以彼此有关系的少数人之间进行的非正式的相互作用为特征的。你在校园里和一群同学交谈、在电话中与母亲聊天、跟兄弟争论一部电影的价值、向几个朋友发送即时讯息以及安慰遭受损失的某个人，这些都是人际传播的事例。

我们对人际传播的研究，首先探讨我们如何发展、保持、改善和终止与他人的关系，然后，我们将研究倾听和移情反应的理论和技能、分享个人信息以及自我披露和反馈。我们还将讨论怎样与人们进行在线交谈，并描述你在访谈中做到游刃有余所需要的各种技能。

问题解决群体背景

问题解决群体背景（Problem-Solving Group Settings）具有参与者聚集在一起，以解决问题或做出决策为特定目的的特征。大多数这类传播在正式或非正式的会议中发生。

我们对问题解决群体背景的研究，涉及有效群体特征的讨论、群体发展的阶段、解决问题和做出决策以及包括领导力在内的参与者扮演的角色。

演讲背景

演讲背景（Public Speaking Settings）具有一个或一个以上的参与者即演讲者，向某个聚集在一起聆听演讲的群体或受众发表一条准备好了的讯息的特征。

我们对演讲背景的讨论，侧重于与有效准备演讲和发表有效演讲有关的各种技能，其中包括确定演讲目标、收集和评价资料、组织和提炼资料、使资料适合特定的受众和发表演讲，以及信息交流和说服步骤的各种差异。

电子媒介传播背景

当今，人际传播、群体讨论和演讲都可以在**电子媒介传播背景**（Electronically Mediated Communication Settings）下发生，电子媒介传播背景具有参与者并不分享某个自然语境，只通过技术的使用进行传播的特征。电子媒介传播背景可以实时或延时出现，少则两个人参与，多则几百万
9 人参与，而且可以使用一个或多个信道（文字信道、声音信道、图像信道）。在人际交往方面，我们可以通过电子邮件、即时讯息或文本讯息与家人和朋友进行联系。**电子邮件**（E-mail）涉及两个或两个以上的用户在网络上进行电子通讯联系，在网络上，这种传播并不是实时出现的，在讯息的发送与接收之间存在一个时滞。**即时讯息**（Instant Messaging，IM）涉及通过一个人物列表来进行电子传播，你可以在他们在线时与他们进行实时互动，在你把人物添加到你的即时讯息表里后，他们便是你已经同意与之互动的人物。**文本讯息**（Text Messaging）涉及在手机和其他手持式电子设备之间发送简短的文字讯息，讯息可以在手机用户之间进行实时交流，也可以储存起来便于今后提取使用。

群体传播可以通过上述一些电子媒介传播类型以及通过包括邮件列表管理器、聊天室、网络日志或互动游戏等其他一些在线传播类型实现。**邮件列表管理器**（Listservs）是通过电子邮件发送的电子邮件列表，它可以为众多的互联网用户提供广泛的信息发布。任何发送到邮件列表管理器的讯息都适用于所有的用户，所以，在线讨论可以以一种延时的形式出现。**聊天室**（Chat rooms）是基于网络的论坛，是专门为在两个或更多登录的人之间交流讯息设计的，在聊天室里，他们实时交流多种讯息。**网络日志**（Weblogs）或**博客**（Blogs）是保存在一个网站上的在线日志，包括简短的、经常更新的、按时间顺序排列的帖子，可以是保密的，可以是只对某些能够阅读彼此博客的用户开放的，也可以是公开的，允许任何互联网用户阅读讯息。**在线游戏**（Online Games）是一群人在基于网络的站点上实时进行的互动，他们玩常见的游戏、靠碰运气取胜的游戏或虚幻人物角色扮演的游戏。电子媒介传播对于向大规模受众传播讯息尤为有用。互联网已经成为粘贴招聘广告和简历及产品广告，进行政治演讲和活动，分享广泛的社会信息和创建关系，以及发送和获取各种信息的媒介。

> **➢演讲背景**
> 一个参与者即演讲者，向某个聚集在一起聆听演讲的群体或受众发表一条准备好了的讯息。
>
> **➢电子媒介传播背景**
> 参与者并不分享某个自然语境，只通过技术的使用进行传播。
>
> **➢电子邮件**
> 两个或两个以上的用户在网络上进行电子通讯联系。在网络上，这种传播不是实时出现的。
>
> **➢即时讯息**
> 通过一个人物列表来进行电子传播，你可以在他们在线时与他们进行实时互动。
>
> **➢文本讯息**
> 在手机和其他手持式电子设备之间发送简短的文字讯息，讯息可以在手机用户之间实时交流，也可以储存起来为今后提取使用。
>
> **➢邮件列表管理器**
> 通过电子邮件发送的电子邮件列表，可以为众多的互联网用户提供广泛的信息发布。
>
> **➢聊天室**
> 在两个或更多的人之间交流讯息，在聊天室里，多种信息都是实时进行交流的。
>
> **➢网络日志（博客）**
> 保存在一个网站上的在线日志。
>
> **➢在线游戏**
> 在一群人之间实时进行的互动，他们玩常见的游戏、靠碰运气取胜的游戏或虚幻人物角色扮演的游戏。

学习目标 3 传播原则

原则即普遍真理。理解传播原则在你开始学习时至关重要。在本部分里，我们将讨论七个传播原则，它们是：传播具有目的、传播是连续的、传播讯息在有意识的思想中呈现多样性、传播是相关的、传播受文化的支配、传播具有道德含义以及传播是可以学习的。

传播具有目的

当人们彼此沟通时，他们这样做是有目的的。一次特定的交流的目的也许重要，也许不重要。一种评价沟通是否成功的方法，要问沟通是否实现了目的。当贝丝打电话给利雅，问她是否愿意和她一起吃午饭以讨论她们正在做的一个项目，她的目的可能是要化解她们之间曾出现过的误解。讲话者也许不是总清楚他们的目的。举例来说，贾马尔在街上追上托尼，轻声说道："托尼，你怎
10 么样?"贾马尔或许不会有意识地认为：托尼是熟人，而且，我要让他知道，我看见他了，出于尊重，我要和他打招呼。在这个事例中，贾马尔头脑中出现的第一个可接受的表达，自发地满足了向托尼打招呼的社会规范。不管贾马尔是否有意识地考虑沟通的目的，它仍然促使他做出沟通的行为。在这个事例中，如果托尼同样用不经意的问候进行回答的话，那么，贾马尔就实现了他的目标。

传播是连续的

因为传播既是非语言行为，又是语言行为，所以，我们总是发出行为讯息，让别人从中得出推论或意义。即使沉默或缺席，只要别人从这些行为中推断出意义，也是传播行为。为什么？因为你的非语言行为代表你对环境和周围的人做出的反应。如果你感冒了，你就会打冷战；如果你感到热或紧张，你就会出汗；如果你感到烦躁、快乐或困惑，你的面部或身体语言就会表现出来。作为训练有素的传播者，我们需要知道，我们在不断向别人发出显在的和隐藏的讯息。

传播讯息在有意识的思想中呈现多样性

> **➢自发表达**
> 没有经过更多有意识的思考而说出来。
> **➢照搬讯息**
> 我们从过去遇到的事情中所学到的措辞，并判断出这些措辞适合于目前的情境。

正如我们在前文中讨论的那样，与别人分享意义同表达出来的语言和非语言讯息直接有关。我们的讯息可以（1）自发地产生，（2）根据我们学到或排练的某个"范本"，或者（3）根据我们对发现自己所处的特殊情境的理解，谨慎地被构建出来。

我们的多数讯息都是自发表达的讯息。**自发表达**（Spontaneous Expression）是没有经过更多有意识的思考而说出来。例如，当你的手指被火烧着时，你就会脱口而出："哎哟!"当事情处于令人满意的状况时，你就会露出灿烂的笑容。

有时，我们的讯息是照搬讯息。**照搬讯息**（Scripted Messages）是我们从过去遇到的事情中所学到的措辞，并判断出这些措辞适合于目前的情境。上述许多范本都是在孩提时期学到的。例

如，当你想要糖盒而无法够到时，你也许会说："请把糖递给我。"在某个人满足你的要求的时候，你随即会说："谢谢你。"这种谈话规则源自你的"餐桌礼仪范本"，餐桌礼仪范本可能是被家庭训练出来的。范本能够使我们使用适合某种情境的讯息，并可能提高我们的传播效率。我们这本教科书的一个目标，就是要让你了解普遍使用的范本（或技能），它们能够适用于你在传播过程中遇到的各种关系、情境和文化。

最后，为满足特定情境的特殊需要，我们的讯息可以被谨慎地构建起来。**构建讯息**（Constructed Messages）是当我们意识到我们所知道的范本不适合某种情境时，而放在一起加以仔细思考的讯息。

传播是相关的

谈及传播的相关性，是指在任何传播背景下，除了分享内容意义外，我们的讯息同样反映出我们关系的两个重要方面：直接性和可控性（支配性或服从性）。

直接性（Immediacy）是在某种关系中喜爱或吸引的程度。举例来说，何塞在校园碰到霍尔时，他也许会说："霍尔，见到你太好了！"（一种友善的语言表达）伴随这句话的非语言行为可能向霍尔表示何塞见到他真的高兴，或者仅仅表示认出他来了。举例来说，如果何塞微笑着、口中发出真诚的声音、眼睛看着霍尔的眼睛，或许还轻轻拍拍他的背部或紧紧握握手，随后，霍尔就会识别这些友善的信号。然而，如果何塞用呆板的嗓音、漠然的表情快速地讲话，霍尔就会把这次谈话仅仅看作是某种社交规范下的见面问候。

可控性（Control）是一个参与者被认为具有更多优势和更大权力的程度。因而，当汤姆对苏说："我知道你担心开销，但我会对开销负责的，我们有钱支付一切。"他的话语和腔调可以表明他 *11*
"负责"财政——他在控制。苏对汤姆做出怎样的反应，决定了是否在这个问题上服从于他的控制。如果苏说："多谢，我知道你在财政方面比起我来是一把好手。"那么，就表明她此时在这个问题上愿意服从汤姆。几天后，如果汤姆对苏说："我认为，在未来的几个月，我们需要减少信用卡上的支出。"可是，苏回答道："没门儿！我需要买一套上班穿的新衣服，轿车需要换新轮胎，而且，你也答应要换换沙发的。"那么，对这种关系的性质就需要进一步讨论。

传播受文化支配

文化（Culture）可以被定义为由一个相对大规模的人类群体所分享的知识体系。它是一个包括共享的信仰、价值观、符号和行为的体系。讯息如何形成以及怎样被解释，均取决于参与者的文化背景。我们需要谨慎地审视我们自己和我们的传播行为。在我们与文化背景不同于我们的其他人相互作用时，我们也许在文化上以各种不适当或缺乏敏感的方式破坏正在进行的沟通。

此外，我们还必须对影响传播的性别、年龄、阶层、身体特征和性取向的差异程度保持敏感的态度。如果我们在相互作用时没有考虑到这些差异，那么，我们同样能够使我们的行为方式缺乏敏感性。

在整个美国历史上，我们经历了来自世界不同地方的庞大人口移民。据《纽约时报年鉴》（*New York Times Almanac*）所载，2000年人口普查显示，现在最大数量的新移民来自拉丁美洲和亚洲。在20世纪末，拉丁美洲和亚洲血统分别占美国总人口的12.5%和3.8%。约2.4%的人口把自己看作是多种族裔。与我们人口中约13%的非洲血统合并起

> **➢构建讯息**
> 当我们意识到我们所知道的范本不适合某种情境时，而放在一起加以仔细思考的讯息。
>
> **➢直接性**
> 在某种关系中喜爱或吸引的程度。
>
> **➢可控性**
> 一个参与者被认为具有更多优势和更大权力的程度。
>
> **➢文化**
> 由一个相对大规模的人类群体所分享的知识体系。

来，这4个群体占美国总人口的32%。根据美国统计局（U.S. Census Bureau）的统计，在未来45年内，人们预计这个数字还要提高到近50%。

根据萨莫瓦尔、波特和麦克丹尼尔（Samovar，Porter & McDaniel）的观点，“3种文化因素潜在地对来自不同背景的人们聚集在一起的情境产生影响，即（1）知觉，（2）语言作用，（3）非语言作用”。因为文化关注渗透传播的方方面面，所以，在本书的每一章里，当你学习的概念和技能不同于其他文化群体时，我们都会指出来。

传播具有道德含义

在任何相遇的场合中，我们都会或多或少地选择依据道德进行传播。**道德**（Ethics）是由社会、群体或某个人遵守的一套精神原则。虽然人们认为道德是个人判断的事情，但是，不同的群体仍然希望成员维护某些标准。这些标准影响着我们做出个人决策。当我们选择违背人们认同的标准时，我们就被认为是不道德的。这里有5个道德标准，它们影响着我们的传播并支配着我们的行为。

> **➤道德**
> 社会、群体或某个人遵守的一套合乎道德的原则。
> **➤真实和诚实**
> 避免说谎、作弊、偷盗或欺骗。
> **➤道德困境**
> 使人陷入无法做出另一种满意选择的情境。
> **➤正直**
> 保持信仰与行动的一致性。
> **➤公平**
> 在不考虑自己的感受和没有在某次冲突中偏袒某一方的情况下，实现恰如其分的利益均衡。
> **➤尊重**
> 表示对他人及其思想的关心或考虑，即使我们并不赞同他们。
> **➤责任**
> 对一个人的行为和言语负责。

1. 真实和诚实

真实和诚实（Truthfulness and Honesty）是指避免说谎、作弊、偷盗或欺骗。诚实的人被普遍地认为是有道德的人，而且，诚实作为精神生活的基础，是道德的一个重要概念。虽然大多数人都把真实和诚实作为一种标准接受，但是，他们仍然承认还会偶尔说谎。当我们陷入道德困境时，我们最有可能说谎。**道德困境**（Moral Dilemma）是使人陷入无法做出另一种满意选择的情境。一个道德困境的事例可能是，如果我们的一位同事今天上班迟到，老板问我们，我们让他知道实情的话，那么，他就会把这位同事开除。

2. 正直

正直（Integrity）是指保持信仰与行动的一致性。特克尔和杜瓦尔（Terkel & Duval）指出：“一个正直的人是具有强烈道德原则的人，并将成功地抵御有损那些道德原则的诱惑。”因此，正直是虚伪的对立面。某个人答应帮助一个朋友为即将举行的考试学习，即使当另一个朋友提供一张同一个晚上售罄的音乐会的免费门票时，这个人也要履行诺言。

3. 公平

公平（Fairness）是指在不考虑自己的感受和没有在某次冲突中偏袒某一方的情况下，实现恰如其分的利益均衡。公平意味着不偏不倚或者不存偏见。对某个人公平，就是要用开放的头脑进行倾听，收集有关事实，只思考与即将到来的决策有关的情况，不让成见或枝节问题影响你对待他人的方式。例如，如果两个孩子打架，在他们的妈妈决定做什么之前，孩子们解释“他们的立场时”，她只有不怀偏见地倾听，才能做到公平。

4. 尊重

尊重（Respect）是指表示对他人及其思想的关心或考虑，即使我们并不赞同他们。尊重并不是基于某个人的财富、工作地位或种族背景。在课堂上，学生们通过专心倾听另一名学生带有一个违背他们政治或宗教立场的主要观点的发言，来表示对他人的尊重。

5. 责任

责任（Responsibility）是指对一个人的行为和言语负责。有责任的传播者认识到言语的力量。讯息既是伤人的利剑，也是抚慰心灵的良药。信息要么准确无误，要么存在缺陷。有责任的传播者不会散布有关另一个朋友的流言蜚语。

在日常生活中，我们经常面临道德困境，还

必须或多或少地分辨出对错。在做出这些决策的过程中，我们通常要表现出我们的道德标准。本书每一章的预习卡都包括一个“你会怎么做?”(What Would You Do?) 的问题。即提出一个道德问题，要求你进行思考并解决一个与本章内容有关的道德困境。你的老师可以使用这些内容作为一种课堂讨论的工具，或者要求你准备一份书面报告。

(1) 真实和诚实。

(2) 正直。

(3) 公平。

(4) 尊重。

(5) 传播和能力。

传播是可以学习的

正如你要学习行走那样，你学习传播也是如此。然而，交谈却是一件复杂的事情，你或许还没有学到全部所需要的培养良好关系的技能。因为传播是可以学习的，所以，你可以提高你的能力。通过本书，我们可以识别人际传播技能、群体传播技能和演讲技能，这些技能有助于你成为一名更有能力的传播者。

13

学习目标 4　提高我们的传播能力

传播能力 (Communication Competence) 是在某个特定的情境下，传播行为给人留下的适当的和有效的印象。当传播实现其目标时，传播就是有效的；当传播符合某个情境所希望的那样时，传播就是适当的。我们通过发送的语言讯息和伴随语言讯息所产生的非语言行为，创建我们是有能力的传播者的形象。能力是人们对他人做出的一种印象或判断。因为传播处于我们如何与别人发生关系的核心位置，所以，在本课程中，你的目标之一是要学习各种策略，以使别人把你看作有能力的人。

动机十分重要，因为我们只有有动机，才能改善我们的传播——也就是说，只有我们想做，才能做。如果人们信心十足并看到潜在的回报，那么，他们就很可能动机更强。

> 当传播实现其目标时，传播就是有效的；当传播符合某个情境所希望的那样时，传播就是适当的。

知识至关重要，因为我们必须知道提高能力所涉及的内容。人们拥有的关于在某个特定的情境下如何行动的知识越多，他们能够发展能力的可能性就越大。

技能非常重要，因为我们必须知道在方式上如何使行动与我们的传播知识相一致。**技能** (Skills) 是我们在适当的情境中能够控制和重复的目标导向行动和行动顺序。你拥有的技能越多，你可以有效和适当地构建讯息的可能性就会越大。

除了动机、知识和技能外，可信度和社交风度都是传播能力的重要组成部分。**可信度** (Credibility) 是对一位讲话者知识、可信性和热情的知觉。倾听者很可能留意他们认为是可信的讲话者的讲话，并受其影响。**社交风度** (Social Ease) 意味着在没有焦虑和紧张的情况下进行传播。为了被人们认为是一名有能力的传播者，重要的是，你要以一种传达自信和泰然自若的方式讲话。忧虑和紧张的传播

➤传播能力
在某个特定的情境下，传播行为给人留下的适当的和有效的印象。

➤技能
我们在适当的情境中能够控制和重复的目标导向行动和行动顺序。

➤可信度
对一位讲话者的知识、可信性和热情的知觉。

➤社交风度 14
在没有焦虑和紧张的情况下进行传播。

者不会被看作有能力的传播者，尽管他们具有动机或知识。

将动机、知识、技能、可信度和社交风度结合起来，会使我们在遇到他人时，能够有效地表现我们自己。本书其余部分旨在帮助你提高被看作有能力的传播者的可能性。在接下来的内容中，你将学到人际传播理论、群体传播理论和演讲理论，这些理论能够提高你的知识水平和动机水平。此外，你也将学习如何表现特定的技能，我们还会为你提供实践这些技能的机会。通过这种实践，你可以在需要时提高能够表现这些技能的可能性。

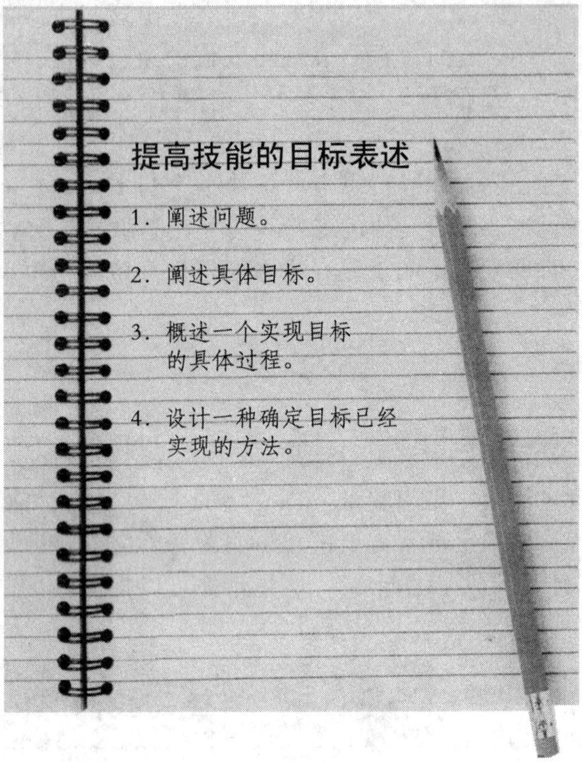

提出传播技能改善目标

为了从本课程获得最多的知识，我们建议你写出个人目标，以提高你自己在人际传播、群体传播和演讲传播等全部传播中的具体能力。

在你能够写出目标表述之前，你必须首先分析你目前全部的传播技能本领。在你阅读每一章内容和实践所描述的技能之后，你要选择一两种有效的技能，然后，你按以下 4 个方面写出目标表述。

1. 阐述问题

首先，你要将你有的某个沟通问题说出来。例如，“问题：即使在一个基于团队的班级项目中，我的小组成员没有创作出他们承诺完成的作品，我也不会说什么，因为我不善于表达我的感受。”

2. 阐述具体目标

如果一个目标是可以衡量的，而且你还知道在什么时间实现这个目标的话，那么，这个目标就是具体的。例如，为了解决上面提出的问题，你可能写出：“目标：描述我对其他小组成员没有遵守截稿期限的失望。”

3. 概述一个实现目标的具体过程

为了形成一个实现目标的计划，首先要参阅探讨训练你希望掌握的技能的章节（举例来说，我们在第 8 章里对感受进行了描述）。然后，将该章节推荐的总体步骤用于你所处的特定情境。例如，“过程：我要练习描述感受的步骤。(1) 我要识别我正在体验的具体感受。(2) 我要对我正在感受的情绪准确地进行编码。(3) 我要提出引发这种感受的原因。(4) 我要承认自己的感受。(5) 随后我要将此过程在我与小组成员交谈时付诸行动。”

4. 设计一种确定目标已经实现的方法

一个好的目标是可以衡量的，而且，你设置目标行为的第 4 个组成部分，是为了确定在你实现某个特定的目标时所应达到的最低要求。例如，“实现目标的检验：在我就错过截稿期限向我的小组成员描述我的失望时，这个目标就被认为是实现了。”

图 1—2 给出了另一个传播技能改善计划的实例，这个传播改善计划与一个演讲问题[①]有关。

---

① 参见第 15 章“目光接触”部分。——译者注。

问题：当我在班上或学生评议会上讲话时，我经常发现自己脑子里想着笔记，眼睛盯着天花板或墙壁。
目标：当我讲话时，我要更多地直视倾听者。

图 1—2　传播改善计划

学习目标

1. 讨论知觉过程。

2. 剖析自我知觉及其对传播会造成怎样的影响。

3. 剖析什么决定我们对他人的知觉。

4. 描述我们如何感知讯息。

第2章

自我知觉和他人知觉

17 对于每个人而言，知觉都是现实的。一个人所见、所闻和所解释的内容都是现实存在的，并被认为对这个人而言是真实的。

两个人怎样才能对同一事件形成不同看法呢？虽然事件的细节也许是相同的，但是，不同的人却可能关注事件情境的不同方面，抑或他们个人所处的环境可能对他们如何看待事物产生影响。这样，不同的人就可能对相同的事件持有不同的知觉。因为我们与他人分享的大部分意义是基于我们的知觉的，所以，我们对传播的研究首先要理解一般知觉过程，以及影响我们如何看待他人的社会知觉。

在本章中，我们讨论知觉过程，包括自我概念和自尊在内的自我知觉，以及他人知觉。另外，我们也将对改善知觉的准确性提出建议。

你怎么认为

我对自己的知觉通常与人们告诉我的有关我自己的情形相一致。

强烈反对						强烈赞同
1	2	3	4	5	6	7

学习目标1 知觉过程

知觉（Perception）是有选择地关注信息并将意义归于信息的过程。有时，我们对世界、其他人和我们自己的知觉，与他人的知觉一致。有时，我们的知觉又明显有别于其他人的知觉。对于每个人而言，知觉都是现实的。一个人所见、所闻

> **➢知觉**
> 有选择地关注信息并将意义归于信息的过程。

和所解释的内容都是现实存在的，并被认为对这个人而言是真实的。另一个人对相同的情境所见、所闻和所解释的内容则可以完全不同，他把不同的知觉看作是现实存在的和真实的。因此，当我们的知觉不同于和我们进行相互作用的人们时，分享意义就变得更具有挑战性。

大脑从感觉器官选择接收信息，组织信息，然后对信息进行解释。

关注和选择

虽然我们连珠炮似的不断受到感官刺激的影响，但是，我们很少把注意力集中在这些刺激上。我们如何选择在一定程度上依赖于我们的需求、兴趣和预期。

需求

我们很可能为满足我们的生物需求和心理需求才去关注信息。当你上课时，你到底在多大程度上
18 融入正在讨论的内容，很可能取决于你认为信息对你是否重要——也就是说，信息满足个人需求了吗？

兴趣

我们很可能因为符合我们的兴趣才去关注信息。举例来说，你也许甚至没有觉察到背景音乐响起，直到你突然听到一首老歌。类似地，当你真的被某个人所吸引时，你才会注意这个人所说的话。

预期

最后，我们很可能看到我们所希望看到的信息，同时遗漏违背我们预期的信息。快速地看一看如图 2—1所示三角形中的短语，假如你从未见过这些三角形，你或许读过“春天的巴黎（Paris in the Springtime)”、“一生中的一次（Once in a Lifetime)”以及“手中的小鸟（Bird in the Hand)”，但是，如果你重新审视这些词语，你就会看到你所意识到的内容不完全是字面所写的内容。你现在看见这些重复的词汇了吗？我们很容易遗漏重复的词汇，因为我们并不希望看到重复的词汇。

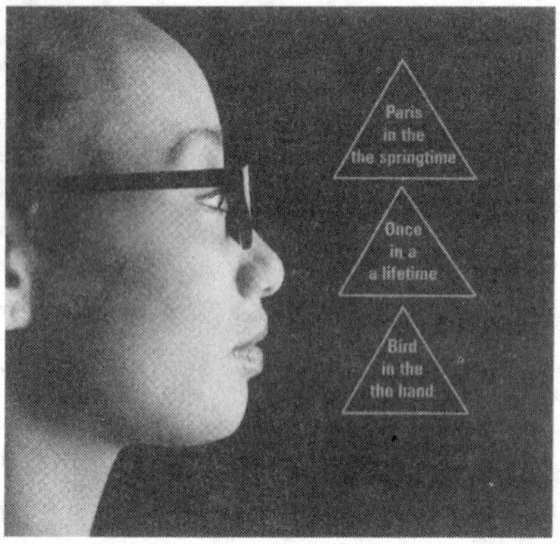

图 2—1　一个预期的感官测试①

刺激的组织

即使我们的关注和选择过程限制了我们的大脑必须处理的刺激，但是，我们在某个瞬间对个别刺激的绝对数量的关注，仍旧是真实存在的。我们的大脑遵循特定的组织原则来排列这些刺激，从而使得它们有意义。我们采用两个常见的组织原则，分别是简化原则和模式原则。

简化原则

如果我们关注的刺激非常复杂，我们的大脑就会将这种复杂的刺激简化为某种普通的、可识别的形式。根据快速地瞄一眼某个人的穿着打扮、
站姿以及面部表情，我们就可以意识到，她是 19
“一位成功的女商人”、“一名医生”或“一个足球妈妈（a Soccer Mom)”②。同样的，我们可以简化我们所接收的语言讯息。因此，让我们举个例子进行说明，经过漫长的 1 小时，托尼可能从向老板汇报业绩的总结会离去，在总结会上，老板描述了

① 此图中的英文从上至下依次为：“春天的巴黎”、“一生中的一次”和“手中的小鸟”的英文表达，但分别多了冠词 the、a 和 the，而我们受思维定势的影响，往往会忽略。——编者注

② 即住在郊区、生活多以孩子为中心的已婚妇女。——译者注

托尼的 4 种长处和 3 点有待改进之处，托尼还可能对他的同事杰里说："好吧，我最好按别人的要求去做，否则，我就要被炒鱿鱼了！"

模式原则

大脑组织信息时所使用的第二个原则是要发现模式。**模式**（Pattern）是一套被用来将某些事物与其他事物相区别的特征。模式使得解释刺激比较简单。例如，当你看到一群人，却不认识其中的每个人时，你就会关注这群人的性别特征，"看到"男人和女人，抑或关注年龄特征，"看到"儿童、少年、成人和老人。

当我们与他人互动时，我们要努力发现模式，模式能够使我们对他人的行为做出解释和反应。例如，詹森和比尔每次遇到萨拉，萨拉都会赶忙走过来，开始同他们进行愉快的交谈，可是，当詹森独自一人遇到萨拉时，萨拉几乎从不道声"你好"，不久，詹森就会察觉到萨拉的行为模式，当比尔在时，她热情而友好，当比尔不在时，萨拉冷冰冰的，根据这一模式，詹森就会把萨拉的友好行为解释为与比尔调情。

刺激的解释

当大脑选择和组织感觉器官接收的信息时，它也是通过赋予信息以意义，对信息进行**解释**（Interpret）。看一看下列 3 组数字，你把它们解释成什么呢？

A. 631 7348

B. 285 37 5632

C. 4632 7364 2596 2174

在上述每组数字中，你在头脑里寻找线索，赋予这些数字以意义。因为你每天都会使用类似的数字模式，你或许把 A 解释为一个电话号码。B 呢？你很可能将其解释为一个社会保险号。那么，C 又作何解释呢？使用信用卡的人们就会把此组数字解释为一张信用卡的卡号。

我们在交谈中对别人的行为的解释，影响着我们如何与他们相互作用。如果詹森认为萨拉只是对比尔感兴趣的话，那么，他就可能不参与她发起的谈话。

在本章余下的部分里，我们应用上述有关知觉的基本信息，研究在传播过程中我们的自我知觉和他人知觉。

学习目标 2　自我知觉：自我概念和自尊

自我概念和自尊是两种自我知觉，对我们如何进行沟通具有最广泛的影响。**自我概念**（Self-Concept）是你的自我认识。自我概念是你对有关你的技能、才干、知识、能力和人格的看法或心像。**自尊**（Self-Esteem）是你对你的能力和个人价值的整体评价。在这部分里，我们描述你如何逐渐了解你是谁以及怎样评价你自己。然后，我们剖析到底是什么因素决定上述自我知觉与他人对你的知觉相一致的程度。最后，我们讨论当你与其他人进行沟通时，自我知觉如何发挥作用。

> **➢模式**
> 一套被用来将某些事物与其他事物相区别的特征。
>
> **➢解释**
> 赋予信息以意义的过程。
>
> **➢自我概念**
> 你的自我认识。
>
> **➢自尊**
> 你对你的能力和个人价值的整体评价。

形成和保持一种自我概念

我们怎样认识我们的技能、才干、知识、能力和人格呢？我们的自我概念来自有关我们自己的独特解释，这些独特的解释是我们根据我们的经验和他人对我们的反应和回应做出的。

自我知觉

我们根据自己的知觉形成有关我们自己的印象。通过我们的经历，我们发展对我们自己的技能、才干、知识、能力和人格的意识。例如，如果你认识到自己很容易在一群人面前交谈，你就可以得出结论称你“天生”就是一个演讲家。

我们反复强调我们对某个特定现象具有的最初经验。举例来说，某个人在其第一次约会的尝试中遭到拒绝，就可能认为自己对异性缺乏吸引力，如果随后的经历导致的结果近似于第一次经历，那么，这种最初的知觉就会被强化，即使最初的经历没有马上再现，也很可能需要经历多次
20 成功，才能改变最初的负面知觉。

当我们具有正面经历时，我们很可能认为，我们拥有伴随那种经历产生的人格特征，并且，这些人格特征会成为关于我们是谁的图像的组成部分。所以，如果桑娅很快地调试了一个杰姬费尽九牛二虎之力编写的计算机程序，那么，她很可能将“有能力的问题解决者”的自我知觉并入她的自我概念之中，她的正面经历进一步证实她具有那种能力，这也强化了她的自我概念中的这个成分。

他人的反应和回应

除了我们的自我知觉外，他人如何对我们做出反应和回应，也形成并保持了我们的自我概念。我们使用其他人的评论作为对自我描述（Self-Description）的一种检验。它们满足证实、强化或改变我们是谁、是什么的知觉要求。例如，如果在一次上班期间召开的集思广益的会议上，你的一位同事告诉你：“你真是一位有创新精神的思想家。”你也许确定这个评论符合你是谁的心像，如果你尊重这个人做出的评论，那么，这类评论在影响你的自我知觉方面就特别有效。另外，当表扬是即刻而不是滞后做出时，这类评论的有效性也会被提高。

有些人具有非常丰富的自我概念，他们可以对自己拥有的技能、才干、知识、能力和人格特征进行无数次的描述，他们积极地看待自己。其他一些人缺乏自我概念，他们无法对自己拥有的技能、才干、知识、能力和人格特征进行描述，他们消极地看待自己。

我们的自我概念产生于生命之初，而且，我们从家庭接收的信息塑造了我们的自我概念。家庭成员具有的主要职责之一就是以各种方式进行交谈和扮演角色，这些方式有助于在其他家庭成员那里发展准确和强大的自我概念。例如，罗伯托的妈妈说：“罗伯托，你的房间看上去非常整洁，你非常具有组织才能。”或者某个人的兄弟评论道：“基莎，你借给托米卡 20 美元真的帮了她。你是个慷慨大方的人。”这些评论都会帮助罗伯托或基莎认识他们人格的重要组成部分。

不幸的是，在一些家庭中，家庭成员没有履行这些职责。有时，家庭成员实际上对彼此的自我心像造成了真正的伤害，特别是对儿童正在发展的自我心像造成了真正的伤害。谴责、谩骂以及不断指出他人的缺点尤为有害。

发展和保持自尊

回忆一下，自尊是我们对我们的能力和个人价值的完整评价——它是对我们的自我概念的正面或负面评价。对我们的个人价值的评价植根于我们的价值标准，并且，作为我们的经历的一种结果，它将随着时间的推移而发展。正如姆鲁克（Mruk）指出的那样，自尊并不只是我们把事情做得好还是坏的程度（自我概念），还是我们是否关注和重视我们把事情做得好坏的态度。举例来说，作为查得自我概念的组成部分，他认为自己身体强壮，但是，如果他认为自己身体不够强壮或他拥有的其他特征不重要或没有价值的话，那么，他就不具有高自尊（High Self-esteem）。姆鲁克解释道，需要具有对某一特征的知觉，以及认为这一特征具有积极价值的个人信念来产生高自尊。

当我们在进行有价值的奋斗过程中成功地使用了我们的技能、才干或知识时，我们就提升了自尊。当我们没能成功地使用我们的技能和才干，

或把它们用在毫无价值的事情上时，我们便降低了自尊。

21 ### 自我的社会构建

通过与许多不同的人建立关系，我们以某种正在进行的方式来创造若干自我。所有的人都在逐渐地修正和重新确立他们的公共角色。为了对不同的情境做出反应并在这个过程中改变我们自己，我们创造了不同的人物。我们在社会上通过我们扮演的角色来构建我们自己。

角色（Role）是人们为满足感知到的某个特定语境的需求而使用的一种习得的行为模式。举例来说，你在一天当中可以扮演学生、兄弟或姐妹以及售货员的角色。让我们看一看一个人在几天里可以创造和展现的完全不同的角色或自我。斯蒂芬作为一家餐厅的服务员上班时，展现了他自己的某些方面，在餐厅里，他彬彬有礼、乐于助人、使人愉快和关心别人，他很少谈论自己或说下流话，他充满自信，动作敏捷，而且关注工作效率和成果。当斯蒂芬下班后和朋友一起外出时，他变得很随便，也很少关心时间，他也许讲起话来粗声大气，吵吵嚷嚷，他可能更多地谈论自己，偶尔还带有脏活，并激烈地讨论各种问题和想法。当斯蒂芬看望奶奶时，他的行为可能更像个孩子，他也许小心翼翼地不提起会让奶奶生气的话题，而且，他听的话可能要比说的话多。当斯蒂芬在学校、踢足球、约会或与兄弟姐妹在一起时，他就会扮演其他的自我角色。哪一个是斯蒂芬的真实自我呢？它们都是。我们并不是单一的人。我们的自我意识是我们扮演全部自我角色以及他人如何对那些自我角色做出反应的总和。在他的一生中，斯蒂芬和社会将不断地创造和重新创造他的自我意识。

自我监控

在我们面临的任何情境中，我们都可以选择如何向他人展现自我。

自我监控（Self Monitoring）是根据你对情境的分析以及他人对你做出的反应，观察和调节你自己行为的内在过程。因为自我监控发生在你的头脑中，所以，当你进行自我监控时，其他人并不知道。有些人非常了解其他人对他们的行为所做出的反应。他们注意到人们的表达方式和反应，并使用这一反馈来调整他们自己的行为，从而留下他们希望留下的印象。而其他一些人则对他们留下的印象知之甚少，因此，他们做的事和说的话也许往往被看作是不适当的，或导致他人对他们产生一个不准确的印象。

当我们身处一个新的情境中时，我们更有可能进行自我监控。当我们不知道人们的预期时，我们向他人寻求暗示，查看我们的行为是否适当，而且，我们也很可能相应地调整我们的行为。因此，当米娅去看望她在另一所学院的朋友时，发现自己在参加一群陌生人的聚会，她也许希望自己表现出老于世故的一面，这样她就能够适应这种情境了，因此，她也许会发现她的自我交谈充满像下面这类自我监控性的表述："我为什么要做出那种评论——它听上去很蹩脚吗？"或者"好啦，我在那里肯定获得极高的评价；现在，我得到了他们的注意！"了解和关注他人的反馈是自我监控的一个重要组成部分。

> **➢角色**
> 人们为满足感知到的某个特定语境的需求而使用的一种习得的行为模式。
>
> **➢自我监控**
> 根据你对情境的分析以及他人对你做出的反应，观察和调节你自己的行为的内在过程。

自我概念和自尊的准确性

自我概念和自尊的准确性依赖于我们自己知觉的准确性以及我们如何处理他人对我们的知觉。我们所有人都经历过成功与失败，都听到过表扬和批评。如果我们过度地关注成功经历和正面反应的话，那么，我们的自我概念就可能过度发展，我们的自尊就会极度膨胀。然而，如果我们意识到失败并密切关注失败，同时低估了我们的成功，抑或对受到的批评念念不忘，我们就可能无法形成自我心像，而且，我们的自尊 22

就会比较低。无论哪种情况，我们的自我概念或自尊都无法准确反映我们是谁。

不一致

不一致（Incongruence）是我们不准确的自我知觉与现实之间的差距。不一致是一个问题，因为我们的自我知觉比我们的真实能力更有可能影响我们的行为。例如，劳尔可能实际上具有有效领导力所需的全部技能、才干、知识、能力和人格特征，但是，如果他没有意识到这些特征的话，当需要领导力时，他就无法胜任。不幸的是，人们往往为了证实他们意识到的自我知觉而调整他们的行为，从而强化了他们的自我知觉。也就是说，具有高自尊的人们往往以各种导致更多肯定的方式行事，而低自尊的人们则往往以各种证实自己的低自尊的方式行事。一个被扭曲图像的不准确性通过自我实现预言和过滤讯息被放大。

自我实现预言

自我实现预言（Self-fulfilling Prophecies）是作为被预言、预期或谈论的结果而发生的事件。自我实现预言可以是自我设计的预言，也可以是他人强加的预言。

自我设计的预言是你对自己做出的那些预言。我们经常谈论自己的成功或失败。例如，研究者发现，当人们预期自己会遭到拒绝时，他们更有可能以各种导致他人拒绝他们的方式行事。因此，亚伦把自己看作不善于建立新关系的人，他自言自语地说道："我怀疑，我在这次聚会中很难与人熟悉起来——我要度过一段痛苦的时光。"因为他害怕遇到陌生人，所以，他在介绍自己时，就会感到局促不安。正如他预料的那样，他大量时间都站在一旁，思忖着什么时间可以离去。相反，斯蒂芬把自己看作十分善于交往且善解人意的人。作为正面自尊和预言的结果，他期待在这次聚会上遇到陌生人，而且，正如他预料的那样，他结交了几个新认识的人并玩得很开心。

> **➢不一致**
> 我们的不准确的自我知觉与现实之间的差距。
> **➢自我实现预言**
> 作为被预言、预期或谈论的结果而发生的事件。

自尊对人们做出的预言产生重要的影响。举例来说，具有正面自尊的人们积极地看待成功，并自信地预言他们能够再次获得成功；而具有低自尊的人们则把成功归因于运气，所以，他们预言不会再次取得成功。

其他人对你做出的预言同样影响着你的表现和自我心像。例如，当老师认为学生聪明伶俐时，学生"买进"这种预期并进行学习。同样的，当老师认为学生愚钝蠢笨时，学生也许怎么也甩不掉这种被强加的预言，而且无法获得成功。所以，我们如何谈论自己以及怎么对待他人，都会对自我概念和自尊产生影响。

过滤讯息

我们的自我知觉能够被曲解的第二种方式，是通过我们过滤他人对我们说的话造成的。我们倾向于关注强化我们目前自我心像的讯息，而与这种心像相悖的讯息则可能不会"注册"或不被给予重视。例如，假设你为你的学习小组准备了一个议程，有人评论你是一名优秀的组织者，如果你在孩童时期听到有人说你的组织能力多么糟糕的话，那么，你也许不会真正听进这种评论，抑或你会低估这种评论，然而，如果你认为你善于组织，你就会关注这种恭维，并通过下面的回答来强化这种讯息："谢谢，我是一名优秀的组织者。我上班时已经从老板那里听说了。"

改变自我概念和自尊

自我概念和自尊是长期养成的特征，但是，我们可以改变它们。有时，有悖于你目前的自我概念和自尊的评论被吸收，并导致你缓慢地改变你的自我心像。某些情境看上去似乎加速了这个过程。当你在社会环境中经历一个深远的变化时，你很可能顺从地将新信息合并到你的自我心像上。当孩子开始上学或参加宿营（Sleep-away Camp）时，当青少年开始从事兼职工作时，当年轻人开始上大学时，当人们开始或终止工作及关系，成为父母或为丧失他们热爱的亲人而悲痛时，他们更有可能吸收这些讯息，从而与他们目前的自我心像发生冲突。

当我们希望改变自我概念和提高自尊时，治疗和自助方法能够帮助我们。克里斯多夫·姆鲁克（Christopher Mruk）通过大量分析的研究发现，提高自尊可以通过“艰苦的工作和反复的练
23 习——这是一个基本存在的事实，几乎无一例外”。

> 当你在社会环境中经历一个深远的变化时，你很可能顺从地将新信息合并到你的自我心像上。

那么，为什么自我概念和自尊对传播如此重要呢？这是因为我们的自尊影响我们选择与谁建立关系，影响我们与他们如何相互作用，影响我们在一个小群体中如何参与，以及影响我们在被要求发表演讲时如何感到轻松。研究者发现，“具有高自尊的人们非常愿意对他们的伙伴做出更多的承诺，而具有低自尊的人们则不太愿意对他们的伙伴做出更多的承诺”。

在本书中，我们认为，许多特定的传播行为是为提高你的传播能力而设计的。在你开始练习和完善这些技能时，你也许首先要接受对你的行为的正面反应。如果你继续运用这些技能，那么，你所接受的正面反应将有助于你改善自我概念和提高自尊。

自我概念、自尊和传播

正如自我概念和自尊影响我们怎样准确地感知自己一样，它们也通过在我们的自我交谈中调节对抗的内在讯息和影响我们的个人传播方式，对我们的传播产生影响。

自我知觉调节我们如何同自己进行交谈

自我交谈（Self-talk）是我们与我们自己进行的内心谈话。许多这类谈话是有关我们自己的谈话。具有高自尊的人们很可能进行积极的自我交谈，如“我知道，我能够做这件事”或者“在那次测验中，我真的发挥出色”，它们同样很可能是更准确的自我交谈。具有负面自尊的人们很可能过分加强消极的自我交谈，抑或反讽的是，他们也许过于夸大自我价值以弥补他们的自卑感，因此，他们也许告诉自己他们善于做一切事情。

自我知觉影响我们如何与他人谈论我们自己

如果我们对自己感觉良好的话，那么，我们就很可能积极地进行沟通。举例来说，具有某种强烈自我概念和较高自尊的人们通常因他们的成功而得到好评。同样的，具有健康的自我概念的人们即使面对相反的意见，也倾向于坚持他们的观点。如果我们对自己感觉不好的话，那么，我们很可能通过贬低我们的成就，消极地进行沟通。

为什么有些人无论做了什么都会轻视自己呢？具有低自尊的人们很可能对他们做出的贡献的价值不自信，并认为他人消极地看待这些贡献。因此，缺乏某种自我概念和低自尊的人们发现，贬低他们自己要比听到他人的批评所造成的痛苦轻。因而，为了避免他人可能评论他们毫无价值，他们就先行一步了。

文化和性别影响

一个人的文化对自我知觉过程产生强烈的影响。在某些被描述为个人主义的文化中，人们强调自我和个人成就。在这些文化中，个人被当作社会背景下最重要的要素。在个人主义文化中，人们关注自我概念、自尊和自我心像。美国被认为是一个具有个人主义文化的国家。事实上，就此而言，本章所有的信息在知觉和自我概念上都反映了一个个人主义文化的视角。其他文化被认为是集体主义文化，而且，它们往往低估个人，群体和社会规范在集体主义文化中更为重要，人们被认为是相互依赖的，并按照
群体的观点来看待他们自己。自我概念和自尊的 24
概念在集体主义文化中没有意义。在某种个人主义文化中，在做出诸如选择一份新工作等决策的时候，你就会考虑对你自己是最好的决策。你可

> **➤自我交谈**
> 我们与我们自己进行的内心谈话。

能为了这份工作要远离家庭。上班时，你会希望自己在工作上收取报酬、得到评价和获得晋升，而不是群体如何表现。在某种集体主义文化中，你选择从事一份新工作的决策会由你的家庭集体做出，而你的家庭会希望这份工作离家较近。你的工资、业绩评价和晋升自然会取决于整个群体、团队或部门行使职责的情况。

类似地，男性和女性为了适应社会需要而把他们自己看成不同的人，并根据他们的行为是与他们文化中的性别预期行为相符，还是挑战他们文化中的性别预期行为而判断他们是谁。在我们的社会里，女性意味着什么和男性意味着什么有着各种标准。一个社会的性别预期必然对我们的知觉、自我意识以及自我的社会构建产生影响。在美国，男性通常被教导要将他们的自尊建立在他们的成就、地位和收入基础之上，而女性则被教导她们的自尊源自她们的外表和社会关系。因此，在没有考虑文化和性别影响的情况下，我们很难理解社会知觉的过程。互联网提供了有关自我概念和自尊话题的丰富资源，许多资源都提供了人们认为有益的建议。你可以使用一个像Google那样的搜索引擎，寻找并查看这样的站点。

学习目标 3　他人知觉

当我们遇见他人时，我们面临许多问题：我们有共同之处吗？他人接受并重视我们吗？我们能够融洽相处吗？因为这种不确定性使我们感到不适，所以，我们就要设法减少这种不确定性。

查尔斯·伯格（Charles Berger）将我们用来克服不适的过程描述为不确定性降低。**不确定性降低**（Uncertainty Reduction）① 是为了更多地了解自我和他人，而监控社会环境的过程。当人们相互作用时，他们获得信息并形成对他人的印象。

例如，当尼科尔和贾斯廷在一次聚会上第一次相遇时，他们也许更多地关注对方的长相，因为那是他们最初拥有的有关对方的唯一信息来源。随后，他们询问对方有关专业、工作、爱好、兴趣以及他们可能共同认识的人们的问题。这种小型交谈有助于他们获得信息，这样就能够找到他们共同拥有的东西了。他们对对方以及找到的共性越多，他们对对方的不确定性就越少。这些知觉随着他们关系的发展而被强化、巩固或改变。可能影响他人知觉的因素包括身体特征与社会行为、他们的讯息、你对刻板形象的使用以及情绪状态。

观察身体特征与社会行为

社会知觉，尤其是第一印象，经常可以在身体特征与社会行为的基础上得到。根据人们的身体吸引力（面部特征、身高、体重、打扮、衣着、嗓音），我们很可能把人分为友善的人、时尚的人、聪明的人、冷静的人抑或与上述特征相反的人。在一项研究中，身穿夹克衫的职业女性被评价说要比穿着其他服装的职业女性更有工作能力。将你的孩子、叔叔或祖母的照片给某个朋友看，你的朋友有充分的理由可以单凭那张照片，对你的亲戚的人格形成各种印象！

> **➤不确定性降低**
> 为了更多地了解自我和他人，而监控社会环境的过程。

早期印象同样可以在一个人的社会行为的基础上得到。如果在上课的第一天，一名同学与坐在他附近的陌生人搭话，在课堂上做出幽默的发言，并在班级活动中做了最好的自我介绍，那么，你很可能对他形成自信、外向和友善的印象。

人们不仅在面对面的沟通中形成第一印象，

① 又译不确定性减少、不确定性化约等。——译者注

也可在在线互动过程中形成第一印象。人们通过他们的及时回复、在聊天室使用别名以及使用词汇、语法和网络礼仪（Netiquette）① 来关注创建恰当的在线印象。最初的在线互动常常始于 A/S/L② 问题，这类问题是询问某个人的年龄、性别和地点。这是一个开始认识的问题，这个问题为某个人减少对另一个人的不确定性提供了可能。

创建个人主页同样与自我认同和第一印象有关。对人们来说，创建个人主页是一个反思他们自己以及考虑他们想要如何向世人展现他们自己的机会，它是一种影响他人对你的第一印象的尝试。

有些对他人的判断是根据内隐人格理论做出的。**内隐人格理论**（Implicit Personality Theories）是人们已经形成的有关另一个人的身体特征、人格特质或行为的假设。因为你自己的内隐人格理论表明特定的人格特质相伴存在，因此，当你实际上只是观察到某个人的一种身体特征、特质或行为时，你很可能归纳并感知这个人所具备的全部身体特征。当你这样做时，你的知觉正在呈现所谓的**光环效应**（Halo Effect）。举例来说，希瑟看到马蒂娜亲自招呼和欢迎每个与会者，希瑟的内隐人格理论就会把这一行为看作一种热情特征的信号，并推断马蒂娜热情中带着友善，友善中带着诚实，因此，希瑟意识到马蒂娜是一个热情、友善和诚实的人。实际上，马蒂娜也许是一个骗子，利用她的热情，把人们诱惑进一种虚假的信任感之中。

这个事例演示了一种“正面光环”（Positive Halo）（希瑟赋予马蒂娜正面特征），但是，我们也可以使用内隐人格理论，错误地得出负面的特征。给出有限数量的信息，然后我们填补细节，这种填补细节的趋势导致了解释社会知觉的第二个因素，即刻板印象③。

使用刻板印象

或许，影响我们对他人知觉的最为人普遍所知的因素就是刻板印象。**刻板印象**（Stereotypes）
26 是“掩盖个人差异并把某些特征看成整个人类群体的属性”的做法。因此，当我们发现某人是西班牙裔美国人或穆斯林、滑板运动员、国际象棋选手、小学教师或护士——总之是他属于任何“可识别身份的群体”时，我们利用这一信息，认为这个人具有许多特征。我们将上述被感知的群体特征看成一个整体，这些群体特征可以是正面特征，也可以是负面特征，并且，它们既可以是准确的特征，又可以是不准确的特征。

我们很可能形成有关任何与我们有联系的群体的一般知觉。因此，任何数量的知觉暗示——皮肤的颜色、穿着的风格、宗教的标志、灰色的头发、洪亮的嗓音、昂贵的轿车等——都能使我们对某个具体的个人做出刻板印象的概括。一位教授也许看到一名留有紫色尖顶发型和身上有大量文身的学生，就想当然地认为这名学生是不服从当局、不把学校放在眼里以及寻求注意的学生，实际上，这名学生也许是一个恬静、严肃的好学生，他遵守法规，而且立志要成为一名研究生。一位顾客也许得出结论认为，为她提供服务的银行出纳员是一个专业的和有能力的人，因为这名出纳员身穿职业服装并以正确的语法讲话，然而，实际上，这名出纳员经常出错，而且，就要被老板开除了。按照 B.J. 霍尔（Hall）的观点，我们无法使用个人经验形成大多数刻板印象，相反，我们从家庭、朋友、同事和大众媒介那里习得刻板印象。因此，在我们获得任何个人“证据”

> **➤内隐人格理论**
> 人们已经形成的有关另一个人的身体特征、人格特质或行为的假设。
>
> **➤光环效应**
> 当你实际上只是观察到某个人的一种身体特征、特质或行为时，你很可能归纳并感知这个人所具备的全部身体特征。
>
> **➤刻板印象**
> 掩盖个人差异并把某些特征看成是整个人类群体的属性。

① 又译网络行为规范、网络礼节等。——译者注
② Age/Sex/Location 的缩略。——译者注
③ 又译固有成见、类型化印象等。——译者注

之前，我们采用刻板印象。而且，因为刻板印象支配我们感知的内容，所以，它们能够使我们注意证实它们的信息，而忽略与它们相悖的信息。

刻板印象可以导致成见和歧视。按照B.J.霍尔的观点，**成见**（Prejudice）是“一种以群体成员为基础，并用某种消极方式塑造某个人对另一个人或另一个群体的所感、所思、所为的严苛态度”。注意刻板印象与成见之间的区别。刻板印象是一套信条或预期，而成见则是一种积极的或消极的态度，但是，二者都与群体成员资格有关。刻板印象和成见均属于认知范畴——我们思考的事情。

另一方面，**歧视**（Discrimination）是一种由于群体成员资格而对某个社会群体及其成员采取的负面行为。虽然刻板印象和成见都涉及态度，但是，歧视却包含负面行为。举例来说，劳拉发现维斯弗，一个她刚刚遇到的男人，是一个穆斯林，她可能对他抱有大男子主义的刻板印象。如果劳拉是一位女权主义者的话，她可能使用这一刻板印象对他抱有成见，并想当然地认为他将希望女人比较恭顺。她就这样对他抱有这种成见。如果她在举动上表现出这种成见的话，那么，她就会采取拒绝和他一道参与课堂活动来歧视他。所以，在没有真正了解维斯弗的情况下，劳拉便使用了刻板印象对他抱有成见并歧视他。在这种情况下，维斯弗可能永远都不会有机会让劳拉知道他真正是什么样的人，而劳拉则可能失去与班上最出色的同学一起学习的机会。

情绪状态

情绪状态是在相互作用过程中，影响我们准确认识他人的最后一个因素。约瑟夫·福格斯（Joseph Forgas）根据研究得出结论认为：“人们在凭借他们当时的（自己的）感受认识和解释他人时，都带有广泛性和渗透性的倾向。”例如，你做实习大夫的申请被接受时，你的好心情很可能流露出来，这样，你也许会比在其他环境下更积极地认识其他事和其他人。然而，如果你刚刚得知你的汽车需要1 500美元的修理费的话，那么，你对周围人的知觉就很可能带上支付这个账单的消极情绪或焦虑的色彩。

我们的情绪也促使我们对知觉进行选择，忽略矛盾的信息。举例来说，如果尼克深深地被杰西卡所吸引，那么，他很可能只关注杰西卡的正面性格，而无视或忽略杰西卡显露给他人的负面性格。

我们的情绪状态同样影响我们的归因。**归因**（Attributions）是我们对他人的行为所给出的理由。在对人们做出判断的过程中，我们努力构建理由以解释人们的行为。按照归因理论（Attribution Theory），我们 27
所做出的决策——正确与否——要成为他人行为的理由，直接影响我们对他人的知觉。举例来说，假设你约你的合作者一起吃午饭，结果他12：20还没有到。如果你喜欢并尊重你的合作者，你就会把他的迟到归因于他无法控制的事情：出发前的最后一分钟接听一个重要电话、午饭前必须完成某项工作或者发生某种意外。如果你不是特别喜欢你的合作者，你就会把他的迟到归因于他能够控制的事情：忘了、没当回事或者故意迟到。在两种情况中，你的归因都会影响你对他的知觉，并可能影响你对他的态度。

与成见一样，我们所做出的归因可能过于强烈，以至于忽视了相反的证据。如果你和你的合作者关系不是很熟，当他最终还是如约而至，解释说他是在接听一个紧急的长途电话，你也许会认为他在说谎或对他的解释表示怀疑。

理解我们的身体特征和社会行为、刻板印象以及情绪状态影响我们对他人的知觉，是提高我们知觉准确性的第一步。下面我们要描述三种指导方针和一种传播技能，你可以以此提高对他人知觉的准确性。

> **➢成见**
> 一种以群体成员为基础，并用某种消极方式塑造某个人对另一个人或另一个群体的所感、所思、所为的严苛态度。
>
> **➢歧视**
> 一种由于群体成员资格而对某个社会群体及其成员采取的负面行为。
>
> **➢归因**
> 我们对他人的行为所给出的理由。

提高社会知觉

因为知觉的不准确性是知觉过程中常见的现象，加之知觉的不准确性影响着我们的传播方式，所以在成为一名有能力的传播者的过程中，提高知觉的准确性是重要的第一步。下列指导方针能够为你在构建对他人的准确印象和评价自身知觉的有效性过程中提供帮助。

1. 质疑你的知觉准确性

质疑知觉准确性，首先要说明“我知道我想、我见、我听、我尝、我闻和我感的内容，但我可能有错误。我还应该注意什么其他信息呢?”通过承认你可能忽视了某些事情，你就会对提高知觉的准确性感兴趣。

2. 为检验知觉寻找更多的信息

如果你的知觉只是根据一两条信息得出的，那么，试着多收集几条信息，以便使你的知觉具有良好的基础。注意你的知觉是不确定的——也就是说，你的知觉易于改变。获得有关人们更多信息的最佳方式，是要和他们进行交谈。不知道如何对待另一个群体的某个人，没有关系。然而，与其让不确定性导致你犯错误，不如与这个人进行

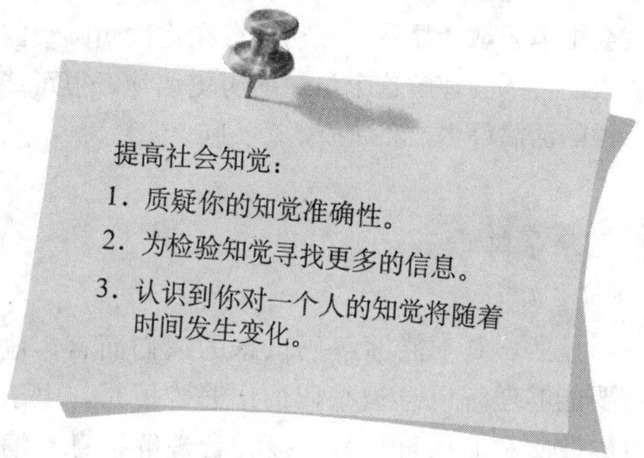

©RADIUS IMAGES/JUPITER IMAGES

交谈，并询问你需要的信息，这样你才更放心。

3. 认识到你对一个人的知觉将随着时间发生变化

人们经常将行为建立在旧信息或不完全信息的知觉基础之上。因此，当你遇到一个你有一段时间没见面的人时，你就会希望与他重新熟悉起来，并让这个人当时的行为而不是过去的举动或声望，为你的知觉提供信息。一名以前的同班同学在高中时期“很闹”，而他很可能已经变成了一个成熟的、有责任感的成年人了。

学习目标 4　讯息知觉

在第 1 章里，我们讨论了传播过程的运作方式，并解释了谈话伙伴或讲话者以及受众把讯息用作传播媒介，通过这种传播媒介，他们尝试创建分享的意义。他们在分享意义方面取得的成功，取决于编码和解码过程，反过来，这个过程依赖于讯息被感知的方式。虽然许多事物都能够影响讯息知觉过程，但是，语境、参与者分享共同语言和非语言代码的程度以及讯息发送者在准备讯息过程中所使用的技能却是 3 个重要的因素。

语境原则！

在确定接收者如何理解讯息方面，最重要的因
28 素是讯息发送和接收的语境。我们使用语境暗示来帮助我们理解讲话者所发送讯息的内容和意图。例如，在几年前的一次团圆饭上，生性不喜欢争执的乔治的爸爸，寻求化解家庭成员的一场争吵，这场争吵是在两个姑妈之间进行的，他抬头看到餐桌上方的天花板上悬挂着的精美的水晶枝形吊灯，便问道：“你认为他们怎样打扫这盏枝形吊灯呢?”在这种情况下，因为这两位姑妈意识到乔治的爸爸讨厌争执，所以，她们立刻理解了“这个讯息”，没有继

续争论下去。此后，不管情况怎样，当任何家庭成员想要避免一次正在酝酿的争执时，他们就会简单地说：“那盏枝形吊灯怎么样?”随即，潜在的冲突就会烟消云散。显然，最初没有在这次团圆饭露面的人们，不会理解这个讯息的历史语境，很可能被所说的话搞得丈二和尚摸不着头脑。

显然，我们对某个人了解越多，我们就越有可能要与他分享对语境的理解，在这个语境中，我们的讯息被发送和接收。当我们不是很了解某个人时，抑或当我们与几个人进行交谈或面对大量的受众讲话时，我们发送的讯息就会被人们以很多不同方式感知。

分享的语言

显然，对于能够解码讯息的人们而言，他们需要能够理解讯息被编码的语言。但是，由于语言的性质和非语言符号，接收者理解讯息被编码的语言是可能的，却有可能误解发送者的意图。这种情况可能出现，因为发送者正在使用接收者不熟悉的词语，正在以模棱两可的方式使用具有多重意义的词语，正在滥用符号，抑或正在使用词语的个人或特殊的释义。因此，当贾斯廷告诉他的妻子，他打算“和几个人一起出去大约一个小时”，她也许预计他会在60～90分钟后回家。当他5个小时后到家时，她就有可能大发雷霆。贾斯廷可能认为，他所说的“大约”也许包括他不在家的任何附加时间，而他的妻子则把它看作是不到2个小时的时间。在这个事例中，虽然讯息以双方都“理解”的语言被发送出去，但是，他们没有分享意义，因为他们分别感知的这条讯息表示不同的时间长度。

编码和解码讯息的技能

虽然大量的因素可以凑在一起给准确地感知和解码他人的讯息造成困难，但是，我们还是能够彼此帮助，因为当我们仔细构建我们要发送的讯息时，我们努力分享意义。这意味着在我们形成我们的讯息时，我们需要选择特定的、具体的和准确的词语。我们必须小心地让我们的语言适应特定的倾听者或倾听者群体，这样，我们使用的词语很可能被感知为我们意指的内容。当我们向受众发表讲话时，在这种情况下，误解的可能性最大，我们需要使我们的讯息生动逼真，要使用明喻和隐喻来帮助受众“描绘”我们希望传达的内容。另外，我们还需要帮助我们的受众感知重要的内容，我们通过讨论某个想法、重复以及使用定向的过渡性短语所花费的时间比例，来提供我们讲话的讯息的重点部分。我们将在第3章里深入讨论上述各种技巧。

> **知觉核实**
> 一种反映你理解另一个人的非语言行为意义的讯息。

知觉核实

不论我们正在设法准确地感知我们自己、他人，还是我们接收的讯息，一种评价知觉准确性的方法就是要用言辞来表达它，并查看其他人是否同意你的所见、所闻和所解释的内容。**知觉核实**（Perception Check）是一种反映你理解另一个人的非语言行为意义的讯息。这是一个描述你的所见所闻并要求从对方那里得到反馈的过程。

知觉核实要求你

1. 观察其他人的行为。

2. 询问你自己：“那种行为对我意味着什么呢?”

3. 描述这个行为，并将你的解释变成文字，用以检验你的知觉。

下列事例说明了知觉核实的使用。在每个事例中，最后一个句子就是一种知觉核实，注意，知觉核实表述并没有表达对所接收的内容持赞成
29 或反对意见——它们完全是知觉的描述性表述。

瓦莱丽面无表情地走进房间，她没有和安说话，甚至没有发觉安在房间里。瓦莱丽坐在床边，两眼发呆。安说："瓦莱丽，出什么事了？你看上去一副受惊的样子。我没做错什么吧？我可以做点什么吗？"

在玛莎告诉詹妮她在化学课期中考试中遇到的困难时，她发现詹妮在笑。她对詹妮说："你在笑。我不知道该如何解释它，怎么了？"詹妮也许回答，她在笑是因为这件事使她想起了有趣的事情，或是因为她去年也遇到了这位化学老师，而且，他故意编制了一份极难的化学期中考试试卷来激励学生，但是，他后来其实在一个令人满意的成绩分布曲线上给他们打了分。

恺撒用一种简短明了的尖嗓门讲话，向比尔布置今天的工作。比尔说："恺撒，从你的声音里，我知道你对我很失望。对吗？"

因此，当我们使用知觉核实技能时，我们对从某个人的行为中感知的意义进行编码，并反馈编码，这样编码就可以被检验和改正。举例来说，当比尔说："我必然有这种印象，你对我很失望。对吗？"恺撒也许会说：（1）"哪里话，你怎么会有这种印象呢？"在这种情况下，比尔可以进一步描述他所获得的暗示。（2）"是的，我失望。"在这种情况下，比尔能够让恺撒说明什么使他产生这种感受。（3）"不，不是你；是因为我的三名团队成员在交接班时没到。"如果恺撒没有对比尔表示失望，比尔就可以剖析是什么导致他误解了恺撒的感受。如果恺撒对比尔表示失望，比尔就会创造机会改变造成恺撒失望的那种行为。

学 习 目 标

1. 讨论语言的性质和使用。

2. 识别提高语言技能的方法。

3. 理解什么是适当的和不当的讲话。

第3章

语言传播

语言是我们经常认为是理所当然的那类事情之一。

——托马斯·霍尔特格拉弗斯（Thomas Holtgraves）[①]

就各种原因而言，我们有时形成讯息的方式使得他人难以理解。有时，问题在于我们说的话，而在其他时候，问题则在于我们说话的方式。正如应用语言领域一位重要的学者托马斯·霍尔特格拉弗斯提醒我们的那样，“语言是我们经常认为是理所当然的那类事情之一”。然而，我们还是能够在各个方面提高我们的语言使用技能。在本章中，我们讨论语言的性质和使用以及如何提高我们的语言技能。

你怎么认为

传播准确的细节要比传播一般的想法重要。

强烈反对						强烈赞同
1	2	3	4	5	6	7

学习目标1　语言的性质和使用

语言（Language）是一组符号（最常用的词语）和相同语言集团的人们在传达讯息时常用的体系。

> **➤语言**
> 一组符号（最常用的词语）和相同语言集团的人们在讯息中常用的体系。

① 托马斯·霍尔特格拉弗斯，美国波尔州立大学心理学教授。著有《社会行动的语言：社会心理学和语言使用》（*Language as Social Action: Social Psychology and Language Use*）、《社会心理学和语言：词语、讲话方式和会话》（*Social Psychology and Language: Words, Utterances and Conversations*，2010）等。这句话出自《社会行动的语言：社会心理学和语言使用》一书。——译者注

语言集团（Speech Community）也被称为语言社群（Language Community），是讲相同语言的一群人。世界上，语言集团的数量在3 000～4 000个之间，语言集团母语讲话者的人数，从残存的几个人到百万之众不等。在世界语言集团中，约60%的语言集团少于10 000人。最大的5个语言集团，按顺序是汉语、英语、西班牙语、阿拉伯语和印地语。

词语（Words）是语言集团用于表示物体、思想和感受的符号。而用于表示物体、思想和感受的确切词语却是随意的，因为一个作为符号的词语必须得到语言集团成员的认同，才能表示特定的物体、思想和感受。因此，不同的语言集团使用不同的词语符号来表示相同的现象。例如，耕种的季节，讲英语的语言集团称为“spring”（春天），而讲法语的语言集团则叫作“pretemps”（春天）。

> **➢语言集团**
> 讲相同语言的一群人（也被称为语言社群）。
> **➢词语**
> 语言集团用于表示物体、思想和感受的符号。
> **➢萨丕尔—沃尔夫假说**
> 一种主张语言影响知觉的理论。

32

语言集团不仅在它们所使用的词语上存在差异，而且，在它们组合词语形成讯息的方式上也存在着差异。一条讯息的结构，由某个特定的语言集团演变而来的语法和句法规则决定。例如，在英语中，一个句子必须至少有一个主语（一个名词或代词）和一个谓语（一个动词）。用英语进行表述时，主语要放在谓语之前。

事实一点通——语言游戏

在20世纪中期，德国哲学家路德维希·维特根斯坦（Ludwig Wittgenstein）①为了想象语言符号（词语）在人们尝试彼此传播讯息过程中如何达到它们的目标或获取意义，创造了他称作“语言游戏”的概念。维特根斯坦的游戏描绘了在一个建筑项目中，一名建筑工人向提供原料的助手发出指令的画面。当这名建筑工人要“支撑木料”、“柱子”、“背板”或“方形木材”时，这个助手为了满足要求就会找来具有相应名称的原料。你能够想象一个可以用来说明人们怎样才能实现对他们正在使用语言的共同理解的情节吗？

语言影响人们的思维方式和他们关注的事情。这一概念被称为**萨丕尔—沃尔夫假说**（Sapir-Whorf Hypothesis），这个假说是以两位理论家爱德华·萨丕尔（Edward Sapir）②和本杰明·李·沃尔夫（Benjamin Lee Whorf）③的名字命名的。语言通过命名为我们提供感知世界某些方面的可能，也通过没有命名为我们提供忽视世界某些方面的可能。举例来说，如果你从事像时尚和室内设计那样的工作，而这些工作涉及许多色彩差异的不同词语，那么，你就能够感知色彩的比较细微的差异。辨别各种白色系的词语，如淡褐色、淡黄褐色、浅黄色、象牙色、珍珠白、骨灰瓷白或古董白，实际上有助于你发现白色的深浅差异。类似地，在词语被创造出来描述概念之前，人们和社会并没有完全感知各种概念。想一想，在最近几十年，相对较新的词语被增补到美国英语辞典中，

① 路德维希·维特根斯坦（1889—1951），哲学家，生于奥地利维也纳。早年在柏林大学和曼彻斯特大学攻读工程学。后对数理逻辑发生兴趣并师从英国哲学家和数学家伯兰特·罗素（Bertrand Russell，1872—1970）。一战期间，他在奥地利军队服役时，写出《逻辑哲学论》（*Tractatus Logico-philosophicus*，1921）一书，1929年起在剑桥大学授课，将《逻辑哲学论》作为博士论文发表。1936年至1949年，撰写《哲学研究》（*Philosophische Untersuchungen*，1953）一书。另外，他还著有《蓝皮书和棕皮书》（*The Blue and Brown Books*，1958）、《哲学评论》（*Philosophische Bemerkungen*，1964）、《论确定性》（*On Certainty*，1969）等。1938年人英国籍。值得一提的是，他在《哲学研究》一书中提出“语言游戏”概念，认为“语言游戏”主要强调“语言是一个活动或一个生活形式的一部分”。——译者注

② 爱德华·萨丕尔（1884—1939），语言学家、人类学家、美国艺术和科学院院士，生于德国劳恩堡。被公认为美国语言学早期发展的最重要的人物之一。儿时随父母移居英国，后定居美国。1909年获得哥伦比亚大学博士学位，先后在加利福尼亚大学、宾夕法尼亚大学、芝加哥大学和耶鲁大学任教并从事人类学研究。在哥伦比亚大学学习和任职期间，受到语言学家和人类学家弗朗茨·鲍阿斯（Franz Boas，1958—1942）的影响。著有《语言论》（又译《语言论：言语研究导论》，*Language: An Introduction to the Study of Speech*，1921）等。原著提到的“萨丕尔—沃尔夫假说”，源自他提出的“语言影响人类关于现实世界概念系统的形成”的假设，经其弟子本杰明·李·沃尔夫的发展，成为语言相对性的学说。这一假说成为人类文化语言学的基础。——译者注

③ 本杰明·李·沃尔夫（1897—1941），语言学家，生于美国马萨诸塞州温思罗普。1918年毕业于麻省理工学院化学工程专业。1931年在耶鲁大学学习语言学，深受萨丕尔的影响。作为萨丕尔的学生，他继承并发展了萨丕尔有关语言与文化、思维之间关系的思想。“萨丕尔—沃尔夫假说”也被称为“沃尔夫假说”、“语言决定论”、“语言相对论”。决定论即语言决定思维；相对论即思维相对于语言而存在，语言不同的人思维不同。美国心理学家约翰·比塞尔·卡罗尔（John Bissell Carroll，1916—2003）将其研究整理为《论语言、思维和现实：本杰明·李·沃尔夫作品选》（*Language, Thought, and Reality: Selected Writings of Benjamin Lee Whorf*，1997）一书。——译者注

如“约会强奸”（date rape）[1] 或“反男性态度”（male bashing）[2]。在这些词语被造出来之前，这些词语涉及的行为当然存在。然而，作为一个社会，直到语言允许我们命名这些行为的时候，我们才共同感知它们。

语言和意义

在表面上，语言和意义之间的关系看上去很清楚：我们选择正确的词语，使用被我们的语言集团认同的句法和语法规则来构建这些词语，而且，人们将正确地解释我们所表达的意义。实际上，语言和意义之间的关系并不简单，主要存在如下几个原因。

第一，词义具有人的属性，而不具有词语本身的属性。例如，胡安向朱利娅描述这家餐馆很贵，在这个语境下，他们每个人也许对词语“昂贵”具有不同的释义。或许，朱利娅认为一顿饭要花 40 美元算昂贵，而对于胡安来说，昂贵可能意味着一顿饭要花 20 美元。所有的词语，尤其是抽象词语，根据谁使用它们以及谁听见它们而具有不同的释义。想一想，人们赋予诸如责任、自由和爱情等词语所有不同的含义。

第二，复杂的语言和意义在于，词语具有两种意义层面的事实：外延和内涵。

外延（Denotation）是一个语言集团正式给出一个词语的直接、明确的意义——它的意义可以在辞典中找到。不同的辞典定义词语的方式也许存在细微的差异。举例来说，《微软电子百科全书世界英语辞典》（*Encarta World English Dictionary*）将“bawdy”一词定义为“ribald in a frank, humorous often crude way”（下流的，不加掩饰、轻佻、粗野的方式）。《剑桥美语辞典》（*Cambridge American English Dictionary*）则将“bawdy”一词定义为“containing humorous remarks about sex”（包含与性有关的轻佻言辞的）。相似吗？是的，但并不完全一样。另外许多词语有多种释义。举例来说，《兰登书屋英语语言辞典》（*Random House Dictionary of the English Language*）就为“great”一词罗列了 23 种释义。

内涵（Connotation）是我们由一个词联想到的感受或评价，内涵对我们理解意义甚至可能比外延还重要。C. K. 奥格登和 I. A. 理查兹（C. K. Ogden and I. A. Richards）是最早一批从传播者失败教训中思考误解的学者，他们发现，传播者对词语的主观反应取决于他们的生活经验。举例来说，当蒂娜说“我们买了一辆 SUV[3]（运动型多功能汽车），我认为，这是雪佛兰汽车公司制造的最大的 SUV”时，金可能会想：“究竟为什么每个人都希望拥有一辆油老虎呢？它们停车要占去很大的空间。”而莱克夏则可能说：“哦，我羡 *33*
慕你，我倒是很希望买得起一辆马力非常大的汽车，而且，在道路上跑时，我可以坐得很高。”词语的外延和内涵十分重要，因为唯一有价值的讯息就是被人们理解的讯息，不管它是否是你打算传播的讯息。

第三，语言和意义的复杂性还在于，词义可以根据被使用的词语所在的**句法语境**（Syntactic Context，一个句子中一个词语和它周围其他词语的位置）而变化。举例来说，在相同的句子中，一个人也许会说：“我喜欢到山区度假，那里的清晨凉爽宜人，而且，当你远足时，你很可能看到一些真正的珍稀动物。”大多数倾听者可能会理解为“清晨凉爽宜人”是指温度，“看到一些真正的珍稀动物”则是指动物不同

> **➢外延**
> 一个语言集团正式给出一个词语的直接、明确的意义。
> **➢内涵**
> 我们由一个词联想到的感受或评价。
> **➢句法语境**
> 在一个句子中，一个词语和它周围其他词语的位置。

① 强奸的一种。指发生于约会或浪漫关系背景下的强奸，约会强奸可以发生于女性拒绝发生性行为，随后，男性迫使她与他发生性关系。另外两种强奸类型分别是熟人强奸和陌生人强奸。——译者注

② 又译攻击男性、歧视男性等。——译者注

③ Sports Utility Vehicle 的缩略。——译者注

语言的使用

虽然语言集团在它们所使用的词语及语法和句法体系上存在差异，但是，所有的语言却都服务于相同的目的。

1. 我们使用语言命名、标识、定义和限定。因此，当我们认定某一音乐为“泰克诺音乐”(techno)① 时，就将之与“说唱音乐”(rap)②、“朋克摇滚乐”(punk)③、“流行音乐”(pop)、“哥特摇滚乐”(goth)④ 或“垃圾摇滚乐”(grunge)⑤ 进行了区分。

2. 我们使用语言评价。通过语言，我们表达了对谈话对象的正面或负面态度。例如，如果你看到霍尔比别人花更多的时间做出决策的话，那么，你就能把霍尔正面描述为“深思熟虑的人”，负面描述为“懒散拖沓的人”。一位杰出的语言学理论家肯尼思·伯克(Kenneth Burke)⑥ 将这种现象描述为强调层次和控制的语言力量。因为语言为我们比较事物提供了可能，所以，我们往往将那些事物判断为较好或较坏，这就导致了社会层次和一个权势等级。

3. 我们使用语言讨论我们直接经验之外的事情。语言能够使我们以假设的方式谈论我们自己、讨论我们直接经验之外的事情、谈论事件的过去和未来、交流不在当下的人和物。通过语言，我们能够讨论我们今后 5 年希望在何处的问题，分析上星期两个熟人之间进行的谈话，抑或了解有关我们赖以生存的世界所形成的历史。语言能够使我们学习他人的经验、分享共同的遗产以及对未来形成一个共同的愿景。

4. 我们使用语言谈论语言。我们能够使用语言讨论某个人怎样表达一句话，以及是否不同的措辞可以产生更为清晰的意义或更为正面的反应。举例来说，如果你的朋友说，她将在“今天下午”看望你，但是，直到下午 5 点，她还没有到，当你问她去哪儿了时，你们两个人很可能就要为你们的沟通以及你们每个人对“今天下午”的不同解释进行讨论了。

寻常或特殊之处。

第四，某个语言集团使用的语言将随着时间的变化而变化。语言以多种形式变化，其中包括新词的创造、旧词的废弃、在社会组成部分中形成变化的词义以及由于文化融合造成词语的涌入。举例来说，《梅里亚姆—韦伯斯特大学辞典》(*Merriam-Webster's Collegiate Dictionary*)最新版收录了上万个新词和用法。

人们创造新的词语来表达新的思想。例如，年轻的一代人、商人、科学家以及其他许多人意识到，为了更好地表达他们的世界正在变化的现实，他们就要发明新的词语或规定词语不同的意义。例如，“bling bling”(珠光宝气的)被用来描述闪闪发光的珠宝和装饰品，“e-tailing”(网络零售)是互联网零售业销售，“bioinformatics”(生物信息学)是一个与生物信息数据库创建和维护有关的研究领域。在过去的 20 年里，人们创造的全部词汇，为我们传播新技术的激增提供了可能。所以，我们“google”(用谷歌浏览器)获得信息，在我们的“laptop”(笔记本电脑)上使用“wifi”(无线网络)，并且，在我们撰写“blog”(博客)时，聆听“podcast”(播客)。年长的一代人频繁使用的词语，随着它们不再描述目前的现实或被更新的词语所取代而逐渐消失。“cellophane”(玻

---

① 一种利用电子技术演奏的节奏鲜明的舞曲。——译者注

② 节奏快而强，配有快速念白的现代音乐。——译者注

③ 流行于 20 世纪 70 年代后期和 80 年代初期的摇滚乐。——译者注

④ 由朋克摇滚乐发展而来，流行于 20 世纪 80 年代，歌词通常涉及世界末日、死亡或邪恶等内容。——译者注

⑤ 流行于 20 世纪 90 年代初期的摇滚乐。——译者注

⑥ 肯尼思·杜瓦·伯克(1897—1993)，修辞学家、文学理论家和哲学家，生于美国宾夕法尼亚州匹兹堡。著有《永恒与变化》(*Permanence and Change*，1935)、《对历史的态度》(*Attitudes toward History*，1937)、《文学形式的哲学》(*The Philosophy of Literary Form*，1941)、《动机语法》(*A Grammar of Motives*，1945)、《宗教修辞学》(*The Rhetoric of Religion*，1961)、《象征行为的语言》(*Language as Symbolic Action*，1966)等。——译者注

璃纸）是多年前使用的一个词语，我们今天把它称作塑料包装。我们过去曾经使用 mimeograph
34 （油印机），而现在我们使用 copy machine（复印机）。此外，语言集团的一些成员还为旧词语发明了新的词义，用以区别语言集团的其他子集团。举例来说，在这个国家的一些地区，青少年用 stupid（愚蠢的、迟钝的、眩晕的、乏味的）表示 cool（很棒的、优秀的、一流的、酷的），如“That’s a really stupid shirt”（那是一件很棒的衬衫），并且，用 played 表示 tiresome（筋疲力尽的）或 boring（无聊的、无趣的、令人厌烦的），如“This party is played; Let’s go”（这个聚会很无聊，我们走吧）。

随着一个社会吸纳讲不同语言的移民，这个社会的文化也就变得更加多样，这个社会的语言逐渐采纳一些移民的母语词语。因此，在英语中，我们现在使用和理解曾经是外来语的词语，如 petite（娇小的）[1]、siesta（午睡）[2]、mench（一个正直诚实的人，一个正派的人，一个令人羡慕的人）[3]、kindergarten（幼儿园）[4]、ciao（喂，再见）[5] 以及成千上万的其他词语。类似地，某个子集团使用的俚语和行话最终也被这个较大的语言集团使用。因此，非裔美国人表示运动鞋的俚语 kicks，现在已经被一个更加多样化的美国讲话者群体使用和理解。

文化和性别对语言使用的影响

文化和性别均对如何使用和解释词语产生影响。文化在语言本身嵌入的意义以及从传播发生语境解释的意义方面存在着很大的差异。在**低语境文化**（Low-context Cultures）中，像美国或北欧国家，讯息是直接的，而且，语言也是非常特定的。讲话者确切地讲出他们的意思，而且，语言讯息也非常清楚，并提供大量的细节。在低语境文化中，讲话者打算表示的讯息并不严重地受到背景或语境的影响，相反地，后者被嵌入在语言讯息之中。在**高语境文化**（High-context Cultures）中，像拉丁美洲人、亚洲人和土著美国人，你若想从语言讯息理解讲话者真正表达的意思，将会严重地受到讯息发送的背景或语境的影响。所以，在高语境文化中，语言讯息也许是间接的，使用更多概括和含糊的语言。因此，在高语境文化中，接收者依靠语境暗示来帮助他们理解讲话者的意思。

当来自低语境文化的人们和来自高语境文化的人们相互交流时，理解的问题就会经常出现。设想一下，来自一家德国公司的伊萨克和来自一家中国公司的赵某正在试图做生意的情景。

伊萨克：“让我们开始认真考虑这件事吧。希望你们能够按照我给你发送的工程合同上讲清楚的6个月的制造说明，每个月提供10万个零部件。如果质量控制发现差错率超过2%以上的话，那么，我们就必须中止合同。你能够同意这些条款吗？”

赵：“我们非常高兴跟你们做生意。我们制造最高质量的产品，并将很荣幸地满足你们的要求。”

伊萨克：“但是，你们能够供应确切数量的零部件吗？你们能够满足我们全部工程说明的要求吗？你们能够做到始终保证差错率小于2%吗？”

赵：“我们是一家优秀的、值得信赖的公司，将向你们发送最高质量的零部件。”

> **➢低语境文化**
> 在这种文化中，讯息是直接的、特定的和详细的。
>
> **➢高语境文化**
> 在这种文化中，讯息是间接的、概括的和含糊的。

---

[1] 源自法语。——译者注
[2] 源自西班牙语。——译者注
[3] 源自意第绪语。——译者注
[4] 源自德语。——译者注
[5] 源自意大利语。——译者注

伊萨克也许认为，他被赵所使用的概括的、模棱两可的语言搞得灰心丧气，而赵则可能被这条讯息中直截了当的问题、特定的语言以及感觉到的威胁搞得大为恼火。全球性移民、商业和旅游业正在使互动日益增多，出现在习惯于高语境或低语境预期的人们之间。随着这种情况的发生，误解的可能性就会增加。所以，要成为一名有能力的传播者，你就需要了解、弥补或适应谈话伙伴的文化预期。

男性和女性的社会预期影响着语言的使用。按照伍德（Wood）的观点，**女性语言风格**（Fem-
35 inine Styles of Language）通常使用移情和支持词语，强调具体和个人的语言，并在讲话中表现出礼貌和迟疑。**男性语言风格**（Masculine Styles of Language）经常使用地位和问题解决的词语，强调抽象和概括的语言，并在讲话中表现出自主和控制。

女性语言经常包括像这样的移情措辞："我能够理解你的感受"或者"我有过类似的经历，所以，我可以理解你的感受"。同样的，女性语言经常包括像这样的支持语言："你正在经历困境，我非常遗憾"或者"请让我知道，我是否能够以某种方式帮助你"。女性语言通过给出特定的事例和个人披露来逐一细述。女性给人的印象是要彬彬有礼地进行讲话，采取关注他人的方式和使用不太有说服力的语言。如"I may be wrong but...it's just my opinion...maybe...perhaps...I don't want to step on anyone's toes here..."（我也许错了，但是……这就是我的看法……大概……或许……我不想得罪这里的任何人……），都是与女性讲话风格有关的词语和短语。

相反[①]，男性讲话风格经常通过使用"I know that...my experience tells me..."（我知道……我的经验告诉我……）等短语来强调地位，并通过使用"I would...you should...the way you should handle this is..."（我愿意……你应该……你处理这个问题的方式应该是……）等短语来沟通、解决问题和给出建议。男性沟通风格也许喜欢进行假设的或概括的讨论，并避免给出有关一个人的个人信息。男性给人的印象是，一个人的语言必须有说服力、直接和在控制之下，如"definitely, I have no doubt, it is clear to me, I am sure that..."（一定，我不怀疑，我清楚地看到，我相信……）等短语。

女性和男性都可以使用男性和女性语言，虽然社会一般认为女性要使用女性语言，男性要使用男性语言。一种语言风格并不是天生就比另一种语言风格好，但是，每种语言风格也许都要更好地适合于某些传播情境。

学习目标 2　提高语言技能

> ➢**女性语言风格**
> 使用移情和支持的词语，强调具体和个人语言，并在讲话中表现出礼貌和迟疑。
> ➢**男性语言风格**
> 使用地位和问题解决的词语，强调抽象和概括语言，并在讲话中表现出自主和控制。

无论我们是与一个朋友进行交谈、在一个特别工作组工作，还是发表一篇演讲，我们都应该在讯息中努力使用语言准确地表达我们的意思。我们能够通过选择特定的语言、 36
发展语言的生动性和侧重点、提供细节和事例、注明信息发生的时间以及标识归纳来改善我们的讯息。

选择特定的语言

当我们以特定的语言讲话时，我们要帮助倾听者确定我们的词语的意义近似于我们打算表达的意思。比较下列对一辆汽车侥幸躲过撞击的两种描述："有个疯子

① 原著此处误拼为"By contract"，应为"By contrast"。——译者注

刚才开车差点撞到我”和“一个小时前，一个上了岁数的男人驾驶着一辆被撞坏的本田思域轿车冲过卡尔霍恩和克利夫顿路口的红绿灯，只差几英寸就撞到我的车，当时，我正在十字路口等着左转弯”。在第二种描述中，讯息使用更为特定的语言，因此，比起第一种描述，谈话双方很可能对这种情境有一种更近似的知觉。

在通常情况下，当我们设法表达我们的思想时，首先出现在脑海里的词语实际上都是一般的词语。**特定的词语**（Specific Words）是将人们理解的内容从总体范畴缩小到该范畴内的某个特定类别，以澄清由一般的词语造成的混乱。特定的词语比一般的词语更加具体和准确。我们怎样才能把话讲得更加明确呢？

当我们选择一个最准确或最正确地反映我们讲话意义的词语时，我们就可以更加清楚地讲话。起初，我可能会说：“韦伦在今天召开的会议上发脾气。”随后，我可能会想：“他真的露出了不悦之色吗？”所以，我说：“说得更准确些，他没有真的生气。或许，他是因为看到我们的团队没有什么进展感到比较沮丧或不耐烦吧。”在词语方面，这两种表述有什么区别吗？通过仔细地选择词语，你可以表明意义的细微差别。其他人也许对你描述某个团队成员面露不悦之色、沮丧或不耐烦做出不同的反应。其他人获得的对韦伦行为的解释，在很大程度上取决于你所选择的词语。当选择具体或准确的词语时，或当人们使用细节或事例时，特定的语言便得以实现。

具体的词语（Concrete Words）是符合我们感官要求的词语。思考一下词语“speak”（讲话，说话），这是一个抽象的词语——也就是说，我们可以以许多不同的方式讲话。所以，与其说“吉尔以一种古怪的方式讲话”，我们也许用更为特定的方式说“吉尔喃喃而语道，吉尔低声说，吉尔咆哮道或吉尔低沉地说道”更好些。上述每个词语都对她的嗓音创建了一个更为清晰的意义。

当我们使用准确的词语时，我们就会更加明确地讲话。**准确的词语**（Precise Words）是将一个较大范畴的词语限制到该范畴内某个较小类别的词语。举例来说，如果内瓦说鲁本是一名“蓝领工人”，她提到了一个总体范畴，那么，你就会描绘出无数的职业，从而落入这个宽泛的范畴。相反，如果内瓦再准确一些，把鲁本说成是一名“建筑工人”，那么，你能够描绘的图像数量就可能大大减少。这样，你只要从建筑工人的子范畴选择图像，意义就很可能更接近内瓦想象的图像。如果内瓦再准确些的话，她也许认为鲁本是“一名推土机手”。这进一步限制了你的图像选择，并很可能与她打算让你拥有的图像一致。

当我们拥有大量可用的词汇时，选择特定的语言就比较简单。第一种提高你的词汇量的方法，是要学习增加词汇量的书籍，这类书籍在大多数图书馆和书店都可以得到。第二种提高你的词汇量的方法，是使用一本辞典查阅你读到或听到的不理解的词义，并把它们添加到一个你不断学习的词汇表上。第三种提高你的词汇量的方法，是使用一本辞典（列出词汇及其同义词）来识别同义词，这些词语要比你最经常使用的词语更加具体和准确。

> **➢特定的词语**
> 将人们理解的内容从总体范畴缩小到该范畴内的某个特定项目或类别，以澄清由一般性词语造成的混乱。
>
> **➢具体的词语**
> 符合人体的感官要求，并有助于我们看到、听到、闻到、尝到或触摸到的词语。
>
> **➢准确的词语**
> 限制一个较大范畴的词语。
>
> **➢生动性措辞**
> 充满活力的、强健有力的、欢快明亮的和感情充沛的措辞。

发展语言的生动性和侧重点

因为倾听者无法简单地“重新阅读”你所讲述的内容，所以，有效的语言讯息要使用生动的措辞和适当的侧重点来帮助倾听者理解和记住讯息。

生动性措辞（Vivid Wording）是充满生命的、强健有力的、欢快明亮的和感情充沛的措辞。例如，一个新出道的棒球评论员也许会说：“杰克逊做出了一个漂亮的接球动作”（Jackson made a great catch），但是，一位经验丰富的体育评论员做出的生动解说可能是：“杰克逊飞身跃起，做出了一个惊人的单手接球动作，就像冲入中场的一道屏障（Jackson leaped and made a spectacular one-hand catch just as he crashed into the center field wall)”。词语“惊人的”（spectacular）、“飞身跃起”（leaped）、“单手接球”（one-hand catch）和“横冲直撞”（crashed），逼真地描绘出这项体育运动的语言画面。生动的讯息始于生动的思想。如果你能够在身心上理解你要表达的意义，你就更有可能生动地表达你自己。

生动性可以通过明喻和暗喻快速地得以实现。**明喻**（Simile）是一种不同事物间的直接比喻，通常用词语“像……一样”（like）或“如同”（as）来表达。诸如“她走起来像只鸭子”（She walks like a duck）和“她像夜莺一般歌唱”（She sings like a nightingale）这类老套的比喻手法，都是明喻。**暗喻**（Metaphor）是在比较的事物之间创建一种形容特性的比喻。暗喻不说一个事物像另一个事物，而是说一个事物是另一个事物。因此，问题轿车是“令人讨厌的东西”（lemons），一个内场漏洞多的棒球队就是一个“防守不严的球队”（sieve）。在你思考并设法提出明喻和暗喻时，要避免使用老套的比喻手法。虽然我们在谈话中经常使用明喻和暗喻手法，但是，当我们发表讲话时，它们却是一种对发展生动性尤为强大的方法。要努力培养和练习一两种不同的、原创的暗喻或明喻手法，在你练习讲话时，看一看哪一种比喻手法最有效。

最后，虽然你的目标是要使语言生动，但是，一定要确保你所使用的词语可以被全部倾听者所理解。初学乍练的讲话者可能错误地认为，如果他们使用夸大的词语，他们就能给人留下更为深刻的印象，但是，“夸大的”词语可能会令受众感到不快，使讲话者看上去似乎华而不实、装模作样或夸夸其谈。当你在常见的生动性词语或形象化比喻与较为晦涩的生动性词语或形象化比喻之间进行选择时，你要选择比较常见的生动性词语或形象化比喻。

> **➢明喻**
> 一种不同事物间的直接比喻。
> **➢暗喻**
> 在比较的事物之间，创建一种形容特性的比喻。
> **➢侧重点**
> 给某些词语或观点增加的分量或重要性。

侧重点（Emphasis）是给某些词语或观点增加的分量或重要性。侧重点告诉受众应该认真注意的内容。观点则是通过均衡、重复和过渡的使用加以强调的。你可以通过花大量时间讨论观点来强调观点。你讨论某个观点用的时间比较多，倾听者就会认为这个观点比较重要，而一带而过的观点就会被倾听者认为是不太重要的观点。重复侧重点是指不止一次地说出重要的词语或观点。你既可以重复确切的词语，如“一个几乎或完全环绕礁湖的环形珊瑚岛，被称为环状珊瑚岛——环状珊瑚岛”，也可以用不同的语言，换一种方式叙述观点，如“这个测验由4个问答题组成；也就是说，有关测验的所有问题都是需要你详细讨论材料内容的。”通过过渡突出侧重点，是指使用词语来表明你的观点之间的关系。有些过渡是用来进行总结的，有些过渡是用来进行澄清的，而其他过渡则是用来进行预测的。简单的词语过渡可以增添内容［also（也）、and（和）、likewise（同样地）、again（又）、in addition（此外）、moreover（此外，再者）、similarly（类似于）、更进一步地（further）］，可以形成看法、表明逻辑关系、总结或表示结果［therefore（所以）、and so（因此）、so（因而）、finally（最后）、all in all（总而言之）、on the whole（大体上）、in short（总之）、thus（从而）、as a result（结果）］，可以说明变化趋势或提供对比［but（但是）、however（然而）、on the other hand（另一方面）、still（仍然）、although（尽管）、while（虽然）、no doubt（无疑）］，可以说明理由［because（因为）、for（由于）］，还可以表示因果或时间关系［then（在那时）、since（自……以来）、as（在……的时候）］，可以解释、举例说明或限定［in other words（换句话说）、in fact（事实上）、for example（例如）、that is to say（也就是说）、more specifically（更明确地）］。

提供细节和事例

有时，我们可以通过补充细节或事例来对讯息 *38* 加以阐明。举例来说，琳达说：“Rashad is very loyal.”（拉沙德非常忠诚。）“loyal”（忠诚的，忠诚于某种思想、某个人、某家公司等）的词义是抽象的，所以，为了避免随意性和迷惑性，琳达可能会补充道：“当莎拉说格里闲话时，他[1]为格里进行了辩护。”琳达通过在忠诚这一抽象概念后使用一个具体事例来加以补充，更容易使倾听者在具体的或“真实的”经历中，为他们对此人个人品质的看法“提供依据”。同样的，我们可以通过细节来阐明讯息。比方说，“He lives in a really big house”（他住在一所很大的房子里），能够通过补充细节“He lives in a 14-room Tudor mansion on a six-acre estate”（在一片方圆6英亩的土地上，他住在一座有14间房间的都铎式大房子里）加以阐明。

“侧重点告知受众应该认真注意的内容。”

注明信息发生的时间

注明信息发生的时间（Dating Information）是指详细说明一个真实的或被认为是真实的事实所发生的时间或时间段。因为几乎所有的事情都随着时间而变化，所以，没有注明我们所说的话发生的时间，可以使某个人得出我们是现在说的，而不是那时说的结论。举例来说，波尔克说道：“我打算搬到亨德森城。”劳拉回答道：“好运气——他们在学校真的会遇到麻烦的。”在劳拉讲话的基础上，波尔克可能担心搬迁的后果将会落到他的孩子们身上。他不知道劳拉所说的有关亨德森城的信息是5年前的信息！亨德森城也许还存在各种问题，但是，这种状况可能已经发生了变化。假如劳拉回答道：“5年前，他们在学校真的会遇到麻烦。我不知道现在这种状况怎样，但是，你也许要去核实 下”，波尔克可能就会以不同的方式来看待这个信息。

这里还有两个事例。

没有注明时间的信息：鲍威尔教授在她讲课时确实充满热情。

注明时间的信息：鲍威尔教授在她讲课时确实充满热情——至少她在讲述传播理论课的最后15分钟里是充满热情的。

没有注明时间的信息：你认为玛丽沮丧吗？我感到惊讶。当我和她交谈时，她看上去似乎很正常，情绪高昂。

注明时间的信息：你认为玛丽沮丧吗？我感到惊讶。当我上个月和她交谈时，她看上去似乎很正常，情绪高昂。

为了注明信息发生的时间，你要在讲话之前，思考或发现信息发生的真实时间，并且在讲话中说出信息发生的真实日期或时间段。当我们在讲话时注明信息发生的时间，我们便增加了信息的有效性，也提高了我们的可信度。

> **➤注明信息发生的时间**
> 详细说明一个真实的或被认为是真实的事实所发生的时间或时间段。
> **➤标识归纳**
> 在表达归纳时，承认个人存在差异的心理和语言实践。

标识归纳

标识归纳（Indexing Generalizations）是在表达归纳时，承认存在个人差异的心理和语言实践。虽然我们也许一般认为购买梅塞德斯牌（Mercedes）轿车的人都是富人，但是，对于所有梅塞德斯牌轿车的购买者来说，这种观点并不正确。如

[1] 指拉沙德（Rashad）。——译者注

果我们只是得知布伦特购买了一辆顶尖的、非常昂贵的梅塞德斯牌轿车，这并不意味着布伦特是富人。所以，假如我们说："布伦特买了一辆梅塞德斯牌轿车，他一定是富人。"我们应该补充道："当然，并非所有购买梅塞德斯轿车的人都是富人。"

让我们再来思考另一个例子：

归纳：你的丰田牌汽车在更换刹车片之前，应该跑 50 000 英里；杰里就是这么做的。

标识的表述：你的丰田牌汽车在更换刹车片之前，应该跑 50 000 英里；杰里就是这么做的。但当然，所有的丰田牌汽车并不都相同。

为了进行标识，要思考一下，你打算说的话 39
是否可以将归纳应用到某个特定的人、地点或事物。如果可以的话，你就要对归纳适当地加以限制，从而使你的主张不偏离支持它的证据。

学习目标 3　适当地讲话

适当地讲话（Speaking Appropriately）是指选择适应倾听者的需求、兴趣、知识以及态度的语言和符号，避免使用疏远他们的语言。通过适当的语言，我们向不同于我们的人，表达我们的尊重和认同。有时，我们使用倾听者不理解或冒犯他人的词语。有些词语对我们过于熟悉，以至于我们忘记他人不了解它们的意义。同样重要的是，我们要考虑我们的词语可能对他人产生的影响。

使用倾听者理解的词汇

人们在了解和使用大量的词语的程度上存在差异。如果你有意识地努力扩展你的词汇量，如果你是一名如饥似渴的阅读者，抑或如果你花时间与选择使用大量各种词语的其他人进行交谈的话，那么，你或许就会拥有很大的词汇量。作为一名讲话者，你的词汇量越大，你从你的词汇中随心所欲地选择词语的可能性就越多。然而，拥有较大的词汇量的人们在与词汇量比较有限的人们进行沟通时，还是会遇到各种挑战的。作为一名讲话者，你必须设法将你的词汇量与倾听者的水平相适应，这样，你讲的话就会被倾听者所理解。一种评价另一个人词汇量的策略，是要倾听对方所使用词语的类型和难度，并从你的沟通伙伴那里获取信号。当你决心要超越沟通伙伴的词汇量时，你可以使用比较简单的词语的同义词或使用比较常见的词语构成的短语。调整你的词汇量以适应他人，并不意味着高人一等地对他们讲话。设法选择他人理解的词语，只是礼貌的行为和有效的沟通。

> **➤适当地讲话**
> 选择适应倾听者的需求、兴趣、知识以及态度的语言和符号，避免使用疏远他们的语言。
> **➤行话**
> 只被选择的群体所理解的专门术语。

为了适当地讲话

1. 要使用倾听者理解的词汇。
2. 要有节制地使用行话。
3. 使用俚语要符合情境的要求。
4. 要使用包容性语言。
5. 要使用礼貌性语言。

有节制地使用行话

行话（Jargon）是指专门术语，行话的意义只被某个根据他们共享的活动或兴趣而选择的群体所理解。我们可以形成一个特殊的语言集团，这个语言集团根据某种业余爱好或职业来发展某种共同的语言（行话）。从业医生讲一种他们自己的语言，医学领域内的人们理解这种语言，而医学领域外的人们则不理解。相同的情况适用于律师、工程师、教育工作者，而且，这种情况适用于所有的职业。如果你是一名如饥似渴的计算机用户的话，那么，你可能知道许多非计算机用户不知道的术语。同样的，有一种行话（Lingo）是伴随体育运动项目、剧院、品酒和科幻小说出现的，这种行话只是为了提到一些利益集团。有效使用行话的关键在于，只与其他讲相同行话的人们使用行话。当人们理解相同的行话时，那么，它的使用就便于沟通。如果你必须与不是这个职业或特殊利益群体的成员使用行话的话，那么，记住在你使用这个术语时要对它进行解释。在没有向外行解释的情况下，行话就会成为一种外语。

使用俚语要符合情境的要求

俚语（Slang）是指社会特定的群体发展和使用的非正式的词汇。它是随意的，而且，它有时故意被用来代替标准术语。俚语是一种另类的词汇，履行着某种重要的社会功能。俚语与某个核心集团联系在一起，这个核心集团使用相同的词语来强调某种分享的经历。但是，俚语同时也排斥没有分享这个术语的其他人。同时包容某些人和排斥其他人，使得俚语受到年轻人以及在所有文化中被边缘化的人们的欢迎。俚语也许源于青少年、城市生活、大学生活、帮派或其他语境。
40 一个青少年可能说：“My bad”（我的错），表示“I made a mistake”（我犯的一个错误）。“That's tight”（酷毙了）能够被解释为“That's great, fine, or excellent”（太棒了、太好了或太出色了）。你甚至可以在线找到各种俚语辞典。适当地使用俚语意味着要在各种人们理解的情境下使用俚语，但是，要避免与不懂俚语的人们使用。

有一种新型俚语是由数字和互联网技术发展起来的。计算机媒介传播专家瑟洛、伦格尔和托米克（Thurlow, Lengel & Tomic）解释了这种语言的特点，这些语言伴随着包括“Weblish”（网络英语）、“netlingo”（网络语言）、“e-talk”（网络电话）、“techspeak”（技术用语，科技人员经常使用的语言）、“wired style”（有线的风格）或“netspeak”（网话）在内的各种名称而传播。例如，由于即时讯息对速度的需求，人们打破了许多语法、文体以及拼写规则。许多人采用一种语音拼写类型，这种类型日益被这种语言团体所理解，却不被其他语言团体所理解。思考一下，网际空间使用的语言对传统的措辞所产生的下列问题：“wen wud u b hm”（When would you be home? 你什么时候回家?）。新的缩略词已经出现，如 jk（just kidding，只是开玩笑）、bbl（be back later，稍候回来）以及 lol（laugh out loud，放声大笑）。有些强调传统传播风格的传播专家，将这种网际空间的新语言看作错误的、不完善的或低劣的语言。虽然网际空间的人们希望形成他们自己的另类术语是很自然的事情，但是，将这种术语用于其他背景下还是值得怀疑的。

表明语言的敏感性

当你选择尊重他人的语言和避免他人认为是冒犯的用法时，你就是在表明语言的敏感性，因为他们是男性至上主义者、种族主义者或其他偏见者。通用性语言和非平行性语言是两种常见的不敏感的语言，这两种语言可以很容易被纠正。

通用性语言

通用性语言（Generic Language）是使用仅可能适用于一种性别、种族或其他群体的词语，就好像这些词语代表每个人一样。这

> **➤俚语**
> 社会特定群体使用的非正式的词汇。
>
> **➤通用性语言**
> 使用仅可能适用于一种性别、种族或其他群体的词语，就好像这些词语代表每个人一样。

种用法存在一个问题，因为它在语言上排斥了一部分人。下面的段落包括一些通用性语言的事例。

习惯上，英语语法要求使用阳性代词“he”（他）代表全体人类，而不顾及性别。在使用这个
41 规则时，我们会说：“When a person shops，he should have a clear idea of what he wants to buy.”（当一个人购物时，他应该清楚要买些什么。）尽管这是习惯用法，但是，当我们听到阳性代词“he”（他）时，我们很难描绘出两种性别的画面。

你可以采取两种方法之一来避免通用性语言。第一种方法是使用复数。举例来说，与其说“Because a doctor has high status，his views may be believed regardless of the topic.”（因为一个医生有着很高的地位，所以，不管话题是什么，人们也许都会相信他的观点。）你倒不如说：“Because doctors have high status，their views may be believed regardless of the topic.”（因为医生有着很高的地位，所以，不管话题是什么，人们也许都会相信他们的观点。）第二种方法是你不仅可以使用男性代词，也可以使用女性代词。“Because a doctor has high status，his or her views may be believed regardless of the topic.”（因为一个医生有着很高的地位，所以，不管话题是什么，人们也许都会相信他或她的观点。）A. D. 斯图尔特、库珀、L. P. 斯图尔特和弗雷德利（Stewart，A. D.，Cooper，Stewart，L. P. & Friedley）引用研究结果指出，使用“he or she”（他或她）以及对于较小范围的“they”（他们），倾听者经常形成女人和男人的思维图像。因此，当讲话者避免通用性语言时，倾听者就会更有可能感知讯息具有更多的性别平衡。

通用性词语“man”（人类，男人）的传统用法在指代全体人类时，便产生了另一个问题。许多已经成为我们语言组成部分的这类词语，天生就是男性至上主义者的词语，因为它们只指代一种性别。想一想词语“man-made”（人造的），这个词语的真正意义是一件由人类制造的产品，但是，这个词语潜在的内涵却是男性制造的产品。研究显示，当人们读到或听见上述这些词语时，他们通常想象成男人（而不是女人）。此外，当各种职务头衔以“man”（人，男人）结尾时，此地位的占有人就被假设为具有男性人格特质的刻板印象。

> **➤非平行性语言**
> 由于性别、种族或其他个人特征而造成词语变化的语言。
> **➤标记**
> 对一种描述附加性别、种族、年龄或其他名称。

就大多数性别偏好的表达而言，你可以使用或创建适当的替代词——举例来说，用“police officer”（警官，警员）代替“policeman”（警察），以及用“synthetic”（合成的，人造的）代替“man-made”（人造的）。与其说“humankind”（人类，男人），倒不如改变句法结构——从“All of mankind benefits”（所有的人类都受益），改变为“All of people in the world benefits”（世上所有的人都受益）。

非平行性语言

非平行性语言（Nonparallel Language）是由于性别、种族或其他个人特征而造成词语变化的语言。因为非平行性语言以不同方式对待人类群体，所以，非平行性语言同样受到轻视。两种常见的非平行性语言形式是标记和不必要的联想。

标记（Marking）是对一种描述附加性别、种族、年龄或其他名称。举例来说，一名医生是具有医学学位、得到许可行医的人。注意下面两个句子之间的区别：

琼斯是一名优秀的医生。
琼斯是一名优秀的黑人医生。

在第二个句子中，使用“黑人”标志是一种冒犯，它和医生职业无关。这种标记是不当的，因为你通过介绍无关的特征，轻视了这个人的作用。讲话者或许打算称赞琼斯，但是，倾听者却可能把这句话解释为琼斯是一名优秀的医生，“由于是一个黑人”（或女人、老人等），而没有提及琼斯是和一名白人医生（或一名男性医生、一名年轻医生等）一样优秀的医生。

第二种非平行性语言形式是突出一个人与另一个人的关系，而这种关系是毫无关联的。例如，把讲话者介绍为“格拉迪斯·汤普森，她的丈夫是爱克米公司的执行总裁，她是今年美国联合慈善总会（United Way）[①]的竞选主席”就是不当的。

① 又译美国联合劝募协会。——译者注

利用她丈夫的地位来暗示格拉迪斯·汤普森是主席，是因为她丈夫取得的成就，而不是她自己的成就。

通过监督你自己，你可以在语言选择上变得更具有包容性。你如何才能把话讲得更恰如其分呢？（1）使用倾听者理解的词汇；（2）有节制地使用行话；（3）使用俚语要符合情境的要求；（4）通过避免通用性语言和非平行性语言来表明语言的敏感性。

学习目标

1. 识别非语言传播的特征。

2. 识别我们进行非语言传播的信道。

3. 讨论我们的自我表现如何影响传播。

4. 根据文化和性别的不同，剖析非语言传播存在怎样的不同。

5. 理解提高非语言传播的指导方针。

第4章 通过非语言行为进行传播

43 在面对面的传播中，差不多60%的社交意义是一个非语言行为的结果。

我们都听过——和说过——“行动胜于雄辩”这句话。行动对于我们的传播非常重要。研究者估计，“在面对面的传播中，差不多60%的社交意义是一个非语言行为的结果”。换言之，我们赋予任何传播的意义，都是根据语言讯息的内容和我们对非语言行为的解释得到的，而对非语言行为的解释，则是伴随和围绕语言讯息产生出来。可是，解释上述非语言行动并不总是很容易做到的。

我们在本章中首先简要识别非语言传播的特征。接下来，我们描述当我们解释和归纳他人行为——身体语言（举止神态学）、非象征性嗓音（副语言）、我们的空间的使用（空间关系学）和自我表现暗示——的意义时，我们所使用的非语言信息的来源。然后，我们探讨非语言传播的意义如何可能根据文化、性和性别的不同而形态各异。最后，我们提出建议，这些建议有助于你提高解释非语言讯息的准确性，并提高他人能够准确解释你的行为的可能性。

你怎么认为

我讨厌在人们跟我交谈时站得离我很近。

强烈反对						强烈赞同
1	2	3	4	5	6	7

从广义上讲，非语言传播一词通常被用来描述人类全部的传播事件，超越了口语和书面词语的界限。特别地，**非语言传播行为**（Nonverbal Communication Behaviors）通常是伴随语言讯息所特有的身体动作和嗓音特征。这些行为通常被解释为有意图的行为，并在某一特定的文化或语言集团内取得了一致性的解释。

> **非语言传播行为** 通常伴随着语言讯息的身体动作和嗓音特征。

学习目标 1　非语言行为的特征

非语言传播与语言传播截然不同，因为非语言传播是连续的和多信道的。它可以是无意识的和不明确的。讯息的非语言部分是情绪的主要传播方式。

首先，非语言传播是连续的。虽然你可以选择形成和发送一则语言讯息，但是，你却无法控制你的非语言行为是否被解释为一则传播讯息。只要你出现在其他人面前，这个人也许会把你的行为看作沟通。当奥斯汀在上班时召开的会议上打哈欠并向户外远眺，他的同事们就会注意到这一行为，并赋予这一行为意义。一位同事也许将
44 这个行为解释为一种厌烦的迹象，另一位同事可能将这个行为看作一种疲劳的迹象。与此同时，奥斯汀显然将他的行为的全部讯息都发送了出去。

其次，非语言传播是多信道的。我们从各种非语言行为中感知意义，其中，非语言行为包括姿势、手势、身体动作、身体外貌、非语言嗓音习惯等。当我们解释非语言行为时，我们通常是根据对这些行为组合的知觉做出的。因此，安娜看到咪咪没有继续保持目光接触，低下头，不断地用脚尖踢泥土中的草根，就会断定这些暗示表明她的女儿撒谎说没有打弟弟。

再次，非语言传播可以是有意图的，也可以是无意图的。虽然我们小心地控制我们所发送的语言讯息，但是，因为非语言行为是连续的，所以，我们经常把没有控制的行为展现出来。例如，乔治·W·布什（George W. Bush）总统以“假笑”著称，假笑是一种非语言的面部习惯，可以是一种对另一个人的看法表示轻蔑的有意图的讯息，也可以是一种对公开讲话无意识的精神反应。然而，无论这种假笑是有意图的，还是无意图的，当我们看到这种假笑时，我们对它进行解释并赋予它意义。因为非语言行为是不容易控制的，所以，人们感知非语言传播要比语言传播更准确。因此，当你的非语言行为与你的语言讯息发生矛盾时，人们更有可能相信他们感知到的非语言传播。

又次，某个非语言意义可以是不明确的。任何行为都可以有许多意义。所以，不管布什总统意指什么，这种假笑都是一条不明确的讯息，而且，它可以被不同的受众以不同方式解释。

最后，非语言传播是我们情绪的主要传播方式。当我们倾听他人时，我们几乎完全根据他们的非语言行为，做出我们对他们的感受和情绪的解释。事实上，大约 93 %的讯息的情绪意义是以非语言方式传播的。因此，当贾内尔说：“我真的很好，但是，我要谢谢你的询问。”她的姐姐勒妮就会根据伴随着这句话的非语言行为，来理解真实的讯息。例如。如果贾内尔采用一种讥讽的口吻，那么，勒妮就会理解贾内尔在生某件事的气。如果贾内尔长吁短叹，避开她的视线，泪眼婆娑，轻声细语讲述他的讯息，那么，勒妮就会理解贾内尔真的很伤心，而且，在情绪上心烦意乱。

学习目标 2　非语言传播的来源

我们解释他人和展现我们自己的非语言讯息有着多种来源或信道。这些来源或信道包括身体的使用（举止神态学）、嗓音的使用（音性学或副语言）、空间的使用（空间关系学）以及自我表现。

身体的使用：举止神态学

在有关非语言行为的全部研究中，你或许最熟悉举止神态学。**举止神态学**（Kinesics）是对沟通时的身体动作做出解释的专业名称。身体动作是他人对你的身体或部分身体动作做出解释并赋予意义。上述身体动作包括你的手势、目光接触、面部表情、姿势以及你的触摸的使用等。

手势

手势（Gesture）是手、臂和手指的动作。你使用手势来描述或强调，然而，人们在伴随他们的口语讯息的手势使用数量方面却存在着差异，例如，有些人“用他们的手进行交谈”要远远多于其他人。有些手势被称为说明性手势，**说明性手势**（Illustrators）是论证语言讯息的手势。因此，当一个人说“大约这个高度”
45 或者“接近这个圆”时，我们希望看到伴随语言描述的一个手势。还有一种手势被称为象征性手势，**象征性手势**（Emblems）可以单独存在，并可以完全代替词语。当你竖起手指，垂直放在嘴唇上，它表示“安静”。在某种文化中，象征性手势自动取得了意见一致的意义，但是在各种文化之间，赋予特定的手势以特定的意义却可能存在着巨大的差异。例如，美国人表示“OK”（同意）的手势，在一些欧洲国家有着某种淫秽的性意义。作为一种对某种身体需求的反应而无意识出现的手势被称为**适应性手势**（Adaptors）。例如，你也许挠痒痒、扶眼镜，你也可能在感到冷时揉搓双手。你做这些手势并不意味着要沟通讯息，而其他人则注意到这些手势，并将它们与意义联系起来。

目光接触

目光接触（Eye Contact）也被称为**凝视**（Gaze），是当我们沟通时，我们以什么方式和在多大程度上注视他人。虽然目光接触的数量因人而异，并随着情境的不同而不同，但是，研究表明，讲话者保持目光接触占讲话时间的40%，而倾听者保持目光接触则占讲话时间的近70%。

通过目光接触，我们不仅表达我们的情绪，而且还监控在互动过程中正在发生的事情。我们如何注视一个人可以传达各种情绪，如愤怒、恐惧或温柔的感情。莎士比亚认为，我们通过目光接触表达情绪的强大力量，他指出“眼睛是心灵的窗户”。在目光接触的情况下，你可以通过观察发现一个人或受众何时或是否关注你、一个人或受众是否参与你正在讲述的内容，以及一个人或受众是否在对你的评论做出反应。

虽然目光接触的使用和意义随着文化群体的不同而各异，但是，在美国，有效的演讲者不仅为了监控讲话正在被接受的程度而与受众成员使用直接的目光接触，也为了创建友善的关系和表明他们的真诚而与受众成员使用直接的目光接触。没有与受众成员保持目光接触的讲话者，被认为是局促不安的人，并常常被认为是不真诚或不诚实的人。

面部表情

面部表情（Facial Expression）是对讯息沟通的情绪状态或反应的面部肌肉排列。在传递快乐、悲伤、惊讶、害怕、愤怒以及厌恶6种基本的人类情绪时，我们的面部表情尤为重要。显然，上述每种情绪特定的面部表情是普遍的，并不因文化的不同而各异。但是，我们可以有意识地选择掩饰在我们的脸上表达出的感受，或者装出我们没有这样的感受。

面部表情对沟通讯息的情绪部分如此重要，以至于人们发明

➢举止神态学
对沟通中所使用的身体动作的解释。

➢手势
我们的手、手臂和手指的动作，我们使用这些动作来描述或强调。

➢说明性手势
论证语言讯息的手势。

➢象征性手势
可以代替词语的手势。

➢适应性手势
对某种身体需求做出反应的手势。

➢目光接触（凝视）
我们以什么方式和在多大程度上注视与我们进行沟通的人。

➢面部表情
对讯息沟通的情绪状态或反应的面部肌肉排列。

了情感图标。**情感图标**（Emoticons）是一个为在线传递面部表情而键入符号的体系。例如，:—）传递一个微笑，而：—(则传递一个皱眉的表情。

姿势

姿势（Posture）是身体的位置和动作。从你的姿势中，其他人解释你是注意倾听的、尊重他
46 人的还是有支配欲的。**身体定向**（Body Orientation）是指与另一个人有关的姿势。如果你直接面对另一个人，这种情况被称为直接的身体定向。当两个人的姿势彼此成一定角度时，这种情况被称为间接的身体定向。在许多情境中，直接的身体定向表示注意和尊重，而间接的身体定向则表示不注意和不尊重。想一想你会在工作面试中怎样就座，你很可能坐直身体，直接面对面试者，因为你想要表达你的兴趣和尊重。面试者往往把一种懒散的姿势和间接的身体定向解释为不注意和不尊重。然而，在其他情境中，比如，与一个朋友进行交谈，一种懒散的姿势和间接的身体定向也许是适宜的，而且，可能并不携带注意和尊重的讯息。当你发表讲话时，笔直的站姿和平行的双肩有助于受众认为你是泰然自若和信心满满的人。因此，当你发表讲话时，你一定要把身体的重量平均分配在双脚上，这样你就会保持一种自信的举止风度。

触觉学

触觉学（Haptics）是对触摸的解释。触摸行为是非语言传播的一个基本方面。我们使用双手、双臂和身体其他部分轻拍、搂抱、接吻、捏拧、抚摩、攀抓、拥抱或胳肢他人。通过触摸，我们传播各种情感和讯息。在西方文化中，我们握手是出于社交和礼貌的目的，我们轻拍一个人的背部表示鼓励，我们拥抱一个人表明爱意，我们紧握举起的双手以示团结。

由于个人偏好、家庭背景或文化的不同，人们在触摸行为的使用以及对他人主动提供的触摸的反应方面存在着差异。有些人喜欢触摸他人和被他人触摸，而另一些人则不然。虽然美国文化相对是非触摸取向的，但是，在我们的社会里，触摸行为的种类和数量还是存在广泛的差异。看上去似乎适合一个人的触摸行为，也许被另一人认为是过分亲密或威胁的行为。此外，人们认为触摸的适当行为随着语境的不同而各异。在私下被认为是适当的触摸行为，在大庭广众面前就会令人感到尴尬。

嗓音的使用：音性学

根据副语言特征而对语言讯息做出的解释被称为**音性学**（Vocalics）。**副语言**（Paralanguage）是发出的嗓音，而不是口语讯息的语言部分。6个构成副语言的嗓音特征是音调、音量、语速、音质、声调和嗓音停顿。

音调

音调（Pitch）是嗓音语调的高低。人们为了强调观点、说明问题或表现紧张，而提高或降低音调以及改变音量。他们也许在紧张或害怕的时候提高音调，或在试图使讲话有说服力的时候降低音调。较低的音调往往传递较多的可信度和可信性。

音量

音量（Volume）是声音的大小。虽然有些人嗓门洪亮，声音传播很远的距离，但是，有些人却常常轻声细语。然而，不管他们平时音量多大，人们根据情境和讨论主题的不同而使用的音量确实大小不同。例如，人们在嘈杂的背景下谈话，希望被对方听见的时候，他们便大声进行交谈。他们也许在愤怒的时候改变音量，而在他们处于浪漫关系中或表达爱意的时候，他们讲话也许会

> **➤情感图标**
> 为传递在线讯息的各种情绪而键入的符号。
> **➤姿势**
> 身体的位置和动作。
> **➤身体定向**
> 与另一个人有关的姿势。
> **➤触觉学**
> 对触摸的解释。
> **➤音性学**
> 根据副语言特征而对语言讯息做出的解释。
> **➤副语言**
> 发出的嗓音，而不是口语讯息的语言部分。
> **➤音调**
> 嗓音语调的高低。
> **➤音量**
> 声音的大小。

温柔一些。

语速

语速（Rate）是一个人讲话时的速度。人们在高兴、害怕、紧张或兴奋时，讲话语速往往比
47 较快；而且，在他们大声讲出问题的解决方法或试图强调某个观点时，他们的讲话语速往往比较慢。

音质

音质（Quality）是一个人嗓音的音色或特征。每个人的嗓音都具有一种独特的音色：有些人的嗓音刺耳，有些人的嗓音有着烟熏火燎般的味道，有些人的嗓音具有铃铛般清脆的音质，还有些人的嗓音嘶哑或鼻音很重。

声调

声调（Intonation）是一个人嗓音的多样性、音调或音调的起伏和调整。有些人的嗓音声调很少，听起来单调。其他一些人的嗓音具有丰富的音调，而且，他们也许有着孩子般的音质。人们喜欢听到具有适度声调的嗓音。

嗓音停顿

嗓音停顿（Vocalized Pauses）是干扰流畅讲话的无关的声音或词语。悄悄进入我们讲话中最常见的嗓音停顿有“uh”（嗯）、“um”［（表示迟疑嗯］、“er”（嗯）、“well”（啊，这个）、“ok”（好），还包括那些几乎普遍成为美国人交谈当中的干扰词语，如“you know”（你知道）、“like”（好像）。有时，当我们瞬间需要搜寻准确的词语或想法时，我们使用嗓音停顿来控制转换。因为嗓音停顿不是有目的的讯息，偶然的嗓音停顿一般被解释讯息的人们所忽略。然而，当你开始过多地使用嗓音停顿时，其他人也许会认为你紧张或对你正在讲述的内容没有把握。随着你使用嗓音停顿的增多，人们将无法理解你所说的话，而且，他们也许认为你讲话不清楚，并认为你的想法没有经过深思熟虑。对于某些人来说，嗓音停顿的使用表现出的干扰非常具有渗透性，从而使得倾听者无法关注讯息的意义。

我们能够将讯息的副语言部分解释为补足、补充或与语言讯息传递的意义相抵触。因此，当琼说：“噢，那难道不是一个有趣的讯息吗?”我们如何解释她的意义将取决于伴随这句话的副语言。如果她改变通常的嗓音，这样，“噢”在音调和语调上都会发生变化，这句话的其余部分便以一种不连贯的单调口吻讲出来，那么，我们也许就将这种语音语调解释为与其他词语相抵触，并将她的讯息认为是挖苦的讯息。但是，如果她的嗓音音调随着每个词语升高的话，那么，我们就可能将这种语音语调认为是补充讯息，并推断她正在提出问题。

空间的使用：空间关系学

你曾有过在与某个人交谈当中感到“冷淡”或“亲热过头”吗？假如你分析你的感受，你可能发现你对这个人或正在被告知的事情的印象，都源于这个人站在离你多远的距离上。如果这个人站在看上去似乎比你习惯的距离远的地方的话，那么，你就可能会将这个距离解释为冷淡的距离。如果这个距离比你原本希望的距离要近的话，那么，你就可能会感到不舒服，并认为这个人亲热过头。

空间关系学（Proxemics）是某个人对你的空间使用做出解释的正式术语。人们将解释你如何使用周围的个人空间，你控制或占有的自然空间以及你选择装饰空间的人工制品。

个人空间

个人空间（Personal Space）是你在与他人相互作用时设法保持的距离。我们对个人空间的需求和使用源于我们的生物领地本性，这种本性将空间看作一种保

> **➤语速**
> 一个人讲话时的速度。
> **➤音质**
> 一个人的嗓音的音色或特征。
> **➤声调**
> 一个人嗓音的多样性、音调或音调的起伏和调整。
> **➤嗓音停顿**
> 干扰流畅讲话的无关的声音或词语。
> **➤空间关系学**
> 对一个人的空间使用的解释。
> **➤个人空间**
> 你在与他人相互作用时设法保持的距离。

护机制。你需要或看作合适的空间大小取决于你的个人偏好、你与另一个人或其他人的关系性质以及你的文化。虽然绝对空间的数量因人、讯息以及文化而异，但是，我们一般认为个人空间的大小随着我们关系的亲密度的增加而适当缩小。
48 例如，在美国主流文化中，4种截然不同的距离一般被认为是适当和适宜的，这取决于交谈的性质。这些距离在图4—1中做了说明。亲密距离被定义为18英寸，是适合知己、亲密朋友之间进行私人交谈的距离。个人距离从18英寸到4英尺，是随意交谈出现的距离。社交距离从4英尺到12英尺，是进行非个人业务的距离。公共距离是大于12英尺的距离。①

> **➢自然空间**
> 你施加控制的自然环境。

> 你需要或看作合适的空间大小，取决于你的个人偏好。

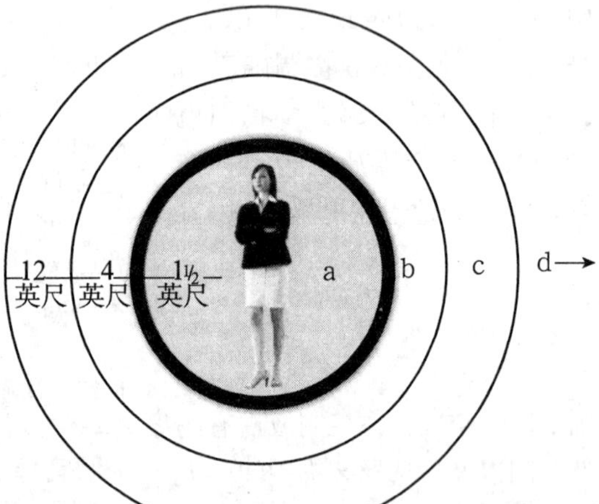

图4—1 美国主流文化中个人空间的距离水平

区域a，亲密距离：配偶、其他重要的人、家庭成员以及与我们有着某种亲密关系的其他人；

区域b，个人距离：朋友；

区域c，社交距离：商业伙伴和熟人；

区域d，公共距离：陌生人。

我们关注最多的距离是亲密距离——我们把亲密距离看作知己、父母以及年幼孩子之间适合亲密交谈的距离。当“外人”侵犯这种亲密距离时，人们通常会感到不舒服。举例来说，在一个电影院里，上座率不到1/4，人们往往在他们自己与他们不认识的其他人之间留出一个或多个空座位。如果一个陌生人在这种场合下坐在你旁边的话，那么，你就会感到不舒服或受到威胁，甚至可能离开这个座位。只有在特定的场合下，以及所有人都遵守这种潜规则时，违背我们的亲密空间才是可以接受的。举例来说，人们容忍挤在一个拥挤的电梯或地铁车厢里，甚至接触与他们不相识的其他人，只要其他人严格遵守这些“规则”，就是可以的。这些规则可以包括僵硬地站立着、注视着地板或车门上方的方向指示器，并且不与他人进行目光接触，还包括人们对是否接触不在乎或佯装不知。

自然空间

自然空间（Physical Space）是你施加控制的自然环境的部分。我们的领地本性不仅使我们保持个人距离，也使我们维护对我们所占有的自然空间部分的所有权要求。有时，我们没有意识到我们要求获得自己的空间的各种方式。在其他事例中，我们显然竭尽全力“标记”我们的领地。例如，雷蒙第一天上课很早就来到教室，找到一张空桌子，将他的背包放在桌子旁边的地板上，并把外衣放在椅子上。然后，他很快去了一趟洗手间。如果在雷蒙不在时，有人出现，移开雷蒙的背包和外衣，并坐在桌子旁边的椅子上，那么，这个人就侵犯了雷蒙“标记”的领地。如果你上课时经常坐在相同的座位上，那么，这个习惯就变成了一种记号，向他人表示某个特定座位的地
点是你的。其他学生就会把这个座位空着，因为 49
他们认为这个座位是你的。我们不仅可以通过标记来解释某个人的空间所有权，还可以通过标明一个人的座位以及这个人对空间大小所有权的要求，推断这个人在一个群体中的地位。在一个完善的群体中，具有不同看法的人们经常选择坐在

① 1英尺＝12英寸≈0.3048米。——译者注

桌子的两边，而支持者就会坐在邻近的座位上。因此，如果你是一个感觉敏锐的人的话，那么，你就能够通过观察人们选择的座位发现他们对某个问题的立场。从人们如何使用自然空间上，我们还可以辨别许多其他意义。

人工制品

人工制品（Artifacts）是我们用来装饰我们所控制的自然空间的物体和财产。当其他人进入我们的家、办公室或宿舍时，他们会环视四周并注意到我们在空间中选择摆放的物体以及我们布置它们的方式。接下来，他们就会赋予他们所看到的内容以意义。例如，当凯蒂去学校看望男友彼得时，她注意到的第一件物品便是一张悬挂在布告牌上的照片，在照片中，彼得拥抱着一个很可爱的女子，而她却不认识这个女子。她注意到的第二件事，是在他去上学时，她送给他的一张镶有她的照片的镜框，现在不见了。她由此得出结论，彼得没有履行在学校时不与其他女人约会的诺言。

我们在我们的空间里布置人工制品的方式，同样可以以非语言方式向他人传播。教授和商人已经学会在他们的空间选择和布置人工制品，人工制品可以对互动产生影响。我们曾经认识一位教授，他是一个容易被说服的人。因此，当他必须应付学生请求进入限定人数的班级时，他改变了办公桌的方向，办公桌通常面向窗外，而这样一来，办公桌就直接对着办公室的门。这种布置办公桌的方式使得学生无法进入他的办公室落座，并用他们悲惨的故事来破坏他的决定。相反，他们不得不站在绝对公开的走廊里就他们的情况进行恳求。在这个事例中，办公桌作为一个屏障，对他的好心肠起到了保护作用。

人们选择人工制品并不只是因为这个物品的功能，也是因为看中这个物品所传递的讯息。因此，当这个家庭的宝贝李得到第一份工作时，他首先为他的新公寓购买的东西，便是一台巨大的平板电视和一把皮革沙发椅。他选择这些东西主要是给已经获得成功的哥哥留下深刻印象。无论你选择人工制品是否是有意识地努力给别人留下深刻的印象，还是简单地反映你的品位或收入，当其他人进入你的空间时，他们就会注意到这些人工制品，并得出各种结论。

学习目标 3　自我表现暗示

人们通常根据我们的外表了解我们。这包括身体外貌、衣着和打扮以及我们对时间的使用。

身体外貌

人们根据他人的外表对他们做出判断。我们可以通过锻炼、饮食、整容手术等方法，在一定程度上控制我们的体型。但是，我们同样遗传了大部分的身体外貌，其中包括我们的体型以及诸如头发、眼睛等身体特征。我们的身体是他人注意我们的主要内容之一，而且，基于文化的刻板印象与 3 种基本体型有关。**肥胖型体质者**（Endomorphs）有着浑圆和沉重的体型，被刻板印象认为是善良、温和和快乐的人。**运动型体质者**（Mesomorphs）有着强健和结实的体型，被认为是精力充沛、对人友善和自信的人。**消瘦型体质者**（Ectomorphs）有着瘦弱和没有肌肉形成的体型，被刻板印象认为是机智、焦虑和谨慎的人。虽然并不是每个人都非常适合上述某种体型，但是，每个人都趋向于一种体型。即使上述刻板印象远远不够准确，我们也有大量轶事般的证据表明，我们大多数人使用体型刻板印象来形成我们对某个人的第一印象。然而，我们从体型来推断讯息同样随着文化的不同而各异。

> **➢人工制品**
> 我们用来装饰我们所控制的自然空间的物体和财产。
> **➢肥胖型体质者**
> 浑圆和沉重的体型。
> **➢运动型体质者**
> 强健和运动的体型。
> **➢消瘦型体质者**
> 瘦弱和没有肌肉形成的体型。

衣着和打扮

你的衣着和个人打扮传达有关你的讯息。今天，人们比以往任何时候都更注重使用服装选择、
50 形体艺术以及其他个人打扮，来表明他们是谁和他们支持什么。同样的，当我们遇见某个人时，我们很可能根据他（她）如何穿着和打扮，形成我们对他（她）的第一印象。因为我们为了适合场合的需要而改变我们的穿着和打扮，所以，其他人就会严重依赖这些非语言暗示，帮助他们了解我们是谁以及应如何对待我们。因此，你能够通过改变你的穿着和打扮，来改变人们感知你的方式。例如，一名成功的销售代表也许与他的朋友在一起的时候，就会穿着超大号的白色T恤衫、宽松的短裤，反戴着球帽；但是，他可能在上班时身穿卡其布裤子和高尔夫衬衫；为了在某个潜在的客户群体面前表现一把，他就会穿上蓝色制服。在每种情况下，他用穿着打扮来传递他是谁以及他人应该怎样对待他的讯息。

时间的使用

时间学（Chronemics）是他人解释你的时间使用的方式。各种文化在如何看待时间上存在着差异。我们有些人具有某种**一次性时间取向**（Monochronic Time Orientation），或对时间采取一种“一次做一件事”的方法。我们将精力集中在一项任务上，而且，只有当这项任务完成时或当我们分配给这项任务的时间结束时，我们才会继续去着手另一项任务。如果我们是一次性时间取向的人，那么，我们就会把时间看作是“真实的”，并要对“花费时间”、“失去时间”等进行考虑。因此，我们要使我们的人际关系服从我们的时间表。当玛格丽特的妹妹兴奋地要与玛格丽特分享某个好消息时，她跑进玛格丽特的房间，并打断玛格丽特的“学习时间”。玛格丽特是一个一次性时间取向的人，她尖声叫道：“出去！难道你没看见我正在学习！”而其他一些人则具有某种**多次性时间取向**（Polychronic Time Orientation），同时处理多项任务。这些人将时间看作是灵活的和可以改变的。

> **➢时间学**
> 对一个人的时间使用的解释。
> **➢一次性时间取向**
> 一种时间取向，强调一次做一件事。
> **➢多次性时间取向**
> 一种时间取向，强调同时做多件事。

因此，他们将约会时间和时间表视作变量，并服从于他们的人际关系，而且，为了满足他们的关系需求，他们很容易改变或调整时间表。例如，乔治是一个多次性时间取向的人，他与拉乌尔一起吃中午饭，直到12点47分才露面，因为当他离开办公室的时候，同事拦住他并请求他帮助解决一个问题。

玛格丽特的妹妹或拉乌尔如何解释他们经历的时间行为，取决于他们自己的时间取向。如果玛格丽特的妹妹也是一个一次性时间取向的人，她也许会道歉，并认为自己的行为是错误的。如果拉乌尔是一个多次性时间取向的人，他就不会因乔治到达的时间而生气，因为他会把迟到视作可以理解的行为。我们往往通过自己的文化透镜来看待他人的时间使用。所以，如果我们在时间取向上是一次性的话，那么，我们就会将某个人的多次性时间行为视作“粗鲁的”行为，反之亦然。

学习目标 4　非语言传播的文化和性别变化

文化和性别在我们的非语言传播方式上经常发挥着作用。我们可以在举止神态学、副语言、空间关系学和领地、人工制品和身体外貌以及时间学的使用方面看到文化和性别变化。

举止神态学

正如我们已经阐述的那样，举止神态学的使用或身体动作以及它们传递的意义，在不同文化之间不尽相同。有些在身体动作方面出现的文化差异得到了充分证明。

目光接触

在美国和其他西方文化中，大多数人都希望与他们进行交流的人“用目光看着对方”。然而，萨莫瓦尔、波特和丹尼尔（Samovar，Porter，& McDaniel）解释道，直接的目光接触并不是普适的做法。举例来说，在日本，长时间的目光接触被认为是粗鲁的、无礼的和威胁的行为。来自拉丁美洲、加勒比文化和非洲的人们往往将避免目光接触作为一种尊重的标志。

在美国，女性在谈话过程中保持目光接触往往比男性更加频繁。此外，女性不论与她们相互交流的人的性别如何，保持目光接触也往往多于男性。重要的是，要注意到这些我们根据生物性
51 描述的差异，同样与社会的性别观念和立场有关。换言之，人们（男性或女性）在展现女性类型行为时要比展现男性类型行为时，做出更多的目光接触。

面部表情和手势

研究表明，在跨文化的非语言传播过程中，人们尤其在面部表情方面存在着诸多相似之处。举例来说，有几种面部表情看起来似乎是普遍存在的，其中包括稍稍抬起眉毛表示认识，擤鼻子和流露厌恶的表情表示社交排斥。

在不同的文化中，人们手势的意义同样表现出相当多的差异。举例来说，在美国，拇指和食指形成一个圆圈表示认可；而在法国，它表示零或毫无价值的意思；在日本，它是一个钱的符号；在德国和巴西，它作下流手势解释。

情绪的表现同样存在着不同。举例来说，在东方文化中，人们已经适应了弱化情绪行为的暗示，而在其他文化中，成员则适应了强化情绪的表现。研究表明，某种性和性别的观念影响着面部表情和手势。使用女性沟通风格的女子和男子往往频繁微笑。在手势的使用上，性别差异意义深远，从而，人们发现这些意义是在手势的基础上由男女特征单独造成的。举例来说，女性很可能比男性更多地把手臂靠近身体、更少地向前倾斜身体、更经常地玩弄头发和衣服以及更频繁地敲击手指。

触觉学

按照萨莫瓦尔、波特和丹尼尔（Samovar，Porter & McDaniel）的观点，触摸行为与文化密切相关。在有些文化中，大量的接触和触摸行为都是正常的。而在其他文化中，个人空间要受到尊重，也不鼓励频繁的触摸。按照诺伊烈（Neuliep）的观点，有些文化鼓励接触和进行触摸，如南美洲、中美洲以及欧洲南部许多国家。相比之下，许多北欧国家的文化在接触方面处于中等偏下水平，亚洲文化则是低接触文化。美国是一个移民国家，在接触方面一般被认为处于中等水平，虽然个别美国人在接触方面由于家庭传承的变化而差别很大。

女性触摸他人往往要少于男性，但是，女性

要比男性更重视触摸。女性将触摸看作一种表达行为，表示温暖和联系，而男性将触摸视作一种工具行为，从而，触摸女性就被认为是导致性行为的诱因。

副语言

在副语言的使用方面，人们存在着一些文化和性别差异。文化差异在音量的使用方面最为明显。阿拉伯人用很大的音量讲话来表达力量和真诚，而英国人、日本人和泰国人则更喜欢轻声细语地讲话。

在美国，人们对男性和女性的嗓音存在各种刻板印象。男性嗓音被认为是低沉而洪亮的，具有适度的低声调；而女性嗓音则被认为是音调较高、音量比较柔和以及表现力较强。嗓音的气息特征与女性有关。虽然男性和女性都有描绘男性和女性副语言的选择范围，但是，大多数人很可能遵循对他们性别的预期。

52 空间关系学和领地

由于非语言传播是最常见的形式，因此，一个人的空间和领地的使用与文化有关。回想一下，我们在第2章中对个人主义文化、集体主义文化的讨论。强调个人主义的文化一般比强调集体主义的文化需要更多的空间，而且，个人主义的文化将更加严格地保护空间。座位安排和家具摆放同样根据文化预期的不同而各异。例如，各种群体的美国人往往与坐在他们对面的人进行交谈，但是，中国人则喜欢与坐在他们身边的人进行交谈。在美国和德国，家具摆放经常强调私密性。而在法国或日本，家具则是为群体交谈或参与而摆放的。

人工制品和身体外貌

人工制品和身体外貌存在文化和性别的影响。在某种文化内，人们以不同的穿着风格来表明性别。在美国，妇女的和女性化的服装具有较多的装饰，而男子的和男性化的服装具有较多的功能。

时间学

正如你可能认识到的那样，美国主流文化具有一次性时间取向，瑞士和德国文化在这方面有过之而无不及。另一方面，许多拉丁美洲和阿拉伯文化具有多次性时间取向。全球范围出现的大规模移民正在导致阿拉伯工作者涌入欧洲北部，拉丁美洲工作者涌入美国。因此，你很可能在时间的使用上遇到与你不同的人。

学习目标5 提高非语言传播的指导方针

因为非语言讯息本身是连续的、不明确的、多渠道的，而且，有时是无意识的，所以，准确地对它们进行解码可能比较棘手。事实上，任何非语言行为的意义都随着情境、文化、性别的不同而各异，而且，你开始理解我们为什么如此经常地“误读”他人的行为。下列指导方针不仅能够帮助你提高准确地解释他人行为的可能性，而且能够帮助你提高你的行为将导致他人正确地认识你的非语言讯息的可能性。

解释非语言讯息

在解释非语言讯息时，下面一些指导方针也许是你希望记住的事情。

1. 不要假设

在解释他人的非语言暗示的时候，不要机械地假设某一行为意味着某件事。除了象征性手势分类外，手势不存在非语言行为的机械意义。而且，即使是象征性手势，在文化上也存在着不同。当人们对某个非语言行为迅速做出解释或快速得出结论时，很可能犯错误。与其对非语言暗示做出机械的解释，我们倒不如思考对非语言行为产生的文化、性别和个人影响。

2. 要思考影响

在解释非语言暗示的时候，要考虑文化、性别和个人影响。根据男性和女性预期，我们已经表明了非语言行为存在怎样的巨大不同。另外，我们注意到有些人在展现非语言行为方面完全是独特的。随着时间的推移，你也许发现你的朋友在她兴奋时磨牙，你可能永远也不会遇到另一个采取这种行为方式的人。

3. 要关注非语言传播

要关注非语言传播及其与语言传播之间的关系。你不应该脱离语境来选取非语言暗示。在任何一个相互交流的情况下，你很可能从某个人的眼睛、脸部、手势、姿势、嗓音以及空间和触摸的使用上同时获得讯息。即使在电子传播过程中，大量的非语言传播都是缺失的。但是，电子传播过程却可以通过情感图标来传播面部表情，通过字母的大写来传播副语言，以及通过电子讯息的时间选择和长度来传播时间使用的讯息。通过考虑传播的各个方面，你就会在解释他人的讯息方面更加富有成效。

4. 要使用知觉核实

正如我们在第 2 章中讨论的那样，知觉核实的技能能够让你看到另一个人是否准确地解释你的讯息。通过描述你注意到的非语言行为以及暂时分享你对这个非语言行为的解释，你可以确认或修正你的解释。在面对非语言行为的性别或文化 53
差异时，使用知觉核实也许是有益的做法。

发送非语言讯息

在你考虑发送哪种非语言讯息的时候，下面是一些你应该了解的事情。

1. 要有意识

要意识到你正在展现的非语言行为。记住，你总是以非语言行为进行传播的。有些非语言暗示将总是脱离你的意识水平，但是，你应该有意识地了解更多非语言行为。这大约只是关注你用身体、嗓音、空间和自我表现来做的事情。如果你最初关注你的非语言行为有困难的话，那么，你就要请朋友指出你正在展现的非语言暗示。

2. 要有目的

你在非语言传播的使用方面要有目的或有策略。有时，你控制非语言传播的内容是至关重要的。举例来说，如果你想要劝说的话，那么，你就应该使用表明你的自信心和可信度的非语言暗示。这些非语言暗示可以包括直接的目光接触、严肃的面部表情、轻松的姿势、不带任何嗓音干扰、响亮而低沉的嗓音以及一身职业风格的衣着打扮。虽然对于非语言传播没有绝对的规定，但是，我们还是能够对希望传递的讯息做出策略选择。

3. 不要分散注意力

一定要保证你的非语言暗示不要偏离你的讯息。有时，当我们没有意识到我们正在展现的非语言暗示时，或者，当我们处于焦虑状态下时，有些非语言行为将妨碍我们的传播。坐立不安、用手指敲打桌子、来回踱步、喃喃自语、使用噪音干扰以及使用适应性手势，可以妨碍其他人对你的讯息的解释。这对于在正式讲话期间使用非语言行为强化讯息而不是偏离讯息尤为重要。

4. 要使传播相匹配

要使你的非语言传播与你的语言传播相匹配。当非语言讯息与语言讯息相抵触时，人们更有可能相信非语言讯息，所以，使你的语言传播和非语言传播相匹配至关重要。另外，各种不同的非语言传播行为的来源也都要相匹配。如果你感到悲伤的话，那么，你的嗓音就会比较柔弱，也更缺乏表现力。你应该避免通过微笑使脸部与嗓音相抵触。当人们收到不一致的讯息时，他们就会感到混乱和沮丧。

5. 要适应

要让你的非语言行为适应情境的要求。情境在非语言行为的礼仪、人们的熟悉程度以及目的方面存在着不同。正如你在不同的情境下会选择不同的语言一样，你应该让你的非语言讯息适应情境的要求。在身体动作、副语言、空间关系学和领地、人工制品、身体外貌以及时间的使用方面，要思考情境要求什么。当然，你已经在非语言传播方面做了一些情境适应。你不会穿着与遛狗时一样的服饰来参加婚礼。你不会以对待医生的空间和领地一样的方式，对待你的兄弟的空间和领地。但是，你越能够有意识地使你的非语言行为看上去适应情境的要求，你就越会成为一名有效的传播者。

第二部分

人际传播

学习目标

1. 剖析文化如何对传播产生影响。

2. 讨论如何识别文化规范和价值标准。

3. 解释有效的跨文化传播的障碍。

4. 分析跨文化传播能力的发展。

第5章 跨文化传播

55 作为一个移民国家，美国被定义为一个多元文化的社会。

我们的许多判断都是根据在文化上不同于我们的人们的知觉做出的。因为文化不仅对我们的知觉产生影响。也对我们的传播行为产生影响。在这一章里，我们既要研究文化是如何影响我们的传播行为的，也要研究文化对我们从他人那里接收的传播知觉产生怎样的影响。我们首先重点研究一些基本的文化概念，识别将文化区分开的重要的价值标准和规范。接下来，我们讨论由于文化差异造成的障碍，并提出提高跨文化传播能力的策略。

你怎么认为

我觉得与不同性别、年龄和背景的人们沟通很轻松。

强烈反对						强烈赞同
1	2	3	4	5	6	7

学习目标1　文化和传播

我们常常听到人们评论世界正在变得越来越小，而且，世界上的人们越来越相似。今天，通过贸易全球化和互联网，我们的生活受到世界其他地方人们的决策和行为的影响，而且，我们通过点击鼠标，可以即时与全球范围的人们进行个人联系。有些人将这种趋势赞誉为迈向世界一体化的一步，而其他一些人则哀伤当地文化、传统和控制的丧失，并感到被普遍存在的传播所淹没。

你还记得在第1章里，我们把文化定义为普遍存在于某个社会人们中间的价值标准、态度、信仰、倾向以及潜在的假设。然而，我们没有必要去其他国家发现不同文化的人们。作为一个移民国家，美国被定义为一个多元文化的社会。我们的人口不仅包括来自亚洲、拉丁美洲、东欧和其他国家的新移民，也包括早期移民的后裔、违背意愿而被迫来到这里的非洲人的后裔以及当地人。所以，了解各种文化群体的不同沟通方法，能够有助于我们与每天遇到的人们进行相互交流。

跨文化传播

人们非常熟悉他们自己的语言、手势、面部表情、谈话习惯和规范，从而，当这些熟悉的沟通遭到破坏时，他们也许就会感到焦虑。然而，这种情况在我们与来自不同文化的人们进行相互交流时却频繁发生。

文化冲击（Culture Shock）是当你尝试适应一个新的文化情境时，你可能感到的心理不适。
56 文化冲击是缺乏共同的意义造成的，因此，当你通过旅游、经商或留学进入另一种文化时，你很可能最深刻地感受到文化冲击。但是，当你在自己的国家与来自其他文化的人们接触时，文化冲击同样可能出现。例如，布兰妮来自明尼苏达州的一个小城镇，当她第一次去迈阿密时，她也许会经历文化冲击。她可能经受不起这座城市截然不同的拉美情调，随处听到人们在街道上操着西班牙语讲话，到处充斥着拉丁打击乐，到处都是用西班牙语书写的户外广告以及人们的长相和穿着打扮的方式。布兰妮不仅由于随处可听到的西班牙语而可能迷失方向，也因为她所遇到的人们的价值标准、态度、信仰和行为，看上去似乎使她感到非常陌生。

跨文化传播（Intercultural Communication）是指出现在文化背景不同的人们之间的互动，从而使他们之间的传播发生改变。换言之，在我们与态度、价值标准、信仰、习俗以及文化行为不同于我们的人们进行沟通的时候，我们正在跨越文化边界进行传播，这可能导致不同文化背景的人们之间出现误解。重要的是，要认识到并非每一次不同文化的人们之间的交流都提供了跨文化传播的事例。例如，当布兰妮在迈阿密海滩参加一个拉美裔群体举行的沙滩排球友谊赛时，她和其他人之间的文化差异可能不会影响到她们进行与比赛有关的交流。然而，布兰妮应该决定去参加这个群体举行的俱乐部夜舞会吗？她很可能会体验各种交谈，在交谈过程中，文化差异将在理解或解释人们所说的话方面造成困难。

> **➤文化冲击**
> 适应一个新的文化情境所感到的心理不适。
>
> **➤跨文化传播**
> 出现在文化背景不同的人们之间的互动，从而使他们之间的传播发生改变。
>
> **➤主流文化**
> 一个社会的大多数人共同拥有的态度、价值标准、信仰和习俗。
>
> **➤非主流文化**
> 生活在一个主流文化里的人类群体，表现出来的沟通方式却明显不同于与他们截然有别的主流文化。

主流文化和非主流文化

虽然美国是一个多元文化的社会，但是，大多数人还是共同拥有许多态度、价值标准、信仰和习俗。这种共同的意义体系构成了我们的**主流文化**（Dominant Culture），而且，像任何国家的主流文化一样，我们的文化随时间的推移而发展。美国的主流文化曾经反映白人、西欧人、讲英语的人、新教徒、异性恋男性的价值标准。但是，由于我们已经认识到我们的多样性，因此，美国的主流文化已经发展，并将其他文化群体的方方面面都融入进来。这个结果是形成这样一种主流文化，它更好地反映了美国人的多样性。

然而，在美国，各种文化群体的人们还是强烈地认同他们不同于主流文化的价值标准、态度、信仰和习俗，这些群体被称为**非主流文化**（Co-culture），它们表现出来的沟通方式明显不同于与他们截然有别的主流文化。下列因素是导致当今美国社会非主流文化的一些主要因素：

性别

男性和女性具有不同的文化认同，这是因为

他们在生物学上是不同的，还因为他们在整个生命期间（通过服装、游戏、玩具、教育、角色等方式表现出来）以不同的方式进行社交。由于这些文化差异，男性和女性在许多方面以不同的方式进行沟通。举例来说，研究表明，女性在沟通时主要关注个人关系。她们谈论关系和感受较多、往往进入其他人的谈话以及积极对他人做出反应。而男性在沟通时则经常关注任务或结果，他们谈论内容和问题解决较多、往往强调控制和地位以及很少对他人做出反应。

种族

传统上，种族一词一直被用来按照生物学特征对人进行分类，如肤色和眼睛的颜色、发
57 质和体型等。然而，这些分类的科学理由被证明是难以描述的，而且，这种分类体系本身已经随着时间的推移发生了很大的变化。尽管在科学上界定种族存在困难，但是，人们已经体验到了被感知种族的社会影响，并已经根据种族化的经验形成了社区和文化。所以，对于许多人来说，种族是一个重要的文化信号（signifier），而且，种族认同能够在许多方面影响沟通。由罗纳德·杰克逊（Ronald Jackson）编辑的《非裔美国人认同与沟通》（African American Identities and Communication）一书，描述了非裔美国人的语言和非语言模式，他们根据态度、话题或共同参与者，可以从美国主流文化的沟通风格转变为独特的种族传播形式。其他基于性别、种族划分或社会阶层的非主流文化有时也可以改变他们的沟通方式，而这种沟通方式更类似于主流文化的沟通方式。

种族划分

与种族一样，种族划分也是一种不准确的区分形式。**种族划分**（Ethnicity）是一种基于诸如民族、地理起源、语言、宗教、祖先习俗和传统等共同特征组合而进行的人类分类。人们给予他们的种族传统的重视，以及种族传统对他们的态度、价值标准和行为产生影响的程度上，都存在着巨大的差异。你也许来自一个意大利传统家庭，而这可能会影响你对家庭的亲近性、你的宗教、你吃的食物以及你的认同等许多其他方面。你的室友也可能具有意大利祖先，但是，她可能没有把她自己看作意大利人，也没有根据这一种族划分来遵循某种家庭传统。

语言或母语显著影响传播的种族划分。移民携带着他们原来国家的语言，在他们到达美国时，他们也许会讲英语，也许不会讲英语。即使在他们学习英语以后，许多移民还是选择在家里讲他们的母语，有意与其他来自他们祖国的人住得很近，并用母语与那些人进行交流。虽然美国是一个讲英语的国家，但是，它却拥有世界上第三大讲西班牙语的人口群体。此外，美国70%的拉美裔在家里主要讲西班牙语。

非主流文化的主要因素

- 性别
- 种族
- 种族划分
- 性取向
- 宗教
- 阶层
- 年龄
- 文化认同

性取向

在美国，主流文化尊重异性恋。比如说，大多数美国人看到一个男人和一个女人手牵手或公开接吻时，不会生气。但是，人们看到男性同性恋或女性同性恋夫妇之间示爱，也许就不会达到同样的容忍程度。虽然美国的主流文化已经改变了其大多数同性恋信仰，但是，其他性取向的人们仍然面临歧视。所以，许多男性同性恋者、女性同性恋者、双性恋和变性的人们加入并认同非异性恋社区，他们截然不同的态度、价值标准、习俗、仪式、礼节以及语言标记提供了社会支持，而这种社会支持在主流文化中是不存在的。

> **➢种族划分**
> 一种基于诸如民族、地理起源、语言、宗教、祖先习俗和传统等共同特征组合而进行的人类分类。
>
> **➢宗教**
> 一种由某个具有祈祷对象、崇拜仪式和道德规范的群体所享有的信仰体系。

宗教

宗教（Religion）是一种由某

个群体享有并为该群体提供一个（或多个）祈祷对象、对祈祷对象举行各种崇拜仪式以及具有某种道德规范的信仰体系。虽然美国的主流文化尊重宗教自由和多样性，但是，从历史观点上讲，
58 它反映了犹太教和基督教共有的价值标准和习俗。所有信奉某个宗教的人们都参与非主流文化。那些不属于犹太教和基督教共有的传统、强烈认同某个宗教群体的人们，在形成他们的关系和传播行为方面具有不同的取向。例如，佛教建议人们利用而不是抵制个人冲突。逆境、情感剧变和冲突都被看作人生的自然组成部分。所以，佛教徒在人际冲突期间倾向于公开和冷静地进行沟通，并在加强人际关系上利用冲突的积极方面。

社会阶层

社会阶层（Social Class）是一个社会权力等级制度的层次。每个社会阶层的成员都由收入、教育、职业和社会习惯所决定。美国的主流文化反映中产阶级的文化。因为社会阶层往往决定人们居住的场所，所以，相同社会阶层的人们经常建立各种社区，在这些社区里，他们用独特的价值标准、礼仪和沟通习俗来发展和强化他们共同的文化。例如，低阶层的父母往往强调服从、接受他人的想法并迟疑不决地向权威人士表达自己的愿望，而中产阶级的父母则经常更多地强调自我控制、自动引导和好奇心。这种基于社会阶层的价值标准上的差异，也许导致来自中产阶级背景的人们讲起话来，要比来自工人阶级背景的人们更加直接和自信。

> **➢社会阶层**
> 一个社会权力等级制度的层次。

年龄

我们出生和成长的时间段可以对我们的成长产生一种强烈影响。同一代人形成某种文化群体，他们的个人价值标准、信仰和行为始终受到共同的生活经历以及在成长过程中所遇到的事件的影响。那些在成长过程中受到大萧条影响的人们往往比较节俭；那些在二战期间存活下来的人们，重视对事业和国家的自我牺牲精神；那些在20世纪60年代的反主流文化中长大成人的人们，很可能对权威人士持怀疑态度；那些被称作新新人类（Generation X）[①]的人们，在儿童期体验了脖子上挂着大门钥匙和普遍离婚的后果，他们重视自足的生活。

无论是在家庭关系还是在工作场所，当不同代的人们相互交流时，他们的非主流文化取向就可能产生沟通差异。例如，当不同代的人们一起工作时，错误沟通、误解和冲突就可能比同代人一起工作要多。一般来说，较早的各代人不太可能质疑权威人士，如家长、教师、宗教领袖或老板等。他们通过使用正式的称谓术语来表示他们的尊重，如他们用 Mr.（先生）、Ms.（女士，小姐）、Dr.（博士，医生）、Sir（先生）等称谓术语来称呼人。另一方面，在20世纪60年代以及此后长大的人们，往往对权威人士持有更多的怀疑态度，他们很少正式地与权威人士打交道。他们更有可能质疑他们的经理，并公开对权威人士所做出的决策持反对意见。

事实一点通——达利特（Dalits）[②]

在印度种姓制度下，达利特或贱民是最低下的种姓，在印度社会里，达利特或贱民只被允许从事最卑贱的工作。1950年[③]，印度颁布宪法废除贱民种姓制度。

---

① 对20世纪60年代至80年代出生人群的特殊称谓。——译者注

② 亦译贱民。Dalit为印度语，意为“受压迫的人”，专门指社会底层和最贫苦的人群。被排除在种姓之外。种姓制度是古代印度森严的社会等级制度，将人从高到低分为婆罗门、刹帝利、吠舍和首陀罗4个等级。印度独立后废除了种姓制度，并立法保障低层民众。对象包括3种，一是设籍阶级，即传统“贱民”；二是设籍部落，即居住在人迹罕至的森林或山地，不接受种姓制度的土著；三是其他落后部落，包括低种姓者、放弃印度教皈依其他宗教的“贱民”和游牧民族等。——译者注

③ 印度在这一年的1月26日签署宪法，宣布成立共和国。——译者注

文化认同

正如我们在第 2 章中所看到的那样，自我概念是我们所具有的有关我们自己的心像，而且，这个心像通过我们与他人的沟通得以协商和强化。上面描述的文化群体成员身份能够促进我们的文化认同，但它不需要这样做。某个人也许非常认同他的宗教、种族划分或同代人，而另一个人则可能很少想到他们是那些文化群体的一个组成部分。研究表明，文化认同是由我们归属的那些文化群体被给予的重视程度所决定的。肖娜是一名20 岁的虔诚教徒。她每天早晨参加集体祈祷，并成为教会青年群体的领袖。她是所在教会夏令营的顾问，她只与跟她信仰相同宗教的男子约会，59
而且，她只听基督教音乐。宗教成为肖娜文化认同的一个重要部分，指导着她如何看待自己及其行为。对于她的同事尼科尔来说，后者只有在主要的宗教节日里才信奉宗教，因此，她的文化认同不会由她的宗教形成。

学习目标 2　识别文化规范和价值标准

我们可以很容易地辨认某些识别文化成员的方面。我们也许能够通过某个人讲的语言、穿着的服装抑或作为珠宝佩戴或家中摆放的宗教制品来断定这个人的文化背景。例如，当人们遇到希蒙时，从他的鬓角卷发、头戴的犹太圆顶小帽和身穿的黑色衣服，可以很快看出他是哈西德派①犹太教徒。但是，除了一个人的穿着打扮外，哈西德派犹太教徒的真正意思是什么呢？哈西德派犹太教徒与主流文化以及其他文化有什么差异呢？他们与其他文化群体有什么相似之处呢？格特·霍夫斯泰德（Geert Hofstede）② 的著作为我们提供了一种方法，使我们理解文化是怎样彼此相似和有区别的，以及理解这些文化出现的变化是如何影响沟通的。

格特·霍夫斯泰德找出了 4 个影响沟通的主要文化维度：个人主义—集体主义、不确定性规避、权力距离、男性化—女性化。表 5—1 说明了美国在这些维度上所处的位置。

个人主义—集体主义

在第 2 章中，我们简要地讨论了个人主义和集体主义对我们的自我知觉所产生的影响。因此，你将回想起个人主义文化是那些主要强调自我和个人成就的文化。在一个个人主义社会里，人们只在他人利益如何影响自我利益的关系上考虑他人的利益。如果你来自某种个人主义文化，那么，当你从事某一职业时，你也许会考虑你的家人和亲密朋友，但是，这只是因为你的利益与他们的利益一致。在个人主义文化中，人们将竞争视作是可取的和有益的。

---

① 哈西德派，犹太教神秘教派之一，18 世纪起源于波兰犹太人。创始人是波兰人犹太教神秘教派大师拉比·以色列·本·埃利泽[Rabbi Yisroel (Israel) ben Eliezer，1698—1760]，常被叫作巴尔·沙姆·托夫（Baal Shem Tov）。该教派起源于反对官方犹太教特别是拉比派（Rabbinism）的派别运动。——译者注

② 格特·霍夫斯泰德（1928—　），跨文化比较研究的创始人、教授，生于荷兰哈勒姆。早年当过兵，作过工程师，1965 年在 IBM 欧洲分公司从事人事调查工作。1971 年进入学术界，先后在欧洲多所大学任教，1993 年从荷兰马斯特里赫特大学退休，仍担任世界多所大学的客座教授。著有《文化的重要地位》（*Culture's Consequences：Comparing Values，Behaviors，Institutions，and Organizations across Nations*，1980）、《跨越合作的障碍：多元文化与管理》（*Cultures and Organizations：Software of the Mind*，1991）等。——译者注

由于这个原因，**个人主义文化**（Individualistic Culture）强调个人权利和责任、隐私、表达个人的看法、自由、创新和自我表达。

相反，集体主义文化主要强调群体的利益和群体的和谐。在一个集体主义社会里，个人形成的决策要在最大程度上有益于群体，而无论决策是否符合个人的利益。集体主义社会是高度一体化的社会，而且，重视保持和谐与合作要高于竞争力和个人成就。因此，集体主义社会的成员很可能在群体内对他们所属的群体（家庭、工作场所和社区）有着较强的义务。**集体主义文化**（Collectivist Culture）强调一致、协作、共同利益、和谐、公共福利和主张避免尴尬。按照霍夫施泰德的观点，个人主义文化的国家有美国、澳大利亚、英国、加拿大和欧洲北部和东部国家。集体主义文化存在于南美洲和中美洲、东南亚以及非洲。

个人主义和集体主义的观念影响着传播的诸多方面，其中，包括对我们自我概念的形成、自主行为和群体传播产生最显著的影响。在个人主义文化中，人们强调自我和个人成就，而且，个人被当作社会背景下最重要的成分。在像美国这
60 样的个人主义文化里，我们的自我概念和自尊在没有考虑我们的行为怎样对他人产生影响的情况下，深深植根于如何成功地提高我们自己的利益中。在集体主义文化里，影响自我概念和自尊的不是个人成就，而是群体是否能够蓬勃发展以及人们的行为如何促进他们的群体获得成功。因此，如果玛丽在个人主义文化里长大成人，而且，她是篮球队得分最高的球员，那么，她就会对自己感觉良好，并把自己看作一个“获胜者”，即使她所在的球队输掉一个赛季，也是如此。但是，如果玛丽是来自集体主义文化，她是得分最高的球员的事实，也不会对她的自尊产生影响，事实上，她所在的球队输掉一个赛季，也很可能使她感到较少的个人自尊。

> **➤个人主义文化**
> 强调个人权利和责任、隐私、表达个人的看法、自由、创新和自我表达。
> **➤集体主义文化**
> 强调一致、协作、共同利益、和谐、公共福利和避免尴尬。

霍夫施泰德的维度

- 个人主义—集体主义
- 不确定性规避
- 权力距离
- 男性化—女性化

表 5—1　10 个国家及地区之间维度层面的相对比较

个人主义	高不确定性规避	高权力距离	男性化
美国	日本	俄罗斯	日本
荷兰	俄罗斯	中国内地	德国
法国	西非	印度尼西亚	美国
德国	法国	西非	中国香港
俄罗斯	德国	法国	中国内地
日本	中国内地	中国香港	印度尼西亚
中国香港	荷兰	日本	西非
中国内地	印度尼西亚	美国	法国
西非	美国	荷兰	俄罗斯
印度尼西亚	中国香港	德国	荷兰
集体主义	低不确定性规避	低权力距离	女性化

资料来源：G. H. Hofstede，“Cultural Constrains in Management Theories,” *Academy of Management Executive* 7，no. 1（1993）：81-94。

持有上述各种文化观点的人们同样以不同的方式看待冲突。对个人的强调导致了个人主义文化成员重视和践行自主以及敢于面对争论，而集体主义文化成员则重视一致与和谐，因此，集体主义文化成员采取迟疑不决、协作和回避争论的做法。在美国，我们将自主和争论倡导为有用的技能，并认为它们是被用于人际交往和工作关系、政治、消费以及公民生活的其他方面的技能。相比较而言，为了保持和谐以及避免进行人际交往时发生冲突，日本商业逐渐形成了一种复杂精致的过程，这个过程被称为“达成一致意见”（nemawashii）。这个词语也表示“在把植物拔出前，先将植物的根部捆绑起来”。在日本，任何造成冲突的主题都要提前在会议中进行讨论，这样，在会议上进行的互动似乎就不会存在无礼和粗鲁的行为。在集体主义社会里，一种尊重关系的传播方式要比交换信息的传播方式更重要。在集体主义社会里，群体和谐、避免造成他人尴尬以及自己

的谦逊表现都是表示尊重的重要方式。如果一个人讲的话对群体的其他人造成伤害的话，那么，这个人就不会直接讲出来。

人们在群体中如何发挥作用同样取决于他们所来自的文化类型。因为集体主义文化成员将群体和谐以及群体的繁荣看作是最重要的，所以，他们为实现群体目标的一致性意见而努力，而且，为了群体的一致，集体主义文化成员有时还可以牺牲最佳的结果。你的文化背景对你如何努力制定群体目标，对你如何与其他群体成员进行相互作用，以及为了群体的利益你愿意做出怎样的牺牲均产生影响。来自个人主义文化和集体主义文化的成员群体，也许由于存在不同的文化背景而经历各种困难。

“在集体主义社会里，一种尊重关系的传播方式要比交换信息的传播方式更重要。”

不确定性规避

文化在其成员如何感觉和应对不可预言的人们、关系或事件方面存在着差异。**低不确定性规避文化**（Low Uncertainty-avoidance Cultures）
61（如美国、瑞典和丹麦）在人们如何处理关系和事件的行为举止上容忍较多的不确定性，因此，低不确定性规避文化很少把文化重点放在减少不确定性上。来自低不确定性规避文化的人们在人生中更容易接受不可预言和模棱两可的内容。他们往往容忍与众不同，奖赏进取心，承担风险，并认为规则应该尽可能地减少。来自**高不确定性规避文化**（High Uncertainty-avoidance Cultures）的人们不太容忍不可预言的人们、关系或事件。这些文化创建了正式的规则体系，并认为绝对的真实性提供了更多的安全并减少了风险。他们也往往不太容忍具有不正常的想法或行为的人们或群体。因为他们的文化强调了规避不确定性的重要性，他们经常将人生视作是危险的、要体验焦虑以及要面对不可预言的人们、关系或情境。被标记为高不确定性规避文化的国家有日本、葡萄牙、希腊、秘鲁和比利时。

我们的文化如何教育我们看待不确定性，影响着我们与他人的沟通。它决定了我们如何使用语言、发展关系以及怎样与他人进行协商。来自高不确定性规避文化的人们使用和重视特定的和精确的语言，因为他们认为通过仔细的词语选择，我们可以更加确定一个人的讯息的意义。想象一下，一位老师向一个班级宣布：“这篇论文必须进行充分的研究，要提出证据并在格式和式样上做到专业。”来自高不确定性规避文化的学生会发现，这位老师讲的话过于笼统和含糊。他们最有可能产生焦虑，并为了减少他们的不确定性，提出大量有关什么样的研究是适当的、如何提出证据、需要多少证据、要使用怎样的写作风格以及论文的篇幅是多少等问题。这些学生将会很高兴地接受某种具体的一览表或评价指标，在这种一览表或评价指标中，老师将会列举准确的论文评分标准。相比较而言，来自低不确定性规避文化背景的学生，就会对一个过于具体的规则和指导方针表格感到烦恼，他们将它视作一种创造性和主动性的障碍。正如你可以想象的那样，来自上述两种背景的老师和学生在试图解释作业时，就会面临某种困难的挑战。

人们如何着手处理新关系及其在发展关系方面怎样进行沟通，同样受到他们对文化不确定性的看法的影响。正如你会认为的那样，来自高不确定性规避文化的人们提防陌生人，他们也许不想寻求新关系或他们认为是不同的（不可预言的）关系。他们一般喜欢通过朋友和家人与人接触，并避免与陌生人单独在一起。当发展关系时，来自高不确定性规避文化的人们往往对他们的隐私采取谨慎的态度，避免在某种关系中过早地进行自我披露，并通过关系的发展比较

> ➤ **低不确定性规避文化**
> 以对不可预言的人们、关系或事件采取较多的认同和较少的控制需求为特征的文化。
>
> ➤ **高不确定性规避文化**
> 以对不可预言的人们、关系或事件采取较低的容忍和较高的控制需求为特征的文化。

缓慢地进行披露。另一方面，低不确定性规避文化的成员很可能与不同于他们的人们创建新的关系，并享受在关系发展的早期阶段披露个人信息所带来的兴奋。

权力距离

在如何接受由不同群体的人们掌握的权力具有广泛差别方面，以及权力不平等的人们希望怎样被对待的问题上，不同文化间存在着差异。在以**高权力距离**（High Power Distance）为特征的文化中，权力不平等、地位和级别被视作“自然的”现象，而且，这些差异得到了这种文化的全体成员的承认和强调。这些文化认为，在这种文化中的每一个人都具有一个合适的“位置”，并认为具有较高的权力、地位和级别的人应该受到具有较低的权力、地位和级别的人的尊重。高权力
62 距离文化的国家有中东大多数阿拉伯国家以及马来西亚、危地马拉、委内瑞拉和新加坡等其他国家。

在以**低权力距离**（Low Power Distance）为特征的文化中，权力不平等、地位和级别被轻描淡写和弱化。人们知道，有些人具有较高的权力、权威、影响力，但是，较低级别的人对较高权力的人并不敬畏，不给予更多尊重，也不惧怕。即使权力存在差异，这些文化也重视民主政治和平等主义行为。奥地利、芬兰、丹麦、挪威、美国、新西兰和以色列都是以低权力距离为主流文化特征的国家。

我们对权力距离的文化信仰，影响着我们如何与他人相互交流。其中包括我们如何与权威人士沟通、我们的语言使用以及非语言行为。如果你在高权力距离文化中是一名学生、非技术工人或普通公民的话，那么，你就不会对权威人士产生质疑，因为你会认为这样做要受到惩罚。你会认为达官显贵控制着这种互动，你会听从这个人说的话，并毫无疑问地执行这个人下达的命令。当你与一个具有较多权力的人进行交谈时，你会使用他们的头衔来作为一种尊重的标志称呼他们。像 Mr.（先生）或 Mrs.（夫人，小姐）那样的正式称谓术语、适当和礼貌的语言形式以及表明你的地位差异的非语言信号，都会在交流过程中表现出来。如果你来自一个低权力距离文化，因为地位差异被弱化，那么，你就会比较轻松地质疑那些权威人士。当你与某个具有较高权力的人相互交谈时，你就会感到能够很轻松地引导谈话过程，并在需要的情况下质疑和对抗这个权力掮客。当你称呼达官显贵时，你不会感到自己被迫使用各种正式头衔。

> **➢高权力距离**
> 权力不平等、地位和级别被视作“自然的”现象以及这些差异应该得到承认和强调的文化信仰。
>
> **➢低权力距离**
> 权力不平等、地位和级别被轻描淡写和弱化的文化信仰。
>
> **➢男性文化**
> 一种认为人们要坚持传统性别角色的文化。

男性化—女性化

文化在其如何强烈地重视传统性别角色的区别上存在着差异。霍夫斯泰德把这些文化称为**男性文化**（Masculine Cultures），这些文化认为，人们应当保持传统的性别角色，并认为男性和女性遵守不同的行为规范。霍夫斯泰德称这些文化为男性文化 。因为在大多数情况下，坚持明显的性别角色的群体，对男性角色的评价都要比对女性角色的评价高。如果你来自某个男性文化，像墨西哥、意大利和日本那样男性占支配地位的文化，那么，你可能在男性自主和占支配地位时认同男性，而在女性从事养育、照顾和服务为主时认同女性。当你遇到不符合这些预期的人们时，你就会感到不适。然而，总的来说，如果你是来自某个男性文化，不论你的性别如何，你都将男性行为看作具有更多的价值，所以，很可能你对绩效、雄心、自主、竞争力和取得实质性成功的男性特征做出的评价，要多于你在传统上对诸如服务、养育、关系投资以及帮助行为等女性特质做出的评价。

女性文化（Feminine Cultures）认为，不论性别如何，人们都将根据环境及他们自己的选择，而不是根据任何性别角色的预期来承担各种角色。如果你是来自某个女性文化，像瑞典、挪威和丹麦那样的国家文化，那么，你不仅会感到可以自由地以各种方式扮演角色，而这些方式不是在传统上归于与你的性别一样的人们，也将对那些在传统上始终与女性角色有关的特质做出评价。

无论你是来自男性文化还是女性文化，这些文化都将对你表现行为的灵活性产生显著的影响。来自男性文化的人们对某种性别人们的适当行为具有严格的定义。因此，他们学习那些被看作适合他们性别的行为，并只被那些行为所强化。所以，在这些文化中，男性没有做好从事养育和关怀工作的准备，如同情和安慰，而女性则没有做好自主和有说服力地进行争论的准备。在女性文化中，男性和女性都学习表现传统上的男性和女性行为，并被这两种行为所强化。因此，来自女性文化的人们在沟通行为方面更加适应。男性和女性都学会了养育、同情、主张和争论的行为，尽管某一个人也许欠缺一种或多种行为的技能。

学习目标 3 有效跨文化传播的障碍

既然我们已经形成了一种对文化的理解，而且，文化出现的变化可以存在于各种交流文化和
63 非主流文化之中，那么，我们就处在了一个更好的位置上，在这个位置上可以充分认识到文化差异引起具体的障碍。这些障碍包括焦虑、相似性或差异性假设、民族优越感、刻板印象和成见、不相容的传播代码、不相容的规范和价值标准。

焦虑

当我们认识到我们与大多数其他人存在差异时，或者，当我们进入某个有着陌生习俗的文化环境时，我们感到某种程度的不适和忧虑都是正常的。当人们与某个来自不同文化的人相互交流时，人们就会体验恐惧、厌恶和不信任。因此，当来自洛杉矶市一个西班牙语居民区的玛丽莎，决定去新英格兰地区一所小规模的文科学院就读时，她感到紧张，并对她做出去东北部地区上学的决定是否正确感到怀疑。当然，在迎新周期间，其他同学一直非常友好，但显而易见的是，她其实与他们根本没有太多的共同之处。虽然其他人很容易与家人分享假日旅行的故事以及他们开玩笑说把汽车撞毁，但是，玛丽莎发现，她根本插不上话——在她的父母工作休假时，全家人总是回墨西哥去看望她的祖母。她甚至连驾驶执照都没有。当她吞吞吐吐地提到她的成人礼(quinceañera)[①]聚会时，所有人都转过身看着她，其中一个人说道：“什么是‘quicky hairy’聚会呢？”所有的人都笑了。起初，其他的女生都在礼貌地听她讲话，但在那时，玛丽莎太紧张了，讲起话来结结巴巴，根本没有很好地解释这种对于她的社区至关重要的传统。当我们焦虑时，我们大多数人都与玛丽莎一样——根本无法很好地分享我们的想法和感受。所以，我们的焦虑便成为沟通的障碍。

> **➤女性文化**
> 一种认为人们不论性别如何，都要承担基于环境及他们自己选择的各种角色的文化。

① 西班牙语 quinceañera 是 15 岁的意思。成人礼是拉美文化的重要传统，是女子在 15 岁生日时举行的成人庆典活动。——译者注

常见的障碍

- 焦虑
- 假设的相似性和差异性
- 民族优越感
- 刻板印象和成见
- 不相容的传播代码
- 不相容的规范和价值标准

假设的相似性和差异性

当人们进入一个陌生的文化环境时，他们经常假设适用于他们所熟悉的情境的规范、价值标准和传统，与那些适用于新情境的规范、价值标准和传统相一致。例如，当从美国到国外旅行时，许多人都希望吃到他们所熟悉的汉堡包和薯条，并享受快捷和有效的服务。同样，他们看到一些有着午睡习惯的国家在正午时分让商店和餐馆停业，也许会感到恼火。

这可能只是假设陌生文化一切皆不同的大错误。随着时间的推移，玛丽莎很可能发现，其他同学与她家乡的朋友们根本没有什么不同，学校还是学校，即使地上有积雪，也是如此。在她交朋友时，她得知，虽然雷切尔是一个犹太人，但是却没有参加过成人礼聚会，不过，她确实参加过一次大型戒律庆典，而凯特是一名爱尔兰天主教徒，曾参加过一次大型聚会，当时，她被施行了坚信礼①。因为我们的假设指导我们的传播行为，所以，错误地假设不准确的相似性或根本不存在的差异性，会造成误解。克服这种障碍最明智的方法是对任何事情都不做假设，但是，要对你所接收的反馈了如指掌，反馈为你提供了真实的相似性和差异性的暗示，而这些暗示存在于你的文化预期以及与你进行互动的伙伴的文化预期之间。

64

民族优越感

民族优越感（Ethnocentrism）是对一个人自己的文化高于其他文化的信仰。东道国对移民的刻板印象使他们怨声四起，他们声称回到家乡一切都会更好，就是典型的民族优越感的事例。在不同程度上，民族优越感存在于各种文化中，并出现于非主流文化中。一种带有民族优越感的世界观导致了优越的态度和讯息，这些态度和讯息在内容和语气上直接和微妙地施惠于人。正如你会认为的那样，这些讯息令来自其他文化或非主流文化的人们感到不快。

刻板印象和成见

> **➢民族优越感**
> 对一个人自己的文化高于其他文化的信仰。

在第 2 章里，我们将刻板印象定义为归因，归因掩盖了个人差异，并将某些特征归属于某个人类群体。我们的互动如果是基于刻板印象的话，就会引起误解，并导致各种紧张的关系。例如，当劳拉期待与乔伊会面时，她曾听说乔伊是一个

① 一种增强受洗礼者信心的基督教仪式。孩子只有被施坚信礼，才能成为教会的正式教徒。——译者注

同性恋，她就可能认为他在行为举止上嗲里嗲气，并对时尚感兴趣。在谈话之初，当她试图寻找共同点，并就买哪种科隆香水给她的男朋友征求乔伊的意见时，他回答道："你的问题是什么？我可以是同性恋，但我可不是卡森·克利斯里（Carson Kressley）[①]，那个在《酷男的异想世界》中打扮得花里胡哨的花花公子！"因此，她使他和她自己都很难堪。

你同样会记得，我们在第 2 章里将成见定义为一种基于群体成员，并用某种消极方式使我们的所思、所感、所为容易受到另一个人或群体影响的僵化态度。想一想，在你的班上，一名中国学生将获得这门课程的最高分，因为所有的中国学生在智力上都很出色，或者假设墨西哥人阿尔贝托在美国被当作一名非法的、没有工作签证的人，都是成见的事例。科林心怀成见，认为所有的白人都试图利用有色人种。因此，当他的白人同事约翰提出叫一名客户找科林时，科林回答道："不必了——你打算把一个赖债不还的人弄到我身上吗?"当我们基于刻板印象和成见进行相互交流时，我们就冒着编造不准确的讯息和损害我们关系的风险；当我们以脑海里的刻板印象和成见倾听时，我们就可能误解与我们进行交谈的人的意图。

不相容的传播代码

齐克无法理解为什么那些中国人总是在餐厅里坐在一起，他们总是在争论——彼此大喊大叫，挥动着双臂。他不知道他们在说什么，因为他不懂汉语，但是，他能够看得出来，他们非常愤怒。他总是认为一场战斗就要爆发。

齐克正在对中国学生基于他们的副语言和身体动作的使用所进行的谈话做出判断。他无法理解他们讲的话，但是，他将他们的非语言传播解释为敌意和愤怒。齐克不懂汉语是一种音调语言。词语的发音方式对它们的意义产生影响。他听到的音调和音量的巨大变化，并不代表强烈的情绪表达，而只是表达不同的意义。

当我们的谈话伙伴、群体中的人们或受众成员讲不同的语言时，我们很容易看到不相容的传播代码，但是，即使当人们使用相同的语言时，由他们所属的非主流文化产生的文化差异仍然存在。例如，来自英国的人们乘坐"lift"（电梯）到达较高的楼层，而美国人则乘坐"elevator"（电梯）。即使在一个民族群体内，语言的非主流文化的使用也可以导致不相容的传播代码。事实上，缺少权力的非主流文化群体经常有目的地形成"群体内部"代码，这些代码很容易被非主流文化成员理解，但是，这些成员外部的人们却难以理
解。正如你设法与你的朋友萨姆谈论有关计算机 65
的问题一样，他是一个"技术怪人"。作为一个行家里手，萨姆很可能以不适于你的词汇量进行交谈，就好像萨姆在讲冰岛语一样。讲不同语言的人们很快领悟到他们无法在语言上进行沟通，而总是求助于某种非语言手势，努力克服语言障碍。然而，正如我们已经看到的那样，非语言行为的使用和意义同样存在着显著的差异。不相容的语言传播代码不仅对跨文化传播造成障碍，也在我们使用和解释非语言行为的方式上产生差异。例如，在一些文化中，饭后打嗝表示这顿饭不适合用餐的人，而在其他文化中，这个动作是对厨师的一种褒奖。在一些文化中，在美国被用来表示"OK"（好，对，行）的手势是淫秽的手势。当来自不同文化的人们彼此进行沟通时，这种跨文化非语言行为的差异解释了误解和尴尬。

---

① 卡森·克利斯里（1969—　），时装设计师，生于美国宾夕法尼亚州。以饰演电视剧《酷男的异想世界》（又译《粉雄救兵》，*Queer Eye*）中的"酷男五人组"（Fab Five）中的一人而走红。著有《浑然天成》（*Off the Cuff*：*The Essential Style Guide for Men and the Women Who Love Them*）、《你很不一样，真是太棒了》（*You're Different and That's Super*）、《酷男的异想世界》（*Queer Eye for the Straight Guy*）等。——译者注

不相容的规范和价值标准

所有的文化都是建立在文化规范、规则，以及这些文化规范和规则的个人价值标准基础上的传播行为。有时，两个来自不同文化的人的规范和价值标准会产生障碍，从而使他们很难相互理解。例如，来自黎巴嫩的伊马德在美国工作，当他开始他的新工作时，他的同事乔治和西蒙对认识他兴致勃勃，询问他是否愿意同他们共进午餐。在伊马德的文化中，当这样一个邀请做出时，对于他来说，习惯是要谢绝邀请，第一次就接受邀请会被认为是不礼貌的行为。在他谢绝之后，乔治和西蒙就会再次邀请他。

然而，当伊马德谢绝他们的邀请时，在传递信息方面，具有某种重视直接和客观文化取向的乔治和西蒙认为，伊马德对参加他们的午餐确实不感兴趣，所以，他们就离开了。后来的情况都是如此，伊马德谢绝参加他们的午餐，乔治和西蒙也就停止邀请伊马德共进午餐了。伊马德不理解这种文化取向，因为他的文化取向重视关系和礼貌。他认为，乔治和西蒙并不是真正想邀请他共进午餐，他们的邀请只不过是礼貌罢了。乔治和西蒙感到失望，因为他们的新同事对他们完全没有兴趣。在上述情境中，双方都没有意识到，他们的文化预期是不同的，而且，这妨碍了他们关系的发展。

学习目标 4　跨文化传播能力

有能力的跨文化传播者通过对其他文化采取正确的态度，获取有关其他文化价值标准和做法的信息，以及培养跨文化交流所需要的特定技能来克服文化障碍。

> 在进行跨文化传播时，我们必须愿意去尝试，而且，必须具有一种成功的愿望。我们必须愿意去尝试各种新的行为，而不是希望别人来适应我们的传播方式。

采取正确的态度

按照诺伊烈的观点，跨文化传播的正确态度涉及在与来自不同文化的其他人相互交流过程中，一个人的动机和灵活性。换句话说，在跨文化传播时，我们必须愿意去尝试，而且，必须具有一种成功的愿望。我们必须愿意去尝试各种新的行为，而不是希望别人来适应我们的传播方式。当我们容忍模棱两可、不存偏见并以没有私心的方式进行交流时，这些态度能够使我们在文化差异之间进行有效的沟通。

> **采取正确的态度**
> 1. 容忍模棱两可
> 2. 不存偏见
> 3. 没有私心

1. 容忍模棱两可

与陌生人沟通产生不确定性，而且，当我们认识到一个陌生人来自某个不同的文化时，可能会因他们对我们的期待变得焦虑不安。人们在创建跨文化关系时，必须准备容忍对方高水平的不 66
确定性，而且，必须长期容忍它。如果我们带着这样一个信念——即使我们无法确定如何发展关系也没有关系，进入某个跨文化互动过程，我们很可能更加密切注意从对方那里所接收的反馈，然后，我们可以努力调整我们的行为和讯息，从而可以一起实现理解。在这种互动过程中，接受模棱两可会有助于我们努力使交谈取得成功，并不太容易被必然失败的开始和小误解搞得沮丧或气馁。

当杰罗姆在实验室外阅读粘贴在公告栏上的搭档分配名单时，他发现，他的实验室搭档的名字听上去好像是一个印度名字，但是，他决心努力使这种关系获得成功。因此，当他在上课见到米娜，发现她是来自孟买的交换留学生时，他努力适应她的口音，并高兴地发现，虽然她的口音起初难以理解，但是，她的英语掌握得和他一样好。在整个一学期里，杰罗姆努力理解米娜的英语，他得到了回报，因为她化学学得比他好，并愿意在他们努力完成任务的同时辅导他。

2. 不存偏见

一个不存偏见的人是愿意冷静接受他人的想法和看法的人。不存偏见的人了解他们自己的文化价值标准，并认识到与其他人的价值标准是迥然有别的。他们抵制以自己的文化价值标准来判断其他文化价值标准的冲动。换言之，他们抵制民族优越感。

3. 没有私心

利他主义（Altruism）是一种真正和无私关心他人福利的表现。利他主义的对立面是自我中心。**自我中心**（Egocentricity）是一个人除一切自我的必要需求外的自私的利益诉求。自我中心的人是以自我为中心的，而利他主义者则是以他人为中心的。利他主义的传播者并不忽视他们自己的需求，但是，他们认识到，要让交谈取得成功，双方都必须能够对他们想要得到的内容以及从交流当中需要得到的内容做出贡献。

获得其他文化知识

我们越多地了解其他文化，就越有可能成为有能力的跨文化传播者。下面是各种了解其他文化的方法。

获取其他文化的知识
1. 观察
2. 正式研究
3. 将你自己融入到文化之中

1. 观察

你能够很容易地观察到另一种文化的成员进行的相互交流。在你观察时，你能够注意到他们的价值标准、礼仪和传播方式，而他们的价值标准、礼仪和传播方式与你自己的文化，以及你所熟悉的其他文化既类似又迥然有别。被动的观察者要研究某种文化成员所使用的传播行为。

2. 正式研究 67

你可以通过阅读诸如人种学调查研究等文化成员的报告、上课或对文化成员的价值标准、仪式等进行采访，来了解其他文化。

3. 将你自己融入到文化之中

你可以通过积极参与另一种文化来大规模了解这种文化。当你与文化背景不同于你的人居住或工作时，你不仅获取了显而易见的文化信息，也注意到了被动的观察者和通过单独进行正式研究来获取信息者会忽略的细微差别。留学项目通常包括家庭居住的原因之一，是要确保学生融入东道国的文化。我们希望你考虑参与某种留学经历。你所在学院或大学的国际或全球学习办公室可以为你提供各种留学机会，甚至还可以指导你获得奖学金或助学金，以帮助支付你所需要的费用。

培养特定的文化技能

为了在跨文化情境中做到有效传播，你也许需要调整传播技能，这些技能是你将在这门课程中学习的内容，用以满足你对某种文化技能的需求。为此，你要学习 3 种最有用的特定技能——倾听、移情和灵活性。

➢**利他主义**

一种真正和无私关心他人福利的表现。

➢**自我中心**

一个人除一切自我的必要需求外的自私的利益诉求。

培养具体文化技能

1. 练习倾听
2. 练习跨文化移情
3. 培养灵活性

1. 练习倾听

通过认真倾听和表现你在倾听，你可以改善与来自其他文化的人们的沟通。语言和非语言传播因为文化的不同而存在差异，所以，密切关注对方和注意倾听是至关重要的。在第7章里，你将学习与积极倾听有关的各种技能。重要的是，要注意人们在如何倾听和强调倾听价值方面存在的文化差异。在美国，我们仔细倾听具体的事实和信息，并在倾听时经常提出问题。在诸如日本、芬兰和瑞典等其他文化中，倾听者更多地把问题保留下来，而并不提出很多问题。对于远东的诸多文化而言，与讲话相比，人们更重视倾听。然而，无论你的文化背景如何，成为一名更有技能的倾听者将有助于你在跨文化交流中取得成功。

> **➤跨文化移情**
> 为了尝试体验另一个人经历的事情，想象将你自己置身于这个人的文化世界里。
> **➤灵活性**
> 调整你的传播，以适应对方和情境的能力。

2. 练习跨文化移情

跨文化移情（Intercultural Empathy）是指为了尝试体验另一个人经历的事情，想象将你自己置身于这个人的文化世界里。美国土著谚语“在你没有置身于另一个人的处境之前，不要对他做出判断”（Don't judge another person until you have walked two moons in his moccasins）[①]，捕捉到了这个思想。密切注意对方及其展现出来的情绪，可以提高我们的移情技能。我们将在第7章中详细阐述如何进行传播移情。

3. 培养灵活性

虽然我们讨论了灵活性的概念，即把它作为对待跨文化交流的一种适当的态度的组成部分，但我们还可以为你提供具体的策略，以使你在沟通中变得更加灵活。**灵活性**（Flexibility）是调整你的传播，以适应对方和情境的能力。在你具有灵活性的情况下，你可以在相互交流过程中使用各种传播技能，并在各种情境内和情境之间修正你的行为。灵活意指分析情境，对在那种情境中如何传播做出决策，然后，在事情进展不顺利时修正你的传播。

---

① 印第安人谚语。——译者注

学习目标

1. 描述关系的主要类型。

2. 解释披露和反馈如何影响关系。

3. 剖析在关系不同阶段的传播水平。

第6章 关系传播

69　根据我们的关系是个人关系还是非个人关系，我们以不同的行为方式表现。

人际关系技能有助于你创建、建立和保持健康的关系。**关系**（Relationships）是两个人根据他们之间相互作用的模式，对其行为所做出的各种预期。关系涉及从熟人到亲密朋友的整个范围。无论与一个人的关系程度如何，我们总是追求良好关系。**良好关系**（Good Relationships）是人们在相互作用过程中，那些令人满意的和健康的关系。

在本章中，我们描述3种关系类型，并提供发展熟人、朋友和亲密关系的指导方针。另外，我们对关系的披露和反馈进行剖析，并解释典型的关系所经历的各个阶段。

你怎么认为

保持一种关系要比终止一种关系难。

强烈反对						强烈赞同
1	2	3	4	5	6	7

学习目标1　关系类型

> **➢关系**
> 两个人根据他们之间相互作用的模式，对其行为所做出的各种预期。
> **➢良好的关系**
> 人们在相互作用过程中，那些令人满意的和健康的关系。

根据我们的关系是个人关系还是非个人关系，我们以不同的行为方式表现。考察从非个人关系向个人关系的连续运动过程，我们可以将我们的关系划分为熟人、朋友和亲密朋友或挚友。特定的传播能力有助于建立和保持各种关系类型。

熟人

熟人（Acquaintances）是我们知道名字和当谈话机会出现时与之交谈的人，但是，我们与他们的相互交流却是有限的。许多熟人关系都是从某个特定的语境发展起来的。我们与居住在公寓
70 大楼、宿舍或隔壁房间的人，上课坐在我们旁边的人，去我们的教堂的人或属于我们的俱乐部的人成为熟人。因此，在生物课上相遇的梅林达和佩奇，也许彼此谈论与课程有关的问题，但是，她们既没有努力分享个人想法，也没有在课外彼此会面。

熟人的指导方针

为了满足发展熟人关系的要求，善于开始和发展谈话是有益的做法。下列指导方针有助于你在与他人进行交谈时变得更加有能力：

通过自我介绍发起谈话，可以针对自然语境、你的想法或感受、另一个人或开玩笑。例如，“你好，我是凯茜。你以前上课曾经遇到过这位教授吗?”

通过提出问题、仔细倾听以及对人们所说的话采取适当的对策，形成“以他人为中心”的侧重点。

适当地进行轮流发言。有效的谈话者要平衡交谈和倾听，而且，不要打断对方讲话。我们不仅需要避免支配谈话，也需要通过充分交谈来支持我们的一方。

在你改变话题之前，要使你的评论与你以前说过的话相关。

要彬彬有礼。想一想你的谈话伙伴对你所说的话会有怎样的感受，并努力用一种允许你的谈话伙伴“挽回面子”的方式来表达你的评论。

朋友

随着时间的推移，有些熟人会成为我们的朋友。**朋友**（Friends）是我们自愿与之商谈较多的个人关系的人。随着友谊的发展，人们向角色限制较少和令人更加满意的相互作用转换。例如，梅林达和佩奇在生物课上成为熟人，也交谈过与课程有关的问题，她们也许决定放学后去健身房。如果她们发现彼此相处愉快的话，那么，她们就可能继续在课外见面并最终成为朋友。

有些友谊是与语境紧密联系在一起的。因此，人们经常提到他们的网球朋友、办公室朋友或邻里朋友。这些语境朋友也许随着语境的变化而消失。举例来说，如果你或你的朋友在一个公司找到了一份工作，那么，你或你的朋友与以前公司办公室的一个同事之间的友谊就可能消失。

友谊的指导方针

对于发展和保持友谊而言，有些关键行为必须出现。下列指导方针可以有助于你发展和保持友谊。萨姆特（Samter）解释了友谊关系所必需的 5 种重要的能力。

1. 开始

主动提出花时间在一起。一个人必须与另一个人取得联系，而且，相互作用必须平稳、轻松和愉快。友谊不太可能在很少进行相互交流或有着不满意的相互交流的人们之间形成。

2. 反应

每个人都必须倾听。要倾听他人的讲话，并对他人所说的话做出反应。人们只关注自己或自己的问题是难以形成友谊的，而且，沉默寡言的人同样难以保持友谊。在第 7 章里，我们将向你介绍有助于你在倾听他人方面更有效的各种技能。

3. 自我披露

朋友之间要相互分享感受。虽然熟人关系可以通过讨论表面问题或进行抽象想法的谈话来加

> **➢熟人**
> 我们知道名字和当谈话机会出现时与之交谈的人，但是，我们与他们的相互作用很大程度上是非个人的作用。
>
> **➢朋友**
> 我们自愿与之商谈较多的个人关系的人。

以保持，但是，友谊却是以更多的交换个人和具体信息为基础的。其中，包括个人的过去、看法和感受。在第8章里，你将学习与有效披露和反馈有关的各种技能。

4. 情感支持

在需要的时候，提供安慰和支持。当我们在情绪或心理上感到脆弱时，我们希望得到朋友的帮助。当你的朋友受到伤害时，他们需要你通过
71 确认他们的感受来支持他们，并帮助他们搞清所发生的事情来渡过难关。你在第7章里将学到更多有关安慰和支持的内容。

亲密并不是“爱”或排他性的同义语，而且，柏拉图式关系和浪漫关系都可以称为亲密关系。

5. 冲突管理

要对冲突进行管理，这样，双方的需求就可以得到满足。朋友对有关想法或行为持不同意见是不可避免的事情，友谊取决于成功处理这些分歧。事实上，通过适当地管理冲突，人们可以强化他们的友谊。你将在第8章里学到更多有关冲突管理的内容。

亲密朋友或挚友

亲密朋友或挚友（Close Friends or Intimates）是与我们分享亲密、关怀和信任关系的为数不多的几个人，这些关系是以具有某种高度承诺、信任、相互依存、披露和快乐为特征的。我们也许有数不清的熟人和众多的朋友，但是，我们很可能只有少数真正的亲密关系。亲密并不是“爱”或排他性的同义语，而且，柏拉图式关系和浪漫关系都可以称为亲密关系。**柏拉图式关系**（Platonic Relationship）是一种双方既不是在性上相互吸引，也不是以某种亲密方式行为的关系。相反，**浪漫关系**（Romantic Relationship）是一种双方以性相互吸引保持的关系。

> **➢亲密朋友（挚友）**
> 与我们分享某种高度承诺、信任、相互依存、披露和快乐的人。
>
> **➢柏拉图式关系**
> 一种亲密的关系，在这种关系中，双方既不是在性上相互吸引，也不是以某种亲密方式行为。
>
> **➢浪漫关系**
> 一种亲密的关系，在这种关系中，双方以他们的性相互吸引保持的关系。
>
> **➢信任**
> 以一种几乎总是涉及某种风险的方式，强调对另一个人的信赖。

无论是柏拉图式关系还是浪漫关系，对于保持亲密关系而言，双方都必须始终信任对方。**信任**（Trust）是以一种几乎总是涉及某种风险的方式，强调对另一个人的信赖。正如我们披露个人信息一样，我们监控我们的伙伴怎样很好地保持我们的信赖。一旦我们认为我们的伙伴靠不住，我们很可能退出，而且，不再继续披露。因此，随着时间的推移，关系的亲密性就会降低。当某种严重违背我们的信任的行为出现时，我们甚至可能突然终止关系。就亲密朋友而言，我们通过对我们自己和我们的时间做出保证来表明彼此的承诺。我们通过对对方积极的预期以及认为他或她的行为举止是公正和诚实的，来表现信任。就亲密朋友而言，我们的生活是相互依存或交织在一起的。我们相互依赖，我们更有可能与亲密朋友分享我们自己的个人、隐私信息。在亲密关系中，自我与他人出现某种融合。伙伴被认为是你自己的组成部分。换言之，在某种程度上，通过你的亲密关系，你逐渐界定你是谁。

研究表明，女性和男性往往在导致亲密关系的因素上存在差异。这也许是因为社会教导女性以与男子不同的方式行为举止，用以遵循女性和男性规范。女性往往基于与他人交谈、向对方敞开心扉以及分享个人感受来发展亲密关系。通过获得伙伴内心的信息，女性与他人形成一种“我们”（we-ness）感。男性往往通过共同活动、相互帮助以及能够互相依赖来发展亲密的友谊。男性不太可能在某个人可以与自己分享感受时，来界定一个亲密朋友。对于男性而言，亲密朋友是你可以依 72
赖帮助你摆脱困境，以及你经常选择一起从事快乐活动的人们。重要的是，要注意到这些差异在同性友谊中更为明显。当男性和女性相互发展亲密友谊或亲密关系时，这些差异也许并不适用。

亲密的指导方针

保持亲密取决于发展和保持对你的伙伴的信任以及对你们的关系做出的承诺。下列指导方针可以有助于你建立和保持信任。

- 要值得信赖，这样，你的伙伴知道他们在任何时候和各种环境下都可以依靠你。
- 要在满足你的伙伴的需求方面做出反应。有时，这将要求你把他们的需求放在你自己的需求之前加以考虑。
- 要在冲突中成为一个有效的伙伴，以某种合作方式来管理冲突。
- 要忠诚，保守你的伙伴的秘密信息，以及在你和你的伙伴之间遵守其他排他性协议。
- 要真诚，要诚实地与你的伙伴分享真实的想法和感受。
- 要愿意放弃其他活动或关系，花时间与你的伙伴在一起。

学习目标2　关系的披露和反馈比例

当人们在某种关系中相互作用时，他们将在某种程度上进行相互披露，而且，他们将相互提供一些数量的反馈。

一种健康的人际关系是以**自我披露**（Self-disclosure，分享对方不了解的传记资料、个人想法以及感受）和**反馈**（Feedback，对人们或其讯息做出语言和身体反应）的某个适当的平衡为特征的。**约哈里窗口**（Johari Window）是以它的两名创立者约·卢夫特（Jo Luft）[①] 和哈里·英哈姆（Harry Ingham）的名字命名的，是一种在关系中剖析披露和反馈关系的工具。约哈里窗口表示你周围能够知道的全部信息。你和你的伙伴彼此知道一些（但不是全部）信息。

这个窗口具有4个“窗格”或象限，如图6—1所示。第一象限被称为这个窗口的“开放”窗格，因为该部分表示你和你的伙伴都了解的有关你的信息。开放窗格包括你已经披露的信息和对你的观察，是你的伙伴与你分享的部分。开放窗格可能包括你与大多数人分享的寻常琐事信息，如你的大学专业等，该部分可能还包括你向相对较少的人披露的信息。同样，该部分包括你的伙伴做出的简单观察，如当你耸起鼻子时，你看上去多么可爱，或者，你从你的伙伴那里获得有关你的人际交往方式比较严肃的反馈。

图6—1　约哈里窗口

> **➢自我披露**
> 分享对方不了解的传记资料、个人想法以及感受。
> **➢反馈**
> 对人们（和/或他们的讯息）做出语言和身体反应。
> **➢约哈里窗口**
> 一种在关系中剖析披露和反馈关系的工具。

① 全名为约瑟夫·卢夫特（Joseph Luft）。他与另一位美国心理学家哈里·英哈姆（Harry Ingham）于1955年提出了此分析人际关系和传播的约哈里窗口理论。约哈里窗口理论是分析自我披露和反馈信息的平衡、根据信息是否是自我和他人了解的信息而对信息进行分类的学说。——译者注

第二象限被称为“掩饰”窗格。该部分包含全部你对自己了解，而你的伙伴并不了解的信息。掩饰信息是通过自我披露过程知晓的信息。当你选择与你的伙伴分享这部分信息时，这部分信息就从窗口的掩饰窗格向开放窗格转移。例如，假
73 设你忙着要结婚，但是，在举行婚礼的当天，你的未婚夫（妻）提出不结婚了。你也许不想与熟人分享这部分往事，所以，它在你的许多关系中将成为你的掩饰窗格。但是，当你将这一事实披露给一位朋友时，它就和此人一起转移到你的约哈里窗口的开放窗格。随着你披露信息的增多，这个窗口的掩饰窗格就变得比较小，而开放窗格就被增大。

第三象限被称为“盲目”窗格。这部分是其他人了解你，而你并没有意识到的信息。大多数人都有盲点——他们并没有意识到自己的行为表现及其影响。信息就通过他人的反馈，从窗口的盲目区向开放区转移。当某个人向你提供对你的看法，而且，你接受了这一反馈时，那么，这信息就将转移到你的开放窗格。因此，与披露一样，反馈增大了约哈里窗口的开放窗格，然而，在这种情况下，盲目窗格就会变得比较小。

第四象限被称为“隐藏”窗格。它包含你和你的伙伴都不知道的信息。显然，你无法发展一系列这类信息。那么，我们如何知道它的存在呢？这是因为我们会定期去“发现”这类信息。举例来说，如果你从未尝试过滑翔运动，那么，无论你还是其他任何人都无法真正知道你在接近起飞时将做出怎样的反应。你也许因胆小而放弃，也可能坚持到底，你也许做得很出色，也可能失败，你也许一如既往地喜爱这项运动，也可能被吓得动弹不得。但是，在你尝试这项运动之前，所有这类信息都不得而知。一旦你尝试了这项运动，你就获得了有关你自己的信息，而这一信息就成为掩饰窗格的组成部分，你可以通过披露而将这一信息转移到开放窗格。另外，一旦你尝试了这项运动，观察你飞行的其他人，就会拥有有关你的表现的信息，而这种信息你可能不知道，除非他们向你提供反馈。

当你在关系中披露和接收反馈时，各个窗格的大小就会发生变化，这些变化反映了关系的变化。所以，你与不同人的约哈里窗口的窗格大小将有所不同。

在图 6—2A 中，我们看到一个在某种关系中没有披露和反馈出现的事例。一个人没有和另一个人分享更多的信息，而且，从这个伙伴那里接收的反馈较少。我们可以在一个新的关系或随意的熟人之间看到这种模式。

图 6—2B 表示一种一个人向一个伙伴披露信 74
息，而这个伙伴几乎没有提供反馈信息的关系。正如你能够看到的那样，掩饰窗格比较小，而隐藏窗格没有发生变化。像这样的窗口表明，此人能够披露信息，而对方无法或者不愿给出反馈信息（抑或此人拒绝接收对方给出的反馈信息）。因为从他人那里接收的反馈信息是我们了解我们是谁的部分方式，所以，在关系中，一方没有提供反馈信息会使另一方感到极为不满。

图 6—2C 表示一种一方善于提供反馈而不披露信息的关系。由于我们多数人只有在信任对方时才披露信息，因此，这种模式可以表现为一种不信任对方的迹象。

图 6—2D 表示一种一方披露信息并接收反馈信息的关系，因此，在这两个过程中，双方拥有的开放窗格增大。此种窗口说明，双方充分信任，并对关系有兴趣，他们愿意承担披露信息和给出反馈信息的风险。

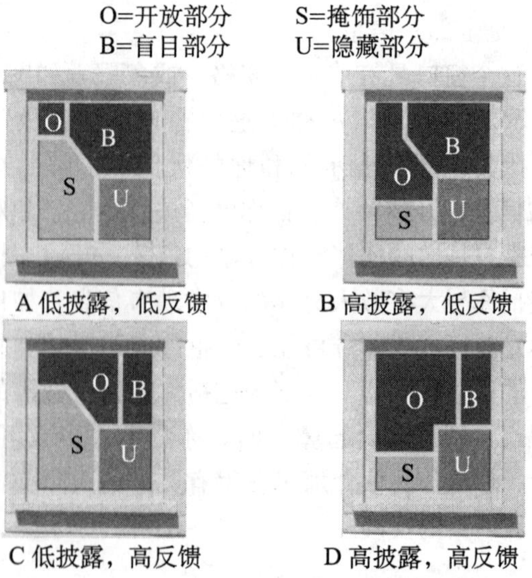

图 6—2 约哈里窗口实例

显然，为了获得某种关系的一个完整“画

面”，双方的约哈里窗口都需要进行检验。一种健康的人际关系是以披露和反馈的平衡为特征的，从而使两个人都参与健康的人际关系。

学习目标 3　关系发展阶段的传播

无论一种关系是熟人关系、朋友关系，还是亲密关系，每种关系都随着时间发展和变化。即使没有两种关系完全以相同的方式发展，但是，它们往往遵循一个“生命周期”，这个生命周期有 3 个可以确认的阶段：开始和发展阶段、保持阶段和恶化阶段。某一关系怎样快速地通过这些阶段，取决于关系伙伴之间的人际传播。关系可以以几乎无法察觉的方式在保持、发展（更加亲密）和恶化（产生距离）之间轮流更替，因此，在任何时点上，我们也许难以准确地描述关系的某个阶段。有时，关系阶段也许融合在一起，而在其他时候，它们可能截然不同。但是，随着时间的推移，如果你留心的话，那么，你就可以发现关系发展的方式。

开始和发展关系

一种关系的早期阶段取决于你增加对对方的了解，以及开始感到轻松和确认。随着关系的出现，轻松感和确认感就会出现，而且，更多的身体接触和心理亲近就会产生。随着关系的发展，你就会增加披露和支持。关系最早的传播侧重于了解对方，不确定性从而被降低，而且，你们彼此开始感到轻松。随着关系的发展，你们要花更多的时间在一起，披露更多的个人信息，你们两个人都会体验到一种支持感。随着关系的发展，双方就会识别和利用他们的相似性，而且，容忍或协商他们的差异性。

正如你从自己的经历中了解的那样，在一种关系最初阶段的传播中，即开始和构建关系，侧重于获取有关对方的信息。我们进行这种信息交流，作为减少不确定性的一种方式。如果我们对另一个人一无所知的话，那么，我们就不知道如何与之交往。我们来看一看两个大学室友惠特尼和马德琳的事例。在她们最初为数不多的几次交谈中，她们每个人都很紧张，想知道她们在一起是否合适。为了减少这种不确定性，她们就会希望相互了解。因此，她们也许会谈论她们在高中时所做的事情、每个人正在主修的专业、有什么爱好以及喜爱的食物、电影和音乐。随着她们相互了解的增多，她们发现，虽然惠特尼正在主修美术，而马德琳则正在上医学院的预科，但是，她们都是充满热情的环保主义者和素食主义者。随着她们相互更多地了解，她们开始感到轻松，而且，她们发现，虽然她们有着很多的差异，但是，她们喜欢并尊重对方。一个学期后，虽然她们每个人通过单独交往都找到了其他朋友，但是，她们还是在餐厅一起吃晚饭。她们在共同的房间生活，开始呈现出一种可预言的模式。当惠特尼正在努力为班上做一个艺术项目时，把颜料弄得满屋都是，为此，马德琳通过在图书馆里学习来 75
为惠特尼提供空间。当马德琳全力以赴准备化学期中考试时，惠特尼就会为她从咖啡店购买两份咖啡豆奶。

在关系形成的开始阶段，我们同样期待轻松感和确认感。随着时间的推移，我们应该与某个人更加轻松地交谈。我们希望交谈顺利地进行，而且，我们也希望在相互作用过程中感到快乐。每个人都希望对方倾听和确认自己的自我感觉和想法。当轻松和确认发生时，我们认为，我们正在与对方建立关系。只有在双方都体验到轻松和确认的时候，关系才可能向一个更深的层次发展。

如果某种关系正在不断深入的话，那么，人们就会感到这种关系具有亲密性。他们认为，这种关系正在向更加亲密的人际关系程度发展。这种情况同样可以发生在在线关系上。有人提出，他们在在线关系上取得的亲密性要比在相对于在线关系的离线关系上多。的确，快速和言过其实的亲密性，可以成为在线关系乐趣的组成部分。

随着关系的逐步发展，关系加深并增加了亲密性，而且，双方往往也分享更多的身体接触。身体接触可以包括比较近地坐在一起、相互倚靠、较多的目光接触、较多的触摸。这种身体行为或多或少地涉及浪漫的感受。甚至随着关系的发展，朋友也会增加彼此之间的身体接触，可是，女性和男性在表现对同性和异性的友谊的身体接触方式上可能会有所不同。在发展关系中，作为身体接触的事例，女性也许与其他女性朋友握手或拥抱，而男性则可能以一个举手击掌手势或相互拍打彼此的胳膊来进行身体接触。当然，文化规范和年龄同样影响着人们在关系中进行身体接触的方式。我们说一下惠特尼和马德琳之间成功的关系。她们花时间在一起，相互充分了解，并彼此认为是亲密的朋友。在第二个学期，当她们放春假回来时，她们相互拥抱，并换衣服穿，相互做头发、化妆或擦指甲油。

在相互作用过程中，了解另一个人并发展一种轻松感和确认感，可以出现在面对面交流或在线交流中。关系发展的最初阶段可能越来越多地以电子方式出现。在线沟通也许要比传统的面对面沟通难度小，可满足与人相互作用的需求。最初的相互作用可以发生在你自己家里舒适的环境中并以你自己的节奏进行。你不必关注自我或他人的身体方面，而且，你可以更准确地选择要说的话。

对身体接触的需求似乎是关系发展的重要方面，即使对于在线关系也是如此。两位在线关系研究者詹姆斯·卡茨和菲利普·阿斯普登（James Katz and Philip Aspden）发现，互联网上的关系经常导致面对面的相见。

许多关系正在不断深入的人们开始分享更多的感受、披露更多的信息以及相互依赖以获得好感和支持。在这个阶段，他们很可能对于某个问题彼此寻求帮助或交谈几个小时，分享双方在生活中的快乐和悲伤。随着时间的推移，惠特尼和马德琳也许彼此分享她们内心的感受，在困难时期，靠在彼此肩膀上哭泣或把钱借给对方。

保持关系

保持关系（Maintaining a Relationship）表示两个人以各种保持关系的亲近或亲密程度的方式来进行沟通。一般来说，保持阶段包括使关系逐步发展为更高程度的亲密关系或转向更低程度的亲密关系。研究者已经对人们用来保持关系的许多策略进行了分类，这些策略包括继续花时间和我们的伙伴在一起、整合我们的社交网络以及回
76 报以无私的行动。人们保持关系的其他方式，还包括继续相互投入不同程度的可接受的感情、自我披露、好感和支持。

> **➤保持关系**
> 以各种保持关系的亲近或亲密程度的方式来进行沟通。

你或许不知不觉地使用上述许多技巧来保持关系。在稳定的关系中，我们选择花时间与对方在一起，在大部分的时间里，我们通过面对面交谈或电话来保持关系。但是，越来越多的人喜欢通过在线互动来度过时光。另外，我们还通过整合我们的社交网络来保持关系。随着你开始了解你的伙伴生活中的其他重要人物，而你的伙伴开始了解那些你已经与之建立关系的人们，你不仅开始在不同的语境下欣赏你的伙伴，而且，这些共同的朋友和关系会产生一种网络效果，围绕和支持你与你的伙伴的关系。最后，无论我们处于何种关系类型（熟人、友谊或亲密），我们都将对我们每个人要履行的无私行为的种类和次数建立各种预期。虽然人们在无私行为的程度上有所不同，但是，我们一般还是最有可能对亲密的人采取无私的行为，这种行为我们一般较少愿意用在朋友身上，也很少愿意用在熟人身上。

我们来看一看室友惠特尼和马德琳是如何使用这些策略来保持她们的友谊的。因为她们都致力于环境保护，所以，她们决定加入叫作学生环

境行动联盟（Student Environmental Action Coalition，SEAC）[①]的校园社团，在这个校园社团里，她们交了一群普通朋友。每到周末，她们与彼此的父母见面，而且，当惠特尼高中最好的朋友来访时，马德琳会参加她们的健身活动并在晚上和她们一起去跳舞。当惠特尼摔倒并伤及胳膊时，马德琳也许会爽约，以便陪惠特尼一起去急诊室。

冷淡和终止关系

正如双方可以把他们的关系发展到更高的亲密程度一样，我们也可以以各种行为方式来削弱亲密程度。有时，关系可能变得令两个伙伴的一方或双方不满。当这种情况发生时，一方或双方就要有意识地做出决策，要花较少的时间在一起、在社交网络中培养更多的独立性以及付出较少的无私行为。在其他时候，在任何一方还没有意识到不满意和决定改变关系的情况下，关系便出现了恶化。甚至因为双方在保持目前的关系水平上没有提高警觉做必要的事情，所以，关系出现了恶化。

当关系变得不太亲密时，它也许退化到一个不同的水平上并稳定在那里，或者终止。在恶化的关系中，沟通以 3 个阶段为特征：对关系令人不满的迹象和暗示的识别、解除关系的行为过程以及终止关系。不满的微妙迹象包括对对方的看法和感受失去兴趣；认识和强调彼此的缺点并淡化优点；增加禁止谈论或属于冲突根源的话题的数量。随着双方关系的解除，他们不太愿意分享曾一度经常交流的想法和感受。他们变得更加独立、较少对对方表示支持以及对他们的伙伴采取冷漠的态度。

对关系不满的识别

关系正在逐步冷淡的第一个迹象，是一种关系令人不满的微妙征兆。当一个人开始对对方的看法和感受失去兴趣时，这个人的取向就会从“我们”改变为“我”，双方也许强调彼此的缺点，并淡化优点。曾一度自由公开讨论的话题，就变成了禁止谈论或成为冲突根源的话题。随着关系开始以增加“难以处理的”话题或未解决的冲突为特征，双方就变得更加彼此提防，也不愿意营造一种积极的沟通氛围。

解除关系 77

如果双方继续对关系感到不满的话，那么，人们便开始疏远。他们越来越不愿意为彼此做出牺牲，也很少表现出宽容的态度。他们之间的沟通从深层次分享想法和感受，向小规模交谈和其他“安全的”沟通转变，向完全没有重要意义的沟通转变。也许看上去令人奇怪的是，昔日分享众多的想法和感受的人们，却发现他们之间无话可说。他们不仅对交流重大的想法不再感兴趣，也可能开始完全回避对方，转而去寻找与他们分享兴趣和活动的其他人。他们很少依赖对方，而是更多地依赖其他人的好感和支持。敌意不一定出现；相反，这个阶段很可能是以冷漠为特征的。

因此，即使惠特尼和马德琳在大学第一年里一直非常亲密，她们也可能发展各自新的友谊，而且，她们每个人都会做出分开的决定，如她们想在第二年里与别人住在一起。作为一名有效的传播者，她们会在没有责备或控制的情况下，与对方讨论她们的决定，并承认她们之间的关系不如从前亲密。在暑假期间，她们也许没有相互沟通，也可能疏远。她们在大学第二年里与新的室友生活在一起，并经常在校园里见面。她们在学生环境行动联盟举行的会议和一些活动中进行交谈，但不再有任何私下里的谈话，不再依赖于相互支持，也没有相同的朋友圈子。在她们毕业时，她们脱离了关系，很少有机会再见面。

终止关系

如果关系无法在不太亲密的程度上保持的话，

① 由美国、加拿大两国数百所中学及高校社团组成的环境保护联盟，该联盟成立于 1998 年。——译者注

那么，关系就会终止。当人们不再彼此进行相互作用时，关系就已经终止。正如库帕克和梅茨（Cupach and Metts）指出的那样，人们为结束关系找出了诸多理由，其中包括缺乏沟通、得不到满足、生活方式和兴趣存在差异、遭到拒绝、外来干扰、缺乏回报和厌倦。

在某个时候，一方或双方也许应该终止关系。因为我们多数人都不是熟练的传播者，所以，我们可以使用控制（“对你来说，这真是最好的事情”）、冷淡（越来越少花时间在一起，直至你们根本不见面为止）或规避（刻意回避对方）。为了终止日益恶化的关系，有能力的传播者应该进行直接、坦率和诚实的交谈。重要的是，要明确表明你希望终止这种关系，同时，要尊重对方并对此举造成的各种情绪保持敏感的态度。

学习目标

1. 列出在倾听过程中提高注意力的技巧。

2. 剖析各种提高讯息理解能力的方式。

3. 讨论如何更好地记忆信息。

4. 解释如何评价或批判地分析讯息的真实性。

5. 识别支持反应和给予安慰的步骤。

第7章 倾听和反应

79 倾听是一项关键的传播技能，可是，接受过任何一种正规倾听训练的人还不到2%。

当你有压力时，你是一名优秀的倾听者吗？或者，当他人与你交谈时，你偶尔发现自己在走神吗？倾听是一项关键的传播技能。可是，接受过任何一种正规倾听训练（Listening Factoid）的人还不到2%。我们大多数人都能够提高倾听技能。我们决不能低估倾听的重要性，倾听可以澄清事实、使我们与他人交往、构建信任和移情、帮助我们学习和记忆素材以及提高我们对信息的评价水平。

朱迪·布劳内尔（Judi Brownell）指出，国际倾听协会（International Listening Association，ILA）[①]的成员提出了下面这个“倾听”的定义：“**倾听**（Listening）是接收语言和非语言讯息，从语言和非语言讯息中构建意义，以及对语言和非语言讯息做出反应的过程”。在这个定义中，倾听具体表现为注意、理解、记忆、评价和反应的过程。

> **➢倾听**
>
> 接收语言和非语言讯息，从语言和非语言讯息中构建意义，以及对语言和非语言讯息做出反应的过程。

你怎么认为

我宁愿成为倾听者，也不愿意成为讲话者。

强烈反对						强烈赞同
1	2	3	4	5	6	7

① 国际倾听协会是一个促进倾听研究、发展和教学的组织，“致力于更多地了解倾听对全部人类活动的影响”。1979年成立于美国明尼苏达州明尼阿波利斯市。——译者注

学习目标 1　注意

注意（Attending）是从无数触及感官的刺激中，选择和集中特定刺激的知觉过程。回想一下第 2 章，我们注意引起我们兴趣和满足身心需求的信息。然而，要成为一名优秀的倾听者，我们必须培养自己注意倾听人们说话的习惯，不要以我们的兴趣和需求为转移。有意识地集中注意力有 4 种技巧。

> **注意**
>
> 1. 要让身心做好倾听的准备。
> 2. 要完全做到从讲话者角色向倾听者角色转变。
> 3. 要在你做出反应之前，听人把话讲完。
> 4. 要观察非语言暗示。

1. 要让身心做好倾听的准备

在身体方面，优秀的倾听者会营造一个有助于倾听的身体环境，并采取一种倾听的姿势。营造一个身体环境，意味着要消除各种干扰。如果音乐播放的声音很大，以至于它干扰了正在试图与你交谈的室友，那么，你就要把音量调低。当倾听者将身体移向讲话者、采取直接的目光接触以及刺激各种感官系统的身体姿势时，这种姿势便是有益的姿势。举例来说，当教授告知班上的同学接下来的信息将是与测验有关的信息时，效
80 率高的倾听者很可能在椅子上坐直身体、身体前倾、停止无关的身体动作以及直视着教授。同样，在心理方面，他们通过消除头脑中的各种杂念来集中他们的注意力。

2. 要完全做到从讲话者角色向倾听者角色的转变

在谈话过程中，我们经常被要求不断地从讲话者角色向倾听者角色进行转变，我们发现，有时完全做到这些转变很困难。只要你一有机会，就容易把打算说的内容表述出来，而不是倾听。在设法成为一名优秀的倾听者的时候，尤为重要的是，在轮到你讲话之前，要让对方把话讲完。优秀的倾听者要做到不打断对方的讲话。尤其在你进行一场热烈交谈或对听到的话感到兴奋不已的时候，你要有意识地控制自己不打断讲话者，代之以完全倾听。

3. 要在你做出反应之前，听人把话讲完

在一个人结束讲话之前，我们就停止倾听的事例司空见惯，因为我们认为，我们知道这个人要讲些什么。可是，我们常常是错误的。此外，我们经常停止倾听人们讲话，是因为他们的举止习惯和话语“使我们感到索然无味”。想一想，你有多少次由于教授的口音或手势，没有倾听教授讲的课而遗漏了重要的信息。在让他人自由地表达和培养我们学会仔细认真地倾听方面，大多数人都需要掌握耐心和沉默的价值。

4. 要观察非语言暗示

当倾听者观察伴随话语的非语言行为时，他们就会更准确地解释讯息。举例来说，当德博拉说“别为我担心。我很好，真的”时，我们必须根据诸如语调、身体动作和面部表情等暗示判断她是真的很好，还是心烦意乱不愿告诉你。

> **➢注意**
>
> 从无数触及感官的刺激中，选择和集中特定刺激的知觉过程。

学习目标2 理解

理解（Understanding）是准确地解码讯息，以反映讲话者打算表达的意义。有时，我们无法理解，这是因为编码讯息的词语并不在我们所掌握的词汇里，但是，我们的大多数误解都源自被动倾听（Passive Listening）。主动倾听（Active Listening）要求我们使用移情、提问和解释，这样，我们就可以理解讯息的内容和讲话者的意图了。

移情

移情（Empathy）是在智力方面认同对方的感受或态度，抑或与对方的感受或态度产生同感。或者，正如乔恩·黑兹（Jon Hayes）所指出的那样，让人们“知道在他们自己的标准框架内，始终得到理解，而且，他们可以把世界看作他们独立地看待世界的样子”。为了移情，我们一般设法将自己对别人的感受或态度撇开。在移情时，人们使用的3种方法是移情反应、换位思考和同情反应。

移情反应（Empathic Responsiveness）出现于你经历某种类似的情感反应，并因此观察到对方真实的或预期的情感表现。举例来说，当杰克逊告诉詹姆斯他在财政上遇到麻烦时，詹姆斯感到杰克逊正在经历压力和焦虑。我们会说詹姆斯已经体验了移情反应。

有时，我们无法理解，这是因为编码讯息的词语并不在我们掌握的词汇里，但是，我们的大多数误解都源自被动倾听。

换位思考（Perspective Taking），换位思考是最常见的移情形式。对许多人而言，虽然换位思考是困难的，但是，我们凭借有意识的努力，都能够学会换位思考。例如，如果詹姆斯通过想象自己面临严重的财政债务来将这一讯息人格化，预料他可能经历的各种情感，接下来，他认为杰克逊可能经历同样的感受，那么，詹姆斯正在通过换位思考来进行移情。

同情反应（Sympathetic Responsiveness）是由于对方的情境和状况，而因此关心、怜悯此人或为此人感到难过。具有同情心不同于其他两种方法。当你同情对方时，与其努力体验对方的感受，倒不如将你对讲话者所经历的智力理解，转换为你对此人的关心、怜悯和为此人感到难过的感受。在前面的事例中，詹姆斯在理解杰克逊感到窘迫和担心时，对杰克逊表示同情，而不是设法感受那些相同的情感，他要对他的朋友表示关心和怜悯。由于这种观点上的差异，许多学者把同情和移情做了区分。

你如何做出适当的移情，同样依赖于你如何敏锐地观察他人的行为，以及你如何清晰地“理解”他们所发送的非语言讯息。为了提高你的观察技能，你可以这样试一下。当对方开始与你进行交谈时，你要养成默默地给自己提出两个问题的习惯：（1）我认为这个人现在正在经历什么样的情感？（2）这个人正在给出什么样的情感暗示，使我得出这样的结论呢？有意识地提出上述问题，可以帮助你把注意力集中在讯息的非语言方面，这些方面传递了有关这个人情感状态的大部分信息。

为进一步提高理解情感的准确性，我们可以使用知觉核实技能（我们在第2章中做了介绍）。当对方的文化不同于我们自己的文化时，这种技

> **➢理解**
> 准确地解码讯息，以反映讲话者打算表达的意义。
> **➢移情**
> 在智力方面认同对方的感受或态度，抑或与对方的感受或态度产生同感。
> **➢移情反应**
> 经历某种类似的情感反应，并因此观察对方真实的和预期的情感表现。
> **➢换位思考**
> 81 换位思考是移情最常见的形式。
> **➢同情反应**
> 由于对方的情境和状况，而因此关心、怜悯此人或为此人感到难过。

能尤为实用。让我们思考一个事例。假设杰里说，当人们议论他这么大岁数还穿背带裤时，他感到十分尴尬。他的朋友玛丽可能通过关注他的语言和非语言讯息所表现出的感受来进行移情，接下来，她也许会说："我能够理解你的尴尬——如果这事发生在我身上，我甚至可能更沮丧"，用以表示她的理解。

提问

积极的倾听者提出问题，用以获得他们所需要理解的信息。**问题**（Question）是用以获得进一步的信息或证实已经获得的信息的话语。虽然只要你记得住，你就可以提出问题，但是，你可能会发现，有时你的问题要么得不到你想要的信息，要么得到的信息使你感到恼怒、惶恐或产生戒备心理。如果我们遵循下列的指导方针，我们就可以不断提高使我们得到想要获得的信息的能力，减少负面反应。

要搞清你所需要的信息种类，用以增进你的理解

假设玛丽亚对你说："我太沮丧了。你在回家的路上在商店停一下，帮我多买些纸好吗？"这时，你也许有点被搞糊涂了，并需要更多的信息来理解。然而，如果你简单地回答："你什么意思？"玛丽亚已经非常焦急，也许变得戒备起来。为了得到你所需要的信息，你可能要搞清你所拥有的 3 个信息需求之一，并形成一个满足这种需求的问题。你或许无法准确地知道你不理解的信息内容，为了增进你的理解，你要向玛丽亚提出下列 3 个问题之一：

获得细节的问题："你要让我买哪种纸？你需要多少？"

阐明词义的问题："请你告诉我'沮丧'是什么意思？"

澄清感受的问题："什么使你沮丧？"

82 **要监控你的非语言暗示，从而获得非语言暗示所传递的真实的兴趣和关心**

提出问题要以一种真诚的口气——不要用令人厌烦的、讥讽的、尖刻的、傲慢的、武断的或评论的口气提出问题。我们需要不断地提醒自己，我们的讲话方式也许甚至要比我们所使用的词语更加重要。有时，连续提出几个问题可能看起来好像是在审讯。如果你需要提出几个问题的话，你或许可以通过说一些像"我真的想了解你在说什么，所以，我需要提出几个问题。这样行吗？"这样的话，解释你为什么要提出这些问题。

要把"无知的重担"放在你自己的肩上

要把防御反应降到最低点，特别是当人们处于压力之下，表述你的问题就是要把无知的重担放在你自己的肩上。建议用一种简短的表述开始提出你的问题，这样，任何造成误解的问题都可能与你的倾听技能有关。举例来说，当德鲁说"马隆总是把事情搞得一团糟，我真是受够了"时，你也许会说："德鲁，我很抱歉，我错过了一些帮助我更好地理解你的感受的细节——马隆一直在做什么事？"

下面还有两个事例，对比较适当的提问反应与不当的提问反应进行了对比。

塔玛拉：他们又拒绝了我的建议！

阿特［不当的提问反应］：噢，你解释了你们应该使用的方法吗？［采取问题的形式，隐藏了对塔玛拉的攻击。］

［适当的提问反应］：他们没有告诉你为什么吗？［这个问题是一个对附加信息的真诚请求。］

勒妮：在昨晚的聚会上与所有董事在一起，我真的有种陌生感。

雅维耶［不当的提问反应］：为什么？［雅维耶以这一突兀的问题回应，没有努力去察觉或理解勒妮的感受。］

［适当的提问反应］：哎呀！是什么使你在老板面前感到陌生

> **➤问题**
> 用以获得进一步的信息或证实已经获得的信息的话语。

呢？[在这里，讲出这个问题有助于得到雅维耶的信息，而且，它也有助于勒妮理解信息。]

解释

积极的倾听者除了要成为训练有素的提问者外，还要擅长解释。**解释**（Paraphrasing）是把你从讯息中察觉的想法或感受，用语言表达出来。例如，你在与你的姐姐的一次争论中，在她讲出对你的行为表示关注后，你也许将她的话解释如下："你说已经厌倦了我谈论工作，而且，你认为当我谈论我在工作中所取得的成就时，我试图表现得比你好。"解释可以集中在内容、内容潜在的感受上或二者兼顾。**内容解释**（Content Paraphrasing）集中于讯息外延意义的解释。在前面的事例中，前半句话（你说已经厌倦了我谈论工作）是一个内容解释。**感受解释**（Feelings Paraphrasing）是一种获取与讯息内容有关的情感反应。这个事例的后半句话（你认为，我试图表现得比你好） 83
是一个感受解释。

为了进行有效的解释

1. 要仔细地倾听讯息。
2. 要注意你从讯息中体验的心像和感受。
3. 要确定讯息对你意味着什么。
4. 要创建表达这些心像和感受的讯息。

通过解释，你可以为讲话者提供一个检验你的理解的机会。讯息越长、越复杂，要解释的内容就越重要。当讲话者看来可能要表达情感时，或者，当英语并不是讲话者的母语时，解释同样十分重要。

学习目标 3　记忆：保持信息

记忆（Remembering）是能够保持并在需要时可以唤起的信息。人们听过马上遗忘，这种现象屡见不鲜。举例来说，你可能许多次怎么也想不起不久前介绍给你的人的名字。想一想，美国的教育体制在多大程度上取决于倾听和回忆信息。上课、课堂讨论以及其他以倾听为基础的学习经验被普通认可，研究表明，有效的倾听和学业成功之间存在着某种联系不足为奇。3 种能够帮助你提高记忆信息能力的技巧是：重复信息、构建记忆方法和做笔记。

重复信息

重复——将某件事反复说上两三遍，或者甚至说上四遍，通过必要的强化，帮助倾听者长期储存信息。如果信息得不到强化，它只能短期记忆，信息记忆最短保持 20 秒钟，然后，就被忘掉了。因此，当一个名叫杰克·麦克尼尔的陌生人被介绍给你时，如果你在内心说："杰克·麦克尼尔，杰克·麦克尼尔，杰克·麦克尼尔，杰克·麦克尼尔"，那么，你就会提高记住他的名字的可能性。同样，当你接到"向东走过两个街区，左转，在下一个红绿灯处右转，它就在下一个街区"这样一个指示时，你可以马上对自己重复，"向东走过两个街区，左转，在下一个红绿灯处右转，下一个街区——向东走过两街区，左转，在下一个红绿灯处右转，下一个街区。"

➢**解释**
把你从讯息中察觉的想法或感受用词语表达出来。

➢**内容解释**
集中于讯息外延意义的解释。

➢**感受解释**
一种获取与讯息内容有关的情感的反应。

➢**记忆**
能够保持并在需要时可以唤起的信息。

构建记忆方法

构建记忆方法有助于倾听者按照更容易记起来的形式来储存信息。**助记手段**（Mnemonic Device）是任何被用作记忆工具的人为技巧。形成某种记忆方法最常用的方法之一，是使用你设法记住的一连串信息首字母所形成的一个词语。例如，一个简单记住北美五大湖[①]的记忆方法，是使用HOMES（家）[Huron（休伦湖）、Ontario（安大略湖）、Michigan（密歇根湖）、Erie（伊利湖）、Superior（苏必利尔湖）] 一词来记忆。

当你希望按照顺序来记忆信息时，你可以使用这些信息的词语本身形成一个句子，或按照顺序使用这些词语的首字母来指代词语，形成一个容易记住的句子。例如，当你第一次学习音乐时，你也许学会了使用这样的谚语“*every good boy does fine*（每个孩子都能做好）”在五线谱谱线上标注高音谱号（E、G、B、D、F）。而对于标注谱间高音谱号（F、A、C、E），你也许记住了词语*face*（脸）。

> **➤助记手段**
> 任何被用作一种记忆工具的人为技巧。

做笔记

尽管做笔记在大多数人与人之间的偶然相遇的场合是不当的做法，但是，当你加入到谈话中去，需要记住正在被分享的重要信息时，对于提高你的信息记忆力而言，做笔记却是一种强有力
84 的手段。当学习者试图从讲座类型的讲话中倾听和吸收信息时，研究表明，做笔记已经成为一项重要的策略。做笔记为你提供的东西比一份可以回过头来查阅的书面记录要多，它同样使你在倾听过程中扮演了一个积极的角色。

实用的笔记可以由一个主要论点或重要思想的简表，加上一些最重要的细节组成。或者，在讯息结束后，笔记就成为整个概念（一种解释）的简要总结。然而，对于冗长或相当详细的信息而言，优秀的笔记将由一个讲话者讲述内容的简要提纲构成，其中，包括总体思想、讯息的主要观点以及重要的发展内容。优秀的笔记没有必要非常长。事实上，许多课堂讲座都可以简化为一个简短的笔记提纲。图7—1就是这样一个实例，是根据本章内容所做的笔记。

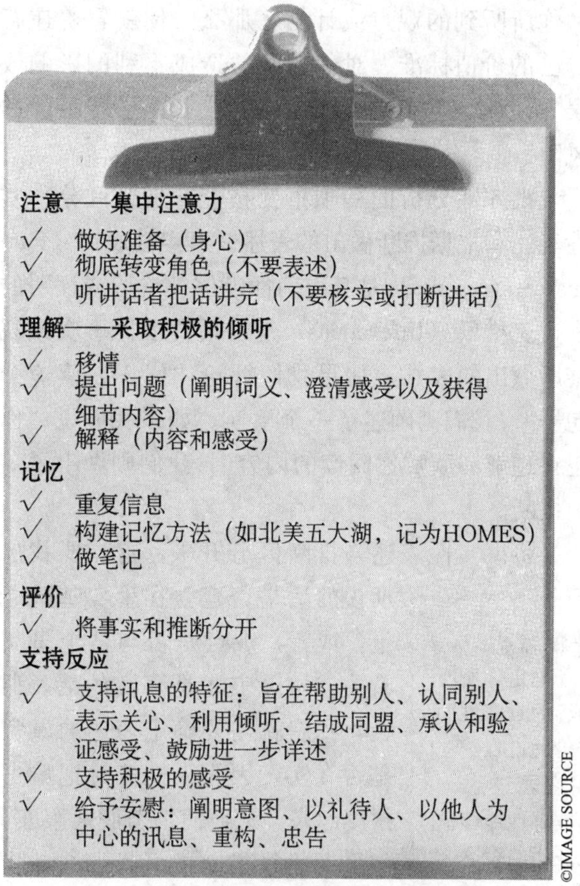

图7—1　根据一个有关倾听的讲座所做的笔记

---

① 世界最大的淡水水域，位于加拿大和美国两国的交界处。五大淡水湖依面积大小，分别为苏必利尔湖、休伦湖、密歇根湖、伊利湖和安大略湖，总面积约245 660平方千米，流域约为766 100平方千米，南北延伸近1 110千米，从苏必利尔湖西端至安大略湖东端长约1 400千米。湖水大致自西向东流，最终注入大西洋。——译者注

学习目标 4　评价或批评地分析

第 4 个倾听过程是要对所说的内容进行批评性分析。**批评性分析**（Critical Analysis）是为了确定你所听到的内容的真实性而进行评价的过程。批评性倾听在你被要求相信所说的内容、按照所说的内容去做或支持所说的内容时，尤为重要。举例来说，如果一个人设法说服你投票选举某个候选人，或支持同性婚姻合法化，或购买一件奢侈品，那么，你就要采取批评的态度去听，这样，你便能够评价他所提供的信息和观点。如果你不能批评地分析你所听到的内容，一味地附和你所听到的观点或计划，那么，你就冒着违背自己的价值标准、对你的利益造成不利的影响或误导他人（包括讲话者在内）对你进行评价的风险。

批评性分析的一项重要技能，是要区分事实性表述和根据推断做出的表述。**事实性表述**（Factual Statements）是其准确性能够被检验或证明的表述。**推断**（Inferences）是讲话者根据事实或观察所做出的表述。如果我们评论“你正在读这个句子”，我们则阐述了一个事实。如果我们说“你正在理解和欣赏你阅读的内容”，我们则做出了一个推断。

将事实性表述与推断区分开来，首先要找出所说的话是否建立在事实基础之上，或者，观点是否与某个事实有关。如果表述是事实的话，那么，我们就需要确定表述的事实是否真实，因为人们有时把情书拼凑起来，从而使情节脱离事实。如果表述是推断的话，那么，我们就需要进一步对它进行评价，看一看推断是否是有效的。即使推断是建立在事实观察的基础之上，也可能出现错误。举例来说，你正在阅读这个句子，你甚至可能频频点头，面带微笑，然而，这些事实并没有给出你理解或欣赏句子的证据。

> **➢批评性分析**
> 为了确定你所听到的内容的真实性而进行评价的过程。
> **➢事实性表述**
> 其准确性能够被检验或证明的表述。
> **➢推断**
> 讲话者根据事实或观察所做出的表述。

> **当你批评地进行倾听时，你要：**
> 1. 将事实与推断区分开来。
> 2. 分析“事实”，以确定它们是否真实。
> 3. 检验推断是否有效。

在我们已经确定表述是推断的时候，我们就需要进行检验，看一看它是否是一个有效的推断。为此，我们可以向自己（或讲话者）提出 3 个问题：（1）支持这个推断的事实是什么？（2）该信息真的对这个推断很重要吗？（3）还有没有其他事实或信息与这个推断相矛盾呢？例如，当我们听到“最好小心点；卡蒂今天情绪很糟糕。你没有从她脸上察觉出来吗？那就是女孩不高兴的表情呀”，我们应该停下来思考一下，卡蒂的情绪真的很坏吗？支持的“事实”是她的面部表情。这个事实准确吗？卡蒂看上去真的不高兴，还是生气呢？她的面部表情足以得出她情绪很坏的结论吗？还是卡蒂通常看上去不高兴呢？这种面部表情对确定她的情绪真的很关键吗？还是有我们这些认识她的人希望看到的其他那些暗示呢？卡蒂今天的行为还有使我们能够认为她情绪不是很坏的吗？ 85

学习目标5　对给予安慰做出支持反应

许多次当我们倾听的时候，我们发现讲话者情绪沮丧，需要得到安慰。我们可以通过肯定讲话者的感受，并给予情感上的安慰来做出支持反应。**安慰**（Comfort）表示帮助人们对自己及其行为感觉更加良好。在人们感到受到尊重、被人理解和得到认同时，安慰才会出现。

有效和无效情感支持讯息的特征

支持讯息（Supportive Messages）是旨在恢复信心、激励、鼓励、缓解痛苦、抚慰或令人振奋的安慰表述。支持讯息是有益的，并给人以安慰的信息，因为支持讯息营造了一种谈话情境，鼓励需要得到支持的人进行交谈并了解造成痛苦的原因。在这些年里，布兰特·伯尔森（Brant Burleson）[①]和他的同事们就安慰学说进行了大量的开拓性研究。在最近的研究中，伯尔森发现，有效的支持讯息具有以下特征：

（1）有效的支持讯息明确地声明，讲话者的目的是要帮助别人。

事例：“我愿意帮助你，我能为你做些什么吗?”

（2）有效的支持讯息表达对别人的认同和感情，并没有表达谴责和批评的意义。

事例：“我明白，你只是看上去好像无法接受这件事罢了。”

（3）有效的支持讯息表明对别人所处情境的牵挂、担心和关注，并没有集中在一个有关类似情境的冗长的叙述上。

事例：“你现在打算做什么呢?”或者“天哪，多和我说说吧，此后又发生了什么呢?”

（4）有效的支持讯息说明，讲话者在没有把思想强加于人的情况下，能够倾听和支持别人。

事例：“我知道，我们还没有那么亲密，但是，有时让人倾听还是有帮助的，而且，我愿意为你做点什么。”

（5）有效的支持讯息声明，讲话者是一个支持者。

事例：“在这件事上，我支持你。”或者“好吧，我站在你这边，这是不对的。”

（6）有效的支持讯息承认别人的感受和情境，也表达真诚的同情，并没有谴责和批评别人的行为或感受。

事例：“看到你的情绪这么坏，我很难过。我能够看出你被发生的事情搞昏了头。”

（7）有效的支持讯息向别人保证，他或她的感受是合情合理的，并没有告诉别人如何感受或应该忽视他或她的感受。

事例：“对于发生在你身上的事情，你有权感到愤慨。”

（8）有效的支持讯息鼓励别人详细讲述他或她的经历。

事例：“啊哼”、“是的”、“我明白，你如何看待这件事呢?”或者“好啦，你能说一说此前发生了什么事吗?”

“支持并不意味着说假话，或仅仅告诉某个人他或她想听什么。”

> **➢安慰**
> 帮助人们对自己及其行为感觉更加良好。
> **➢支持讯息**
> 旨在恢复信心、激励、鼓励、缓解痛苦、抚慰或令人振奋的安慰表述。

---

① 布兰特·伯尔森（1952—　），美国普渡大学传播学教授。著有《社会支持的沟通：讯息、互动、关系与社区》（*Communication of Social Support: Messages, Interactions, Relationships, and Community*, 1994）、《安慰传播技能的发展和个人差异》（*Developmental and Individual Differences in Comforting Communication Skills*, 1986）、《传播与社会互动技能手册》（*Handbook of Communication and Social Interaction Skills*, 2003）等。——译者注

支持并不意味着说假话，或仅仅告诉某个人他或她想听什么。有效的支持反应与事实有关，但是应集中在那些事实如何能够为讲话者提供情感支持上。

86

给予安慰

安慰通过营造一个安全的谈话空间，使人们能够表达感受，并为将来制订一个计划，帮助人们对他们自己、他们的行为或所处的情境感觉更加良好。安慰很少出现在一句话里面。相反，安慰通常出现在一次谈话的几轮对话之中，或者持续几个星期、几个月、几年的偶尔几次谈话之中。安慰的支持讯息具有我们在前文所讨论的 8 个特征，但是，这 8 个特征也可以从下面文字框所列出的 5 种具体的安慰讯息技能得到。

给予安慰

1. 阐明支持意图。
2. 用礼貌来缓解面子受到的威胁。
3. 通过以他人为中心的讯息促进理解。
4. 重构情境。
5. 给出忠告。

> **➢阐明支持意图**
> 公开声明你的谈话目的是要帮助你的伙伴。
> **➢缓解**
> 通过利用主动的和被动的礼貌技能来缓冲讯息的效果。
> **➢主动面子需求**
> 被别人重视、认可、喜欢和尊敬的愿望。
> **➢被动面子需求**
> 避免强加或侵扰的愿望。
> **➢以他人为中心的讯息**
> 鼓励我们的伙伴谈论并详述发生在他们身上的事情以及他们对事情有怎样的感受的表述。

1. 阐明支持意图

当人们经历情绪波动时，他们也许很难理解那些想要帮助的人的动机。你可以公开声明你的谈话目的，是要帮助你的伙伴来**阐明支持意图**（Clarify Supportive Intentions）。注意下列谈话中戴维的做法。

戴维［发现保罗坐在他的小卧室里面，头垂落在膝间，双手捂着头］：保罗，没事吧？

保罗［坐直身体，脸上露出痛苦而挑衅的神情］：像你这样的人才会在乎呢。是的，一切都好。

戴维：保罗，我的确在乎。5 年来，你一直为我工作，你是我们最好的技师之一。所以，即使我所能做的也只是听一听，但是，如果有什么事情的话，我也愿意帮忙。好了，发生什么啦？

2. 用礼貌来缓解面子受到的威胁

缓解（Buffering）是通过利用主动的和被动的礼貌技能来缓冲讯息的效果。真正给予安慰的行为，可以威胁到你的伙伴的主动面子需求和被动面子需求［**主动面子需求**（Positive Face Needs）是指被别人重视、认可、喜欢和尊敬的愿望。**被动面子需求** 87
（Negative Face Needs）是指避免强加或侵扰的愿望］。一方面，由于你的伙伴所处的情境，他至少可以感到你尊重、喜欢或重视他。另一方面，真正的安慰行为表明，别人根本无法单独应付这种情境。因此，安慰讯息要用非常礼貌的方式表达出来，强调别人的面子需求。例如，戴维对保罗说：“你是我们最好的技师之一”，这句话再次肯定了保罗的工作。戴维通过声明他也许“能做的也只是听一听”，同样注意到了保罗对自主性的需求，这句话隐含着保罗还能做其他事情。

3. 通过以他人为中心的讯息促进理解

为了减轻情感痛苦，人们需要弄明白所发生的事情。如果人们能够重新认识情境的具体细节，或者改变对发生事情的看法，他们就会感觉更好。人们这样做的一个重要方法，就是反复地说出并详述经历（发生在他们身上的事情）。我们可以通过使用以他人为中心的讯息来帮助人们这样做。**以他人为中心的讯息**（Other-Centered Messages）是鼓励我们的伙伴谈论并详述发生在他们身上的事情以及他们对事情的感受。我们大多数人都发现这样做很困难，因为我们始终被教导使我们感到不舒服的窥视或聆听别人遇到的麻烦是无礼的行为，所以，我们本能的反应就是要改变谈话的主题。

以他人为中心的讯息可以提出问题，允许别人把事情详述出来。以他人为中心的讯息可以简单地用有声的鼓励［嗯（um）、啊哈（uh huh）、哇（wow）、我明白（I see）］表达出来，鼓励别人探究他们的感受，而且对此表明理解和移情。

4. 重构情境

人们在脆弱和身处强烈的情感之中的时候，对事件的认识就会比较有限。有时，有限的视线以种种方式妨碍了他们观察情境，而这些方式原本能够使他们重新评价情境或他们的感受。在这些情况中，通过提供看法、观察、信息以及备选的解释，以不同角度来帮助你的伙伴了解情境，**重构**（reframing）情境，也许是对你有所帮助的。例如，设想特拉维斯下课回来，告诉他的室友亚伯说：“我的微积分考试不及格。无论我怎么学，也不管我做了多少道在线题目都没有用，我就是弄不懂。这个数学程度我达不到。我最好在全都不及格之前就退学。我可以找一份全职工作，再也不在学校折磨自己。”为了构建这种情境，亚伯可能想起特拉维斯一直把大量的时间投入到工作中，这也许对他的微积分的分数产生了影响。或者，他可能告诉特拉维斯，他听说微积分老师在这个学期末才给这门课程打分，因为这次考试内容太难了。亚伯正在提供新的观察和另外的解释，而这些观察和解释可以帮助特拉维斯从一个无从下手的情境到一个易于管理的情境来重构情境。

5. 给出忠告

有时，我们通过给出忠告来安慰人们。**给出忠告**（Giving Advice）是指提出一个人能用来满意地处理情境的相关建议和提案。不幸的是，我们经常在没有真正理解问题之前，就匆忙地给出忠告。我们应该在支持意图被人理解后再给出忠告，要注意伙伴的面子需求，要在一段时间内，维持以他人为中心的互动。只有在你的伙伴有时间理解并搞清楚他或她所发生的事情的时候，你才应该提出忠告，帮助他处理尚未解决的问题。在给出忠告之前，任何时候都要征得许可，并承认你的忠告仅仅是众多可能起作用的建议的一种。提出忠告伴随着潜在的风险或成本，而且，要让你的伙伴知道，如果他或她忽视你的忠告，也没有关系。

88

安慰的性别和文化考虑

人们通常认为，男性和女性在强调情感支持的价值标准方面存在着差异，女性期望、需求以及提供的支持要比男性多一些。然而，伯尔森（Burleson）指出，大量的研究表明，在各种关系（同胞、同性朋友关系、异性朋友关系以及浪漫关系）中，不同年龄段的男性和女性都格外重视从他们伙伴那里获得情感支持。研究同样显示，男性和女性对讯息缓解情感伤痛或多或少都持有相似的看法。男性和女性都发现，讯息鼓励他们探究和详述感受，提供了最大的安慰。研究还表明，男性在安慰时可能很少使用以他人为中心的讯息。

研究者同样剖析了安慰的文化差异。伯尔森指出，所有的社会群体成员都在寻找安慰策略，以他人为中心的讯息尤其是提供情感支持的最敏感和最有效的方式。伯尔森已经发现了如下的文化差异：

（1）与其他美国种族群体相比，欧裔美国人认为公开讨论感受将有助于一个人感觉更好。

（2）与中国人相比，美国人对以他人为中心的讯息要敏感得多。

（3）中国人和美国人都认为，规避策略（Avoidance Strategies）不如方法策略（Approach Strategies），但是，与美国人相比，中国人把规避策略看作是更合适的。

（4）已婚的中国人和美国人都认为，配偶提供的情感支持是他们所获得的社会支持中最重要的一种。

（5）与欧裔美国人或亚裔美国人相比，非裔美国人对伙伴情感支持技能的重视程度较低。这对非裔美国妇女尤为真实。

总之，安慰的文化差异表明，在我们希望得到我们的伙伴的支持以及我们找到成为情感安慰的各种讯息方面，相似性要多于差异性。

表 7—1 总结了优秀的倾听者

> **➢重构**
> 提供看法、观察、信息以及备选的解释，以不同角度帮助你的伙伴了解情境。
>
> **➢给出忠告**
> 提出一个人能用来满意地处理情境的相关建议和提案。

与拙劣的倾听者如何处理倾听的5个过程：注意、理解、记忆、评价和移情反应。

表7—1　　倾听5个方面的总结

	优秀的倾听者	拙劣的倾听者
注意	注意重要信息	也许没有听到讲话者所讲述的内容
	身心做好准备	坐立不安，向窗外张望，任思绪驰骋
	无论情绪怎样波动，都客观地去倾听	明显对情绪语言做出反应
	根据各种情境，以不同的方式倾听	无论讲话素材的种类怎样，都以相同的方式倾听
理解	对所说的话指定适当的意义	听到所说的话，但既无法理解，也不能对这些词语指定不同的意义
	找出明显的目的、主要观点以及支持信息	忽视信息是如何组织起来的
	在内心，对预料的信息提出问题	无法预料未来的信息
	默默地解释，以巩固理解	在内心，很少或从不回顾信息
	根据非语言暗示，找出细微的意义	忽视非语言暗示

续前表

	优秀的倾听者	拙劣的倾听者
记忆	保持信息	准确地解释讯息，但很快忘掉
	重复重要的信息	认为信息能被记得住
	在内心，为一系列词语或思想创建记忆方法	很少挑选特别重要的信息
	做笔记	仅仅依靠记忆
评价	以批评的方式倾听	听到并理解信息，但对信息不做评价和思考
	区分事实和推断	对事实和推断不做区分
	对推断进行评价	在面子价值标准层面上接受信息
移情反应	提出支持安慰的表述	回避欢乐或痛苦，改变谈话的主题
	给予备选的解释	回避痛苦，改变谈话的主题

学习目标

1. 讨论自我披露和隐私之间的平衡。

2. 剖析披露感受的指导方针。

3. 发展给出个人反馈的有效方式。

4. 描述自主行为。

5. 讨论各种冲突管理方式。

第8章

在关系中发展亲密性：

自我披露、反馈及冲突解决方案

91 有时，感到有某种与人进行联系的需求，有时，感到这种需求是独立的，这些是再正常不过的事情。

每天，在你的新关系和正在发展的关系中，你都要对与你的伙伴分享的信息以及如何对各种你不同意的问题的处理做出决策。你做出的决策将对你在关系中体验到的亲密性和满意度产生影响。有时，你感到想要敞开心扉，与人分享；有时，你感到想要保守隐私，这些都是再正常不过的事情。有时，感到有某种与人进行联系的需求，有时，感到这种需求是独立的，这些是再正常不过的事情。有时，你希望让伙伴以各种可预见的方式行动；有时，你希望伙伴会做一些令你感到惊讶的事情，这些同样是再正常不过的事情。从表面上看，这些你感到的对立力量（开放性—封闭性、自主性—关联性、新颖性—可预见性），被称为**关系辩证法**（Relational Dialectics），而且，它们自然地出现在全部人际关系之中。我们选择如何应对它们，将导致我们的关系发生变化。把这些紧张状态想象成一个大幅摆动的钟摆，当一个关系走向过多的开放性、过多的关联性或过多的可预见性时，它自然就会向回摆向相反的封闭性、独立性或新颖性。

> **➤关系辩证法**
>
> 从表面上看是出现在全部人际关系之中的对立力量（开放性—封闭性、自主性—关联性、新颖性—可预见性）。

> **你怎么认为**
>
> 世上只有不好的冲突。
>
> 强烈反对　强烈赞同
>
> 1　2　3　4　5　6　7

在本章里，我们将探讨影响我们的关系辩证法此消彼长的人际过程。首先，我们描述自我披露和个人反馈如何影响一个关系中的开放性—封闭性的水平。接下来，我们解释自主怎样有助于我们保持独立性。最后，我们讨论各种冲突管理方式，这些管理方式在我们控制紧张状态时可以使用，而这些紧张状态则源于上述自然关系辩证法。

学习目标 1　自我披露和隐私

正如在第 6 章中所看到的那样，我们通过自我披露形成和发展我们的关系。在我们的关系中，自我披露可以导致开放性和亲密性。**自我披露**（Self-disclosure）是向别人透露你的传记资料、个人经历、观点和感受的过程。像“我在 7 年级时是 5 分 6 秒”的表述，便提供了传记信息——有关你作为一个个体的事实。“我认为，监狱不会真的把罪犯改造好”，则揭示了个人观点。“无论我什么时候发表演讲，我都会感到恐惧”，即披露了感受。传记披露也许是最容易做出的，而且，有些传记信息是公开的信息。我们大多数人发现，谈论我们的个人观点和感受更为困难。

92 适当的自我披露的指导方针

我们知道，自我披露增进了关系的亲密性。然而，自我披露同时也是危险的。所以，我们有时选择回避披露，而不去冒个人或关系受到损害的风险。下列指导方针能够帮助你在做出有关自我披露决策方面，管理围绕公开性和封闭性的辩证紧张状态。

1. 自我披露你希望别人披露给你的信息种类

当人们逐渐了解他人时，他们首先分享他们认为风险低的信息。这是人们通常在某种文化背景下、某种关系之间自由分享的信息，可能包括有关爱好、体育、学校以及对时事看法信息。确定什么信息适于披露的一种方法，是要问你自己让别人把信息披露给你，你是否感到舒服。

2. 只有当披露表现出一种可以接受的风险时，才可以自我披露更多的隐私信息

披露总是存在某种风险，它将使你的伙伴感到忧虑或震惊，并可能有损你们的关系，但是，你和你的伙伴交往越深，一个困难的自我披露就越有可能被很好地接受。附带一提的是，这个方针解释了为什么人们有时会与酒吧招待或旅游时遇到的人，对隐私进行不适宜的自我披露。他们认为，这种披露是比较安全（表面相当冒险）的，因为双方既不相识，也没有处于用披露的信息攻击对方的立场上。有些极其害羞的人们发现很难进行自我披露。

3. 只有双方相互披露，才会使自我披露继续下去

研究指出，人们在自我披露过程中希望某种平等。当你发现自我披露明显没有得到回应时，你应该考虑对你披露的信息数量加以限制。某个人选择对自我披露不做回应说明，说明此人对这种自我披露的水平感到不舒服。如果你的自我披露收到这种反应，则表明你的自我披露是不适当的，你要努力找出原因，这样，你可以在未来避免出现这种问题。

4. 逐渐加深自我披露的程度

因为收到自我披露能够与给出自我披露一样构成威胁，所以，大多数人在收到自我披露的程度超出他们的预期的时候，都会感到不舒服。随着关系的发展，披露的深度应该逐渐增加。因此，我们在关系早期要披露传记信息和人口统计信息，并在随后的关系进一步发展过程中，对个人信息更多地加以控制。

> **➤自我披露**
> 分享传记资料、个人经历、观点和感受。

5. 为正在发展的关系保留隐私或非常个人的自我披露

在亲密、良好的关系中，披露隐私内容是适宜的。当人们向熟人或商业伙伴披露非常个人的信息时，他们不仅冒着信息被公开出去的危险，而且，这种披露对他们的伙伴也构成威胁。在没有建立充分信任之前，做出隐私披露就会冒着疏远对方的危险。此外，人们经常对隐私信息感到局促不安，并在努力建立的某种根本不存在的个人关系中，对试图让他们承受隐私信息的人采取敌意的态度。

适度自我披露的指导方针

1. 自我披露你希望别人披露给你的信息种类。

2. 只有当披露隐私表现出一种可以接受的风险时，才可以自我披露更多的隐私信息。

3. 只有双方相互披露，才会使自我披露继续下去。

4. 逐渐加深自我披露的程度。

5. 为正在发展的关系保留隐私或非常个人的自我披露。

93 管理隐私

有时，某种关系可能感觉过于亲密，而且，你也许对开放性感到不适。在这样的时候，你也许希望通过让你自己疏远并避免披露来减少亲密性。因此，在发展和维持关系方面，了解如何管理你的隐私是同样重要的。**隐私**（Privacy）是一个人保存传记资料、个人观点和感受秘密的权利。**管理隐私**（Managing Privacy）是一种有意识地避免披露和阻止从关系伙伴那里获取信息或感受的决策。你可以出于许多正当的理由，在自我披露之上选择隐私，其中，包括保护你的伙伴或另一个人的感受、避免不必要的冲突、帮助另一个人挽回面子以及保护关系。因此，当威尔看出他的伙伴塞莱斯特为很小的一笔未付的账单，烦恼到了体重减轻和失眠的程度时，他清楚地知道，他由于企业兼并丢掉工作的可能性很小，因此，他决定保守这个消息，除非传闻得到证实。如果他后来发现塞莱斯特将要下岗，当然，他需要告诉塞莱斯特，但是，他也许不告诉塞莱斯特，他猜想这种情况可能已经发生有一段时间了。

> **➤隐私**
> 一个人保存传记资料、个人观点和感受秘密的权利。
> **➤管理隐私**
> 一种有意识地避免披露和阻止从关系伙伴那里获取信息或感受的决策。

当你不想披露时，你可以做什么呢？首先，你可以改变谈话的主题。例如，如果你的伙伴做出一个披露，这个披露看上去似乎导向一个类似的披露，而你对做出披露感到不舒服的话，那么，你就要引入一个新的话题。例如，如果帕特说："我这次测验得了83分，你怎么样？"而你不想分享你得到的分数，你可以简单地回答："嗨，这是一个'B'呀。不错的成绩嘛！你做完微积分的作业了吗？"其次，你可以撒个小谎，这是一个可以接受的假话或误导性的表述，用于说出真相会使你或你的伙伴感到局促不安，以及你说的假话不会导致你们的关系造成严重的伤害的条件下。又如，你可以告诉帕特："天呐，我真的记不起来了，在这个星期过去的几天里，我考了好几次试了。"你还可以建立一个防御界限，告诉对方你不想分享这个信息以及你可能要选择保持秘密的原因。你可以说："我知道每个人的分数都不一样，但是，因为我太喜欢竞争，所以，我采取的方针是，既不问任何人的分数，也不告诉他们我的分数。"

文化和性别差异

有些人由于文化、性别或家庭教养，也许可以随时欣然进行自我披露，而其他人则可能具有截然不同的隐私原则和习惯。来自像德国或日本等礼仪水平较高的文化的人们重视隐私，他们不太可能披露个人信息。美国被认为是一个具有非正式文化的国家，大多数美国人往往披露有关他们自己的信息。

特别是在跨文化交流的初期阶段，文化差异很容易导致误解和不适。举例来说，某个美国学生也许感到一位来自中国的交换留学生矜持寡言，对建立“真正的”友谊毫无兴趣，原因是这位交换留学生从不主动说出个人信息。与此同时，这位中国学生也许因这个美国学生的个人披露而感到局促不安。当我们注意到文化差异时，我们就能改变披露的程度，从而使我们的伙伴感到比较适宜。

尽管存在上述文化差异，古德昆斯特和金（Gudykunst and Kim）发现，在跨文化之间，随着人们关系变得更加密切，自我披露就会增加。此外，他们还发现，伙伴间披露越多，他们彼此就越会相互吸引，他们对彼此的感觉就越会减少不确定性因素。

人们在自我披露的习得模式方面存在的差异，可能在男女之间造成误解，尤其是在亲密关系的男女之间造成误解。在《你怎么就是不明白》（*You Just Don't Understand*）[①] 一书中，德博拉·坦嫩（Deborah Tannen）认为，在披露模式方面，男性很可能进行**报道式谈话**（report-talk）（分享信息、展示消息、进行商讨以及保护独立性），而女性则可能进行**关系式谈话**（rapport-talk）（分享经历和与他人建立联系）。当男性和女性没有认识到披露模式存在的这些差异时，无论他们彼此是否开诚布公和亲密无间，最终都会造成误解。

当你不想披露时，你可以做什么呢？

94

学习目标 2　披露感受

隐私自我披露的实质是分享我们的个人情感，而隐私的自我披露却是一件冒险的事情。为什么？因为在我们分享我们的感受的时候，我们一般向其他人透露有关我们的有效的消息，其他人可能会用来对我们造成伤害。因此，我们所有人都必须决定是否和如何披露我们的感受。显然，在我们的隐私方面的一个选择，是隐瞒我们的情感。如果确定要披露我们的感受，我们可以要么表现感受，要么描述感受。

隐瞒感受

我们可以通过隐瞒语言和非语言暗示来掩饰我们的感受，语言和非语言暗示能够使我们的伙伴了解我们真正的感受。面无表情的扑克牌选手养成了一种不露声色的表情，而这种不露声色的表情根本不可能被破译，他们已经成为掩饰各种感受的专家。习惯性地掩饰你的感受，可能导致各种身体和心理问题，如心脏病和焦虑等，还会妨碍你体验关系的开放性。有时，当某种情境或关系是无关紧要的，或披露你的感受会对身体或情感安全构成风险时，掩饰你的感受就是适当的。例如，当一个陌生人在剧场特许售票亭加塞儿站在你前面时，尤其是如果这个陌生人表现出威胁，那么，掩饰你的愤怒就是适当的。

> **➤报道式谈话**
> 一种分享信息、展示消息、进行商讨以及保护独立性的方式。
>
> **➤关系式谈话**
> 一种分享经历和与他人建立联系的方式。

① 该书全名为《你怎么就是不明白：交谈中的男女》（*You Just Don't Understand: Women and Men in Conversation*，1990）。这本书是从语言学、社会学视角分析男女使用语言的特点和不同之处，旨在帮助人们了解男女语言交流的问题，认识到语言在人们生活中的重要地位和语言在人际关系中的作用。该书在美国社会引起很大反响，成为美国 1990 年最畅销的图书。——译者注

表现感受

我们可以通过面部表情、身体反应和语言流露来表现我们的感受。为体育比赛的一个出色动作欢呼雀跃，或者，当你的头碰到车门时，你发出痛苦的叫声，因某件事做得好而赞许地拍一拍同事的后背，这些全都是感受的表现。表现感受经常成为一个强烈情感的释放阀，从某种意义上讲，表现感受要比隐瞒感受健康，这是因为我们“要将它们从我们的身体中驱逐出去”。不幸的是，虽然我们也许感觉比较好，但是，这些表现通常给我们的关系伙伴造成压力。因为大多数人都无法始终如一地准确解释他人的情感表现，所以，对感受的误解经常产生。当诸如愤怒、厌恶或仇恨等负面感受以恐吓或威胁他人的方式表现出来时，感受的表现就会伤害关系。有时，表现我们的感受可以引起语言和身体的滥用。我们可以使用描述感受的自我披露技能，用以帮助我们以适当的方式与对方分享我们的感受。

描述感受

描述感受（Describing Feelings）是在对情感不加以评价的情况下，说出你经历的情感的技能。当我们描述我们的感受时，我们可以通过解释发生的事情对我们的影响来告诉别人如何对待我们。这一消息为我们的关系伙伴提供了信息，他们可以用来帮助我们应对我们的情感。例如，如果你告诉保罗，你对他的来访感到很高兴，你对感受的描述就会鼓励他再次来访。同样，当你告诉格洛里亚，你对她没有征求你的意见就借用你的 MP3 播放器感到恼火时，她也许下次借用时就会征求你的意见。描述你的感受可
95 以通过使他人注意到他们的行动给你造成的影响，允许你简单地对他人的行为施加适度的控制。

很多时候，人们认为，当他们实际上正在表现他们的感受或评价他人的行为时，他们正在描述他们的感受。举例来说，一句像“到底谁问你的看法啦?”这样冲口而出的话，就是一种感受的表现，而不是一种描述。简单地以一个“我感到……”开始的句子，可能无法证明你正在描述你的感受。在许多情况下，这些表述能够最终成为评价、责备某个人或某件事或把某个人或某件事当作替罪羊的行为。例如，“我觉得你不尊重我”这句话，实际上在指责讲话者。这句话没有让讲话者知道你对所发生的事情是怎样感受的。你也许感到受到伤害、被出卖或愤怒，但是，你却没有披露这一点。

> **➤描述感受**
> 在对情感不加以评价的情况下，说出你经历的情感的技能。

有时，我们无法描述我们的情感，因为我们没有可以使我们说出或准确地描述我们正在感受什么的主动词汇。我们的感受也许类似于愤怒，但是，我们是感到烦恼、被出卖、被欺骗、受到打击、心神不宁、暴怒、愤慨，还是震惊呢？上述每个词语都较为丰富地描述一种感受，而这种感受可能没有被准确地用来标明愤怒。

为了描述你的感受：（1）要识别引发这种感受的行为。这种感受由一些具体的行为产生出来——某个人对你做了什么或说了有关你的什么话。（2）要识别你正在经历的作为这个行为的结果的具体情感。图 8—1 提供的情感词汇能够帮助你形成选择特定词汇的能力，用以描述你的感受。（3）要将你的回答设计成“我”的表述，“我感到 96
高兴、伤心、生气、兴奋。”“我”的表述有助于平衡某种情感描述的影响，因为这些表述并没有责备其他人或评价其他人的行为。相反，第一人称的讯息准确地传达了你所要表达的内容及原因。（4）要用词语描述具体的感受。

这里有两个描述情感的事例。注意第一种方法以引发感受的行为开始，第二种方法以感受开始——以哪一种方法开始都可以。（1）“感谢你的赞扬（引发感受的行为）；我（有感受的人）感到心

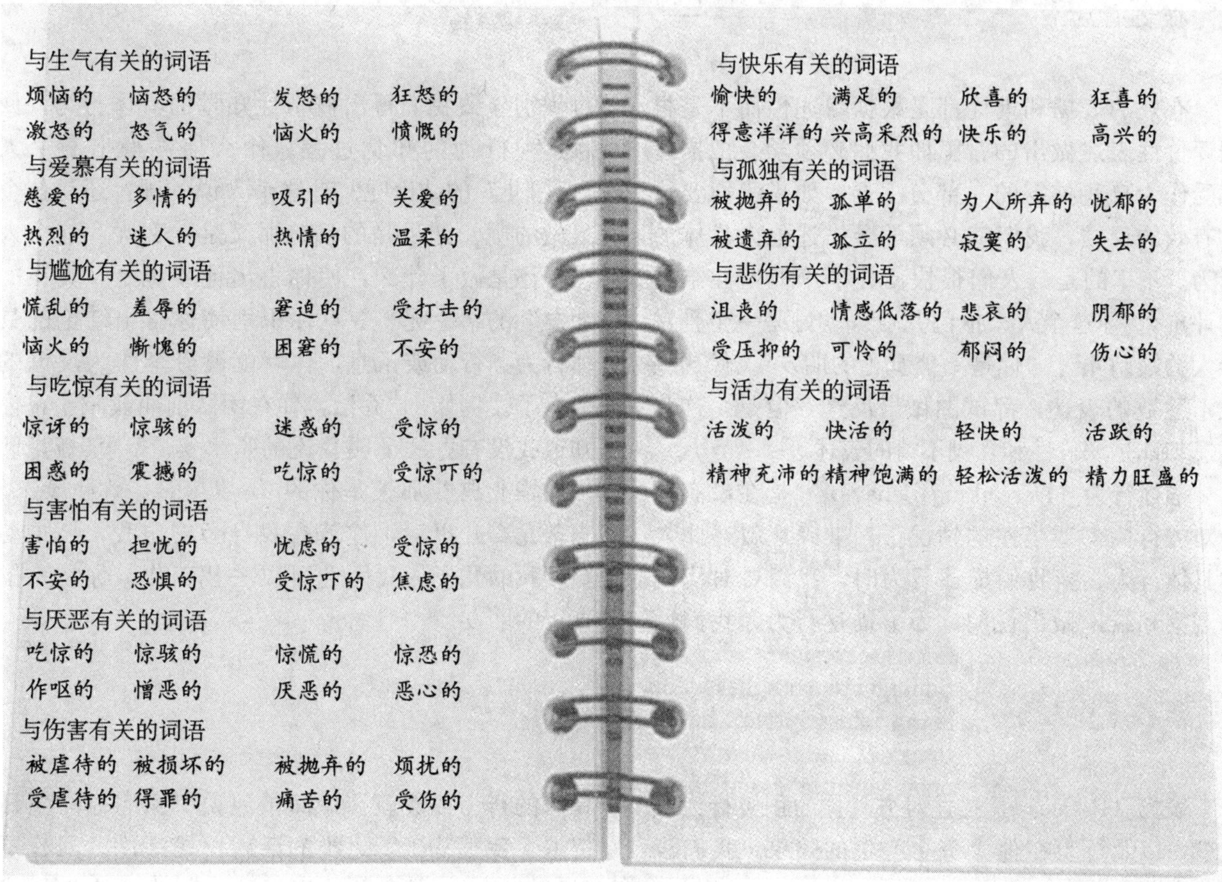

图 8—1　情感词汇

满意足（具体的感受），你注意到了我付出的努力。”（2）“在你批评我做饭不好的那段日子里，我和你上班时间一样（引发感受的行为），我（有感受的人）感到非常气愤（具体的感受）。”

首先，你可能发现描述正面感受比较容易：“因为你要带我去看电影，我真的感到非常高兴”，或者，“当你提出帮我做家务时，我确实感到很欣慰。”其次，虽然描述正面感受可以使你感到轻松自在，但是，你还是可以转向描述环境因素造成的负面感受：“天气寒冷并且多云，这使我感到伤感”，或者，“打雷时，吓了我一跳”。最后，你可以冒险描述你因人们的言行所产生的不满情绪：“当你用讽刺的口吻说我取悦你的事，我真的感到困惑不解。”

学习目标 3　给出个人反馈

有时，在我们的互动和关系中，评论对方的讯息或行为是适宜的。敏感地表达个人反馈，有助于对方形成更为准确的自我概念，而且，它还能够增加关系的开放性。我们使用 3 种技能给出个人反馈：描述行为、表扬他人的积极行为以及对他人的消极行为进行建设性批评。

描述行为

有效的表扬和批评都是根据叙述性而不是根据评价性表述做出的。正如我们必须学会把描述感受作为自我披露的一部分一样，如果我们要给出有效的反馈，我们就必须学会描述他人具体的行为。不幸的是，人们很快便分享了概括性结论和评价。“你这个人太抠门儿啦”，“她是一个爱戏弄人的娘们儿”，“你是一位真正的朋友”，像这些数不胜数的表述，都试图做出反馈，但是，这些反馈却都是评价性和含糊不清的表述。

描述行为（Describing Behavior）是在没有评论对方行为的适当性的情况下，准确地叙述此人的具体行为。当我们描述行为时，我们要对我们的观察和结论做出说明。为了描述行为，我们通过识别导致我们得出概括性知觉的具体行为，回顾这种行为的知觉过程。什么使你得出某个人“抠门儿”的结论呢？是这个人说的呢？还是这个人做的呢？如果是的话，那又是什么呢？这个人说了还是做了什么，使你得出他或她是“真正的朋友”的结论呢？一旦你识别使你得出结论的具体行为、行动或讯息，你就能够分享作为反馈的信息了。例如，“乔治，你在团队前叫我骗子，你知道我没有办法证明我说的是事实。”“莎娜，即使我毕业典礼那天是你的 21 岁生日，你也要来。当蒂龙离开以后，你就在我身旁安慰我，还主动照顾我的儿子，我因此可以去找工作，你是一位真正的朋友。”

表扬

表扬（Praise）是描述对方具体的积极行为或成就，以及行为在他人身上产生的效果。我们没有感谢人们的言行所产生的积极的和有益的影响，这种现象屡见不鲜。可是，我们对“我们是谁”的看法——我们的身份和我们的行为——却在他人如何对我们做出反应中形成。表扬可以被用来
97 强化积极行为，并帮助对方形成积极的自我概念。

表扬与阿谀奉承不同。当我们奉承某个人时，我们用虚假的恭维来讨好这个人。当我们表扬时，我们的赞美之词却是真诚的。我们只表达了我们真实的钦佩感受。

为了有效地进行表扬，我们需要将表扬集中在具体的行为和成就上，并集中在与成就或行为的重要性或价值保持一致的讯息的词语上。如果你的姐姐比较健忘，却记住了你的生日，那么，这就是你要表扬的一个行为，这样，她记住你的生日的行为就会得以强化。但是，说“你太出色啦，事事都很棒”却于事无补，因为这是一句过于笼统的表述，无法识别某个具体的行为或成就。像简单地说“谢谢你的生日贺卡，我很感激”之类的话就比较适度。回答要通过描述具体的行为，以及这种行为所产生的感激之情的正面感受，来承认某个人的成就。虽然有效的表扬可以提高自尊，但是，多余的表扬实际上却能降低自尊。

表扬在适当时成本不高，而且，它通常得到人们的重视和欣赏。表扬不仅提供了反馈并建立了尊重，也加深了我们与这个人的关系，因为表扬扩大了关系的开放性。为了提高表扬的有效性，你要遵循下列步骤：（1）识别你希望强化的具体行为或成就；（2）描述具体行为或成就；（3）描述你或他人经历这种行为或成就时所得到的正面感受或成果；（4）用语言进行回答。这样，表扬的程度就会适当地反映出这种行为或成就的重要性。让我们再看两个事例。

行为：桑娅负责为一位朋友挑选和购买结婚礼物。礼物挑选得很成功。

表扬：桑娅，你为史蒂维挑选的礼物考虑得太周到了。我们不仅可以负担这个价格，而且，史蒂维也很喜欢这个礼物。

成就：科尔刚收到一封邀请他出席招待会的

> **➢描述行为**
> 在没有评论对方行为的适当性的情况下，准确地叙述此人的具体行为。
>
> **➢表扬**
> 描述对方具体的积极行为或成就，以及行为在他人身上产生的效果。

邀请函，在招待会上，他要被授予学术成就奖和社区服务工作奖。

表扬：“祝贺你，科尔。我为你感到自豪。看到你在研究上付出的努力，你把时间和精力都投入到二次丰收的食品项目以及得到老大哥们的认可和重视上，真是太好啦。”

给出建设性批评

强化理论①的研究发现，人们在诸如表扬等积极的奖励下，学习比较快，也比较好。但是，在有些时候，你还是需要给出个人反馈，用以强调消极行为或行动。**建设性批评**（Constructive Criticism）是描述对方伤害这个人或这个人与他人关系的具体行为。尽管批评一词可以表示提意见，但是，建设性批评并没有谴责或审判的意思，只是根据移情和一种真诚的愿望，帮助某个人理解他或她的行为的影响。在给出建设性批评的时候，要使用下列指导方针。

1. 在给出建设性批评之前，要征得这个人的同意

在你给出建设性批评之前，你应该确信这个人希望听取你要讲的内容。同意听取建设性批评的人要比没有被问及的人，可能更愿意接受意见。

98 2. 在没有标明行为好坏、对错的情况下，要通过准确地叙述某个人的言行来精确地描述行为

通过描述行为，你为反馈铺垫了一个解说性基础，并提高了这个人易于接受倾听的可能性。在反馈前进行具体描述，遇到抵触的情况就会比较少。你的描述表明，你是在批评这种行为，而不是在攻击这个人，而且，你的描述还指出了解决办法。例如，如果德肖恩问道：“你对我所递交报告采用的视觉效果有什么意见?”回答“这些视觉效果没什么用”，就会是概括性和评价性的表述。回答“噢，前两页书眉字体有点小，我读起来有困难”就是描述性的表述。

3. 要用肯定的表述作为建设性批评的开场白

记住，就建设性批评的性质而言，即使是建设性批评，也对我们所有人喜欢和钦佩的需求构成威胁。因此，以建设性批评作为开场白，各种证实你对对方的尊重和钦佩的表述便格外重要。这样做的一种方法是，在批评前要提出表扬。在我们的事例中，你可以首先向德肖恩说出你的反馈意见：“第一，报告的图表很实用，颜色非常有助于我们注意问题。第二，前两页书眉的字号总体上比较小，我读起来有困难。”这里，表扬比较贴切，而且有意义。如果你无法以有意义的表扬作为反馈的开场白，那么，你就不要试图提出建设性批评。以空洞的表扬作为反馈的开场白，对这个人接受你的反馈于事无补。

注意上述建设性批评没有攻击德肖恩的能力。相反，它指出了问题，而且，这样能够使德肖恩明白如何进行改善。

4. 在适当的情况下，要对这个人能够如何改变行为提出建议

因为建设性批评的核心是帮助，所以，比较合适的做法是，你要向这个人提供可能导致积极变化的建议。在回答德肖恩的反馈中，你也可以补充道：“在我做书眉的时候，我一般要使用 18 磅或更大的字体。你可以试一试。”通过一个积极的建议，你不仅提供可靠的信息帮助了这个人，也表明了你的目的是积极的。

> **建设性批评**
> 描述对方伤害这个人或这个人与他人的关系的具体行为。

---

① 指斯金纳提出的强化理论（Skinner's Reinforcement Theory）。伯尔赫斯·弗雷德里克·斯金纳（Burrhus Frederic Skinner，1904—1990），美国心理学家，新行为主义学习理论的创始人，也是新行为主义的主要代表，哈佛大学教授（1958—1974），被认为是 20 世纪最具影响力的心理学家。著有《沃尔登第二》（又译《桃源二村》，*Walden Two*，1948）、《强化的时机》（*Schedules of Reinforcement*，1957）、《超越自由与尊严》（*Beyond Freedom and Dignity*，1971）等。强化理论是以学习的强化原则为基础的关于理解和修正人的行为的一种学说。所谓强化，从其最基本的形式来讲，指的是对一种行为的肯定或否定的后果（报酬或惩罚），它至少在一定程度上决定了这种行为在以后是否会重复发生。——译者注

5. 要思考反馈对你们的关系产生怎样的影响

虽然适当的个人反馈一般可以加深关系，但是在有些时候，我们通过避免反馈，可以切实强化关系。研究表明，在关系中，最常见的一个问题是抱怨一方的态度过于直率。因此，在你提出建设性批评之前，要对你们的关系的语境进行思考。如果你的批评过于直率的话，那么，你就会冒着让伙伴维护自己或疏远你的危险。

给出建设性批评

1. 在给出建设性批评之前，要征得这个人的同意。

2. 在没有标明行为好坏、对错的情况下，要通过准确地叙述某个人的言行来精确地描述行为。

3. 要用肯定的表述作为建设性批评的开场白。

4. 在适当的情况下，要对这个人能够如何改变行为提出建议。

5. 要思考反馈对你们的关系产生怎样的影响。

学习目标 4　自主性

在各种关系中，第二个辩证紧张状态是我们希望保持自主性、独立性与我们对关联性需求之间的紧张状态。有时，我们对关联性的渴望迫使我们的需求和看法要服从于我们伙伴的需求和看法。有时，我们对自主性的渴望迫使我们支持我们的需求和看法。在我们应对这种辩证紧张状态，我们也许会发现我们自己采取了各种消极行为、攻击行为或自主行为。

消极行为、攻击行为和自主行为

我们因为重视与他人的关联性要甚于重视我们的独立性，以及因为担心如果我们支持我们自己就会丧失关联性，而没有表达我们的个人偏好或维护我们的权利，这时，我们就采取了**消极行为**（Passive Behavior）。我们服从别人的需求时，如果这样做不方便、违背我们的最佳利益抑或侵犯我们的权利，我们就采取了消极行为。例如，亚伦和卡蒂在每个星期六上午 10 点例行去健身房健身，但是，亚伦星期五的工作安排发生了变化，直到星期六凌晨 3 点才回家。如果亚伦采取消极行为的话，那么，他就不会和卡蒂说什么，尽管他还想在床上多睡一会儿，但是，他强迫自己从床上爬起来。

99

➢消极行为
我们因为担心成本以及在关系中没有安全感、具有非常低的自尊或高估对方，而没有表达我们的个人偏好或维护我们的权利。

➢攻击行为
在很少考虑情境、他人的感受或权利的情况下，以你的偏好、感受、需求或权利，挑衅或侵犯地面对对方。

我们强有力地主张我们的偏好、感受、需求或权利，而很少或没有考虑情境、我们的伙伴的感受或权利，挑衅或侵犯地面对对方时，我们采取了**攻击行为**（Aggressive Behavior）。当人们认为他们自己无比强大、不重视对方、缺乏情绪控制或感到要维护自己时，他们就会表现出攻击行为。虽然攻击行为也许源自在一个关系中要建立更多独立性的需求，但是，它同样削弱关联性的感受，并对关系造成损害。研究表明，无论人们的关系好坏，从他们的伙伴那里接收攻击行为讯息的人们，很可能感到受到伤害。假设亚伦没有让卡蒂知道他的工作安排发生了变化，继续与卡蒂在健身房见面。如果卡蒂提出下星期 8 点见面，亚伦就会发脾气，并激动地答道："没门！实际上，我根本不在乎在星期六去健身！"卡蒂不了解这一攻击性发作的来龙去脉，就会感到惊愕、受到伤害和困惑不解。

自主行为（Assertive Behavior）是在尊重他人的偏好和权利时，表达你的个人偏好和维护你的个人权利。在继续培育关系时，自主性是创建我们独立性的一种有效方式，因为我们的自主行为讯息教导我们的伙伴如何对待我们。当我们有效地维护我们的需求和偏好时，我们要向我们的伙伴提供准确和真实的信息，这些信息是他们需要了解并满足我们需求的信息。当亚伦的工作安排改变时，他就应该采取自主行为，打电话告诉卡蒂，解释他的处境，商量一个比较方便的时间一起出去健身。

练习自主行为的指导方针

1. 要识别你的想法或感受。
2. 要分析这些感受的原因。
3. 要识别你的真实的偏好和权利。
4. 为了用“我”的表述礼貌地解释你的立场，要使用描述感受和描述行为的技能。

自主讯息用他人的权利和需求，来平衡我们的权利和需求。欲概括自主行为的特征，请参见表 8—1。

表 8—1　　自主行为的特征

拥有你的感受	自主的个人承认，他们所表达的思想和感受是他们自己的。
避免对抗性语言	自主的人不使用威胁、评价或武断性语言。
集中在即将发生的行为的具体表述	自主的个人使用描述性表述，关注最相关的问题，而不是无关紧要的问题。
保持目光接触和坚定的身体姿势	自主的个人看着对方的眼睛，而不是转移目光、眼睛盯着地板、身体前后摇摆、含胸弓背抑或使用其他可能被认为是犹豫不决或缺乏信念的姿势。
保持一种坚定而愉快的语气	自主的个人以坚定而正常的音调、音量和语速讲话。
避免出现哼哼式的停顿	自主的个人避免发音出现停顿和其他闪烁其词的迹象。

消极行为、攻击行为和自主行为的文化差异

自主性在西方文化中受到重视并成为习惯。北美文化以其自主沟通方式著称，亚洲和南美洲文化却重视一致与和谐 。事实上，亚洲和南美洲典型的集体主义社会存在“一种沟通方式，在这种沟通方式中，通过沟通来尊重关系，要比信息交换重要得多”。扬特（Jandt）解释说，这些社会采用群体和谐、避免他人和自己丢面子以及人们自己的谦逊的自我表现作为尊重关系的手段。一
100 旦真实想法可能伤及群体的其他人，人们就不会说出他们的真实想法。

另一方面，在拉丁人和拉美裔社会中，尤其是男性，经常被教导练习一套自我表达，这套自我表达与本书所提出的自主行为的指导方针大相径庭。在这些社会里，“男子气概”的概念支配着男性的行为。因此，被认为适合于主流美国文化的自主标准，看上去似乎会不适合拉丁人和拉美裔的文化涵义体系，导致他们把这个标准看作不是友善的。

因此，当我们使用自主性时——与任何其他技能一样——我们需要知道，没有任何一个行为标准确保我们实现我们的目标。虽然被标记为适当的行为随着文化的不同而各异，但是，消极行为和攻击行为的结果看上去似乎都是普适的。消极行为能够引起憎恨，而攻击行为则可以导致恐惧和误解。当与其文化、背景或生活方式不同于你自己的人们进行交谈时，在你能够确信有可能有效地沟通你的意图的各种行为之前，你也许需要观察他们的行为和他们的反应。

➤自主行为

在尊重他人的偏好和权利时，表达你的个人偏好和维护你的个人权利。

学习目标 5 管理关系冲突

当两个人具有某种可靠的关系时，这种关系不可避免地总会存在一个人为了不断地努力满足自己的需求，而与另一个人的愿望发生冲突。上述情况发生时，双方就会出现冲突。**人际冲突**（Interpersonal Conflict）在一个人的需求或想法与另一个人的需求或想法不一致或相反时存在。在这些冲突情境中，参与者具有如何扮演他们的角色以及怎样彼此沟通的选择权。

许多人将冲突看作某种坏关系的一个信号，但是，现实情况是，人际冲突出现在各种关系之中。尽管文化在它们如何看待冲突方面存在差异（例如，亚洲文化把人际冲突看作关系不正常），但是，无论冲突损害还是巩固关系，都取决于我们如何应对冲突。在这个部分里，我们讨论人们用来管理冲突的 5 种方式，以及你如何在你的关系中熟练地发起冲突和对冲突做出反应。

想一想你最后一次经历的冲突，你做出了怎样的反应？你避免冲突了吗？你放弃了吗？你迫使对方接受你的意愿了吗？你妥协了吗？还是你们两个人使用了某种问题解决方法。在面对冲突时，你可以采取回避、调解、强行、妥协或协商化解冲突的方式。

> **➤人际冲突**
> 在一个人的需求或想法与另一个人的需求或想法不一致或相反时存在。
>
> **➤回避化解冲突**
> 通过在身体或心理上使你自己摆脱冲突来管理冲突。
>
> **➤调解化解冲突**
> 通过满足他人的需求或接受他人的意见，而不考虑我们自己的需求或意见来管理冲突。
>
> **➤强行化解冲突**
> 通过满足你自己的需求或提出你自己的意见，而不考虑别人的需求和意见，以及对关系造成伤害来管理冲突。

应对冲突最常见和最简便易行的方式之一是回避或避免冲突。**回避化解冲突**（Withdrawing）是在身体或心理上使你自己摆脱冲突。你可以通过离开冲突地点，在身体上回避冲突。举例来说，设想爱德华多和贾斯蒂娜陷入了有关他们财务状况的一场争论。爱德华多也许说：“我不想谈论这事儿”，并随即走出房门，在身体上回避冲突。心理回避冲突在你完全忽视对方在说什么时出现。因此，当贾斯蒂娜开始谈论他们的财务状况时，爱德华多对她不理不睬，行为方式就好像她什么都没说一样。当你反复使用回避化解冲突时，你就会冒着损害你们关系的风险。首先，在这个关系辩证的紧张状态方面，回避化解冲突发出封闭性信号，而不是开放性信号，并发出自主性信号，而不是关联性信号。此外，回避化解冲突无法消除冲突的根源，而且，它还经常加剧紧张状态。在许多情况下，只有在问题长期比较难以处理时，不面对问题的行为才出现。不过，回避化解冲突作为一种临时策略，可以使情绪冷静下来，而且，当关系和问题都不是非常重要时，它也许是适宜的。

管理冲突的第二种方式是调解化解冲突。**调解化解冲突**（Accommodating）表示满足他人的需求或接受他人的意见，而不考虑你自己的需求或意见。因此，采取调解化解冲突方式的人们将采取消极行为。举例来说，在一次讨论即将来临的假期期间，马里亚娜和胡安对是否邀请朋友一起去度假持不同意见。马里亚娜说：“我认为，让其他夫妇和我们一起去会更有意思，难道不是吗？”胡安做出让步并回答道：“那当然，你想怎样都行。”

调解化解冲突可能导致不良的沟通，因为重要的事实、观点和看法都没有说出来。当然，调解化解冲突有各种适当的和有效的情境。当问题对你不重要而对关系重要时，调解化解冲突就是首选的方式。例如，哈尔和伊冯娜正在决定吃饭的地点。哈尔说：“我今晚真的想去吃泰国菜。”伊冯娜喜欢吃比萨饼，但她说道：“行，挺好的。”伊冯娜对比萨饼的兴趣并不是非常强烈，而且，哈尔看上去似乎真的想吃泰国菜，于是，伊冯娜采取了调解化解冲突的方式。

应对冲突的第三种方式是强行或竞争化解冲突。**强行化解冲突**（Forcing）即满足你自己的需求或提出你自己的意见，而不考虑他人的需求和意见，以及对关系造成伤害来化解冲突。强行化解冲突可以采取诸如身体威胁、语言攻击、施压或操纵等攻击行为。如果你在冲突中采取强行化解冲突方式，而对方采取回避或调解化解冲突方式，那么，冲突就会平息。然而，如果对方以强行化解冲突方式来回应你的强行化解冲突方式的话，那么，冲突就会升级。

虽然强行化解冲突方式可能导致一个人为所欲为，它至少在短期内会对关系造成伤害。然而，在有些时候，强行化解冲突方式却是一种有效解决冲突的手段。在紧急情况下，当人们必须采取迅速和果断的行动来确保安全或减少伤害时，强行化解冲突就是有益的方式。当某个问题对你自己或他人的福利至关重要时，而且，在你知道你是正确的时候，你也许发现强行化解冲突方式是必要的。最后，如果你正在与某个打算利用你的人进行相互作用，如果你没有对这个问题施加压力的话，那么，这种方式就是适当的。例如，戴维知道，从统计数字上讲，如果骑摩托车不戴头盔的话，那么，死亡或造成严重伤害的可能性就会大大增加。因此，他坚持，她的妹妹在和他一起骑摩托车的时候，要戴上头盔，即使她对戴头盔牢骚满腹也是如此。

管理冲突的第四种方式是通过**妥协化解冲突**（Compromising）来实现的，妥协化解冲突包括放弃每个人的部分愿望，实现双方的某种满意度。在这种化解冲突方式下，双方都必须放弃他们真正的愿望或想法，或为了获得其他目的，必须用他们希望达到的目的来交换。

如果希瑟和保罗正在合作一个课堂研究计划，而且，需要在下课见面，但是，他们双方的课程表排得都很满，那么，他们就会对见面的时间做出妥协。

虽然妥协化解冲突是一种受欢迎的和有效的方式，但是，这种方式却存在各种缺陷。一个缺陷是决策的质量受到影响，只要双方中的一方为了达到妥协化解冲突的目的，而“出卖”一个较好的解决方案。只有在问题相当重大、时间受到限制以及试图采取强行化解冲突或协商化解冲突方式并不成功的时候，妥协化解冲突方式才是适当的。

应对冲突的第五种方式是通过问题解决讨论或协商来实现的。当你们**协商**（Collaborate）时，双方都充分强调你们各自的需求和问题，并达成一种你们双方都满意的解决方案。在这种方法中，你们双方都将分歧看作一个可以解决的问题，因此，你们讨论问题、描述你们的感受以及识别一种有效的解决方案的特征。在协商化解冲突的情况下，人们的需求都要满足，而且，双方都认为已经彼此听取了对方的意见。例如，如果胡安和马里亚娜就邀请朋友和他们一起去度假一事，决定采取协商化解冲突的方式，马里亚娜也许会向胡安解释她的看法，即与朋友一起度假，他们可以分担开支和降低成本。胡安可能说明他希望与马里亚娜分享“独处的时光”。在他们探讨各自的度假想法时，他们可能达成一个满足他们双方需求的计划。因此，他们最终也许单独度假，但是，为了降低开支，他们有几个晚上要进行野营。

> **➢妥协化解冲突**
> 通过放弃你们的部分愿望，用以至少实现双方的某种满意度来管理冲突。
>
> **➢协商**
> 通过充分强调各方的需求和问题，并实现双方都满意的解决方案来管理冲突。

学习目标

1. 识别在访谈中使用的不同问题类型。

2. 解释如何准备和实施信息访谈。

3. 解释如何实施工作面试。

4. 解释如何在工作面试时表现你自己。

5. 讨论如何参与媒体采访。

第9章 访谈

103 任何成功的访谈都取决于准备一份优秀的问题表。

访谈是你可以用来收集或提出第一手资料的强有力的方法，而第一手资料也许并不是随处可得的。因此，访谈是要掌握的一项重要的沟通技能。**访谈**（Interview）是一种经过计划的结构性谈话，在谈话中，一个人提出问题，而另一个人回答问题。与大多数人际传播不同的是，访谈的参与者通常对访谈谈话有所准备。

在本章中，我们首先描述访谈计划，特别是描述你如何设计优秀的访谈问题。然后，我们说明你如何准备和实施以收集信息为目标的访谈。接下来，我们从面试者和面试对象两方面讨论工作面试。最后，我们提供有关你如何准备和参与媒体采访的技巧。

你怎么认为

我愿意接受电话采访，不愿意面谈。

强烈反对 强烈赞同

1 2 3 4 5 6 7

学习目标1 访谈使用的问题

任何成功的访谈都取决于准备一份优秀的问题表。你也许希望提出下列有关问题：（1）行为（某个人做过或正在做什么），（2）人口统计状况（如年龄、教育程度等），（3）观点或价值标准，（4）消息（事实），（5）经历，（6）感受。但是，不论是什么内容，访谈问题表都由开放性问题和封闭性问题组成，这些问题可

> **➤访谈**
> 一种经过计划的结构性谈话，在谈话中，一个人提出问题，而另一个人回答问题。

以被表达为中立问题或引导性问题。你提出的有些问题将成为主要问题，而其他一些问题则是次要问题或补充性问题。

开放性问题对封闭性问题

开放性问题（Open Questions）是要求访谈对象在回答问题时提供看法、想法、信息、感受或观点的广泛调查。例如，在工作面试中，你也许
104 会被问及“你最想为这份工作实现的一项成就是什么”，在客户业务访谈中，一个公司代表也许会问道：“这个问题看上去似乎是什么呢?”或者，“你能够告诉我在你最初推广这种产品的时候，采取了什么样的步骤吗?”访谈者为鼓励访谈对象交谈，提出开放性问题，使得访谈者有机会察言观色。开放性问题需要时间来回答，而且，为回答者提供更多的自由度，这意味着访谈者如果粗心大意的话，就会忽视最初的目的。

相较而言，**封闭性问题**（Closed Questions）关注问题的范围相对狭窄，要求回答者给出非常简明的（一两个词语）答案。封闭性问题从可以回答“是”或“否”的问题，如“你学过市场营销学课程吗”，到只要求一个简短的答案的问题，不一而足。通过提出封闭性问题，访谈者能够对访谈加以控制，并迅速获得特定的信息。封闭性问题的答案除了回答外，既无法揭示细微差异，也不太可能捕捉报道题材的复杂情况。有效的访谈由开放性问题和封闭性问题组成。

> **➤开放性问题**
> 要求访谈对象在回答问题时提供看法、想法、信息、感受或观点的广泛调查。
> **➤封闭性问题**
> 关注范围相对狭窄，要求回答者给出非常简明的（一两个词语）答案。
> **➤中立问题**
> 不控制某个人的答题思路。
> **➤引导性问题**
> 引导回答者提供特定种类的信息，并暗示访谈者偏爱某个答案，而不是另一个答案的问题。
> **➤主要问题**
> 引入访谈的某个主要话题的导入性问题。
> **➤次要或补充性问题**
> 旨在探究主要问题答案的问题。

中立问题对引导性问题

开放性问题和封闭性问题既可以是中立问题，也可以是引导性问题。**中立问题**（Neutral Questions）并不控制某个人的答题思路。“你能从人类生存环境的角度谈一谈你的工作吗?”或者，“你有什么症状?”这些都是中立问题。中立问题为回答者提供了自由驾驭回答问题的空间，不必顾及访谈者有什么想法。相较而言，**引导性问题**（Leading Questions）引导回答者提供特定种类的信息，并暗示访谈者偏爱某个答案，而不是另一个答案。“你愿意为人类的生存环境做什么工作呢?”这个问题控制回答者只能从积极方面来描述这项工作。“这和偏头痛一样痛苦吗?”这个问题则通过提供比较标准来控制答案。在大多数的访谈问题中，要优先选择中立问题。

主要问题对次要问题

主要问题（Primary Questions）是你用来引入访谈的某个主要话题的导入性问题（Lead-in Questions）。在设计访谈问题时，你应该对你想问的主要话题进行认真选择，然后，至少为每个话题准备一个主要问题。**次要问题或补充性问题**（Secondary or Follow-up Questions）是旨在探究主要问题答案的问题。当你预计到某个特定的答案时，你就可以预先设计次要问题，然而，你的次要问题通常是自然产生的，而且，是在你回答主要问题的同时被构建出来的。有些补充性问题鼓励访谈对象继续回答（“后来呢?”或“还有吗?”），有些补充性问题探究访谈对象所说的内容（“‘频繁’是什么意思?”或“那时你是怎么想的?”），另外，还有些补充性问题是探究访谈对象感受的问题（“获得这个奖，有何感想?”或“它

的持续时间超过 15 分钟吗?”)。补充性问题的主要目的是鼓励访谈对象扩展某个看上去似乎不完整或含糊的答案。有时，访谈对象也许并没有真正了解你在多大程度上寻找细节内容，有时，访谈对象也会有意回避细节内容。

事实一点通——柏拉图的对话

在柏拉图的《美诺篇》(*Meno*)① 中，苏格拉底告诉美诺，他，苏格拉底，并不知道什么是德行，也从未见过他认为知道德行是什么的人。美诺回答道：“什么？难道高尔吉亚在这儿的时候，你没有见到他吗?”苏格拉底回答道：“我见到了。”美诺回应道：“可是，难道你认为他不知道吗?”你认为美诺的问题是主要问题吗？你认为他期待什么样的答案？这又说明什么呢？

105 学习目标 2　信息访谈

访谈几乎在任何话题上都能成为获得信息的一种有效方法。律师和警察为了证实事实，要对证人进行访谈；健康护理人员在做出诊断前，为了解病史，要对病人进行访谈；记者为了进行报道，要对信息来源进行采访；社会工作者和销售代表要对客户进行访谈；经理要对在职的和有见解的雇员进行访谈；学生为了获得论文信息，要对专家进行访谈。如果访谈经过认真计划，就会更有可能达到理想的结果。访谈计划包括确定访谈目的、选择访谈对象、设计访谈方案以及实施访谈。

界定访谈目的

解说性访谈需要一个明确的、可识别的目的，这个目的可以用一句话概括出来。在无法用一句话概括出目的的情况下，你的问题可能就会没有方向性，而且，从访谈得到的信息也不太可能很好地组合在一起。你的访谈目的也许是得到专家信息、调查意见、获得某个人的经验或者评价某个人。假设你想要了解商业食品服务的信息，具体的访谈目的可能是：

(1) 找出这所学院用于选择商业食品供应商的标准。

(2) 学习餐厅食品销售过程最有效的方法。

(3) 了解营养学家怎样制定提供全面营养的成本效益食谱。

上述每个话题都涉及整个食品服务的不同方面，而且，引导你对谁进行访谈以及你要提出的问题类型。

选择最合适的人进行访谈

在某些情境中，你应该访谈谁是显而易见的；而在其他时候，选择合适的人进行访谈就会比较困难，尤其是在你需要专家答案的时候。你在能够识别最合适的人之前，也许必须进行调查研究。假设你的访谈目的是要学习营养学家怎样制定提供全面营养的成本效益食谱。你

---

① 《美诺篇》是柏拉图记载的苏格拉底对话录。柏拉图的著作除书札外，一般都以对话为体裁，多以人名为篇名。柏拉图传世的著作有 35 篇对话和 13 封书札。人们经常引用的柏拉图的名篇还有《申辩篇》(*Apology*)、《会饮篇》(*Symposium*)、《理想国篇》(*Republic*)、《克里托篇》(*Crito*)、《菲多篇》(*Phaedo*)、《政治家篇》(*Statesman*)、《普罗塔戈拉篇》(*Protagoras*)、《高尔吉亚篇》(*Gorgias*)、《蒂迈欧篇》(*Timaeus*)、《克拉底鲁篇》(*Cratylus*)、《菲德罗篇》(*Phaedrus*)、《巴门尼德篇》(*Parmenides*)、《泰特托斯篇》(*Theaetetus*)、《智者篇》(*Sophist*)、《菲利布篇》(*Philebus*)、《克里底亚篇》(*Critias*)、《法律篇》(*Laws*) 等。——译者注

可以首先在校园餐厅向某个食品公司业务员询问食品公司经理的姓名，或者，给学生中心打电话，找到这位经理。总之，食品公司经理能够把营养学家的名字和电话号码（或电子邮件地址）给你。一旦你确定了访谈的对象，你就应该和他（她）进行联系，约定见面的时间和地点。一定要讲清访谈的目的、如何使用访谈信息以及你预计访谈需要的时间。在确定时间和日期的时候，比较灵活的做法是提出几个日期和时间范围。

你不要用你能够在别处获得的信息来打扰你的访谈对象。所以，为了准备适当的问题，你需要在访谈话题上做一些研究。举例来说，如果你打算对一名营养学家进行访谈，你就要了解什么是营养学家和营养学家做什么。如果你的访谈目的是要了解学院背景下成本效益的营养食谱是如何研制出来的话，那么，你可以熟悉一下目前美国食品及药物管理局（FDA）[①] 的营养标准，并搜索有关成本因素在商业食品公司运作方面的文章。如果你见多识广，那么，不仅访谈对象很可能喜欢和你交谈，而且，熟悉情况也能够使你提出更好的问题。

设计访谈方案

访谈计划的核心是访谈方案。**访谈方案**（Interview Protocol）是一个你为满足具体的访谈目的而选择按顺序排列的问题表。准备访谈方案，首先要罗列访谈涉及的话题范围。一旦把话题罗列出来，还需要将话题按照重要性的顺序进行排列。图 9—1 给出了对营养学家进行访谈的问题表。

图 9—1　与营养学家进行访谈的话题

> **➤访谈方案**
> 一个为满足具体的访谈目的而选择按顺序排列的问题。

106

每个话题都应该罗列出一系列的访谈问题。访谈问题应该不断地加以修改，直至这些问题由开放性和封闭性问题混合组成，并以中立问题表达出来。

一旦形成了一个完整的问题表，你就需要对提问和回答全部问题的时间做出估计。根据经验，要为每个开放性问题留出 4 分钟的时间，给每个封闭性问题留出 1 分钟的时间。如果在实际访谈过程中，你推断时间超出了分配给访谈的时间，那么，你就要从访谈话题表上删减一些问题，并严格清理那些不太重要的问题，使访谈问题得到精简。

创建访谈方案的最后一步，是要形成访谈问题的顺序。最初的问题应该得到简化，并有意使访谈对象投入到谈话中去。通常，这些开放性问题应该询问事实。最好把比较复杂或有争议的问题，留到你们已经建立亲切的谈话关系之后再问。因为回答事实性问题可能会使访谈对象感到厌烦，所以，你可能要考虑在整个访谈过程中分散提出这类问题。对于人们来说，通常谈论当前的事情要比回忆过去或预测未来的事情容易，因此，访谈首先要询问当前从事的工作或活动，接下来，再由后至前或由前至后地提出问题。一定要在访谈初期安排具有重要性的访谈话题，这样，你就有充足的时间提出补充性问题了。

当你把访谈方案最终确定下来时，要将访谈方案复制一份，在问题之间留有足够的空白，以便使你完整地记录答案。

① Food and Drug Administration 的缩写。——译者注

实施访谈

通过应用我们在本书讨论过的人际交往技能，你将发现，你能够把精心策划的访谈计划，实施为一个出色的访谈。

首先，在访谈期间，你当然要做到彬彬有礼。在访谈开始时，要对访谈对象抽出时间接受你的访谈表示感谢。记住，虽然访谈对象也许愿意就访谈主题与你进行交谈，也许喜欢得到称赞，也许希望分享消息，但是，访谈对象却从访谈中一无所获。要鼓励访谈对象无拘无束地讲话。尤其是不管你对回答有什么看法，你都要尊重访谈对象所讲的内容。

其次，要仔细倾听。在访谈重要的地方，你应该解释访谈对象所说的话，以确保你真正理解访谈对象。

再次，要使访谈顺利进行。你不要催促访谈对象讲话，但是，你要在规定的时间内使问题得到回答。

又次，要确保你的非语言反应——你的面部表情和手势——与你想要交流的口气相一致。要与访谈对象保持友善的目光接触，点头表示理解，为了保证访谈的友好氛围，要不时面带微笑。你采取什么样的目光与行为，很可能决定访谈对象是否对你感到亲切，以及是否向你提供解说性访谈。 107

最后，如果你打算发表访谈的内容，你一定要得到准确引用的书面许可，出于礼貌考虑，要让访谈对象看一下文章的复印件（或至少要准确地告知访谈对象文章发表的时间）。在某些情况下，你也许想让访谈对象看一下你采访报道的初稿，如果只是为了仔细检查直接引用的准确性，你就要在访谈报道出版前交给访谈对象。假如这样的话，你要在截稿前提供一份完整的初稿，让访谈对象有机会去阅读，并使你有时间处理各种建议。有时，你也许希望通过电子邮件进行电子访谈。

学习目标3 实施工作面试

几乎所有的用人单位都将面试作为其用人过程的一部分。**工作面试**（Employment Interviews）[1] 有助于用人单位评价哪些求职者具有从事某项工作的知识、经历和技能，哪些申请人“适合”该用人单位的文化。面试为用人单位评价个人特征（如抱负、工作能力和工作热情），以及无法从简历判断的人际交往技能（如谈话技能和倾听技能）提供了可能。

从以往经验看，虽然大多数工作面试由人力资源专业人员或经理来操作，但是，目前用人单位正在逐步采取由同事作为面试者的做法。你也许已经协助实施了工作面试，或在不远的将来有可能被要求这样做。

为面试做准备

与信息采访一样，准备首先要从研究开始。在工作面试的情况下，准备意味着要熟悉某个人在工作中获得成功所必须具备的知识、技能和天赋。准备还意味着要研究简历、证明材料，如果可能的话，你还要对你将面试的每个人的测验分数进行研究。

在大多数工作面试的情境下，你要与几位求职者见面。你一定要确保向所有的求职者提出相

① 又译工作面谈，雇用面谈。——译者注

同（或非常类似）的问题，而且，这些精心挑选的问题为求职者披露你所需要了解的信息提供了可能，从而使你做出精明的用人决策。为了实现这个目的，你就要采取一个从高到适中的结构化面试。这意味着你要准备一个用于所有求职者的一般面试方案。一般面试方案应该具有刻意探究求职者知识、技能和经验的问题，这些问题要与工作有关。

避免提出违背公平就业法律规定的问题十分重要。平等机会委员会（The Equal Opportunity Commission）详细阐述了指导方针，该指导方针对什么样的问题是非法问题做出了清晰的说明。

实施面试

计划周全的工作面试需要精心组织。这种工作面试有一个旨在营造友好氛围并有助于求职者放松下来的开场白。作为面试者，你应该热情地与求职者打招呼、握手，并介绍自己。如果你要在工作面试时记录或录音，你就应该向求职者做出说明。在面试初期，你应该与求职者营造友好的氛围。如果求职者非常紧张，你也许应该询问一些“热身的”问题，这些问题是专门使他们放松下来的问题。如果求职者看上去似乎轻松自在的话，那么，你就可以开门见山，直接进入面试主题，使用面试方案进行面试。

108 在面试的主题或主要部分中，面试者仔细向求职者提出问题，用以确定他们的知识、技能、经验、个人品质以及人际交往风格是否符合工作需要和组织文化。在面试期间，为了使面试进行下去，你这个面试者的作用尤为重要。你应该给求职者充足的时间来回答你的问题，但是，你不要允许求职者过度地回答问题来浪费时间。一种有助于求职者了解面试范围的方法，是要让他们事先查看每个话题所涉及的范围以及你希望这个谈话花费的时间。

在你提出问题时，要努力以自然优雅的声音和用对方容易听到的嗓音讲话。要对你表达的非语言讯息保持敏感的态度。你要小心，不要用非语言暗示来“引导”求职者。要用补充性问题弄清含糊不清的答复。记住，你的目标是要了解求职者。

在面试快要结束时，要告诉求职者下一步将发生什么。要说明做出用人决策的方法和大约需要多长时间。如果你没有用人权力的话，那么，你就要对求职者采取中立的态度。你不应该用虚假的希冀或不真实的挫折来误导求职者。

学习目标 4 为获得工作进行面试

在工作面试中，能够成功地展现你自己是一项重要的技能，这项技能在你的职业生涯中也许会被多次用到。在本部分里，我们提出撰写求职信、准备简历以及参加工作面试的策略。

获得面试机会

因为面试相当耗费时间，所以，大多数的用人单位并不对所有申请工作的人都进行面试。相反，他们使用各种筛选办法，筛掉不满足条件的人。这种筛选办法主要是根据简历和求职信来评价求职者的资格。你的简历和求职信的目标，是“用书面描述你的资格，将自己出售给未来的雇主”。

面试的一切始于研究

为了撰写一封有效的求职信和简历，突出你

对某个特定工作的资格，你需要了解有关工作要求和公司情况。你所在的学院或大学职业中心的顾问能够帮助你进行研究。

撰写一封有效的求职信

求职信（Cover Letter）是一封简短而文笔出色的信件，表达你对特定工作的兴趣。在求职信中，至关重要的是，要关注雇主的需求而不是你自己的需求。求职信应该吸引读者的注意力、展示你的资格以及要求获得面试机会。

撰写一份专业简历

简历（Résumé）是对你的技能与成就的概括，也是你的"沉默的销售代表"。虽然没有普遍适用的简历写作格式，但是，对于简历写作应该包括什么还是有一些一致性意见。以下是简历应该包括的信息：

- **联系信息**：要包括你的姓名、住址（当前和永久住址）、电话号码和电子邮件地址在内的信息。
- **职业目标**：一句话目标，要集中反映你寻找工作的目标。
- **就业历史**：要以目前就业状况开始，列出你接受和未接受报酬的工作经历。列出机构的名称和地址、就业日期、职务、主要职责以及突出成就。
- **教育状况**：要列出你上过的学校名称和地址（包括专业军事院校）、获得的学位或证书（或预计得到的学位或证书）以及入学日期和毕业日期。此外，你还要列出获得学位或证书的学习成绩。
- **相关职业关系**：要列出参加工作的机构名称、期限以及担任的职务。
- **军队背景**：要列出服役的兵种和期限、最终授予的军衔、突出的功绩以及退伍状况。
- **特殊技能**：要列出语言的熟练程度、技术专长、计算机专长、多媒体能力等。 109
- **社区服务性工作**：要列出参加的社区服务机构、俱乐部以及其他志愿者工作。
- **推荐信**：要至少列出或提供 3 位称赞你的能力、工作成绩以及人品的人的姓名、住址、电子邮件地址和电话号码。

要对你的简历进行认真准备，这样，简历就会易于阅读、突出你的成就以及简短精练。图 9—2 和图 9—3 展示了一位新毕业大学生的一封求职信实例和一份简历实例。

电子求职信和简历

电子求职信和简历（Electronic Cover Letter and Résumé）是在网上传送的求职信和简历。电子简历已经成为雇主和职业猎头经常采用的方式。例如，在 1995—1999 年期间，微软公司收到的电子简历的数量，从 5%增长到 50%。雇主喜欢电子简历，因为他们可以在大量简历中进行筛选，只寻找具有特定资格和特征的人员。求职者也喜欢 111 电子简历，因为他们可以在网上发送完全相同的材料，省时省钱。你的电子简历与你将要寄给雇主并带去参加面试的简历是相同的，你只需要改变它的格式，以便容易粘贴到网上。

> **➢求职信**
> 一封简短而文笔出色的信件，表达你对特定工作的兴趣。
> **➢简历**
> 一个对你的技能与成就的书面概括。
> **➢电子求职信和简历**
> 包含与传统求职信和简历相同的信息，只是在网上传送。

准备面试

虽然简历和求职信可以使你成为某个雇主心仪的求职候选人，但是，你在面试中的举止行为，将巩固你获得某个职位的机会。下列指导方针将有助于你准备面试。

1. 做好你的准备工作

如果你还没有对职位和公司进行广泛研究的话，那么，你就要在面试前做好这项工作。你一定要了解公司的产品和业务、公司的经营范围、所有权以及财政状况。求职者来公司进行面试而对公司一无所知，是使面试者感到失望的一件事。

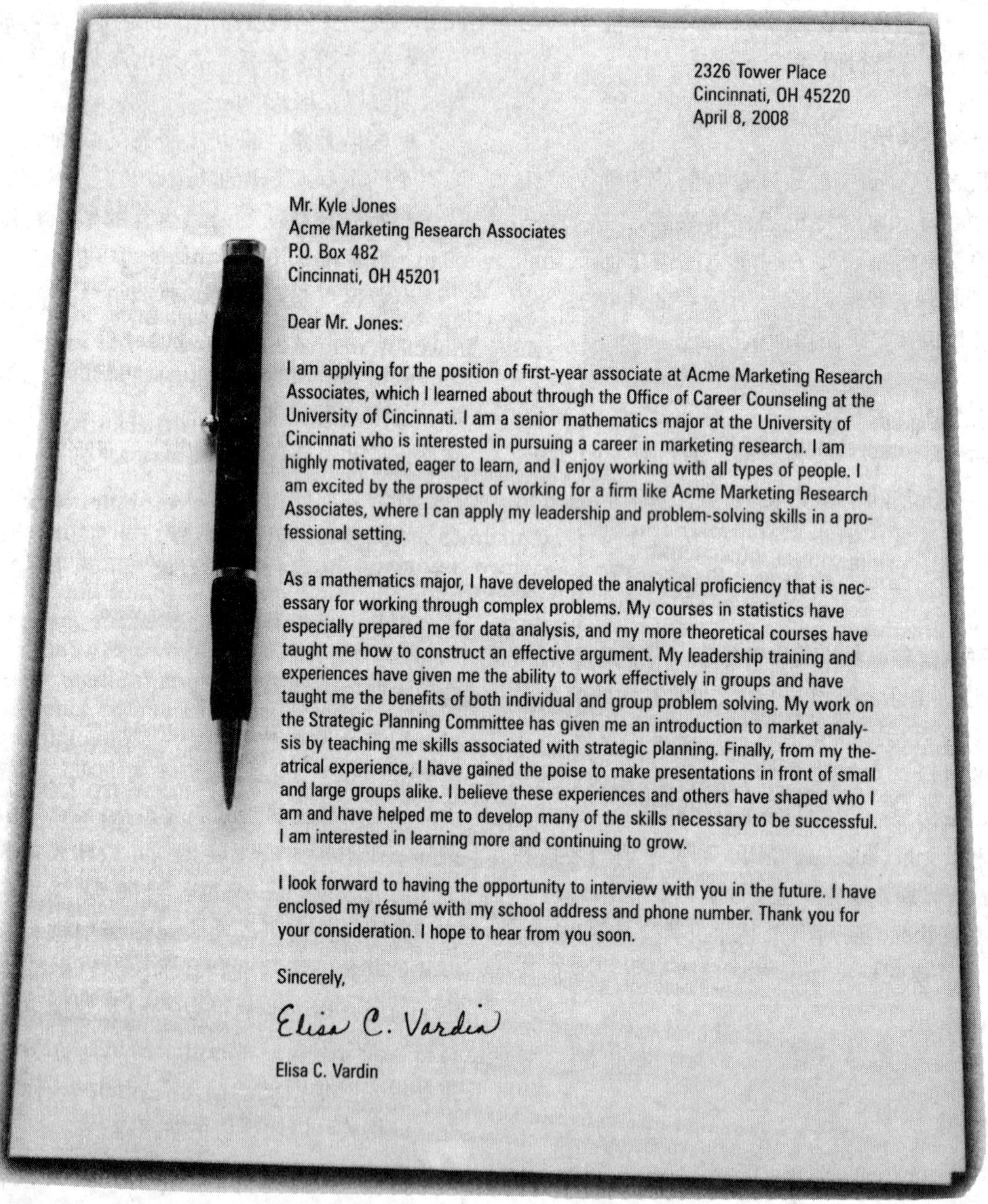

图 9—2　求职信实例

今天，由于大多数大中型企业都设有网站，因此，你可以通过在线搜索，很容易地开始你的研究。

2. 根据你的研究，准备一组有关用人单位和工作的问题

工作面试应该是一条双向车道，在公司面试人员对你进行评估的同时，你也在对公司做出判断。因此，你也许有很多具体的问题要向面试人员询问。例如，“你可以描述一下在典型工作日中，这个职位的具体工作吗？”或者，“这项工作最大的挑战是什么呢？”要将你的问题罗列出来，并带到面试中去。

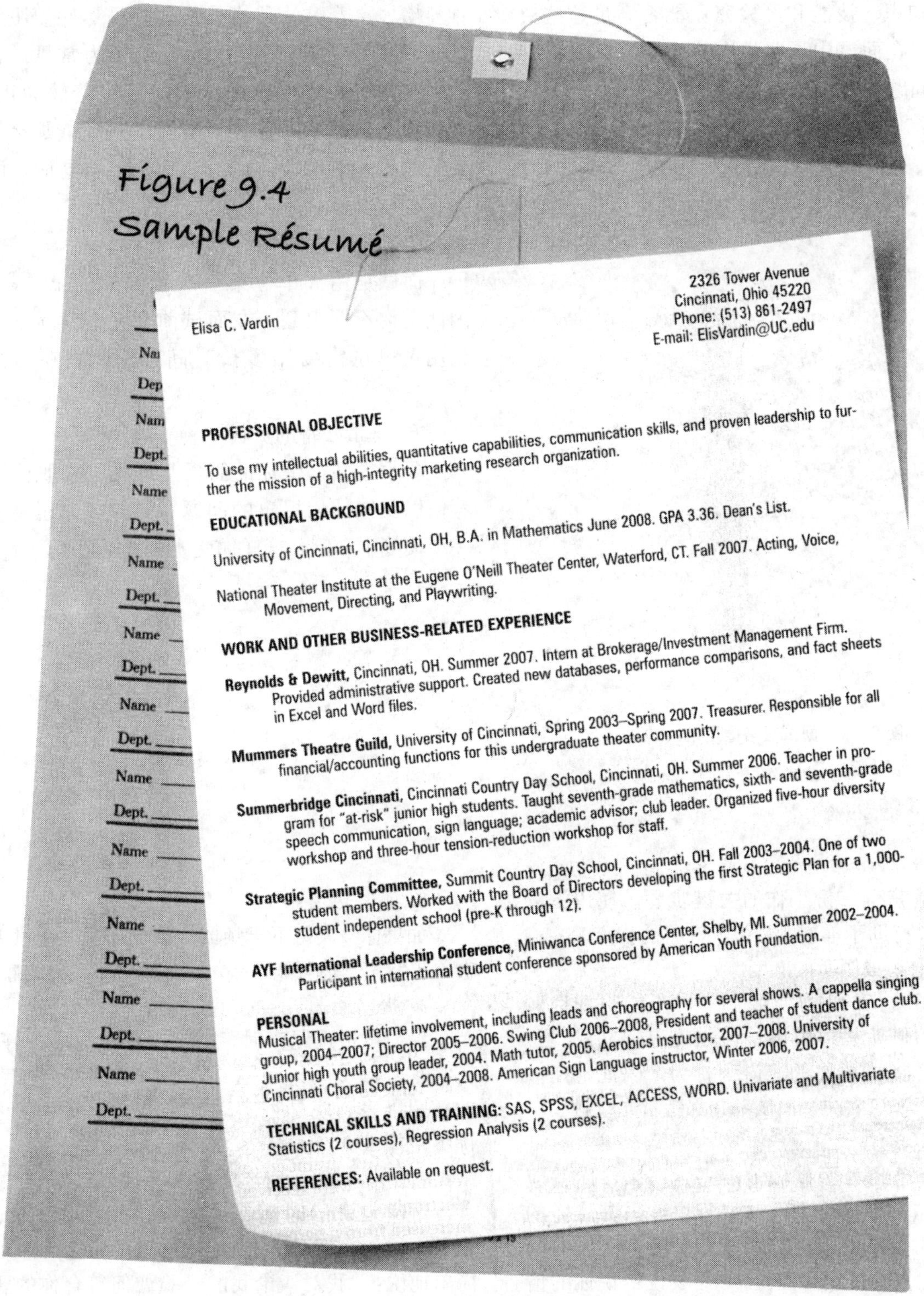
Figure 9.4
Sample Résumé
Elisa C. Vardin
2326 Tower Avenue
Cincinnati, Ohio 45220
Phone: (513) 861-2497
E-mail: ElisVardin@UC.edu
PROFESSIONAL OBJECTIVE
To use my intellectual abilities, quantitative capabilities, communication skills, and proven leadership to further the mission of a high-integrity marketing research organization.
EDUCATIONAL BACKGROUND
University of Cincinnati, Cincinnati, OH, B.A. in Mathematics June 2008. GPA 3.36. Dean's List.
National Theater Institute at the Eugene O'Neill Theater Center, Waterford, CT. Fall 2007. Acting, Voice, Movement, Directing, and Playwriting.
WORK AND OTHER BUSINESS-RELATED EXPERIENCE
Reynolds & Dewitt, Cincinnati, OH. Summer 2007. Intern at Brokerage/Investment Management Firm. Provided administrative support. Created new databases, performance comparisons, and fact sheets in Excel and Word files.
Mummers Theatre Guild, University of Cincinnati, Spring 2003–Spring 2007. Treasurer. Responsible for all financial/accounting functions for this undergraduate theater community.
Summerbridge Cincinnati, Cincinnati Country Day School, Cincinnati, OH. Summer 2006. Teacher in program for "at-risk" junior high students. Taught seventh-grade mathematics, sixth- and seventh-grade speech communication, sign language; academic advisor; club leader. Organized five-hour diversity workshop and three-hour tension-reduction workshop for staff.
Strategic Planning Committee, Summit Country Day School, Cincinnati, OH. Fall 2003–2004. One of two student members. Worked with the Board of Directors developing the first Strategic Plan for a 1,000-student independent school (pre-K through 12).
AYF International Leadership Conference, Miniwanca Conference Center, Shelby, MI. Summer 2002–2004. Participant in international student conference sponsored by American Youth Foundation.
PERSONAL
Musical Theater: lifetime involvement, including leads and choreography for several shows. A cappella singing group, 2004–2007; Director 2005–2006. Swing Club 2006–2008, President and teacher of student dance club. Junior high youth group leader, 2004. Math tutor, 2005. Aerobics instructor, 2007–2008. University of Cincinnati Choral Society, 2004–2008. American Sign Language instructor, Winter 2006, 2007.
TECHNICAL SKILLS AND TRAINING: SAS, SPSS, EXCEL, ACCESS, WORD. Univariate and Multivariate Statistics (2 courses), Regression Analysis (2 courses).
REFERENCES: Available on request.
Name
Dept.

图 9—3　简历实例

3. 排练面试

在面试前几天，要花时间归纳一下工作要求以及你的知识、技能和经验究竟能否满足这些要求。要练习在面试中通常提出的问题，如图 9—4 所列出的问题。

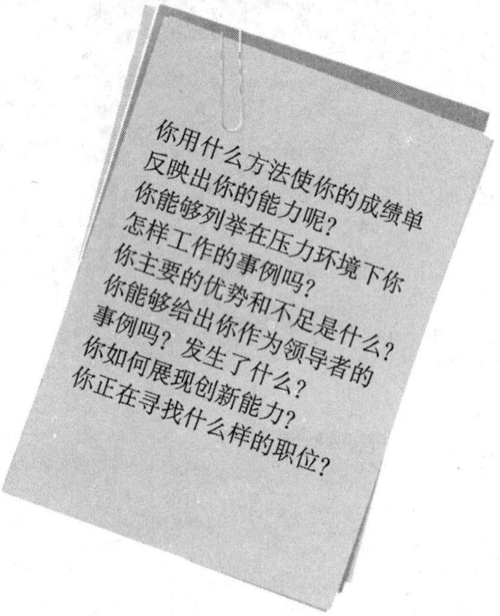

图 9—4 面试经常提出的问题

4. 着装得体

因为你要给对方留下一个好印象，所以，精神抖擞、穿着整洁就格外重要。虽然“便服”或“职业便装”在许多工作场合是较为常见的，但是，有些用人单位还是希望雇员穿着较为正式。如果你不知道用人单位对着装的规定，那么，你要给用人单位的人力资源部门打个电话，询问一下。

5. 计划按时到达

面试是用人单位第一次看到你的工作态度，因此，你不要迟到。在面试前几天，实际测一下到用人单位需要用多长时间。要计划在面试前 10～15 分钟到达。

6. 携带必备的资料

要收集并携带你的简历复印件、求职信和推 112
荐信以及你计划提出的问题。此外，你还要准备一个便笺本和笔，这样你就能够做笔记了。

面试过程的举止行为

面试是获得一份工作的关键步骤，使用下列指导方针，有助于你展示最引人注目的优点。

1. 采取积极倾听的态度

在我们紧张的时候，我们有时不能很好地倾听。要努力倾听、理解和记住被提出的问题。记住，面试者将注意你的非语言行为，因此，在倾听过程中，一定要注视面试者并保持目光接触。

2. 想好再说

如果你已经为面试做了准备，那么，你就应该确保在你回答提出的问题过程中，也讲述你的经历。因此，要用一点时间思考一下，使你的回答能够描述你的技能和经验。“跟我说一说你的情况吧”，并不是一句面试者邀请你讲述生活史的话。相反，你可以将回答集中到表现与工作相关的经验和资格上。

3. 满腔热情

如果你给人留下厌烦或冷淡的印象，面试者就会得出结论：你可能是一位工作动机不明确的雇员。

4. 提出问题

在面试接近尾声时，一定要提出你准备好的、还没有来得及问的问题。你也应该询问面试者你的任职资格到底是否满足这个岗位，问一下你的优势是什么。

5. 避免讨论工资与津贴

讨论工资的时间，是在你得到工作的时候。如果面试者有意让你提出来的话，那么，你可以简单地说：“我对谈论我的经验如何符合你的要求确实很感兴趣，在我们认为达成了某种共识之前，我愿意推迟讨论工资的问题。”同样的，谈论津贴问题也最好在得到工作后进行。

面试的后续工作

在工作面试结束后，你还要遵循下列几个重要步骤。

1. 写一封感谢信

写一封简短的感谢信，感谢面试者对你进行面试的经历，并再次表达你对工作的兴趣。

2. 自我评价你的表现

你要花些时间评价自己的表现。你在面试时表现得好吗？你在下次面试中能够做得更好的事情是什么呢？

3. 与面试者联系，得到反馈意见

如果你没有被录用的话，那么，你也许要给面试者打个电话，得到反馈意见。一定要彬彬有礼，说明你打电话只是想在面试技能方面获得一些帮助。要积极倾听反馈意见，用问题和解释阐明所要说的内容。一定要感谢面试者对你的帮助。

复习面试之前 113

1. 做好你的准备工作。
2. 根据你的研究，准备一组有关用人单位和工作的问题。
3. 排练面试。
4. 着装得体。
5. 计划按时到达。
6. 携带必备的资料。

面试期间

1. 采取积极倾听的态度。
2. 想好再说。
3. 满腔热情。
4. 提出问题。
5. 避免讨论工资与津贴。

面试之后

1. 写一封感谢信。
2. 自我评价你的表现。
3. 与面试者联系，得到反馈意见。

学习目标 5　媒体采访

今天，我们生活在一个被媒体渗透的环境里，任何人都可能被记者接近，并被邀请参与一个现场直播采访。例如，我们有一个朋友，当他居住的城镇的市议会拒绝发给他一个地区规划特别许可证时，他便成了媒体关注的对象，因为如果他得到了一个地区规划特别许可证的话，那么，他就能够在他的地皮上建造新家的房屋。在 3 天的时间里，他的“报道”成为他所居住城镇的头版新闻，而且，有关他的处境的报道在当地电台和电视台的新闻节目中播出。当你参加公开会议时以及在商业街购物，抑或在从事工作或社区服务的背景下，你也许被请求参与某个采访。例如，你也许被请求讲一讲你对组织计划、事件或活动的了解。因为媒体采访很可能在播出之前以某种方式被编辑，而且，因为媒体采访正在触及一个更广泛的受众群体，所以，在你准备和参与媒体采访时，你应该使用各种具体的策略。

采访之前

由于媒体工作人员在非常紧迫的截稿期限下工作，因此，你立即对媒体采访的请求做出反应是十分重要的。当人们对媒体的截稿期限不敏感时，他们看起来很可能像是有意回避采访和隐瞒事实。当你与媒体记者交谈时，你一定要搞清楚采访的重点是什么以及如何展现信息。有时，采访将被完整地播放出来；然而，更有可能出现的情况是，采访的信息将被编辑或被转述出来，而且，你的评论将不一定全部被报道。

在你准备采访时，你要找出三四个**论点**(Talking Points)。也就是说，你在接受媒体采访期间被请求回答问题时提出的中心思想。例如，在我们的朋友接受当地电视新闻节目主播采访前，他知道，他要强调他是别人的错误的受害者：（1）他聘请一名注册建筑师绘制规划图，（2）城市调查员已经多次批准了这个建筑过程早期的各个阶段，（3）城市规划委员会曾一致投票同意发给他地区规划特别许可证，（4）假如他被迫拆除房屋并重建的话，他就会损失房屋的一半成本。思考一下，你如何用特定受众能够理解的词语，将你的信息传达给他们，你怎样对强硬或敌意的问题做出回答。 114

采访期间

媒体采访适合采取一种将采访、非语言传播和演讲技能结合起来的做法。在媒体采访期间，我们有许多要遵循的策略。

1. 要展现适当的非语言暗示

没有经验的受访者经常看上去很紧张或声音听起来很僵硬。在电话采访期间，如果你站着接受采访，你的声音听起来就会更充满活力，也更具权威性。在接受电视采访时，你在查看笔记的时候，要移动你的眼睛，而不要移动你的头部。在倾听时，要面带微笑。要看着采访者，而不是盯着摄像机。

2. 要明确和简洁地做出表述

重要的是，讲话要慢、发音要清晰并回避技术术语或行话。记住，受众对你的专业领域并不熟悉。

3. 要意识到你总是处于“现场直播”之中

因此，不要和记者窃窃私语或说心腹话。不要说你不想被引用的话语。如果你不知道答案的话，那么，你就不要进行推测，但是，你要说明这个问题超出了你的专业范围。不要在采访者保持沉默期间漫无边际地畅谈。不要让自己匆忙地说出答案。

> **➤论点**
> 你在接受媒体采访期间被请求回答问题时提出的中心思想。
>
> **➤过渡**
> 你在媒体采访中创设的一种转换，这样，你就可以从采访者的话题转移到你想要沟通的讯息。

4. 要学会如何过渡

媒体顾问乔安娜·克勒茨(Joanna Krotz)将**过渡**(Bridge)定义为你创设的一种转换，这样，你就可以从采访者的话题转移到你想要沟通的讯息。为了做到这一点，你首先要回答直接的问题，接下来，使用诸如“可是，要记住的重要内容……”、“让我以……视角提出来”或者“同样重要的是，要知道……”等措辞。

通过精心准备、掌握媒体采访期间具体的沟通策略，并加以练习，一个人在任何媒体采访形式下都能够熟练地传递讯息。

第三部分 群体传播

学习目标

1. 分析有效工作群体的特征。

2. 解释群体发展的不同阶段。

3. 解释群体问题解决的步骤。

第10章

参与群体传播

117 因为我们大多数人都要花一些时间在群体中进行互动，所以，我们需要学习群体传播是如何运作的，以及怎样最大限度地以各种方式提高参与群体传播的效率。

或许，你在学校、工作单位或某个志愿者组织里一直是某个工作群体的一员。当群体会议没有效率时，人们常常很容易指责领导者，但是，“浪费时间”或其他没有效率的责任不仅与某个人有关，也与群体背景下传播的复杂性有关。因为我们大多数人都要花一些时间在群体中进行互动，所以，我们需要学习群体传播是如何运作的，以及怎样最大限度地以各种方式提高参与群体传播的效率。

在本章中，我们剖析有效工作群体的特征、群体发展阶段、群体问题解决过程。

你怎么认为

我更愿意作为一个群体的组成部分而工作，不愿意单打独斗。

强烈反对　强烈赞同

1　2　3　4　5　6　7

学习目标1　有效工作群体的特征

工作群体（Work Group）是一个由3人或更多的人组成，为了解决问题和实现共同目标，而必须相互作用和彼此影响的集体。有效工作群体具有明确规定的目标、多元化成员的最佳数量、凝聚力、行为规范以及良好的工作环境。让我们思考上述这些内容。

> **➢工作群体**
>
> 一个由3人或更多的人组成，为了解决问题和实现共同目标，而必须相互作用和彼此影响的集体。

明确规定的目标

有效工作群体具有明确规定的目标。**群体目标**（Group Goal）是绝大部分群体成员为了激励群体努力实现的一种未来理想状况。当群体成员讨论目标时，成员就会对目标更加明确，也就会为实现目标承担更多的义务。通过目标的讨论，成员能够确保目标表述是具体的、一致的、挑战性的以及认同性的。

第一，目标表述必须是具体的。**具体目标**（Specific Goal）是表述准确、可测量和可付诸行动的目标。例如，当地一家快餐店的全体员工最初以“提高快餐店利润”为目标，通过将目标表述修改为“在下一个季度里，第二班夜班员工要在上班期间通过减少由于预先烹制而造成丢弃的
118 食品数量，由此降低食品成本的1%来提高快餐店的利润”，使得“提高快餐店利润”的目标更加具体和有意义。

第二，目标表述必须是一致的。**一致性目标**（Consistent Goals）是补充性目标，也就是说，实现一个目标并不妨碍另一个目标的实现。为了满足目标一致性的检验，快餐店全体员工必须相信，减少预先烹制的食品数量不会妨碍他们保持目前的服务水平。如果快餐店全体员工不相信这两个目标可以同时实现，那么，他们就需要重新制定与之相适应的目标。

第三，目标表述必须是挑战性的。**挑战性目标**（Challenging Goals）是要求刻苦工作和团队付出努力的目标，这些目标激励群体成员的工作不局限于完成常规的本职工作。快餐店全体员工确定1%的目标是一个重大的挑战。

第四，目标表述必须是认同性的。**认同性目标**（Acceptable Goal）被团队成员看作是有意义的目标，而且是团队成员认为要承担个人义务的目标。人们支持他们帮助创建的事情。因此，参与制定他们自己目标的群体成员，很可能会尽最大的努力，以求看到目标得以实现。同样的，认为目标不合理或理由不充分的群体成员就可能没有动力，或者不能坚持不断地朝着实现目标的方向努力工作。因为快餐店的全体员工协助制定了这个利润目标，所以，他们就会努力实现这个目标。

> **➤群体目标**
> 绝大部分群体成员为了激励群体努力实现的一种未来理想状况。
> **➤具体目标**
> 表述准确、可测量和可付诸行动的目标。
> **➤一致性目标**
> 补充性目标，实现一个目标并不妨碍另一个目标的实现。
> **➤挑战性目标**
> 要求刻苦工作和团队付出努力的目标，这些目标激励群体成员的工作不局限于完成常规的本职工作。
> **➤认同性目标**
> 团队成员认为个人要承担个人义务的目标。

多元化成员的最佳数量

有效群体是由大量多元化成员组成的，这样可以确保充分的互动，但是，成员数量不要多到妨碍讨论的进行。总之，随着群体规模的扩大，群体管理的复杂性也相应提高。博斯特罗姆（Bostrom）注意到，群体每增加一名成员，在关系数量上就会产生几何级数效应。当一个群体只有杰夫和休两个人时，这个群体只有一种要管理的关系。但是，当第三个人布赖恩加入到他们中间时，这个群体就出现4种要管理的关系（杰夫—休、布赖恩—杰夫、布赖恩—休、布赖恩—休—杰夫）。随着群体规模的扩大和复杂性的提高，每个成员参与的机会就会降低。人们往往对能够积极参与的群体更加满意。当许多人无法或没有贡献时，产生的决策很少是群体集体思想的产物。

那么，什么是“合适的”群体规模呢？这要依具体情况而定。研究表明，一般而言，一个群体的最佳规模是能够有效实现目标的最少人数。对于多数情境来说，群体的最佳规模也许是指少到3～5人。随着群体规模的扩大，用于讨论和决策的时间也相应增加。这种主张适用于非常小的群体，因为它们能够迅速做出决策。然而，随着目标、问题和争议趋于复杂，非常小的群体不可能拥有做出高质量决策所需

要的多元化信息、知识和技能。那么，对于多数情境而言，5～7 人或 7 人以上的群体也许是比较理想的。

比一个群体具有固定数量更重要的是群体中人们的正确组合。注意，本部分的标题是“多元化成员的最佳数量”。为了满足这种检验，通常，群体最好是异质群体，而不是同质群体。**同质群体**（Homogeneous Group）是成员具有很多共同之处的群体。**异质群体**（Heterogeneous Group）是成员表现出不同的人口状况、各种知识层次、态度和兴趣的群体。例如，一个群体由 7 名年轻的白人女性护士组成，就会被认为是一个同质群体；而一个群体由不同年龄、不同种族和不同性别的

119 护士、医生、营养师和物理治疗师组成，则被认为是一个异质群体。

有效群体可能由各色人等组成，他们具有不同但相关的知识和技能，这些知识和技能都会被带到群体讨论中去。在同质群体中，成员很可能了解相同的事情，从相同的观点出发去面对问题，因此，成员很可能忽视某些重要的信息或在问题解决过程中省略某些步骤。相反，由异质成员组成的群体很可能具有多元化信息、各种观点、不同价值标准，因此，在做出某个决策前，成员讨论问题就会更加彻底。上面描述的由医疗成员组成的异质群体所做出的决策，可能会比全部都由具有相似人口统计特征的护士组成的同质群体所做出的决策复杂得多。

凝聚力

有效工作群体同样是有凝聚力的。**凝聚力**（Cohesiveness）是成员彼此和群体的目标具有的吸引力的程度。在一个高凝聚力的群体中，成员彼此真诚喜爱、相互尊重、协同合作以实现群体的目标，而且，这种群体一般要比没有凝聚力的群体表现得出色。而在一个没有凝聚力的群体中，成员之间也许关系冷淡、相互憎恨、对群体要实现的目标毫无兴趣，甚至可能各自为战，阻碍群体获得成功。

研究显示，形成群体凝聚力的几个因素是：群体目的的吸引力、自愿加入的成员数量、自由分享观点的感受以及进步和成就的庆贺。

1. 群体目的的吸引力

例如，社会或社区群体出于友谊或对服务的热爱，形成凝聚力。在一个决策群体中，吸引力很可能与任务对于成员的重要程度有关。如果丹尼尔是某个为贫困儿童募集资金的校园群体的一名成员，在某种程度上，这个群体的吸引力就取决于如何激发该群体完成任务。

2. 自愿加入的成员数量

在形成群体时，我们应该对参加人员加以某种控制。即使在工作中，如果员工对团队项目有某种选择权的话，那么，群体凝聚力也可以得到加强。同样，如果群体成员都是自愿而不是被要求从事某个募集资金计划，那么，丹尼尔所在的群体就更容易形成凝聚力。

如果群体成员是委派的，或者，群体成员很难在一起轻松地工作，那么，群体就可以从团队创建活动中获益。**团队创建活动**（Team Building Activities）是事先设计好的、有助于群体更好地在一起工作的活动。在通常情况下，这表示让群体在某个不常去的地方会面，在这个地方，成员能够参加有计划的活动，帮助他们认识彼此的优点，分享群体的成功，并逐步形成惯例。随着群体成员学会相互满意地在一起交往，他们同样很可能在群体背景中感到轻松。

3. 自由分享观点的感受

与他人的看法和立场存在分歧而不感到困窘，是群体凝聚力的一个重要方面。如果丹尼尔所在的募集资金群体的成员能够轻松地分享不同看法而不担心受到指责，他们就很可能形成更强的

> **➢同质群体**
> 成员具有很多共同之处的群体。
> **➢异质群体**
> 成员表现出不同的人口状况、各种知识层次、态度和兴趣的群体。
> **➢凝聚力**
> 成员对彼此和对群体的目标具有吸引力的程度。
> **➢团队创建活动**
> 事先设计好的、有助于群体更好地在一起工作的活动。 120

凝聚力。此外，在群体形成后不久，群体成员应该马上自由地谈论他们的目标。在这种讨论过程中，应该鼓励每个成员表达对群体目标的看法，听取别人的意见，通过这种讨论过程，群体就可以明确目标，逐步建立群体承担的义务。

4. 成员相互支持

如果群体成员感到他人正在倾听他们的讲话，并认为他们的看法有价值的话，那么，这个群体就会更具有凝聚力。提供支持、鼓励和积极反馈的群体，就会成为具有高凝聚力的群体。在某个群体中，没有人愿意自己提出的建议会被成员所忽视。即使群体决定不再继续讨论这种看法，认真考虑每个建议也将发出一种强化群体成员互相尊重的讯息。

5. 进步和成就的庆贺

应该鼓励群体设立能够及早实现的子目标。群体对完成的工作感到满意，就会形成一种团结意识。一旦早期子目标得以实现，群体就可以庆贺这些成就。早期成就的庆贺能够促使成员更加坚定地认同群体，并把群体看作一个“成功者”。

要牢记的是，群体异质性越多，建立群体凝聚力就越困难。我们知道，异质群体一般都会做出较好的决策，所以，我们需要在各种类型的群体中组织能够培育凝聚力的群体谈话。这就是为什么群体创建活动、自由表达有争论的看法、成员相互支持以及进步和成就的庆贺对异质群体非常重要。

另外，我们还要教育成员以各种方式进行沟通，培养共同互动的支持模式。当个体成员感到自己有价值和受到尊重时，群体的凝聚力就会增强。通过使用积极倾听、移情、描述以及协商化解冲突管理，你就能够帮助异质群体增强凝聚力。

凝聚力的因素

1. 群体目的的吸引力。
2. 自愿加入的成员数量。
3. 自由分享观点的感受。
4. 成员相互支持。
5. 进步和成就的庆贺。

富有成效的行为规范

行为规范（Norms）是对群体成员在群体中行为方式的预期。有效群体发展行为规范以支持目标实现和凝聚力。行为规范在群体生命周期之初开始形成。随着人们相互了解的日益加深，行为规范逐渐增多、发生变化并得以稳定。群体成员通常遵守行为规范，在成员没有遵守行为规范时，群体就会对他们进行制裁。

行为规范可以通过正式讨论或非正式群体过程来建立。有些群体选择阐述清晰的基本原则。**基本原则**（Ground Rules）是有目的帮助群体满足其目标和实施谈话所规定的行为。上述基本原则可以包括坚持议程、避免干扰他人、做出简要的评论而不是发表冗长的长篇大论、积极倾听他人讲话、要求每个人参与、集中在对问题的争论上而不是进行人身攻击以及分享决策的制度。

➢行为规范

对群体成员在群体中行为方式的预期。

121

➢基本原则

有目的的帮助群体满足其目标和实施谈话所规定的行为。

然而，在大多数群体中，行为规范却是以非正式的形式确立的。当我们成为某个新群体的成员时，我们就要试着以按照这个群体认为是适当的各种方式行事。如果我们的新群体的其他成员按照与我们对行为规范的解释一致的各种方式行事，那么，一种非正式的行为规范就被建立起来了。例如，假设丹尼尔和另外两名成员开会迟到，如果这个群体已经开始讨论，这 3 名迟到者会遭到冷眼，这表明这个群体的其他成员无法容忍迟到的行为，那么，这个群体就形成了准时的行为规范。群体也许从不讨论建立非正式的行为规范，但是，所有经验丰富的群体成员都懂得他们及其行为举止要与这些以非正式的形式建立的行为规范的预期保持一致。

当群体成员违背群体的行为规范时，他们通常要受到制裁。制裁的严厉程度要根据违背行为规范的重要性、违背的程度以及违背行为规范的人的地位而定。违背对群体绩效和凝聚力至关重要的行为规范，比违背不太重要的行为规范，通常要受到更严厉的制裁。违背的行为规范不太重要，或新成员违背行为规范，或违背行为规范的行为是经常发生的，一般受到较轻的制裁。群体成员在群体中身居较高的地位（如具有群体所需的特殊技能和能力的人），多受到较轻的制裁或免于制裁。

有些行为规范被证明是具有反作用的。例如，假设在某个工作群体第一次会议开始时，一些人插科打诨、讲笑话、说故事，完全无视他人试图开始较为严肃的讨论。如果群体对这种行为采取纵容的态度或不给予有效的制裁，那么，这种戏弄行为就将成为群体的一种行为规范。结果，群体也许陷入这些行为，使得实现群体目标的工作被拖延、废止或被抛诸脑后。如果像这种起反作用的行为继续在几次会议上发生并成为行为规范的话，那么，这种行为规范就很难改变了。

那么，群体成员怎样做才能够设法改变某种行为规范呢？伦兹和格雷格（Renz & Greg）提出，你可以通过（1）观察行为规范及其结果，（2）向群体描述行为规范的后果，（3）征求群体其他成员的意见，协助群体改变某种起反作用的行为规范。举例来说，你可以观察是否每次会议都不能按时召开，注意戏弄行为持续多长时间，确定讨论是否富有成效，以及判断增加的会议是否是必要的。接下来，你就能够着手在下次会上报告观察的结果，并要求群体成员做出反应。

事实一点通——冰上奇迹

在 1980 年冬季奥运会上，一支主要由大学生和业余选手组成的美国冰球队，击败了经验非常丰富的苏联冰球队，最终赢得金牌。这支美国队的凝聚力在战胜苏联队的比赛中发挥了主要作用，而苏联冰球队则一直主宰着国际和奥林匹克冰球比赛。

虽然行为规范是支配群体行为的重要机制，但是，社会行为规范在其他缺乏组织的群体背景下，同样影响着我们的行为。社会行为规范理论最近已经被成功地用来指导大学校园内的饮酒、吸烟和暴力干预。

协同作用

古老的谚语“三个臭皮匠顶个诸葛亮”（two heads are better than one），捕捉到了有效群体的一个重要特征。**协同作用**（Synergy）是由一个共同目的和成员互为补充的努力所产生的倍加强大的力量。协同作用产生一种群体效果，这种效果超出我们预料群体中的个人能够产生的效果。在一个群体具有协同作用时，这个群体的整体实力就要强于各部分实力的总和。举例来说，一支相互协作的交响乐团也许能够胜过任何一支拥有多名天才演奏家的乐团。此外，体育运动项目的记录写满了各种“无名运动队”战胜更有天赋的对手，赢得重大锦标赛的事例。一个有效运转的群体可以形成一种集体智慧和充满活力的能量，这种智慧和能量可以转化为一种超越任何具有非常高天赋的个人所产生的效果。当群体成员将多样化和不同的观点带入一个明确界定和认同的目标，而且他们形成了凝聚力和积极的行为规范时，他们在通往实现协同作用的道路上就会表现得十分出色。

> **➢协同作用**
> 由一个共同的目的和成员互为补充的努力所产生的倍加强大的力量。
>
> **➢面对面会议**
> 一种会议，在会议中，所有成员为了做出决策或解决问题而聚集在一个实际地点。

适当的环境

群体会面环境可以是**面对面的**（Face-to-face）环境，在面对面的环境中，所有的成员为了做出决策或解决问题而聚集在一个实际地点。群体会面环境也可以是**虚拟的**（Virtual）环境，在虚拟的环境中，不同地点的人们利用技术就决策或问题一起工作。无论在哪一种环境下，为了营造一个有益于有效传播的环境，你都需要考虑一些问题。

面对面会议

当你所在的群体举行面对面的会议时，群体要选择一个方便其成员的地点，这个地点要适合群体的规模，具有舒适的座位和适宜的温度，并允许每个人都能够看到和听到其他人。

客观背景可以影响群体的互动和决策的制度（图 10—1）。座位排列可以是非常正式的。当座位排列类似于董事会方式时，如图 10—1A 所示，人们所坐的位置表示他们的地位。在这种座位排列方式中，某个统治—服从模式浮现出来，并能够抑制群体的互动。坐在桌子前端的人可能被视为具有领导地位，并被看作比坐在桌子两边的那些成员更具有影响力。坐在桌子对面的人要比坐在桌子一侧的人彼此互动频繁，但是，人们同样发现，坐在桌子对面的人要比在桌子一侧的人彼此意见不一致的情况多。

➤虚拟会议

一种会议，在会议中，不同地点的人们利用技术一起做出决策或解决问题。

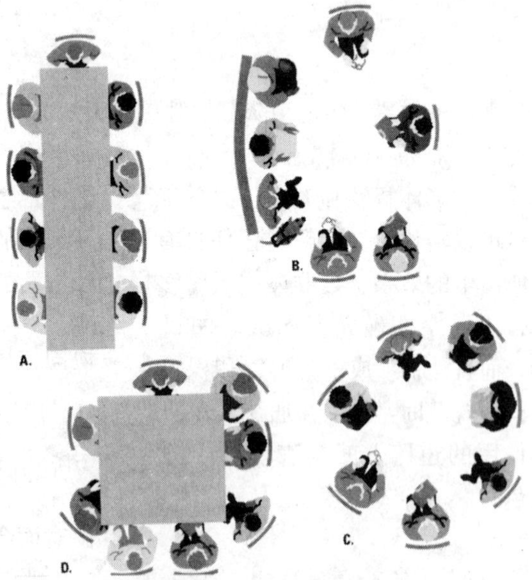

图 10—1　群体座位排列

你认为哪些群体成员能够容易地做出决策？为什么容易？为什么不容易？

座位排列过分不正式同样可以抑制互动。举例来说，在如图 10—1B 所示的情境中，坐在长沙发上的 3 个人形成了他们自己的小群体；坐在旁边的两个人彼此形成了另一个群体；而其他两个人则将自己置身于主流群体之外。在像上述座位排列中，人们与坐在旁边的人很可能比和其他人沟通的机会要多。在这种背景下，群体成员与每个人进行目光接触就更加困难。D. 约翰逊和 E. 约翰逊（D. Johnson & E. Johnson）① 认为，“在成员之间，轻松地进行目光接触大大提高了互动的频率，增进了友谊，加强了合作，增加了对群体及其工作的兴趣”。

围坐成一圈一般被认为是群体讨论和问题解决的理想座位排列方式，如图 10—1C 所示。围坐成一圈的形状提高了参与者的讲话动机，因为每个人的视线都比较好，而且，每个人看上去具有平等的地位。当群体会议的地点没有圆桌时，在没有桌子或座位排列成方形的情况下，方形座位排列近似于圆桌座位排列，如图 10—1D 所示，这样排列位置的群体会议可能比较理想。

虚拟会议

在虚拟会议中，像电子邮件、电话会议和电视会议等技术使得分散在各个地方的成员可以作为一个群体进行沟通。认识几个与虚拟会议有关的问题，可以以一种媒体化的方式来提高你在群体传播上的有效性。 *123*

在通过电子邮件的邮件列表管理器进行群体讨论时，成员为他人粘贴的评论稍后可以看到，这样，成员可以不受干扰地分享各种看法。个人评论可以为每一个人稍后再进行阅读保存一段时间。因为把评论键入计算机需要时间，所以，人们也许会减少一些以电子邮件形式进行的讨论。然而，电子邮件鼓励平等地参与讨论，而且，很少受到某个成员稍后再进行地位的影响。此外，电子邮件讨论简便易行，因为它们为成员根据自己的时间安排和节奏参与讨论提供了可能。

① 作者名字中的 D. 和 E. 为译者所加。——译者注

当讨论的领导者每次粘贴具有最终回复期限的问题或决策时，电子邮件讨论是最富有成效的。每个人的评论都应该发送给讨论群体的所有成员，而且，成员在粘贴评论之前，应该阅读所有以前的评论。领导者应该对讨论的回复进行总结或定期指出存在的意见分歧，然后，在最终期限到来时，通过粘贴达成的决策来结束讨论。

电话会议是一种会议形式，为分散在各地的参与者通过讲话者的电话进入实时讨论提供了可能。在电话会议上，你可以听到但看不到其他与会者。所以，在做出评论之前，讲出你的名字和地点是至关重要的，这样，听众就可以认出你。由于缺少表示轮流发言的非语言暗示，因此，你也许会在避免干扰方面遇到麻烦。在发言之前讲出你的姓名，同样表示你打算要讲话。一个熟练的电话会议主持人可以通过直呼成员的名字来帮助克服这些障碍。

电视会议是虚拟会议最复杂的形式，群体的所有成员可以看到和听到所有的其他成员，即使他们可能在不同的地点也是如此。电视会议受到价格昂贵的技术设备的制约，其中包括摄像机、显示器和扩音器，这些设备必须在全体成员所在的地点提供，所以，这些设备通常是为近似于面对面互动的各种重要会议而准备的。虽然你在电话会议上可以看到和听到其他与会者，但是，电话会议没有直接的目光接触。有些在面对面背景下提供的非语言信息（如对某个人做出的直接评论）在电话会议上得不到。此外，有些人也许因为要保持“在屏幕上的形象”的自我意识，不会像他们在面对面背景下那样行动。但是，当成员分布在全球各地时，虚拟会议的 3 种媒体化形式，可以节省成员进行群体传播的旅行时间和费用。群体目标、凝聚力和行为规范所讨论的问题在一定程度上不仅适用于虚拟的群体讨论，也适用于面对面的群体讨论。

学习目标 2　群体发展的阶段

尽管有些群体为了迅速做出决策而一次性地聚集在一起，但是，大多数的工作群体都是定期召集起来，讨论各种问题。一旦这些典型的工作群体聚集在一起，它们往往经历几个发展阶段。虽然人们提出了数不胜数的模型来描述群体发展的阶段，但是，塔克曼（Tuckman）提出的模型
124 却得到了人们的广泛认同，因为该模型识别了在群体发展过程中每个阶段所面临的主要问题。塔克曼将群体发展阶段命名为形成阶段、锤炼阶段、规范阶段、运行阶段和终止阶段。惠兰和霍赫贝格尔（Wheelen and Hochberger）研究证实，可以观察到群体经历了上述各个阶段。在本部分，我们描述群体发展的各个阶段，并讨论每个阶段的传播性质。

事实一点通

——水星空间计划（Mercury Space Project）[①]

水星空间计划是在 1959—1963 年期间实施的航天计划，其目的是将人送入围绕地球的轨道上。从字面上看，水星计划源于一群宇航员，他们称自己为水星 7 号（Mercury 7），并将 7 印在他们乘坐的宇宙飞船名字的后面，用以强调他们是一个团队。

① 美国第一个载人航天计划。1958 年 10 月 7 日，美国宇航局正式宣布这一计划。1961 年 5 月 5 日，艾伦·谢泼德（Alan Bartlett Shepard）乘坐“水星”号飞船进入亚轨道飞行，1962 年 2 月 20 日，小约翰·格伦（John Herschel Glenn，Jr.）飞上真正的太空，成为美国第一位太空英雄。——译者注

形成阶段

形成阶段（Forming）是群体发展的最初阶段，在此阶段，人们逐渐感到有价值和得到认同而因此视为一个群体。在任何群体的初期，个别成员经历了由于面临这种新的社交情境的不确定性而产生的不适感。

部分成员的客气和试探，也许将群体的互动描述为成员设法了解摆在他们面前的任务、熟悉他人、理解群体运作方式以及找到他们在群体中的位置。在形成阶段，令人尴尬的冷场有可能出现，因为人们对采取怎样的举止表现感到没有把握。人们之间任何实际存在的分歧还没有被意识到，因为成员力求被看作容易说服的人。在这个阶段，如果群体正式任命了群体领导者，群体成员就会把他们的暗示，作为自己如何行为举止的根据。成员要努力适应并被他人看作可爱的人。

安德森（Anderson）建议，在形成阶段，我们应该表达积极的态度和感受，同时要避免内耗或令人不快的评论，我们应该做到适当、有益的自我披露，然后停下来，看一看是否得到回应，我们应该设法保持友好、开放的态度，并关心他人。所以，应该采取积极的倾听和移情技能，更好地熟悉群体的其他成员，群体成员应该微笑、点头，并保持良好的目光接触，使谈话更加轻松。

锤炼阶段

锤炼阶段（Storming）是群体的发展阶段，在此阶段，群体明确其目标，并确定每个成员在群体权力结构中的角色。群体在开始做出决策时所产生的压力和紧张，是决策过程中首先出现的各种冲突思想、观点和个性的自然结果。成员在群体中努力确定彼此的地位和角色时，他们就会存在潜在或明确的紧张状态。在形成阶段，成员关心的是怎样适应，而在锤炼阶段，成员关注的是如何表达他们的思想和看法，并找到他们的位置。一名或多名成员也许在各种问题上，开始质疑或挑战正式领导者的地位。在没有正式任命领导者的群体中，两名或多名成员也许会为群体的非正式领导地位展开竞争。形成阶段表现出的过分礼貌客气，在这个阶段，也许被含有暗讽意义的批评、讥讽的言论或某些成员之间尖刻的攻击性意见所替代。在锤炼阶段，成员也许偏袒某一方，形成派系和联盟。

> **➢形成阶段**
> 群体发展的最初阶段，在此阶段，人们逐渐感到有价值和得到认同而因此视为一个群体。
> **➢锤炼阶段**
> 群体的发展阶段，在此阶段，群体明确其目标，并确定每个成员在群体权力结构中的角色。
> **➢群体思维**
> 一种由群体内部压力产生的心理效能、真实性检验和道德判断的恶化。

如果加以控制，锤炼阶段就会成为群体发展的一个重要阶段。在锤炼阶段，群体面临思想、看法和看待问题方式的选择。虽然锤炼阶段出现的问题在所有群体中都会出现，但是，有些群体处理锤炼阶段比其他群体要好。当群体的锤炼阶段出现比较严重的问题时，就会威胁到群体的生存。当群体没有经过锤炼时，就会经历群体思维。**群体思维**（Groupthink）① 是一种由群体内部压力产生的心理效能、真实性检验②和道德判断的恶化。为了避免出现群体思维，我们应该鼓励有建设性的不同意见，自我控制我们的言论，避免谩骂和煽动性语言，并在强调解释和诚恳提问的前提下，采取本书前面讨论的积极倾听技能。 125

① 又译群体思考、集体考虑、团体迷思等。——译者注
② 又译现实检验。——译者注

规范阶段

规范阶段（Norming）是群体发展的阶段，在此阶段，群体的行为原则，尤其是与管理冲突方式有关的行为原则得以巩固。随着群体顺利地完成锤炼阶段，群体进入到成员开始对彼此遵守的行为原则施加更多压力的阶段。在此阶段，群体的行为规范或标准变得清晰起来。虽然取得了较高地位或获得了较大权力的成员，也许会偏离行为规范，但是，大部分成员还是会遵守这些行为规范，不遵守行为规范的成员就会受到制裁。

在规范阶段，有能力的传播者关注正在形成的行为规范。因而，他们要使他们的传播方式适应群体的行为规范。成员不断地趋向阐明的和未加阐明的预期，而且，群体的各个方面也运转得相当顺利。当控制行为规范形成的传播者确定的某个行为规范太严厉、太灵活或在其他方面起反作用时，他们就会根据他们的观察发起群体讨论。正如你所希望的那样，当发起讨论的人使用明确、具体的语言，采取描述行为的技能时，这些谈话收效最佳。

运行阶段

运行阶段（Performing）是群体发展的阶段，在此阶段，全体成员的技能、知识和能力结合起来，顺利地克服困难，满足目标的要求。群体经过各个阶段，努力实现其目标。然而，一旦成员形成了社会纽带、解决了权力问题以及形成了行为规范，就会“处于最佳状态”，在创造性地解决问题和完成任务方面就会变得更加有效。在此阶段，谈话集中在要解决的问题和分享与任务有关的信息方面，很少把精力放在关系的建立上。成员用群体时间聊天，不仅减损了群体的效率，也冒着被认为是不做准备或懒惰的风险。运行阶段是群体发展的最重要阶段。这是成员自由分享信息、从他人那里获取想法并努力解决问题的阶段。这是群体最有效的阶段，因为成员共同实现了某种结果。

> 运行阶段是群体发展的重要阶段，这是成员自由分享信息、从他人那里获得各种想法以及努力解决问题的阶段。

终止阶段

终止阶段（Adjourning）是群体发展的阶段，在此阶段，成员将意义赋予他们所做的事情，并决定如何结束或保持已经发展起来的人际关系。有些群体在某个有限的时期聚集在一起，而对于其他一些群体，工作则一直持续下去。不管是短期的群体，还是正在发展的群体，所有的群体都要经历终止阶段。短期项目团队在其存在的特定时间段完成工作时，就要面临终止阶段了。

正在发展的群体同样要经历终止阶段。当团队实现了某个特定的目标、完成了某个具体的项目或失去了可分配的人员或人员辞职时，就会遇到短期群体在此阶段所面临的相同的发展挑战。

凯顿（Keyton）关于群体发展终止阶段的研究指出，群体在这个阶段面临两种挑战。第一，群体需要从评价分享的经验以及对经验的反映来构建意义。群体可以讨论成功或失败的因素、回想事件的过程、分享艰难时刻的记忆以及庆贺取得的成就。第二，成员需要找到方法，断绝或保持在群体生命周期一道发展起来的人际关系。在这个阶段，群体成员可以探讨与他们特别喜欢一起工作的人们保持联系的方法。他们也许在纯粹社交水平上继续这种关系，或计划一道从事其他的事情。

凯顿认为，对于群体而言，

> **➢规范阶段**
> 群体发展的阶段，在此阶段，群体的行为原则，尤其是与管理冲突方式有关的行为原则得以巩固。
> **➢运行阶段**
> 群体发展的阶段，在此阶段，全体成员的技能、知识和能力被结合起来，顺利地克服困难，满足目标的要求。
> **➢终止阶段**
> 群体发展的阶段，在此阶段，成员将意义赋予他们所做的事情，并决定如何结束或保持已经发展起来的人际关系。

126

举行一个结束仪式尤为重要。结束仪式既可以是非正式听取汇报的报告会，也可以是群体成员及其朋友、家庭成员以及同事参加的正式庆祝典礼。无论采取什么形式的结束仪式，凯顿认为这种结束仪式都能“影响他们（成员）如何解释经历的事情，以及他们将把怎样的预期带入类似的情境”。

群体发展阶段说明，群体必须做的工作，是要有助于群体的社会情感发展。群体如何经过上述发展阶段，对于群体怎样有效地运行是格外重要的。然而，实现群体目标同样是群体怎样有效地使用问题解决过程的结果。现在，我们把注意力转向问题解决过程，并关注规定群体发展运行阶段的传播技能。

学习目标 3　群体问题解决方案

研究表明，群体遵循诸多不同的问题解决方案。有些群体通过一系列线性步骤的发展达成一致意见，而有些群体则按照一种螺旋模式运行，在这种模式中，随着群体的发展，群体提炼、采纳、拒绝、完善和组合各种思想。无论群体是按照类似于顺序模式运行，还是以断续模式发展，那些做出高质量决策的群体经过反复考虑，很可能完成特定的任务。这些任务包括识别某个具体问题、分析这个问题、达到某个有效解决方案所必须满足的标准、识别问题备选的解决方案、在几个解决方案之间进行比较以及确定最佳的解决方案或方案的组合。

界定问题

无法准确地界定问题，大多发生在群体讨论的初期阶段，这是因为具体目标也许不为全体成员所理解。正是成员、机构或母群体的职责，形成了某个特定的工作群体，提供了群体的任务，如制定一种新方法，为遴选人员增加绩效报酬。可是，群体很少用一种不需要澄清自己任务的方式来阐述任务。即使任务看上去一目了然，有效群体也需要确定他们目前正面临的实际问题，而不仅仅停留在问题的征兆上。让我们再看一看上面这个任务：“制定一种新方法，为遴选人员增加绩效报酬”。从问题界定的角度看，上面这个任务有什么问题吗？“制定一种遴选人员的新方法”太过笼统而没有意义。比较清晰的问题应该是：“为遴选人员增加绩效报酬最重要的标准是什么呢？”

即使在给群体明确规定任务时，群体也需要在能够准确地界定具体问题之前收集信息。准确地界定问题需要群体了解问题的背景、历史以及状况。这意味着群体要收集和了解各种信息。然而，有些群体草率地界定了问题，也只限于解决表面问题，浅尝辄止，没有去追根溯源。

群体以书面方式正式地阐述问题是有益的。这种书面阐述问题的方式能够有助于群体避免被次要的或无关的问题造成偏离主题的现象。除非群体在问题的正式界定上能够达成一致意见，否则，群体不太可能齐心协力地找到某种解决方案。

有效的问题界定有下列 4 个特征。

1. 有效的问题作为问题被阐述出来

问题解决群体从解决方案未知的假设入手，因此，就应该从回答问题的角度来阐述问题。例如，绩效报酬委员会也许按照如下要解决的问题来界定问题：确定绩效报酬增加的最重要的标准是什么呢？以问题的方式表达群体问题，有助于增进群体的探究精神。

2. 有效的问题只包含一个主要想法

如果任务包含两个问题——“学院应该取消外语和物理学方面的教学要求吗？”——那么，群体就应该将任务分解为两个独立的问题：学院应该取消外语方面的要求吗？学院应该取消物理学方面的要求吗？

3. 有效的问题使用具体和准确的语言来描述

举例来说，“针对效果不好的课程，系里应该做些什么呢?”，这个问题的界定也许是经过深思熟虑的，关于这个目标，有关人员可能至少有某种想法。但是，像上述“效果不好”的模糊词语，却可以产生后续问题。注意下面的修改是怎样使得目的比较清晰的：“关于学生评价分数低的课程，系里应该做些什么呢?”

4. 有效的问题可以被看作事实性问题、价值性问题或政策性问题

我们如何组织问题的解决讨论，取决于我们将问题描述成哪一种问题——事实性问题、价值性问题或政策性问题。

事实性问题（Questions of Fact）涉及发现什么是真实的或在什么程度上是真实的问题。说明这类问题，是通过检验事实的过程、通过各种直接观察、口头证据或记录证据的方式，确定真实性。举例来说，“史密斯从仓库偷窃设备了吗?”“玛丽的销售报告按照要求写了吗?”以及“我们从实验得到的数据支持我们的假设吗?”都是事实性问题，群体将讨论证据的有效性，确定什么是真实的证据。

价值性问题（Questions of Value）与什么是正确的、有道德的、美好的或公正的主观判断有关。人们可以认识价值性问题，因为它们常常包含诸如美好的、可信的、有效的或有价值的等评价词语。举例来说，一个针对十几岁孩子拍摄电视连续剧的剧组，可以讨论“在我们改编的剧本中，我们设计的吸引儿童的暴力情节适合儿童许可观看的暴力级别吗?”或者“推荐的系列广告包含太多的性刺激内容吗?”虽然我们可以为“太多的性刺激内容”和“有效的性刺激内容”制定标准，并能够确定违背这些标准的内容，但是，我们选择的标准和认同的证据，却依赖于我们的判断。不同群体的人们使用不同的价值，可能得到不同的决策。

政策性问题（Questions of Policy）与解决问题应该采取的行动步骤或应该采纳的原则有关。“这所大学应该提供在线学位吗?”“新的垃圾掩埋场应该建在哪里呢?”都是政策性问题。在政策性问题中所包含的词语“应该”，使得政策性问题最容易被辨认出来，也最容易用所有的问题表述方法表达出来。

有效的问题界定

1. 有效的问题作为问题被阐述出来。

2. 有效的问题只包含一个主要想法。

3. 有效的问题使用具体和准确的语言来描述。

4. 有效的问题可以被看作事实性问题、价值性问题或政策性问题。

分析问题

分析问题需要尽可能多地发现问题，并确定必须满足找到认同性解决方案的标准。3 种信息有助于分析问题。大多数群体最初分享的信息，是个别成员通过其经历所获得的信息。虽然这是一个良好的开端，但是，群体将信息收集限制在现有成员的知识范围内，就会经常根据不全面或不完善的信息做出决策。

群体应该检验的第二个信息来源，包括通过图书馆、电子数据库和互联网得到的出版资料。从上述来源，群体能够获得他人收集、分析和解释问题的信息。然而，不要以为这些信息得到出版，就意味着信息是准确的或有效的。当信息来自某个互联网站时，准确性和有效性就是一个特殊问题，而且，群体同样必须评价信息相关性和有效性。

第三个与问题有关的信息来源是从其他人那里收集信息。有时，群体也许希望对专家进行访谈，获取他们对某个问题的看法，或进行调查，从某个特定的目标群体那里收集信息。

➢**事实性问题**

涉及发现什么是真实的或在什么程度上是真实的问题。

➢**价值性问题**

与什么是正确的、有道德的、美好的或公正的主观判断有关的问题。

➢**政策性问题**

与解决问题应该采取的行动步骤或应该采纳的原则有关的问题。

一旦群体成员收集到信息，就必须与其他成员一起分享。对于群体成员而言，分享新信息以实现伴随群体讨论发生的道德责任尤为重要。丹
128 尼斯（Dennis）的研究表明，如果群体中掌握信息的人没有努力把这些信息传递给群体中的其他成员，那么，群体往往就会花费更多的时间讨论这些群体成员共同的信息。讨论共同信息而忽视独特信息的趋势，将会降低决策的有效性。为了克服这种现象，群体就需要询问每一个成员，他们是否发现这些信息看上去似乎与他们对问题的看法发生矛盾，在处理复杂问题时，群体要分别召开会议，把分享的信息和做出的决策区分开，而且，两者之间要有足够的空间，使群体成员慎重考虑他们的信息。

确定解决方案的标准

一旦群体了解了问题的性质，群体就需要确定检验解决方案的标准，以便解决问题。在确定某个特定的解决方案能否解决问题方面，标准就成了一个决定性因素。选择的标准应该是已经提出的收集信息的标准，这对于顺利地解决问题是至关重要的。

群体确定的标准将被用来筛选备选的解决方案，不能满足所有标准检验的解决方案，要从进一步考虑中排除掉。例如，一个地方市民委员会负责为建造一所新的县监狱选择地点。这个群体将这个问题用文字描述为："这所新监狱应该建在什么地方?"在群体就这句文字表述达成一致意见后，接下来，他们可以提出这样一个问题："满足新监狱理想地点的标准是什么?"

在这个讨论中，假设成员提供的信息与县财政的预算、狱中犯人保持家庭联系的需求、是否临近学校和公园的担心以及空间需求有关。在考虑这类信息后，这个群体可能随后选择了下列选择地点的标准：

- 购买土地的最高成本为100万美元。
- 地点距离公共交通设施不超过3个街区。
- 地点距离学校、日托服务中心、娱乐场所或青年中心1英里或1英里以上。
- 土地面积至少为10英亩。

凯瑟琳·扬（Kathryn Young）[①] 和她的同事提出，在群体讨论和确定标准时，它们要先考虑具体的解决方案，这种做法提高了群体避免出现两极分化的能力，并且，更有可能做出全体成员都能够认同的决策。

识别可能的解决方案

对于大多数政策性问题而言，群体可能提供许多解决方案。找到解决方案的窍门是要开启群体成员的创造性思维，从而产生各种想法。在这个阶段，不要担心特定的解决方案是否符合所有的标准，而是要提出大量的想法。

> **➢集思广益**
> 一个对产生的有关想法不加批评、不做评价的过程。

一种找到潜在的解决方案的方法，是要对各种想法进行集思广益。**集思广益**（Brainstorming）[②]是一个对产生的有关想法不加批评、不做评价的过程。集思广益是当想法出现在脑海时，把它们描述出来，而不是停下来评价它们的价值。成员得到鼓励，无论如何都会提出更多新的想法。在一次10～15分钟的集思广益的会议过程中，群体根据问题的性质也许能提出20多

① 美国宾夕法尼亚大学曼斯菲尔德分校传播系教授。著有《群体讨论：参与和领导力实践导论》（*Group Discussion: A Practical Guide to Participation and Leadership*，2000）、《口语传播：技能、选择和结果》（Oral Communication: Skills, Choices, and Consequences，2004）、《商业和职业传播：工作场所有效性实践导论》（*Business and Professional Communication: A Practical Guide to Workplace Effectiveness*，2011）等。——译者注

② 又译脑力激荡、头脑风暴等。——译者注

种可能的解决方案。举例来说，致力于解决选择监狱地点问题的群体，在仅仅几分钟集思广益的过程中，就可能提出 10 多种可能的解决方案。如个别成员已经想到或听到的他人提到的地点。

129 评价解决方案

一旦群体拥有了一系列可能的解决方案，就需要将各种备选的解决方案与群体形成的标准进行比较。在这个阶段，群体必须确定是否每个标准都是同等重要的，或者，在评价各种备选的解决方案过程中，是否应该给特定的标准更多的权重。无论群体衡量特定的标准权重如何，它都应该使用一个过程，确保每个备选的解决方案完全参照所有的标准进行评价。

兰迪·伊罗卡瓦（Randy Hirokawa）所做的研究证实，在评价群体选择的过程中，群体做出的高质量决策是“谨慎细致的、深思熟虑的和具有系统性的”。在另一项研究中，伊罗卡瓦发现，群体通常的做法是，首先，排除明显不满足重要标准的解决方案，然后，比较剩下的解决方案的主要特征。

决定

一个为共同解决问题而出现的群体，也许有责任或没有责任制定实际决策，但是，它有责任提出建议。**决策**（Decision Making）是在备选的解决方案中进行选择的过程。不同的决策方法对成员在多大程度上需要达成一致的需求不同，决策需要的时间也不同。据此，有以下 5 种决策方法。

决策的方法

1. 专家意见法。
2. 平均群体意见法。
3. 多数原则法。
4. 一致决定法。
5. 一致法。

1. 专家意见法

一旦群体排除了那些无法满足标准的方案，群体就会要求最具专门知识的成员做出最终选择。在某个成员对有关问题的知识特别渊博或在执行决策过程中把握较大时，这种方法迅速而有效。

2. 平均群体意见法

在采用这种方法时，每个群体成员都要给满足所有标准的备选方案排序。接下来，综合审视这些排名，获得最高平均排名的备选方案，便成为群体的选择。这种方法对于常规决策或当需要快速制定决策时比较有效。它也可以用作一种趋中意向性投票，能够使群体在进入做出最终决策的下一个过程之前，将排名等级低的备选方案排除掉。

3. 多数原则法

在使用这种方法时，群体对每种备选方案进行投票，选取获得半数以上投票（50%＋1）的解决方案。虽然这种方法被认为是比较民主的，但是，它在执行时会产生问题。如果某个解决方案得票刚过半数，那么，就存在许多不支持的成员，他们在数量上与选择支持的人几乎相等。如果这些少数成员强烈反对这项选择的话，那么，他们无论采取主动手段还是被动手段，都可能破坏这个解决方案的执行。

4. 一致决定法

使用这种方法时，群体必须不断地商讨，直到群体每一个成员都认为某种解决方案是最好的为止。正如你预料的那样，群体很难做出完全一致的决策，而且，这样做需要花费很多的时间。然而，当群体达成一致意见时，人们可以认为群体每一个成员都将全力以赴地向他人宣传决策，并协助执行决策。

> **➤决策**
> 在备选的解决方案中进行选择的过程。

5. 一致法

这种方法是一致决定法的一

个替代方法。在一致法中，群体必须不断地进行商讨，直到群体全体成员找到一个可以认同的、经过调整的方案——全体成员都能够支持并愿意协助执行的方案。意见一致的群体成员也许认为，比起他们选择的这个解决方案，还会有更好的解决方案，但是，他们认为，他们能够支持并协助执行这个他们已经同意的解决方案。尽管获得经过调整的方案比得到全体成员一致同意的方案要容易，然而，达成意见一致仍然是很困难的。虽然多数原则法得到广泛的使用，但是，如果群体需要成员顺利地执行决策，那么，选择一致法就是明智之举。

学 习 目 标

1. 讨论群体中成员的角色。

2. 讨论群体会议中的成员职责。

3. 剖析群体中的领导力的重要性。

4. 描述群体会议中的领导力职责。

5. 剖析评价群体有效性的过程。

第11章

群体中的成员角色和领导力

131 群体成员扮演的角色取决于他们的人格以及群体的要求或需求。

如果你仔细倾听群体互动的话，那么，你通常可以听到群体成员不仅讨论眼前的话题，也按照群体其他人所希望的方式扮演角色。在本章中，我们的目标是要说明群体成员如何扮演特定的角色，才能够有助于提高或降低群体的有效性。我们描述成员担任的角色类型，以及在会议期间群体成员承担的责任。接下来，我们讨论群体的领导力，其中包括理解领导力的作用、识别几种领导力角色、描述成员如何获得和保持领导力，以及会议领导者的责任。最后，我们讨论评价群体有效性的方式。

你怎么认为

我愿意领导群体，不愿意被告知做什么。

强烈反对						强烈赞同
1	2	3	4	5	6	7

学习目标1 成员角色

> **➢角色**
> 一个群体成员根据其他成员的预期而履行的一种特定行为模式。

角色（Role）是一个群体成员根据其他成员的预期而履行的一种特定行为模式。群体成员扮演的角色取决于他们的人格以及群体的要求或需求。3种常见的角色类型是任务相关角色、维护角色和自我中心角色。

任务相关角色

任务相关角色（Task-related Roles）是直接协助群体达成目标所要求的特定行为模式。任务角色包括发起者、信息或意见的给予者、信息或意见的寻求者、分析者和导向者。

发起者

当你的评论引起讨论或使讨论进入一个新的方向时，你扮演着**发起者**（Initiator）的角色。你可以通过提出下面的建议来履行发起者的角色："让我们开始考虑一下库存控制体系目前存在的问题吧。"你也可以说出这样的话来履行发起者的角色："也许，我们应该进入一个关注质量的讨论，我们已经与我们的销售商和供应商建立了关系。"

132 信息（意见）的给予者

当你提供讨论的内容时，你充当着**信息或意见的给予者**［Information or（Opinion）Giver］的角色。很好地履行这些角色的人们是具备专业知识或熟悉任务内容，并与群体分享他们所知道的事情的人。这种角色的一个事例是："以我的经验看，告知客户这是违背公司政策的行为，只能使他们更加生气。所以，我认为，在这种情况下，我们什么都不要说。"

信息（意见）的寻求者

当你提出探究他人的想法和意见的问题时，你充当着**信息或意见的寻求者**［Information or（Opinion）Seeker］的角色。履行这些角色的人们的典型评论有："在我们深入调查之前，关于提高费用可能对成员数量造成怎样的影响，我们拥有什么样的信息呢?"或者"群体其他成员怎样看待这种想法呢?"

分析者

在履行**分析者**（Analyzers）的角色时，你探究成员在讨论期间所说的内容、理由和证据。为了做出令人满意的决策，群体成员不仅必须对成员提供的想法或建议批判性地分析，也必须对群体收集的事实和数据批评性地分析。一名群体成员会说出这样的话来履行这个角色，"我们在课程年度招生方面，需要保证这里的人数与每月招生人数合计的结果一致。"

导向者

导向者（Orienter）指出群体偏离方向，并总结在成员之间存在的一致和分歧的观点。对于一个群体而言，群体很容易在讨论中偏离"全局"的轨道或在许多方面跑题，讨论不相干的问题而浪费时间。因此，重要的是，要让群体中的某个人监督群体过程。一名成员会做出如下评论来履行导向者角色："我们也许在讨论聘请募集资金的顾问之前，要完成商量我们募集资金的来源的任务，"或者"我们似乎又回到了关于在每个地方都拥有客户的支持，还是在某些地方有重点地巩固他们的支持的基本分歧上，这是我们现在要继续讨论的内容吗?"

维护角色

维护角色（Maintenance Roles）需要有助于群体发展和保持良好的成员关系、群体凝聚力以及有效冲突水平的特定行为模式，充当维护角色的成员可能是守门人、鼓励者以及和谐的协调者。

守门人

作为一名**守门人**（Gatekeeper），你要确保每个人都有机会发言和听到讲话。在一些群体讨论

> **➤任务相关角色**
> 直接协助群体达成目标所要求的特定行为模式。
> **➤发起者**
> 引起讨论或使讨论进入一个新的方向的群体成员。
> **➤信息（意见）的给予者**
> 提供讨论内容的群体成员。
> **➤信息（意见）的寻求者**
> 探究他人的事实性想法和意见的群体成员。
> **➤分析者**
> 探究成员在讨论期间所说的内容、理由和证据的群体成员。
> **➤导向者**
> 指出群体偏离方向，并总结在成员之间存在的一致和分歧观点的群体成员。
> **➤维护角色**
> 有助于群体发展和保持良好的成员关系、群体凝聚力以及有效冲突水平的特定行为模式。
> **➤守门人**
> 确保每个人都有机会发言和听到讲话的群体成员。

中，有些人的发言时间要比他们平均分配的时间长，而其他一些人则保持沉默、贡献很少或没有贡献。通过履行守门人角色，你可以在成员之间创建较为平衡的参与机会，从而使群体能够从不同观点和信息来源获益。一个把关的事例是：“让我打断你一下，道格。我们还没有听一听胡安妮
133 塔的意见，她好像有什么要说的。”

鼓励者

当你的讯息对团队其他成员的贡献提供支持时，你就是**鼓励者**（Encourager）。群体讨论的参与者需要不时让他们的想法得到认同和支持，否则，他们就会对他们的话是否被人们听到以及他们的想法是否被重视没有把握。鼓励的事例有：“肯特刚才提出的真是一个很好的建议，因为它确实解决了我们在会议中讨论的客户规范问题”，或者“我认为，我们应该牢记米兰达有关在下一个季度之前维持需求的观点，她对发展太快的危险做出了一些很好的观察”。

和谐的协调者

当你帮助群体缓解紧张和管理冲突时，你充当着**和谐的协调者**（Harmonizer）。不可避免的是，团队决策有时将造成压力，冲突就会出现。充当和谐的协调者的成员通过说出一些诙谐的话语，或帮助群体有效地应对出现的冲突，可能会暂时缓解紧张的气氛。和谐的协调者的事例有：“计划这项产品投放市场的任务，使我想起了《哥斯拉》(*Godzilla*)① 的处理方法。有人看过这部电影吗?”或者“我们似乎在围绕与其他学校合作的问题上争论不休，这就好像伊莲娜和尼尔斯强烈地表达各自的观点一样，在我们过于集中关注这两种极端的选择之前，我们也许应该看一下其他各种可能性”。

> **➢鼓励者**
> 对团队其他成员的贡献提供支持的群体成员。
> **➢和谐的协调者**
> 帮助群体缓解紧张和管理冲突的群体成员。
> **➢自我中心角色**
> 以损害群体利益为代价，关注个人需求和目标的特定行为模式。
> **➢攻击者**
> 通过批评几乎所有事物或在事情不顺时责备他人，以及通过挫败他人的锐气和贬低他人的地位，来提高自己的地位的群体成员。
> **➢爱开玩笑的人**
> 通过讲笑话、模仿他人或常开各种玩笑来引起他人注意的群体成员。

自我中心角色

自我中心角色（Self-centered Roles）以损害群体利益为代价，关注个人的需求和目标的特定行为模式。为群体充当的任务相关角色、维护角色是有效的，而自我中心角色则有损群体的有效性。充当自我中心角色的成员可能是攻击者、爱开玩笑的人、撤出者或阻挠者。

攻击者

攻击者（Aggressors）通过批评几乎所有事物或在事情不顺时责备他人，以及挫败他人的锐气和贬低他人的地位，来提高自己的地位。我们应该正确面对攻击者，并鼓励攻击者承担一个更为积极的角色。我们应该询问攻击者，他们是否注意到他们的作用以及他们的行为对群体产生的影响。

爱开玩笑的人

爱开玩笑的人（Jokers）试图通过讲笑话、模仿他人或对各种事情都开玩笑来引起他人注意。与和谐的协调者不同，爱开玩笑的人并不把注意力集中在帮助群体缓解紧张和压力上。相反，爱开玩笑的人干扰群体，使之无法将注意力集中在工作上。我们同样应该正确面对爱开玩笑的人，在群体需要休息的时候，应该鼓励他们发挥开玩笑的才能，但是，在群体工作时，我们要避免他们对群体造成干扰。

---

① 由德国导演、剧作家罗兰·艾默里克（Roland Emmerich，1955— ）于1998年执导的一部科幻惊悚影片。此外，他还执导过《独立日》（*Independence Day*，1996）、《后天》（*The Day after Tomorrow*，2004）、《2012》（2009）等影片。——译者注

撤出者

撤出者（Withdrawers）寻求通过不参与讨论或群体工作，以牺牲群体目标来满足他们自己的目标。有时，撤出者表现为实际缺席会议或不参
134 加虚拟会议。有时，撤出者本人参加会议，但是，他们在讨论中保持沉默或拒绝承担工作责任。当一个人充当了这种角色时，群体需要找出这个人选择不参加会议的原因，并设法让这名成员要么参与群体活动，要么离开这个群体。

阻挠者

阻挠者（Blockers）经常拒绝他人的意见和顽固地不同意群体做出的决策。他们可能提出一种独立的意见，而拒绝赞同群体其他成员的意见。他们也许试图对他们不同意的群体决策采取破坏行动。如果每个成员有充分机会表达自己的意见，而且，群体的其他成员真诚地听取并审议这些意见的话，那么，群体就一定会没有阻挠者。群体应该承认和尊重成员持不同意见的权利，但是，群体也要维护群体继续进行工作的权利。

角色的正常分布

在本部分，我们描述的各种角色应该对"正常"群体的时间分配做出什么贡献呢？罗伯特·贝尔斯（Robert Bales）是一名群体互动过程最主要的研究者，在他看来，讨论时间的40%～60%用于提供和询问信息与意见，讨论时间的8%～15%用于化解分歧、缓解紧张或消除敌意，讨论时间的16%～26%是以意见一致或友好（积极维护职能）为特征的。我们可以采取两个规范作为群体有效运转的指导方针：（1）大约一半的讨论时间应该专门用作信息分享，（2）群体意见一致的时间应该远远超过群体意见不一致的时间。

我们可以采取两个规范作为有效群体运转的指导方针：（1）大约一半的讨论时间应该专门用作信息分享，（2）群体意见一致的时间应该远远超过群体意见不一致的时间。

学习目标2　群体会议中的成员职责

虽然成员特指群体讨论和问题解决过程中的特定角色，但是，有效群体成员也承担使会议顺利进行的基本职责。下面一些指导方针有助于群体成员准备、参与以及在会上采取适当的行动，以提高群体的有效性。

准备

很多人都把群体会议看作一种需要出席而无需刻意准备的"事件"。人们经常出席会议，但他们即便带着会前收到的几包资料，对会议也不做准备。实际上，我们不应该把会议看成即兴事件，而要把会议看作精心策划的、从准备充分的人们那里收集信息的互动过程。下面是在参加会议之前应做的准备。

1. 研究会议议程

思考会议的目的，并确定你需要做什么准备。会议议程就是你做准备的一个提纲。

2. 研究会议备忘录

如果会议是一系列会议中的一次会议，你就要研究会议备忘录和你以前所做的会议记录。因为每次

> **➤撤出者**
> 通过不参与讨论或群体工作，以牺牲群体目标来满足他们自己的目标的群体成员。
>
> **➤阻挠者**
> 经常拒绝他人的意见和顽固地不同意群体做出的决策的群体成员。

会议并不是一个单独的事件，所以，一次会议所发生的事情应该成为下一次会议的准备基础。

3. 准备为会议做出贡献

为了对会议议程项目了如指掌，你就要在会前阅读分发的资料，并亲自做研究。如果没有提供资料，你就应该自己找出问题，并了解什么是
135 你作为群体中的一名富有成效的成员需要知道的事情。携带所有你所发现的、对完成群体会议议程有帮助的资料。如果合适的话，你要与不参加会议的其他人讨论问题，并征求他们对会议要讨论的有关问题的看法。

4. 准备扮演一个主要角色

思考你被指定的角色和你有兴趣扮演的角色。为了尽最大能力扮演好这些角色，你需要做些什么呢？

5. 罗列问题

制作一份与会议议程有关的、你愿意在会议期间回答的问题表。

为会议做准备

1. 研究会议议程。
2. 研究会议备忘录。
3. 准备为会议做出贡献。
4. 准备扮演一个主要角色。
5. 罗列问题。

参与

你要以你是一名完全参与者的预期参加会议。如果群体有 5 名成员，所有 5 名成员都应该参与会议。

1. 注意倾听

要把注意力集中在他人说的话上，这样，你就可以使用你的资料进行完善、补充或反驳他人提出的意见。

2. 突出重点

在群体背景下，群体成员很容易将讨论引入毫无成效的方向。要将你的发言集中在讨论的具体议程项目上。如果其他人偏离了主题，要尽你的所能，使人们回到主题的轨道上。

参与会议

1. 注意倾听。
2. 突出重点。
3. 提出问题。
4. 做记录。
5. 充当爱提反面意见的人。
6. 监控你的贡献。

3. 提出问题

坦诚地提出你还不知道答案的问题，这么做有助于刺激讨论和建立想法。

4. 做记录

即使其他人负责提供正式的备忘录，你也需要做记录，记录可以帮助你把握发展线索。此外，这些记录还会帮助你记住说过的话以及你同意承担的职责。

5. 充当爱提反面意见的人

当你认为某个想法没有经过充分讨论或检验时，你就要讲出不同的意见或支持进一步讨论。

6. 监控你的贡献

尤其是在人们做了充分准备的情况下，他们往往有一种支配讨论的倾向。你一定要做到既不支配讨论，也不推卸分享见解和观点的职责。

136
会后行动

当会议结束时，人们纷纷离去，大家在下次会议之前，会把这次会议发生的事情忘得一干二净，这种现象屡见不鲜。但是，每次会议都为下次会议提供了基础，所以，一定要为下次会议做

好准备。

1. 回顾和总结你的记录

在会议结束后，你要尽快做好这项工作，因为此时各种想法仍然在你的脑海里记忆犹新。要把下次需要讨论的事情记录下来。

2. 评价你的有效性

你在有效地帮助群体实现目标方面做得怎样呢？你在哪些方面具有优势？在哪些方面比较薄弱呢？什么是你在这次会议上没有做而应该在下次会议上要做的呢？

3. 回顾决策

记录你在决策过程中担当的角色。你是否做了该做的全部事情？

4. 交流进展

要把传达的信息和会议做出的决策，告诉那些需要知道的人们。

5. 贯彻执行

一定要确保完成你在会议上接受的全部任务。

6. 回顾会议备忘录

要将会议的正式备忘录与你自己的记录进行比较，并指出你发现的明显差异。

会后行动

1. 回顾和总结你的记录。
2. 评价你的有效性。
3. 回顾决策。
4. 交流进展。
5. 贯彻执行。
6. 回顾会议备忘录。

学习目标 3　领导力

虽然所有的任务角色和维护角色的履行都有助于群体实现目标，但是，出色的领导力同样也是实现群体目标必不可少的因素。学者们提出了数不胜数的领导力定义，然而，大多数定义的共同点在于，**领导力**（Leadership）是一种影响成员实现群体目标的过程。在本部分里，我们将讨论领导力的不同方面、领导者的类型以及成为非正式领导者的方式。

领导力的不同方面

我们有着各种思考领导力的方式，每种视角都侧重于领导力的不同方面，这些视角提供了对领导力特征和行为的看法，而这可以帮助你成为一名有效的领导者。不同的视角强调了诸如领导力特质、情境型领导力、职能型领导力、变革型领导力等不同方面。

领导力特质

这种方法剖析了与有效的领导者相关的人格特征或特质。人们认为，某些领导力的特质或能力可以集中在一个人身上，而且是普适的和不变的。一些研究表明，领导者通常具有成就取向、精力充沛、适应性强、有责任感、自信、智慧，语言传播能力、社交能力强、持之以恒和敢于创新的特征。为了成为一名有效的领导者，你要思考你具有的一些领导力特征，并确保在各种群体决策情境中展现这些特征。

情境型领导力

这种方法认为，领导力取决于情境。与特质方法不同的是，这种观点认为根本不存在有效的领导力风格。相反，有效的领导力是某种情境对领导者素质的要求与一个人的行为举止之间的一种匹配。有些情境如紧急情况，可能要求一名强有力的、任务导向型的领导者，这名

> **➢领导力**
> 一种影响成员实现群体目标的过程。

领导者要具有非凡的管理才能并采取负责的态度。而另一种情境则要求一名不具备管理才能的领导者，这名领导者强调维护行为和信息分享，如一个技术上非常熟练的人们组成的决策团队。为了利用情境型领导力，重要的是分析群体讨论需要哪些行为，采取这些行为并监控结果，看看是否有另外的行为出现。

职能型领导力

职能型领导力的方法指出，领导力包括以某种有助于群体实现目标的方式来行为。这可能意味着领导者履行某些任务或维护角色，而这些角色不被其他成员所履行。领导力也可以指领导者履行单独的职能，如准备议程、安排会议、分配任务和分发会议备忘录。在本章后面的部分里，我们将讨论在群体会议之前、会议期间和会议之后的领导者角色。作为一名职能型领导者，你要密切关注什么是完成任务所需要的群体角色，以
137 及确保履行大多数这些职能。

事实一点通

马丁·路德·金（Martin Luther King Jr.）是20世纪五六十年代民权运动的一位著名的领导者。金在阿拉巴马州蒙哥马利市领导了1955—1956年抵制乘坐公共汽车运动[①]，这次抵制运动有助于1957年组建南方基督教领袖会议（Southern Christian Leadership Conference），并在1963年华盛顿工作与自由游行（March on Washington）[②]中扮演着一个重要的角色，在华盛顿，他发表了著名的题为“我有一个梦想”（*I Have a Dream*）的演讲。

你能够说出其他可能被认为是变革型的领导者的人吗？他们表现出了怎样的领导力特征呢？

变革型领导力

这种方法强调具有远见卓识地帮助群体制定目标，并鼓励和推动群体去实现其目标。变革型领导者是有创造力、富有魅力以及鼓舞他人的人。像甘地（Gandhi）或马丁·路德·金等著名领导人都被认为是变革型的领导者。为了使用这种领导力方法，你应该关注全局，以一种新颖的方式来帮助群体看待事物，并大力推动群体实现目标。

领导者的类型

> **➢正式领导者**
> 一名被指派的、被任命的或被推选的领导者，他被赋予影响他人的合法权利。
> **➢非正式领导者**
> 其权威影响力源于在群体互动中所获得的权利的群体成员。

一个群体经常具有多位领导者。许多群体都任命一名正式的领导者。**正式领导者**（Formal Leader）是一名被指派的、被任命的或被推选的领导者，他（她）被赋予影响他人的合法权利。在正式领导者任期期间，一个群体也许只有一名正式领导者，但是，扮演领导角色的人可能有几个。**非正式领导者**（Informal Leader）是其权威影响力源于在群体互动中所获得的权利的群体成员。非正式领导者并不具有合法权利，相反，他们的影响力源于他们的专业知识，抑或源于其他群体成员喜爱和尊重他们的程度。

---

① 事件简介：1955年12月1日，一个名叫罗沙·帕克斯（Rosa Parks）的黑人妇女在公共汽车上拒绝把座位让给白人，因而被蒙哥马利市的警察以违反公共汽车座位隔离条令为由逮捕。马丁·路德·金立即组织了蒙哥马利市的黑人抵制乘坐公共汽车运动，号召全市近5万名黑人对公交公司进行长达385天的抵制，迫使法院判决取消地方运输工具上的座位隔离，从此他成为民权运动的领袖人物。——译者注

② 全称为March on Washington for Jobs and Freedom。这次由民权组织联合举办的游行发生于1963年8月28日，超过20万以上的示威者在林肯纪念堂集会。这次游行迫使美国国会在1964年通过了《民权法案》，宣布种族隔离和种族歧视政策是非法政策。它也是美国历史上最大的一次有关人权的政治集会。——译者注

成员如何获得和保持非正式领导力

按照欧内斯特·博尔曼（Ernest Bormann）的研究，领导者通过两个步骤的淘汰过程脱颖而出。在淘汰过程的第一步，成员根据最初的互动彼此形成粗略的印象。在这个阶段，无法证明具有满足领导力角色所必需的义务和能力的成员，就被淘汰了。领导者不太可能在不参与讨论的群体成员（既由于羞怯，又因为漠不关心）中间出现，不太可能在观点和态度上过分强硬和发号施令的群体成员中间出现，不太可能在那些被认为孤陋寡闻、缺才少智的群体成员中间出现，也不太可能在人际交往方式简单粗暴的群体成员中间出现。

在淘汰过程的第二个阶段，那些仍然得到群体认同的成员，也许就要为权力进行竞争。有时，一名竞争者将成为一名非正式领导者，这是因为群体面临危机，而这名成员能够识别危机，并比他人更有能力使群体度过危机。在其他时候，一名竞争者也许会成为一名非正式领导者，这是因为一个或多个群体成员逐渐信任这个人，并公开支持这个人成为领导者。

在有些群体中，大多数成员最终把一个或多个人看成非正式领导者。例如，一位领导者可能特别适合协调群体关系，也许可以利用其影响，将冲突保持在健康的水平上。另一位领导者也许善于维持群体的正常运转，并在会议期间推进会议议程。学生们常常对如何能够在一个群体中表现领导力感兴趣。因为领导力是通过沟通行为表现出来的，所以，下列建议可以帮助你成为一名领导者。

1. 主动参与讨论

当成员不参与讨论时，其他成员就会把他们视作兴味索然或愚钝无知的人。要通过参与群体讨论来表明你的兴趣和义务。

2. 有准备地参加群体会议

愚钝无知的成员很少获得领导力，而具有专业知识的成员经常成为领导者。 138

3. 积极倾听他人的想法和观点

领导力需要分析群体的需求，所以，领导者就必须了解成员的想法和需求。当你积极倾听时，你同样表明你愿意考虑与你自己不同的观点。

4. 避免说出过于强硬的观点

当群体的其他成员认为某个人粗暴武断或固执己见时，他们不太可能接受这个人作为领导者。

5. 激励创造性思维和判断性思维

当群体成员将最初的想法和见解带到某个群体中时，或当他们在决策之前帮助群体审视理由和证据时，他们提高了成为领导者的可能性。

6. 积极管理意义

对手头任务提出看法和观点的人将可能成为领导者。如果你拥有一个能够以某种方式推动群体前进的心像地图或框架的话，你就要提出来。

性别和领导力

在朱莉娅·T·伍德（Julia · T · Wood）①有关沟通、性别和文化的著作中，她解释称领导力，特别是在工作场所的领导力，经常被刻板印象与包括独立、竞争、自主、信心在内的男性沟通方式联系在一起，而不与诸如合作、协作、关心、支持、包容、顺从等女性沟通方式联系在一起。如果男性行为等同于领导力的话，那么，以更多女性方式进行沟通的妇女也许就不被看作领导者。然而，研究并不支持只有男性沟通方式才有助于形成有效领导力的看法。有效领导力取决于与男性有关的任务导向行为，以及与女性有关的维护行为或与人们有关的行为。有些情境要求一种具

① 美国北卡罗来纳大学教堂山分校传播学教授。著有《社会性别化生活：传播、性别和文化》（国际版）（*Gendered Lives：Communication，Gender and Culture，International ed*，2007）、《生活中的传播》（第 5 版）（*Communication in Our Lives*，5th，2008）、《人际关系传播：日常相遇》（*Interpersonal Communication：Everyday Encounters*，2009）等作品。——译者注

备管理才能的、负责的领导力方式，而其他一些情境则要求合作的领导力，这种领导力激发和授权他人采取行动。一个优秀的领导者应该能够展现各种行为。

另一个性别领导力的复杂因素是由一项持续研究发现的，这项研究表明，人们根据采取行为的领导的性别，以不同方式来评价领导力。相同行为也许被认为是不同的，这取决于行为是由男性还是由女性做出的。例如，一名群体成员说："我认为，我们正在重复相同的论点。让我们进入下一个议程项目吧。"如果讲话的人是一名妇女，这句话就会被看成是专横跋扈或发号施令的。如果一个男人做出相同的评论，这句话很可能就被看成是有益的并熟练地把握任务导向角色（Task-Oriented Roles）① 的。由于性别预期认为妇女应该采取友好的、随和的以及支持的行为，没有这样做的妇女就会被人们以负面方式进行解释。可是，反讽的是，因为自主、管理和竞争行为是与男人有关的行为，因此，当妇女有时采取上述行为时，她们就被认为行为举止过于男性化。同样，如果一个男人在领导力角色方面做出情绪化反应，那么，他也许被人们认为是软弱的或缺乏自信的人，而人们却对某种诚实的反应并不重视。一个来自女性领导者的情绪反应，很可能会被看作适当的或典型的行为。

因此，领导者应该认识到，他们的行为在一定程度上将被人们通过一个性别透镜来加以判断。这个认识有助于理解为什么群体成员有时以各种方式对领导者做出反应。对于所有的领导者来说，以一些男性和女性的刻板方式进行灵活的沟通是必要的。

> 人们根据采取行为的领导者的性别，以不同方式来评价领导力的行为。

学习目标 4　主持群体会议

除了在决策会议上履行任务维护角色外，领导者还有在会议开始之前要完成的任务。通过在主持群体会议之前做好这些工作，你可以确保会议时间卓有成效，很少浪费时间。当你运作一个会议时，你应该完成下列 5 项任务。

> **会议之前的领导力职责**
>
> 1. 界定和沟通会议的目的。
> 2. 列出会议应该产生的具体结果。
> 3. 沟通会议开始和结束的时间，并严格遵守时间。
> 4. 发送一份详细的会议议程。
> 5. 做出物质上或技术上的安排。

139

会议之前

1. 界定和沟通会议的目的

出席一个不知道会议目的的会议，可以被认为是一件令人沮丧的事情。如果与会者事先知道会议的具体目的，他们就可以提前做准备。此外，他们还可以把必要的材料带到会议上。例如，如果即将召开的教师会议涉及课程计划，那么，会议目的就应该更明确地加以界定。宣布会议召开的备忘录也许记录为："我们将分析现有的课程目标和课程议题，因为它们与科学领域的州政府课程要求有关。"

2. 列出会议应该产生的具体结果

即使会议具有一个明确规定的会议目标，与

① 与前文任务相关角色（task－related roles）意思相同。——译者注

会者也可能不知道在会议期间应该完成什么任务或做出什么决策。列出具体结果可以使会议集中在明确的目标上，并有助于群体按照会议议程召开会议。例如，会议领导者也许会说明："在会议结束时，我们应该得到一份 11 年级和 12 年级科学课程目标的书面说明。这个说明要满足州政府的要求。"

3. 沟通会议开始和结束的时间，并严格遵守时间

为了有效地利用时间并使准时到达的成员受到公平对待起见，会议应该准时召开。等待迟到者，会议领导者就会使成员在未来召开的会议上迟到，因为他们知道会议将被推迟，直到每一个人都到达才开始。同样，在工作场所，人们工作非常忙，他们需要知道会议结束的时间。会议领导者在会议期间应该密切监控时间，以确保会议按时结束。

4. 发送一份详细的会议议程

会议议程应该包括会议的日期、时间和地点，以及要讨论的议题，每个议程项目要有一个大致的时间分配，参见图 11—1。在图 11—1 中，这个议题和时间安排为有效地进行讨论提供了可能，而且，将使群体讨论集中在具体的项目上。此外，
140 这个议程对于无法参加全部会议的人们或不需要出席整个会议的嘉宾也是有益的。提前了解议程项目讨论的时间，可以让与会者在适当的时间出席会议。

5. 做出物质上或技术上的安排

这包括预定一间会议室、安排某种座位形式以及订购会议用品或食品。另外，对于虚拟会议来说，安排可能包括计划与音频或视频会议设备的技术支持方进行合作，并通知偏远地区会议对技术的要求。

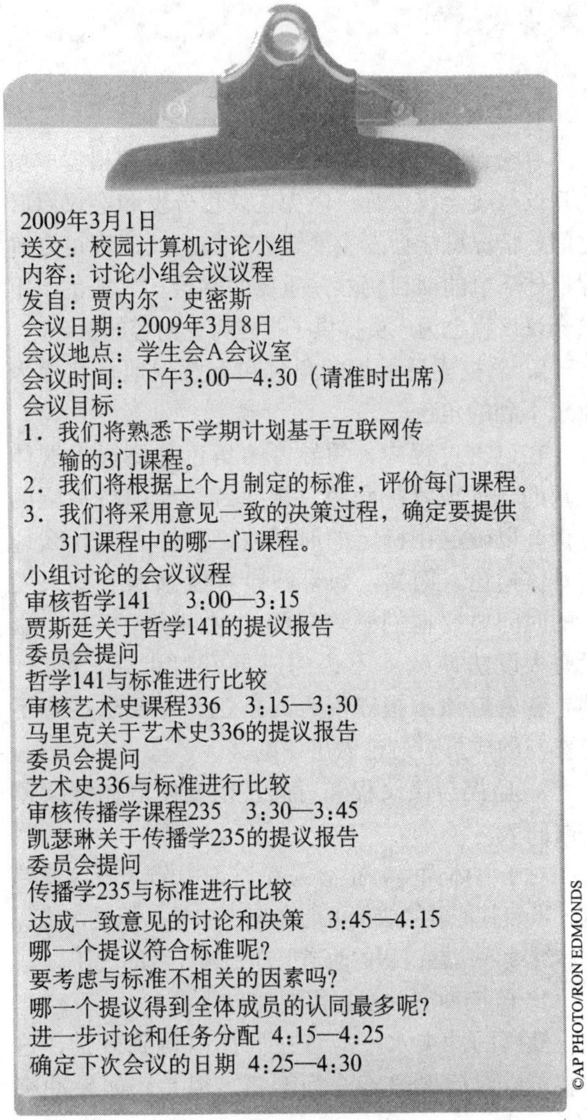
2009年3月1日
送交：校园计算机讨论小组
内容：讨论小组会议议程
发自：贾内尔 · 史密斯
会议日期：2009年3月8日
会议地点：学生会A会议室
会议时间：下午3:00—4:30（请准时出席）
会议目标
1. 我们将熟悉下学期计划基于互联网传输的3门课程。
2. 我们将根据上个月制定的标准，评价每门课程。
3. 我们将采用意见一致的决策过程，确定要提供3门课程中的哪一门课程。
小组讨论的会议议程
审核哲学141　3:00—3:15
贾斯廷关于哲学141的提议报告
委员会提问
哲学141与标准进行比较
审核艺术史课程336　3:15—3:30
马里克关于艺术史336的提议报告
委员会提问
艺术史336与标准进行比较
审核传播学课程235　3:30—3:45
凯瑟琳关于传播学235的提议报告
委员会提问
传播学235与标准进行比较
达成一致意见的讨论和决策　3:45—4:15
哪一个提议符合标准呢？
要考虑与标准不相关的因素吗？
哪一个提议得到全体成员的认同最多呢？
进一步讨论和任务分配 4:15—4:25
确定下次会议的日期 4:25—4:30

图 11—1　互联网课程委员会的会议议程

会议期间的领导力职责

1. 审核和修改会议议程。
2. 监控成员承担的角色和有意识地扮演他人意想不到的角色。
3. 监控会议议程和时间，以便使群体继续遵守时间表。
4. 监控冲突并根据需要加以干预。
5. 定期检查，看一看群体是否做好决策准备。
6. 履行群体的决策原则。
7. 在结束会议之前，对决策和任务进行总结。
8. 询问群体决定是否需要和什么时间召开下一次会议。

会议期间

1. 审核和修改会议议程

在会议开始时，要审核会议议程，并根据成员的建议修改会议议程。因为在议程分发和会议召开之间，情况可能会发生变化。审核会议议程可以确保群体从事的项目仍然是重要的和恰如其分的。审核会议议程也为成员提供了把握讨论内容的机会。

2. 监控成员承担的角色和有意识地扮演他人意想不到的角色

在讨论过程中，领导者的角色是要提供群体欠缺的任务或维护角色。领导者需要保持清醒的意识，以确定在特定的时间内，群体需要什么样的具体角色。例如，如果领导者注意到有些人发言的时间要比他们平均分配的时间多，而且，也没有人设法使缄默不语的成员开口讲话，那么，领导者就应该承担守门人的角色，并要求这些不愿参与的成员对讨论做出评论。

3. 监控会议议程和时间，以便使群体继续遵守时间表

对于群体而言，很容易在讨论中陷入困境或跑题。虽然其他群体成员可能会充当向导，但是，确保群体继续停留在议程的轨道上却是领导者的责任。

4. 监控冲突并根据需要加以干预

健康的冲突水平应该在群体内得到鼓励，这样就可以对问题进行全面剖析。但是，如果冲突水平功能失衡，领导者就需要进行调解，以便使关系不要过度紧张。

5. 定期检查，看一看群体是否做好决策准备

群体的领导者在意识到讨论不会再有新的见解时，就应该倾听一致性意见，并使群体进入正式的决策过程。

6. 履行群体的决策原则

领导者负责监督群体同意采取的决策原则。如果群体决定采取意见一致法的话，那么，领导者就必须确保全体成员都认为，群体选择的解决方案是他们可以支持的方案。如果群体决定采取多数原则法，那么，领导者就要要求进行投票并记录投票结果。

7. 在结束会议之前，对决策和任务进行总结

为了结束会议，并确保每位成员离会时都清楚会议已经达成的各项议题，领导者应该对会议发生的事情进行总结。此外，领导者还应该重申会议做出的任务安排，并回顾留待以后完成或决定的事项。

8. 询问群体决定是否需要和什么时间召开下一次会议

正在发展的群体应该非常小心，不是为了会面才开会。领导者应该向成员阐明下一次会议什么时间召开和是否有必要。下一次会议的全部目的将主导会议议程，这个会议议程也需要群体成员做准备。

会后措施

1. 评估会议的成果和进程

优秀的领导者通过思考和分析以前会议进展的情况，学会怎样才能做得更加有效。领导者需要考虑会议是否实现了目标，群体的凝聚力在会议过程中是得到了加强，还是遭到了损害。

141 **会议之后的领导力职责**

1. 评估会议的成果和进程。
2. 准备并分发一份会议成果的总结。
3. 通过非正式交谈，修复被损害的关系。
4. 走访成员，检查分派给他们的项目的进展情况。

2. 准备并分发一份会议成果的总结

虽然有些群体指定一名成员作记录员并分发备忘录，但是，多数群体还是依靠他们的领导者做这项工作。书面记录记载会议达成的一致性意见、完成的工作以及下一步的工作，对群体成员必须做的工作起提醒的作用。如果群体指定一名记录员的话，那么，领导者就应该检查并确保备忘录及时分发。

3. 通过非正式交谈，修复被损害的关系

如果在会议期间争论比较激烈，有些人就很可能损害了与他人的关系，对会议心存不满或受到伤害。领导者可以从群体中找出这些与会者并

通过与他们交谈来帮助修复关系。通过充满感情地倾听，领导者能够抚慰受伤者的感情，并激发出其为群体重新提出议案的责任感。

4. 走访成员，检查分派给他们的项目的进展情况

当与会者被分派了具体的任务时，领导者应该对他们进行检查，看一看他们在完成任务过程中是否遇到什么问题。

学习目标 5　评价群体的有效性

有一句古老的谚语说："主意多了办不好事"(a camel is a horse built by a committee)①。虽然这句谚语带有幽默诙谐的意味，但是，对于某些群体而言，却是真实的。在我们希望办好事时，我们要避免最终出现太多的主意，那么，我们就需要根据下列评价，理解如何评价群体的有效性和改善群体过程。群体可以在决策的质量、角色承担的质量以及领导力的素质方面进行评价。

决策

群体会面讨论问题并不必然意味着群体要做出决策。一些群体反复讨论几个小时，最终以没有达成决策结束会议，或许看上去很愚蠢。当然，有些群体讨论严肃问题，不经过几次会议是无法做出决策的。在这种情况下，重要的是，群体在结束会议时能够清楚地知道下一步要做什么。可是，当群体"结束"工作而没有达成某个决策时，这个结果就会是令人受挫和失望的事情。如图 11—2 所示的群体有效性评价表，根据群体的 3 个主要方面：群体特征、成员关系和问题解决能力，提供了一种评价群体决策质量的方法。

个人参与和角色行为

尽管群体在没有领导力的情况下也能生存，但是，倘若群体成员不愿意或不能够满足群体的任务和维护群体的职能，也许群体就根本无法运转。如图 11—3 所示的参与和角色行为评价表，提 142
供了一种评价每个参与者的行为和角色承担的方法。

领导力

虽然群体讨论应该在有领导者的情况下进行，但是，有些群体讨论却是在没有领导者的情况下进行的。如果群体有一名被任命的领导者——大多数群体都有一名领导者，那么，评价的职责可以集中落在这个人身上。如果群体确实没有领导者，就应该考虑由不同成员组成的领导集体做出评价，或集中在从群体中涌现出来的、明显的领导者身上。如图 11—4 所示的领导者行为评价表，提供了一种评价会议领导者的行为和角色承担的方法。

① 用作表示一件事情由于太多人参与，意见繁杂，而导致最初计划无法实现。骆驼表示大而丑的事物，马表示小而美的东西。即使一群马似的东西聚成一个骆驼似的事物，也不会好看。——译者注

143 使用如下等级范围，就下列各个问题，对群体做出整体评价：1=几乎总是，2=经常，3=有时，4=很少，5=从不。

群体特征

______ 1．群体有大多数成员承诺实现的一个明确界定的目标吗？

______ 2．为了实现群体目标，群体的规模符合任务的要求吗？

______ 3．为了确保成员的重要观点都得到反映，群体成员足够多元化吗？

______ 4．群体的凝聚力有助于任务的实现吗？

______ 5．群体的行为规范有助于实现目标和保持关系吗？

______ 6．客观环境有助于完成这项工作吗？

成员关系

______ 1．成员感到自己在别人眼中是有价值的并受到他人的尊重吗？

______ 2．成员与他人进行互动感到轻松吗？

______ 3．为了使全体成员都参与交谈，成员平均分配讲话时间吗？

______ 4．冲突被看作积极的经历吗？

______ 5．成员彼此喜欢和欣赏对方吗？

问题解决能力

______ 1．群体花时间界定问题吗？

______ 2．成员提出高质量的信息有助于群体理解问题吗？

______ 3．在提出解决方案之前，群体形成标准了吗？

______ 4．标准经过充分讨论并依据可利用的全部信息了吗？

______ 5．为了形成一系列全面的创造性备选解决方案，群体采用有效的集思广益的技巧了吗？

______ 6．群体将每个备选解决方案与全部解决方案标准进行公平、全面的比较了吗？

______ 7．在选择满足标准的备选解决方案方面，群体遵循其决策原则了吗？

______ 8．群体实现成员同意支持的决策了吗？

图 11—2　群体有效性评价表

144

参与者姓名________________________________

对下面列举的特征，按照1～5的等级范围对参与者进行评价：

1=出色，2=优秀，3=一般，4=尚可，5=很差。

会议行为

______1．有准备和远见卓识。

______2．提供想法和意见。

______3．积极倾听他人的想法。

______4．礼貌地阐述不同意见。

______5．完成两次会议之间分派的任务。

履行任务相关角色

______1．充当发起者。

______2．充当信息（意见）的给予者。

______3．充当信息（意见）的寻求者。

______4．充当分析者。

______5．充当导向者。

履行维护角色

______1．充当守门人。

______2．充当鼓励者。

______3．充当和谐的协调者。

避免自我中心角色

______1．避免充当攻击者。

______2．避免充当爱开玩笑的人。

______3．避免充当撤出者。

______4．避免充当阻挠者。

定性分析

根据上面的定量分析，写出2～5个自然段的有关个人参与的分析。一定要给出个人行为的具体事例来支持你的结论。

图 11—3　参与和角色行为评价表

145 有一名正式的群体领导者吗？有______没有______

如果有的话，写出这个人的名字：______________________________

谁是这个群体的非正式领导者呢？

a．______________________________

b．______________________________

c．______________________________

在帮助群体实现目标方面，哪一个领导者最具有影响力？

____

使用1～5的等级范围，就下列问题，对这位领导者做出评价：
1=几乎总是，2=经常，3=有时，4=很少，5=从不。

______1．说明群体的义务及其目标。

______2．积极倾听他人的想法和意见。

______3．使他或她的行为适应群体的直接需要。

______4．避免讲出过分强硬的意见。

______5．通过构建问题和想法，管理群体的意义。

______6．为全部会议做准备。

______7．使群体按照任务和时间安排行事。

______8．确保有效地解决冲突。

______9．有效地贯彻群体的决策原则。

______10．努力修复被损害的关系。

______11．会后走访成员，检查成员在任务方面的进展情况。

图 11—4　领导者行为评价表

总结

当人们在群体中进行互动时，他们承担了各种角色。角色是群体成员根据其他成员的预期而履行的一种特定行为模式。角色有 3 种类型：任务相关角色、维护角色和自我中心角色。成员根据他们的人格特征、他们担任的职位对他们的要求以及群体需要而其他成员不会承担的空缺职位的情况，选择适合他们的角色。一个对有效群体运转特别重要的角色，就是领导者角色。

领导力是影响成员实现目标的过程。领导力是通过包括特质、情境、职能和变革等在内的不同方面来观察的。群体也许拥有一名领导者，但是，在群体成员之间分享领导力则是更为普遍的。群体也许有正式领导者和非正式领导者。正式领导者既有群体外某个实体赋予的正式权威，又有群体成员自己赋予的正式权威。非正式领导者在一个两阶段过程中涌现出来。个人希望在某个群体中成为非正式领导者，就应该为群体会议做准备、主动参与讨论、积极倾听他人的意见、避免发号施令或讲出过分强硬的意见、通过构建来为其他参与者管理意义。

使用本书提供的各种评价表，你可以对决策的质量、做笔记的质量以及领导者的素质做出评价。

Tour opens
STORY
Passes Bill
Less of Pump
ALL-
Kidnap

第四部分

演讲

学习目标

1. 讨论如何识别话题。

2. 理解如何分析受众。

3. 理解如何分析讲话背景。

4. 讨论话题选择。

5. 识别和写出讲话的具体目标。

6. 提出定位和评价信息来源以及主要研究的策略。

7. 识别和选择相关的信息。

8. 解释如何记录信息。

第12章

发展话题和进行研究

147 当你能够向受众表达你的想法时，你就有资格发表讲话了。

你在人群面前发表讲话时有怎样的感受呢？作为毕业要求的一个组成部分，你也许选修这门课程，而且，发表讲话的想法可能是无法抗拒的。另一方面，你也许对发表讲话感到信心满满，胸有成竹。无论在哪一种情况下，发展演讲技能都是至关重要的。为什么？因为当你能够向受众表达你的想法时，你就有资格发表讲话了。在公共论坛上，有效的讲话者可以以各种能够改善他们的生活及其周围人生活的方式，来激励和影响他人的思想。在工作中，有效的演讲技能对晋级升迁起着至关重要的作用。从提出口头报告和建议，到回答各种问题或培训其他工作人员，管理层和专业工作人员都在各种涉及或利用演讲技能的活动中耗去了大量的时间。

幸运的是，演讲技能并不是与生俱来的，它是习得的技能。因此，在接下来的章节中，我们将解释如何通过精心的准备来提升你的演讲水平。在第12～15章中，我们将学习能够使你快速而成功地准备演讲的5个步骤。这5个步骤是：(1) 确定一个适合受众和场合的具体讲话目标；(2) 收集和评价用于讲话的素材；(3) 以一种最适合受众和讲话目标的方式来组织和发掘素材；(4) 让讲话素材适应特定受众的需求；(5) 练习发表讲话。在最后两章里，我们将超越上述基本的步骤，对如何发展和组织解说性演讲和劝说性演讲进行说明。

你怎么认为

在人群面前讲话使我很紧张。

强烈反对　强烈赞同

在现实生活中，人们因为在某个特定主题方面具有专业知识或与受众具有某种关系而被邀请讲话。然而，专业的演讲者在准备他们的讲话时仍会使用这5个步骤。

在本章中，我们解释如何完成第一个和第二个行动步骤：(1) 识别满足你的受众和场合需求的具体讲话目标，（2）收集和评价用于讲话的素材。

148 行动步骤1：确定适应受众和场合的具体讲话目标

要为你的讲话准备一个适当的具体目标，你必须首先确定你有兴趣谈论的各种话题，分析你的受众的背景，然后选择你的话题。

学习目标1　识别话题

你了解什么？什么是你非常感兴趣，并且你已经在该领域获得一些专业知识的学科呢？我们的讲话话题应该来自我们已经具有一定知识和兴趣的主题领域。那么，主题和话题有什么区别呢？**主题**（Subject）是一个广泛的知识领域，如电影、认知心理学，计算机技术或中东地区。**话题**（Topic）是一个主题的某个具体方面。话题是主题的浓缩和集中，为讲话者阐述主要想法以及在讲话期间全面解释、支持或捍卫主要想法提供了可能。因此，如果你拥有广泛知识的领域是电影，那么，你就会认为你有资格就其各种话题发表讲话，如奥斯卡奖提名过程如何运作，电影制片人、导演和发行人之间的关系以及技术正在如何改变电影生产。

罗列主题

你可以通过简单地罗列对你至关重要的主题领域和你了解的主题领域，来识别潜在的主题。这些领域也许包括你的职业或正式研究的领域（专业，未来的职业或目前的工作），你的爱好或休闲活动以及特殊兴趣（社会、经济、教育或政治等）。因此，如果零售业是你实际的或未来的职业，滑板是你最喜欢的运动，文盲、物质滥用以及移民是你特别关注的问题，那么，这些都是主题领域，你可以从中为你的讲话选择话题。

这一点很容易让人想到：“我为什么不干脆谈论一个受众想听的主题呢？”但是，事实上，当讲话者利用他们的专业知识和见解在某个主题上启迪受众时，所有的主题领域都可以引起受众的兴趣。

图12—1是辛辛那提大学两个班级的学生罗列的主题的事例，他们是按照（1）专业或职业兴趣，（2）业余爱好或活动，（3）问题或关注罗列的。

> ➢**主题**
> 一个广泛的知识领域。
> ➢**话题**
> 一个主题的某个具体方面。

行动步骤1a：为话题集思广益 149

1. 将一张纸分成3栏。在第一栏中，注明你的专业或职业，如“艺术史”；在第二栏中，注明业余爱好或活动，如“国际象棋”；在第三栏中，注明关注或问题，如“水污染”。

2. 每次做一个主题栏，快速进行集思广益，至少要在每个主题栏列出15个相关话题。

3. 在每栏你最喜欢讲述的3个话题旁边，标注检查记号。

4. 将这些话题用于未来为某个指定讲话选择话题。

专业或职业兴趣	业余爱好或活动	问题或关注
传播学	足球	犯罪
音乐节目主持人	举重	政府道德规范
营销学	音乐	环境
公共关系	旅游	媒体对社会的影响
小学教学	摄影	审查制度
销售	山地自行车	同性婚姻
报道	徒步旅行	税收
饭店管理	排球	总统政治制度
物理学	网球	无性繁殖
时装设计	查询你的族谱	全球变暖
法律	背包徒步旅行	虐待儿童
人力资源	骑马	公路暴力
计算机编程	帆船运动	文盲
护士	游泳	吸烟的影响
医生	魔术	妇女的权益
政治学	赌博	流产

图 12—1　学生主题表

为话题想法集思广益

因为话题是一个主题的某个具体方面，所以，你可以从一个主题中找出许多话题来。一种找无数话题的快速方法，是通过集思广益来实现的。集思广益是一种对有关想法不加批评、不做评价的汇集过程。例如，在关于网球运动的主题上，一个打网球的人也许能够通过集思广益列举出一个包括发球种类、网前打法、球场类型、网球选手的评价制度、器材改善等内容的表格。一旦你拥有各种话题想法的表格，你就能够为这门课程或其他场合准备有关这个主题的讲话。

学习目标 2　分析受众

> **➢集思广益**
> 一种对有关想法不加批评、不做评价的汇集过程。
> **➢受众分析**
> 你的讲话所针对的受众的研究。
> **➢受众适应**
> 为使你的信息适合具体的讲话受众而发展某种策略的主动过程。

因为讲话是针对一个特定的受众群体的，所以，在你能够最终对话题做出决定之前，你需要了解谁是你的预期受众。**受众分析**（Audience Analysis）是对你的讲话所针对的受众的研究。这个信息有助于你从话题表中选择出一个适合大多数受众成员的话题。此外，你还可以在受众适应方面使用受众分析。**受众适应**（Audience Adaptation）是使你的信息适合具体的讲话受众的过程。

识别受众分析的信息需求

受众分析首先要收集信息，这些信息为你了解受众成员与你自己的相同和不同之处提供了可能。你希望收集有助于你了解基本受众特征或人口统计信息的数据。表 12—1 给出了一个问题表，你可以用来获得必要的人口统计信息。

表 12—1　　人口统计学上的受众分析问题

年龄	受众的平均年龄和年龄范围是多少？
教育水平	受众具有高中、大学或研究生教育水平的比例各是多少？
性别	受众的男女比例是多少？
职业	受众是来自单一（或主要的）职业或行业，还是来自多种职业或行业？
社会经济背景	受众中高收入、中等收入或低收入家庭的比例各是多少？
种族划分	如果有的话，受众群体的主流文化是什么？其他具有代表性的非主流文化是什么？
宗教	受众具有代表性的宗教是什么？
社区	受众是来自相同的国家、州、城市，还是来自不同的国家、州、城市呢？
语言	受众常用的口语是什么？某个主要少数民族所共同使用的其他第一语言是什么？

你同样希望收集与主题有关的受众数据，包括：在你的主题领域内知识渊博的受众成员的数量，他们对主题的初始兴趣水平，他们对主题的态度以及他们对你作为一名讲话者的态度。一旦你确定了受众对你的主题已有的了解程度，你就可以删减可能令他们厌烦的熟悉话题，并选择一个用新信息和新见解提出的话题。当你了解受众成员对你的主题所具有的兴趣水平时，你可以选择一个建立在兴趣基础之上的话题，抑或，你将需要调整你的素材，这样，素材可以唤起他们的兴趣。当你希望影响他们的信仰或使他们采取行动时，理解受众对你的主题的态度尤为重要。因为任何一个具有说服力的讲话都可能存在某种限制，了解受众对你的主题的态度，能够使你在不疏远他们的情况下，选择一个影响受众立场的话题。

150

收集受众数据

你可以使用 4 种主要方法收集受众分析所需要的信息。

1. 进行调查

虽然进行调查并不总是切实可行的方法，但是，收集受众数据最直接和最准确的方法还是要对受众进行调查。**调查**（Survey）是指通过专门设计的调查表，从人们那里收集信息。有些调查是通过访谈来实施的，而其他一些调查则由受众成员完成各种书面表格的填写。调查问题或项目包括：二选一的题目（受访者在两个答案之间进行选择）、多种答案题目（受访者在几个答案之间进行选择）、评价性题目（受访者在一个答案的不同强度水平之间进行选择）、开放性题目（受访者以他们认为适当的方式作答）。图 12—2 给出了各种问题类型的事例。

2. 非正式观察

如果受众成员是我们熟悉的人，如同学或同事，那么，我们仅仅通过观察他们，就可以对他们有更多的了解。举例来说，在上过几次课后，我们可以确定班级成员大概的平均年龄、男女比例以及总体文化构成。当我们倾听同学交谈时，我们就会对他们感兴趣和具有一定相关知识的某些问题有一定了解。

> **➢调查**
> 指通过专门设计的调查表从人们那里收集信息。

二选一的问题

你是

______男性？

______女性？

多种答案问题

你完成的最高教育程度是什么？

______高中以下

______高中

______上过大学

______准学士学位

______学士学位

______硕士学位

______博士学位

______博士后

评价性题目

你对伊斯兰教了解多少？

←————————————————————→

不多　　一点　　一些　　非常多　　详细的知识

开放性题目

你对工会有怎样的看法？

图 12—2　调查问题实例

3. 询问代表

当我们应邀发表讲话时，我们可以向联系人询问受众信息。在你选择话题或努力准备适合的素材时，你尤其应该询问对你来说重要的数据。例如，如果你的主题是乙醇的话，那么，你就要了解受众成员是否对化学有基本的了解。

收集受众数据的方法

1. 进行调查。
2. 非正式观察。
3. 询问代表。
4. 做出有根据的推测。

4. 做出有根据的推测

如果你用任何其他方法都无法获得信息，那么，你可以根据间接数据做出推测，如住在某个社区的人们的总体构成情况，以及哪些人可能参与特定的事件或出席某个场合。

行动步骤 1b：分析你的受众

1. 确定受众特征（为了选择话题和适应你的受众，你需要人口统计和特定主题方面的信息）。
2. 选择一种收集受众信息的方法。
3. 收集数据。

151

学习目标 3　分析讲话背景

地点和场合构成讲话背景（Setting）。回答下列有关讲话背景的问题，应该可以指导你选择话题和筹划你的讲话的其他部分。

1. 讲话的特定预期是什么

每个讲话场合都被各种预期所包围。例如，在一次新教圣公会主日崇拜（Episcopalian Sunday Service）上，全体教徒希望牧师布道有一个宗教主题。同样，在一个全国性销售会议上，某个领域的销售代表希望得到有关新产品的信息。而对于课堂发言来说，一个主要的预期是你的发言要满足任务的要求。

2. 讲话适当的时间长度是多少

因为课堂发言的时间通常限制在相当短的时间内，所以，你要选择一个范围有限的话题，以便在简短的时间里完成讲话。例如，“环境破坏的两大原因”这一话题可以在 10 分钟内阐述完毕，但是，“人类影响环境的历史”这一话题却无法做到。讲话者讲述的时间多于或少于分配的时间，都可能会严重地干扰活动的计划，并失去主办人和受众的尊重。

3. 受众的规模有多大

虽然受众的规模也许对你选择的话题并不直接产生影响，但是，它却对你如何调整你的素材以及怎样进行讲话产生影响。例如，如果受众的规模比较小（最多 50 人左右），你可以不用麦克风，来回踱步就能够进行交谈，假如你选择这么做的话。对于受众规模较大的情况，你就要使用一只麦克风讲话，活动范围也比较有限。

4. 在哪里发表讲话

房间在大小、形状、照明以及座位排列等方面都存在着差异。有些房间的地面是平的，有些房间有阶梯或讲台，有些房间还有多层座位。空间影响着讲话。例如，在一个细长条的房间内，你也许需要比平常大的音量讲话，这样，声音才能被坐在后排的人们听见。房间的亮度和出现的阴影也许对你可以使用的视觉教具产生影响。所以，在你准备讲话时，你要了解和考虑房间的布局。有时，你可以要求换房间或重新安排房间，这样就可以使空间较好地满足你的需求了。

> **背景**
> 你发表讲话的场合和地点。

分析讲话背景

1. 讲话的特定预期是什么？
2. 讲话适当的时间长度是多少？
3. 受众的规模有多大？
4. 在哪里发表讲话？
5. 发表讲话必需的设备是什么？

5. 发表讲话必需的设备是什么

你在讲话过程中喜欢使用麦克风、讲台、活动挂图、投影仪或滑动投影仪和屏幕，还是喜欢使用笔记本电脑的连接装置呢？假如是这样的话，你就需要与主办人核实，以确保可以将设备提供给你。在有些情况下，无法提供设备将限制你的话题选择。然而，无论提供什么安排，经验丰富的讲话者都知道，有些设备可能会出现问题，所以，应该制定备选方案。例如，虽然以计算机为
152 媒介的视觉教具可以是非常有效的，但是，教具经常出现技术故障，干扰它们的使用，因此，许多讲话者都制作了重要的演示幻灯片，并携带着投影仪以防万一。

行动步骤 1c：了解讲话背景

与一个为你安排讲话的人进行交谈，并得到下列问题的答案。

1. 这个讲话的特定预期是什么？

____

2. 这个讲话适当的时间长度是多少？

____

3. 受众的规模有多大？

____

4. 在哪里发表这个讲话？

____

5. 发表这个讲话必需的设备是什么？

____

撰写一段文字，简要说明背景在哪些方面对你准备讲话是最重要的，为什么？

学习目标 4　选择话题

一旦你拥有了话题表，并收集到了有关受众和讲话背景的信息，你就可以准备选择一个适合的话题。你在话题表上罗列的一些话题对受众是太简单还是太困难？要把太简单或太困难的话题删掉。有些话题是否会令受众感到厌倦抑或你认为无法激起他们的兴趣？要把令受众感到厌倦和你认为无法激起他们兴趣的话题删掉。如何使受众的人口统计情况与每个话题相吻合呢？有话题不适合这个人口统计情况吗？要把不吻合和不适合的话题删掉。在这个过程结束时，你应该拥有几个适合受众的话题。

现在思考讲话背景。剩下的话题是否符合受众的预期？分配的时间是否不够用？或者，它们需要的设备在这个背景下能否提供给你？假如实际情况不理想的话，你就要删掉这些话题。

在思考受众和背景之后，你应该从剩下的话题中，选择你认为最愿意与受众分享的话题，作为你讲话的话题。

行动步骤 1d：选择话题

使用你对行动步骤 1a、1b 和 1c 的回答来完成这个步骤。

1. 在下列画线处，写出你在行动步骤 1a 中检查的各个话题：

__________　__________　__________

__________　__________　__________

__________　__________　__________

2. 使用你在行动步骤 1b 中编辑的受众分析的信息，将每个话题与你的受众信息进行比较。在那些看上去不太合适的话题上画线。

3. 使用你在行动步骤 1c 中编辑的背景分析信息，将剩余话题与背景要求进行比较。在那些看上去似乎不太适合的话题上画线。

4. 从剩下的话题中，选择一个你找到的最愿意提出的话题，将那个话题圈出来。

学习目标 5　写出讲话目标

在确立讲话话题后，现在，你要为确立你的讲话的总体目标做准备，并写出一个目标表述，详细说明你希望受众从你的讲话中获得什么。

确立你的总体目标

一个讲话的**总体目标**（General Goal）表明，如果讲话成功的话，讲话者希望获得的受众反应的类型，如果讲话成功的话。讲话可以划分为娱乐性、解说性或劝说性的讲话。如果讲话是有效的，那么，受众就会感到愉悦、受到启迪或深信不疑。虽然任何讲话也许都有各种目标类型的要素，但是，整体而言，这些要素中只有一种要素才是讲话者的主要目标。例如，科南·奥布莱恩（Conan O'Brien）[①] 的开场独白的总体目标是要娱乐受众，即使它可能包括有争议的时事性素材，而素材则以一种明显支持一方的方式提出。同样，一名政治家慷慨激昂的竞选演说，有着劝说受众投票支持候选人的总体目标，即使它包括向受众解说有关问题的素材，并可能使用幽默来贬低竞选对手的政治纲领。

在本书中，我们侧重于研究具有解说和劝说目标的演讲，这些都是你最有可能在学术、专业和社区背景下被请求发表演讲的类型。

153
用语言表达具体目标

具体目标（Specific Goal）是指你讲话的具体目的，是一个你希望从受众那里获得明确反应的表述，作为倾听这个讲话的一个结果。解说性讲话的具体目标表述，通常具体说明你希望受众学习、了解还是欣赏该话题。“我希望听众了解评价钻石的 4 个主要标准”，是一个解说性讲话的目标表述。劝说性讲话的具体目标表述是，具体说明你是否希望受众接受你所提出的信念：“我希望受众相信太空军事化是错误的，”或者，以某种方式采取行动：“我希望受众向美国联合慈善总会捐款。”图 12—3 给出了解说性演讲和劝说性演讲目标的具体表述事例。

为了创建一个精心构思语言的具体目标表述，我们应该遵循下面这一指导方针。

第一，用一个完整的句子写出你的讲话目标草稿，具体说明你希望从受众那里获得的反应类型。

朱莉娅一直关注文盲主题，而且，她也是一个对文盲主题颇有研究的人，她草拟了下面这一总体目标表述：“我希望告诉受众有关文盲的影响。”朱莉娅的草稿是一个完整的句子，而且，这个句子具体说明了她希望从受众那里获得的反应：了解文盲的影响。她的措词告诉我们，她正在计划发表一个解说性演讲。

第二，修改草稿表述，直至它准确描述出你希望得到的受众的特定反应。

草稿中的“我希望受众了解文盲”，是一个很好的开端，但是，它是一个过于笼统的表述。

> ➤**总体讲话目标**
> 你的讲话意图。
> ➤**具体目标**
> 讲话者希望从受众那里获得明确反应的一个表述。

---

① 科南·奥布莱恩（1963—　），著名电视节目主持人、喜剧演员、编剧、制片人和表演者，生于美国马萨诸塞州布鲁克林，毕业于哈佛大学。1993—2009 年主持名为《科南·奥布莱恩深夜秀》（*Late Night with Conan O'Brien*）的午夜谈话节目，随后主持了 7 个月的名为《科南·奥布莱恩今夜秀》（*Late Night with Conan O'Brien*）的午夜谈话节目。自 2010 年 12 月开始在美国有线电视台 TBS 台主持名为《科南》（*Conan*）的午夜谈话节目。——译者注

	解说性目标	
	增进了解	我希望受众了解推理小说的 3 种基本形式。
	增长知识	我希望受众学会在没有火柴的情况下如何生火。
	提高欣赏水平	我希望受众欣赏蜘蛛网图案的错综复杂。
	劝说性目标	
	强化信仰	我希望受众保持体育运动不使用违禁药物的信仰。
	改变信仰	我希望受众相信运动型多功能车对环境造成的破坏。
	激励行动	我希望受众加入国际特赦组织[①]。

图 12—3　解说性演讲和劝说性演讲目标

到底什么才是朱莉娅希望受众了解的有关文盲的内容呢？她缩小了这个表述的范围："我希望受众了解文盲的 3 种影响。"这个修改的表述要比第一个草稿具体，但是，它仍然没有清晰地反映她的意图，所以，她做了进一步的修改："我希望受众了解在工作中文盲的 3 种影响。"现在，目标不仅被朱莉娅用具体影响途径的数字加以限制，也被她用具体的情境加以限制。如果朱莉娅希望说服受众的话，那么，她的具体目标也许被写成："我希望受众相信，文盲是一个重大的问题。"

第三，确保目标表述只包括一个重要想法。

假设朱莉娅写出下列具体目标表述："我希望受众理解文盲和科学盲的性质，"这个表述需要进行修改，因为它包含了两个截然不同的概念：了解文盲的性质和了解科学盲的性质。虽然上述问题可能是相关的，因为这两个问题都使人们难以在社会中行使职责，但是，造成文盲和科学盲的根源是不同的。因此，讲话者很难在一次讲话中充分解决这两个问题。所以，朱莉娅需要认识到这句话确实包括两个话题想法，而且，她需要在二者之间做出选择。如果你的目标表述包括词语"and"（同、和、与、及）的话，那么，你也许就需要缩小你的关注点。

行动步骤 1e：写出具体目标 154

讲话的类型？

1. 用一个完整的句子具体说明你希望从受众那里获得的反应类型，写出总体讲话目标的草稿。

2. 这个句子准确描述出你希望从受众那里获得的某种反应了吗？将这个句子修改得更加准确。

3. 审视具体目标表述。如果这个表述包含了一个以上的想法的话，选择一个想法，并改写你的具体目标表述。

4. 检验这个不定式短语。这个不定式短语准确地表达了理想的受众反应吗？如果没有，就要对这个不定式短语进行修改。

写出你的具体目标的最终措辞。

行动步骤 2：收集和评价用于讲话的素材

为了选择和使用支持你的讲话的最有效信息，你必须能够确定和评价适当的信息来源，识别和选择与你的讲话最相关的信息，从多种文化视角汲取信息，然后，以某种有助于你准备和提出讲话的方式记录信息。

① 又译大赦国际。该组织成立于 1961 年 5 月 28 日，总部设在英国伦敦南安普敦大街 10 号。其宗旨是"动员公众舆论，促进国际机构保障《人权宣言》中提出的言论和宗教自由；致力于为释放由于信仰而被监禁的人们，以及为他们的家庭发放救济等方面的工作"。——译者注

学习目标 6　确定和评价信息来源

你怎样才能迅速地找到与具体讲话目标有关的最佳信息呢？这要依具体情况而定。讲话者的第一步工作通常是评价他们自己的知识、经验和个人观察。接下来，他们需要继续运用间接资源（许多间接资源可在图书馆里得到）以及用电子手段搜索相关的图书、文章、通用参考文献和网站。有时，当其他资源没有所需要的信息时，讲话者还需要通过对人们进行调查、阅读原始文件、对专家进行访谈或做实验来进行研究。

个人知识、经验和观察

如果你已经选择讲述某个比较了解的话题，你需要收集你可以在讲话中用作事例的资料和个人经验的素材。举例来说，音乐家具备音乐和乐器方面的特殊才能，企业家对自己的创业过程十分了解，海洋生物学家具有海洋储备方面的专业知识。因此，一位熟练的攀岩者埃兰能够从她自己的知识和经验出发，为她的讲话提供有关“绕绳下降下山”的素材。

“当其他资源没有所需要的信息时，讲话者还需要通过对人们进行调查、阅读原始文件、对专家进行访谈或做实验来进行研究。”

对于许多话题而言，你从经验获得的知识能够通过仔细的观察加以补充。举例来说，如果你计划谈论法院如何处理小额索赔案，或者教堂怎样帮助无家可归的人找到住处并参加就业培训，那么，你就可以通过去法庭旁听小额索赔审判或参观一所教堂的扩大服务项目中心，更多地了解这些内容。通过关注具体的行为和记录你的观察，你将拥有你能够用于讲话的详细资料。

间接研究

间接研究（Secondary Research）是确定有关你的话题的信息的过程，这些信息是由其他人发现的。图书馆藏有各种间接研究的信息，大多数图书馆都以电子数据库的形式存储馆藏信息。用户可以在图书馆电脑终端或通过互联网检索这些信息。如果你不知道如何访问你所在学校图书馆的在线资源的话，那么，你可以给图书馆服务台打电话。如果你使用图书馆搜索工具有困难，你可以参加图书馆提供的短期培训班，你还可以请求图书馆员帮助你。间接资料来源有下列类型。

图书

如果你的话题已经出现至少 6 个月的话，那么，人们很可能已经撰写了有关这一话题的图书。为了找到这些图书，你可以在网络图书馆的图书 155
目录中进行关键词搜索。

文章

文章也许会比图书包含更多有关你的话题的更新和更专业的信息。文章刊登在**期刊**（Periodicals）上，期刊是定期出版的杂志和定期刊物。今天，大多数图书馆都提供期刊文章检索电子数据库。你要向图书馆员询问，了解你所在的学院或大学的图书馆订阅了什么电子数据库。

> **➢间接研究**
> 确定有关你的话题的信息的过程，这些信息是由其他人发现的。
> **➢期刊**
> 定期出版的杂志和刊物。

报纸

报纸文章是优秀的资料来源，提供有关当代和历史问题的事实和阐述。3 种电子报纸检索是最有用的检索，如果你可以得到的话，它们是：(1)《全国性报纸检索》(*National Newspaper Index*)，它可检索 5 种主要报纸：《纽约时报》(*New York Times*)、《华尔街日报》(*Wall Street Journal*)、《基督教科学箴言报》(*Christian Science Monitor*)、《华盛顿邮报》(*Washington Post*) 和《洛杉矶时报》(*Los Angeles Times*)；(2)《新闻库》(*Newsbank*)，它不仅提供了新闻库检索，还提供了 450 多份美国和加拿大报纸的文章正文；(3)《在线资源大学版数据库的全国性报纸检索》(InfoTrac College Edition's National Newspaper Index)。

统计资料来源

统计资料来源提供了众多主题的数字信息。当你需要有关人口统计、大陆、各州要员、气候方面或类似主题的数据时，你可以翻阅记录这类数据的许多单卷本的统计资料。在这类资源中，最受欢迎的两个统计资料来源，一是《美国统计摘要》(*Statistical Abstract of the United States*)（目前已提供在线服务），它提供了数字信息和美国生活方方面面的文献资料；二是《世界年鉴》(*World Almanac and Book of Facts*)。

传记文献

当你需要记述某个人的生平事迹——从简短的传略到相对完整的论文——时，你可以查阅众多可供使用的传记文献中的一部。除了查询未经删节的图书和百科全书条目外，你还可以查询像《美国名人录》(*Who's Who in America*) 和《世界名人录》(*International Who's Who*) 之类的图书。你所在的图书馆也可能藏有《当代黑人传记》(*Contemporary Black Biography*)、《西班牙裔美国人辞典》(*Dictionary of Hispanic Biography*)、《土著美国妇女》(*Native American Women*)、《美国妇女名人录》(*Who's Who of American Women*)、《美国亚裔名人录》(*Who's Who among Asian Americans*)，等等。

引用语书籍

优秀的引用语特别具有煽动性和解说性，你也许很多次都想引用某个受人尊敬的人的话语。

政府文件

如果你的话题涉及公共政策，那么，政府文件可以为你提供有用的信息。

基于互联网的资源

除了印刷资源（有些印刷资源可以在线访问）外，我们还拥有存在于网络空间的电子刊物（不提供印刷形式）、托管网站、新闻组（电子公告 156
板）、个人网页和博客，其中也许有你可以用于讲话的信息。

直接研究

直接研究 (Primary Research) 是你实施你自己的研究，用以获取讲话信息的过程。直接研究应该是在满足你信息需求方面最后的手段，因为它比起间接研究来要付出更多的劳动，耗费更多的时间，而且，在专业领域里，直接研究费用也比较高。如果你在对间接资料来源进行详细搜索之后，无法找到你所需要的信息的话，那么，你也许就要考虑通过下列某种直接研究方法来得到信息。

> **➤直接研究**
> 你实施你自己的研究，以获取讲话信息的过程。

调查

你可以使用问卷调查，直接从一群人那里收集信息。

访谈

你可以针对你的话题找到某个公认的专家，他们对你的话题领域有着精深和独到的见解。就你的话题征求他（她）的意见。

查找成果和原始文件

如果你需要的信息还没有出版，那么，这些信息可能存在于某个从前未出版的资料来源（从年代久远的手稿到公司文件等）中，也可能有一个你可以观察获得所需信息的对象。

实验

你可以设计一种研究，用以检验你持有的假设。然后，在分析的基础上，你可以在讲话中汇报实验结果。

评价资料来源

信息资源在它们提供信息的准确性、可靠性和有效性方面各不相同。因此，你在讲话中使用某个资料来源的信息之前，要对它进行评价。你可以通过使用的 3 个评价标准是权威性、客观性和流通性。

权威性

检验信息资源的第一个标准是其作者的专长以及出版和/或主办组织的声誉。当你列出某个作者时，你可以通过传记文献来核实这个作者的贡献，如果这个作者有一个罗列其专业资格的主页的话，你也可以查看。使用电子期刊检索或美国国会图书馆（Library of Congress）[1]，查看该作者在这个领域还出版过什么其他作品［参见《使用网络资源》(*Using Cyber Resources*)］。

在互联网上，你可以找到匿名的信息或背景不明的人提供的信息。在这些情况中，你对信息的信任度取决于对主办组织资格的评价。在互联网上，以“. gov”［governmental（政府的）］、“. edu”［educational（教育的）］、“. org”结尾的网站，都是具有机构出版人性质的非商业网站。资源定位器统一用“. com”表示，该网站的主办者是一家以赢利为目的的机构。如果你不知道是否可以信任资料来源的话，那么，你就不要使用这类信息。

客观性

所有的作者都持有自己的观点，你要对过度曲解的信息采取谨慎的态度。你应该仔细查看一些企业、政府或公共利益集团发起创作的文档，看它们有无明显的偏好或良好的“公共关系”的外表。为了评价文章和图书中潜在的偏好，你要阅读前言或找出论题陈述，这些内容经常揭示作者的观点。当你评价你不太熟悉的网站时，你要寻找网站的宗旨。大多数网站主页都包含一个宗旨或任务的声明，能够帮助你了解网站创建的原因。掌握了这类信息，你就处于一个比较有利的位置上，可以辨别信息可能包含的偏好。记住，在某种程度上，所有的网站都可以被看成“商业信息广告”，所以，人们总是把注意力集中在谁和为什么创建这类信息上。

流通性

通常，新近出现的信息要比陈旧的信息更准确一些。因此，当你评价资料来源时，你一定要把你可以找到的最新信息考虑进去。使用网站资料来源的一个理由，是网站提供的资料来源要比印刷资料来源新得多。然而，并不因为某个资料来源是在网上找到的，就意味着这个信息就是及时的信息。为了确定信息的新旧程度，你需要查明图书是何时出版的、文章是何时撰写的、研究是何时进行的以及文章是何时放在网上或被修改的。如果信息没有列出日期，你就没有办法判断信息的新旧程度。

① 美国全部出版的图书包括自行出版的图书在内，都必须在美国国会图书馆版权办公室（Library of Congress Copyright Office）登记注册。——译者注

157

行动步骤 2a：确定和评价信息来源

本活动的目的，是要帮助你为你的讲话搜集一系列潜在的资料来源。

1. 识别当前你愿意弥补的知识差距。

2. 识别你能够观察的一个人、一件事或一个过程，用以扩展你个人的知识基础。

3. 集思广益，搜集一系列与你讲话目标有关的关键词。

4. 用纸制或电子图书馆卡片目录、期刊检索（包括在线资源大学版数据库）以及本章讨论的通用参考文献，找到并列出为你的讲话提供信息的具体资源。

5. 使用搜索引擎，识别可以成为你的讲话信息来源的互联网主办网站和个人网站。

6. 为了得到讲话的其他信息，识别你的采访对象。

7. 浏览你已经识别的资源，确定最实用的资源。

8. 评价每个资源，确定你对信息的信任程度。

学习目标 7　识别和选择相关信息

你在资料来源中可以找到的信息有：事实性表述、专家意见和详尽说明。

事实性表述

事实性表述（Factual Statements）是可以被验证的表述。“一项最近的研究证实，学龄前儿童一周平均看 28 个小时的电视”和“约翰·古登堡（Johannes Gutenberg）[①]在 15 世纪发明了活字印刷术”，都是可以被验证的事实性表述。检验信息是否是事实性表述的一种方法，是将它与来自相同主题的其他资料来源的素材进行对照。除非你对资料来源进行了仔细的验证，否则，千万不要使用任何没有被认真证实过的信息。事实性表述可以是统计数据和事例。

> **➤事实性表述**
> 可以被验证的表述。
> **➤统计数据**
> 数字事实。

1. 统计数据

统计数据（Statistics）是数字事实。“每 10 名当地市民只有 5 人在最后一次选举中投票”或者“2006 年 1 月的生活费上涨了 0.6 个百分点”，都可以为某个观点提供使人印象深刻的支持，但是，当统计数据在讲话中使用不当时，它们就会使人感到厌烦，在某些场合，统计数据完全就是欺骗。所以，你应该：

只使用你能够检验其信度的统计数据。要从最可信的资料来源选取统计数据，并使用其他资料来源反复核对令人吃惊的统计数据，防止使用错误的统计数据。

只使用近期的统计数据，这样，你的受众才不会被误导。

要有比较地使用统计数据。一个数据不会披露太多，但是，当这个数据与另一个数据进行比较时，它可以显示增长、下降、收益、损失，等等。

有节制地使用统计数据。少量相关的数字远比一连串的统计数据有效。

① 约翰·古登堡（1400—1468），印刷工匠，被西方认为是现代活字印刷术的发明者，生于德国美因茨。下文中提到的《古登堡圣经》（*Gutenberg Bibles*）是他排印的杰作 42 行《圣经》的通称。——译者注

事实一点通

——约翰·古登堡和印刷机

1450 年，约翰·古登堡在欧洲推出了第一款可移动型印刷机。随后，大约在 1454 年，他首先印制了著名的《古登堡圣经》。约翰·古登堡的印刷机成为文艺复兴时期使传播发生彻底革命的一个发明事例。截至 2007 年，人们已知现存的 48 部《古登堡圣经》就会被认为是一个统计数据。

2. 事例

说明或解释一般事实性表述的具体实例是**事例**（Examples）。事例很有用，因为它们提供了具体细节，使得一般性表述对受众更有意义。像下面这一两个简短的事例经常足以帮助做出有意义的概括："公司增强实力的一种方法是收购另一家公司的产权。最近，凯马特集团公司（K-Mart）买下了西尔斯公司（Sears）的产权，从而成为一家更大的公司，具有更多的产品和渠道，""专业台球选手每天都要训练很长的时间。詹尼弗·李在她没有参加比赛时，每天都要训练 10 个小时之久。"

专家意见

专家意见（Expert Opinions）是由特定主题领域的权威人士做出的解释和判断。有时，专家
158 意见有助于解释他们的意图，但有时，他们会从某个特殊的视角来夸大事实。"年幼的孩子一周看 28 个小时的电视实在是太多了，但对于成人却没有问题"以及"活字印刷术的发明是大众传播发端时期的重要事件"，都是意见。这些意见是否为专家意见，取决于谁做出这些表述。**专家**（Expert）是掌握了某个特定主题、通常长期从事研究的人，而且，专家被其他人看作该领域知识渊博的和值得信赖的权威人士。

详尽说明

事实性信息和专家意见能够通过趣闻和叙述、比较和对比或引用语和意见加以详尽说明。

趣闻和叙述

趣闻（Anecdotes）是简短的、引人入胜的故事；**叙述**（Narratives）是说明、个人经历、传闻或流传久远的故事。在讲话中掌控受众的兴致十分重要，而且，受众的注意力很可能被某个故事所吸引，所以，趣闻和叙述值得去寻找、创作和采用。采用故事的关键，是要确保故事的寓意直接表达或强化你的讲话论点。优秀的故事和叙述可以是幽默的、伤感的、悬疑的，也可以是戏剧性的。

比较和对比

一个赋予新的想法或事实以意义的最佳方式，是通过比较和对比来实现的。**比较**（Comparisons）通过说明相似性来阐述论点，而**对比**（Contrasts）则突出差异性。比较和对比可以采取文字形式，如比较和对比不同国家或不同时代的谋杀率，也可以采取数字形式，如：

- 总之，没有健康保险的生活，就像糖尿病不加以控制或驾车不系安全带一样危险。（比较）
- 如果你今天早餐吃的是熏肉和鸡蛋的话，那么，我认为，这顿饭就说明了差异性。从鸡的方面而言，鸡蛋表现了"参加"。在猪的方面讲，熏肉则代表了"全面参与"。（对比）

引用语

有时，你找到的信息很好地被阐述出来，这样，你就可以直接引用到你的讲话中去。因为受众对倾听你的想法和论据感兴趣，

> **➢事例**
> 说明或解释一般事实性表述的具体实例。
> **➢专家意见**
> 由特定主题领域的权威人士做出的解释和判断。
> **➢专家**
> 掌握了某个特定主题、通常长期从事研究的人。
> **➢趣闻**
> 简短的、引人入胜的故事。
> **➢叙述**
> 说明、个人经历、传闻或流传久远的故事。
> **➢比较**
> 通过说明相似性来阐述论点。
> **➢对比**
> 突出差异性。

所以，你应该避免使用过于冗长或过多的引用语。但是，当你发现某个作者或专家表达某个想法尤为出色，你希望直接引用时，那么，你要在口头上对这个人表示鸣谢。在没有鸣谢引用语资料来源的情况下，使用任何引用语或极其相似的解释就是剽窃行为。**剽窃行为**（Plagiarism）是把某个作者已出版的作品描述成你自己的作品的不道德行为。

从多元文化视角获取信息

如何认识事实以及持有怎样的意见，常常受到一个人的文化背景制约。因此，通过寻找具有不同文化取向的资料来源，以及对不同文化背景的专家进行访谈，以从多元文化视角获得信息是非常重要的。例如，当卡丽正在准备有关小学能力测验的讲话时，她有目的地寻找著名西班牙裔、亚裔、非裔和欧裔美国作家撰写的文章。此外，她还对两所当地学校的负责人——一位来自市区，另一位来自郊区——进行了访谈。因为她有意识地致力于形成多元化的信息来源，所以，卡丽对她的演讲能够比较准确地反映有关能力测验的各方争论感到很有信心。 159

学习目标 8 记录信息

当你找到你希望在讲话中使用的事实、意见和详尽说明时，你需要准确地记录信息，并仔细地说明你的资料来源，这样，这些事实、观点和详尽说明才能够被适当地引用。

准备记录卡片

应该如何记录你计划使用的信息呢？尽管在一张纸（或对资料业源进行拍照）上记录来自某个资料来源的全部素材看上去似乎比较容易，但是，用做卡片的方式单独记录每条信息，在挑选和排列素材时就会更容易。因此，在记录卡片上记录信息是比较聪明的做法，这样就会使你在准备讲话过程中容易查找、排列和重新排列每条信息。

> **➢剽窃行为**
> 把某个作者已出版的作品描述成你自己的作品的不道德行为。

记录卡片应该被用来记录你所找到的每个事实性表述、专家意见或详尽说明。为了制作记录卡片，首先，要识别一个概括这条信息主要想法的关键词或分类标题，并识别这个信息所属的子类别。其次，在这张卡片上，要记录具体事实、意见或详尽说明的表述，任何从资料来源被直接引用的信息条目的内容，都应该用引号括起来。最后，为了完成你的资料来源表上的文献引文，你要在这张卡片上记录你所需要的信息。

你记录的文献引文的准确性，取决于信息来源的类型和你正在使用的格式表［现代语言协会（MLA①）、美国心理协会（APA②）等格式］。一般情况下，对于图书来说，你要记录作者名、书名、出版地与出版人、出版日期以及采集信息的页码。对于期刊或报纸而言，你要记录作者名（如果给出的话）、文章名、出版物名称、卷号和期号、日期以及采集信息的页码。对于在线资料来源，你的记录要包括网站地址的统一资源安排器、你在哪个标题下发现的信息以及你访问网站的日期。一定要充分记录资料来源的信息，这样，在你需要时，你就能够重新安排素材。图 12—4 给

① Modern Language Association 的缩略。——译者注
② American Psychological Association 的缩略。——译者注

出了一张记录卡片实例。

你所需要的资料来源和记录卡片的数量，在一定程度上取决于你发表的讲话类型和你拥有的专业知识。对于叙述或个人经历而言，即使你不是唯一的资料来源，也是主要的资料来源。然而，对于解说性报告和劝说性演讲来说，演讲者通常从多种资料来源得到素材。而对于一个有关禽流感的 5 分钟讲话，你计划在讲话中谈论病因、症状和传染方法，你就需要在每个标题下使用 2 张或 2 张以上的记录卡片。此外，这些记录卡片应该来自多个不同的资料来源。选择和使用来自几个资料来源的信息，为你形成一个话题的最初方法提供了可能，确保了一个广泛研究的基础，从而使你更有可能揭示与你的话题有关的各种不同意见，并减少你剽窃他人想法的可能性。

行动步骤 2b：准备记录卡片、记录事实、看法和详尽说明 *160*

这个步骤的目的是要审视你在行动步骤 2a 中确定的资料来源素材，并记录你希望用于讲话的具体信息条目。

1. 仔细阅读你已经确定和评价作为讲话适当资料来源的全部文字和电子资料来源（包括网站资料）。审视你全部访谈和观察的记录和录音带。

2. 在你阅读某个你认为可能对讲话有益的信息条目（事实、意见、事例、图表、统计数据、趣闻、叙述、比喻或对比、引用语、定义或描述）的时候，你要把该信息条目记录在一张记录卡片上，或记录在网站提供的、适当的在线记录卡片格式上。如果你正在使用一篇最初出现在期刊上，而你是在线阅读到的文章，那么，你就要使用期刊记录卡片格式。

行动步骤 2c：引用资料来源

在每张记录卡片背面，写出一个你能够用于讲话的短语，作为你这张卡片资料的口头资料来源引用。

标题：禽流感
关键词：死亡率
从 2003 年到 2006 年 8 月，在世界范围内，139 例临床病人已被确诊死于禽流感。
Google 搜索：Bird Flu（禽流感）
"Cumulative Number of Confirmed Human of Avian Influenza A/（H5N1）Reported to WHO，August 14，2006." World Health Organization.
http：//www. who. int/csr/disease/avian _ influenza/country/cases _ table _ 2006 _ 08 _ 14/en/index. html
2006 年 8 月 14 日美国东部时间下午 7 点 21 分访问。

图 12—4　记录卡片实例

讲话引用的资料来源

在你讲话的过程中，如果你使用借鉴的想法而不是你的想法进行任何传播，你需要感谢某些想法和表述的资料来源。明确提到你的资料来源，不仅能帮助受众评价资料来源的内容，也会增加你的可信度。此外，引用资料来源还将为你的研究深度提供具体的证据。而没有引用资料来源，尤其当你提出的信息意味着要证实某个有争议的论点时，则是不道德的做法。

在书面报告中，对取自其他资料来源的想法，要在脚注中致谢；在讲话中，这些注释必须包括在你对素材的口头表述之中。尽管你不希望用很长的书目来搞乱你的讲话，但是，你还是一定要提到最重要的信息的资料来源。图 12—5 给出了几个适当的资料来源引用的事例。

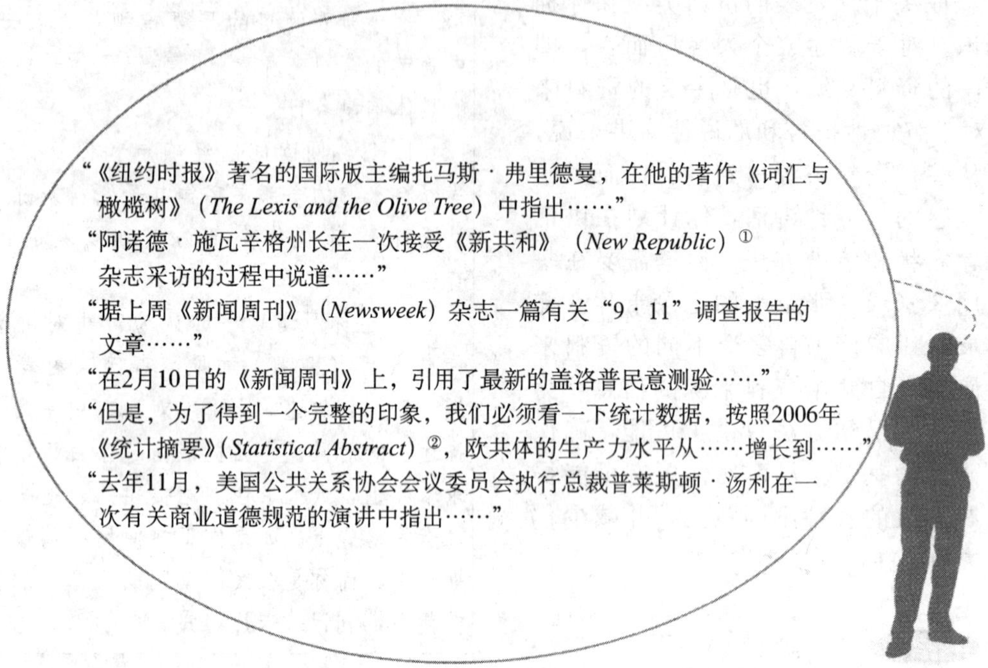

图 12—5　适当的讲话资料来源引用

① 美国杂志，创刊于 1914 年。该杂志以政治与艺术为主题。最早是周刊，现在为半月刊，发行量约为 50 000 份——译者注。

② 《美国统计摘要》是美国商务部人口统计局出版的。自 1878 年起每年出版。统计资料描述了美国的社会、经济状况。它也是其他统计刊物和资源的范本。——译者注

学习目标

1. 描述发展讲话主体的方法。

2. 解释如何创建导语。

3. 解释如何准备结论。

4. 剖析罗列资料来源的指导方针。

5. 提出审视讲话提纲的方法。

第13章

组织讲话

163 虽然每个讲话都应该有一个导语、一个主体和一个结论，但是，并非所有由这些成分构成的讲话都组织得很好。

你是不是经常听到浓缩了有趣信息并且以一种保持你的注意力方式发表的讲话？但是，当你思考讲话的内容时，你发现难以阐述讲话者的主要想法，甚至讲话的总体目标。虽然每个讲话都应该有一个导语、一个主体和一个结论，但是，并非所有由这些成分构成的讲话都组织得很好。所以，我们聆听讲话并发现，即使我们当时一直欣赏讲话，讲话者的话语也并没有对我们产生持久的影响。精心构建的讲话产生影响。当我们结束聆听讲话时，我们必须记住的不仅是开场白的笑话或某个随意讲出的故事，还应思考讲话者提出的主要想法。在本章中，我们描述5个行动步骤的第3个步骤：组织和完善讲话素材，以满足特定受众的需求。当你遵循这些步骤的时候，你将会发现，你不仅能够保持受众兴趣，也可以帮助受众了解和记住你所说的内容。

你怎么认为

撰写一个讲话稿就像写作一篇论文一样。

强烈反对						强烈赞同
1	2	3	4	5	6	7

行动步骤3：组织和发展讲话素材，以满足特定受众的需求

➢组织

选择和安排主要想法与支持素材，使素材以某种比较容易被受众理解的方式在讲话中提出的过程。

组织（Organizing）是指在讲话中选择和构建想法的过程，受你的观众分析所支配。在组织过程中，你要（1）做出一个适合受众信息需求或劝说性倾向的论题表述；（2）选择和调整讲话的主要论点和支持素材，从而使它们适应你的受众；（3）选择一种组织模式，以适合 164
你浮现出来的想法；（4）创建过渡性表述，以连

接主要论点；（5）创建一个导语和结论，以开启和结束你的讲话；（6）准备一个正式的讲话提纲，这样，你就可以检查结构的合理性以及你的想法的逻辑流畅性。

学习目标 1　发展讲话的主体

一旦你对受众进行了分析，制定了一个讲话目标，收集了大量有关话题的信息，你就可以通过（1）确定主要论点；（2）撰写论文表述；（3）概括讲话主体；（4）选择和排列主要素材（事例、统计数据、图表、引用语等），详尽说明或支持主要论点；（5）准备部分过渡，来发展你的讲话主体。

确定主要论点

讲话的**主要论点**（Main Points）是你希望在讲话中提出的 2～5 个重要想法的完整句子表述。你要在讲话中限制主要论点的数量，这样，你的受众成员就可以清楚你的想法。而且，你也可以用适当数量的支持素材，来发展每一个想法。通常，一个具有相同目标的 5 分钟讲话和一个 25 分钟讲话的差别，并不是提出主要论点的数量不同，而是发展每个主要论点的程度不同。

用一些话题和目标来确定主要论点简单易行。为学院排球一队打球的艾琳，并不需要对如何扣杀排球做大量的研究。如果她要对一群排球运动员发表讲话，她很容易将扣杀排球的动作分为 3 个步骤：一个正确的方法、一个强有力的挥臂动作、一个完美的扣球后续动作。

但是，对于一些话题和目标而言，确定主要论点却比较困难。例如，埃明想要就如何选择信用卡发表讲话。他的具体目标是："我希望受众了解选择信用卡的标准。"在他做研究的时候，他发现了许多涉及这个话题的有趣事实，但是，他在解决如何对这些想法进行分类的问题上遇到了麻烦。当你发现自己处于埃明的处境时，你需要做进一步的工作，以确定你想要提出的主要想法。

你如何进行呢？第一，要列出你所发现的与具体目标有关的想法。与埃明一样，你也许能够列出多达 9 个或更多的想法。第二，要删掉你的受众分析中表明的这些受众已经了解的想法。第三，要检查是否有一些想法可以合并在一个更为广泛的概念之下。第四，要删掉你查询的没有得到强有力支持的资料来源。第五，要删掉任何在你向受众解释的时间里，对于他们过于复杂的想法。最后，从剩下的想法中，选择 3～5 个对你的受众理解你的讲话目标最为重要的想法，如果你要完成你的具体讲话目标的话。

让我们来看一看埃明为了阐明选择信用卡的标准，是如何采取上述步骤来识别讲话的主要论点的。本来，埃明对于这个讲话可能的主要想法有一些考虑，但是，直到他完成大部分的研究、通过对他收集的素材进行分类以及他认为能够选择主要论点的时候，他才形成主要想法。首先，他列出了他找到的有关选择信用卡的研究素材中提出的想法（在这个事例里，他列出了 9 种想法）：

什么是信用卡
利率
信用等级
便利程度
贴现率
年费
机构信誉
老顾客奖励积分
折扣

> **➤主要论点**
> 在论题表述中使用的表达主要想法的完整句子。

165

> **行动步骤 3a：确定主要论点**
>
> 确定3～5个你将在讲话中提出的主要想法或主要论点：
>
> 1. 列出你找到的、与讲话的具体目标有关的全部想法。
>
> 2. 如果主要想法或主要论点多于5个，那么：
>
> a. 在你认为受众已经了解、没有支持信息或只是在允许的时间内看上去似乎过于复杂的各个想法上画线。
>
> b. 在一个较大的标题下，寻找、合并各种可分为一组的想法。
>
> 3. 从那些剩余的想法中选择2～5个想法，提炼你认为最适合受众的主要论点。

其次，埃明删掉了“什么是信用卡”的想法，因为他知道受众已经了解了这些信息。这样剩下了8个想法——对于他的第一次讲话实在是太多了。然后，埃明注意到，有几个想法看上去似乎是相关的想法。“贴现率”、“老顾客奖励积分”和“折扣”，都是信用卡公司提出的，促使人们选择它们的信用卡的各种诱因。所以，埃明在单一的“诱因”标题下将这3个想法分为一组。再次，埃明注意到，他已经揭示了相当多有关利率、信用等级、贴现率、年费、折扣以及老顾客奖励积分的信息，但是，他找到的有关便利程度或机构信誉的信息却很少，所以，他删去了这些想法。

最后，埃明根据他所面临的5分钟讲话的时间要求，思考剩下的6个想法。他决定删去“信用等级”，这是因为，虽然人们的信用等级会对他们有资格持有的信用卡的类型以及支付的利率产生影响，但是，埃明认为，他无法在短时间内充分解释这一想法。事实上，他认为，对受众做出信用等级的解释可能需要5分钟以上的时间，而且，这一点其实也像他所列出的其他想法一样基础。

这个过程为埃明留下了3个能够在讲话中发展的、有着广泛基础的论点：利率、年费和诱因。所以，如果你发现你想要谈论的话题包括各种形式、类型、分类的内容，那么，你就要遵循埃明的步骤，将你的主要论点减少到2～5个。

撰写论题表述

论题表述（Thesis Statement）是一个阐述具体讲话目标和主要论点的句子。因此，你的论题表述提供了一个蓝图，从中你将组织你的讲话主体。

现在，让我们思考你怎样做出这个论题表述。回想一下埃明确定的3个主要想法，他希望在有关选择信用卡的讲话中谈论这3个主要想法：利率、年费和诱因。根据他的具体目标和他所确定的主要论点，埃明能够写出论题表述：“为了选择最合适的信用卡，你应该使用的3个标准是实际利率水平、年费和广告诱因。”

概括讲话的主体

> **➢论题表述**
> 一个识别你的讲话目标和你要提出的主要想法的句子。
>
> **➢讲话提纲**
> 一个表达在讲话中所提出的想法之间层次和顺序关系的句子。

一旦你拥有了论题表述，你就可以开始概括你的讲话。**讲话提纲**（Speech Outline）是一个表达在讲话中所提出的想法之间层次和顺序关系的句子。你的提纲也许有3个信息层次水平：主要论点（用罗马数字表示）、支持主要论点的子论点（用大写字母表示）以及有时支持子论点的分子论点（用阿拉伯数字表示）。图13—1提供了讲话提纲体系的一般形式。

你希望以完整的句子撰写主要论点和子论点，用来澄清主要论点与子论点之间的关系。一旦你确定了各个主要论点及其相关的子论点，你就要选择一种适合你的论题的组织模式。你提出主要论点的顺序，将取决于你选择的组织模式。

166

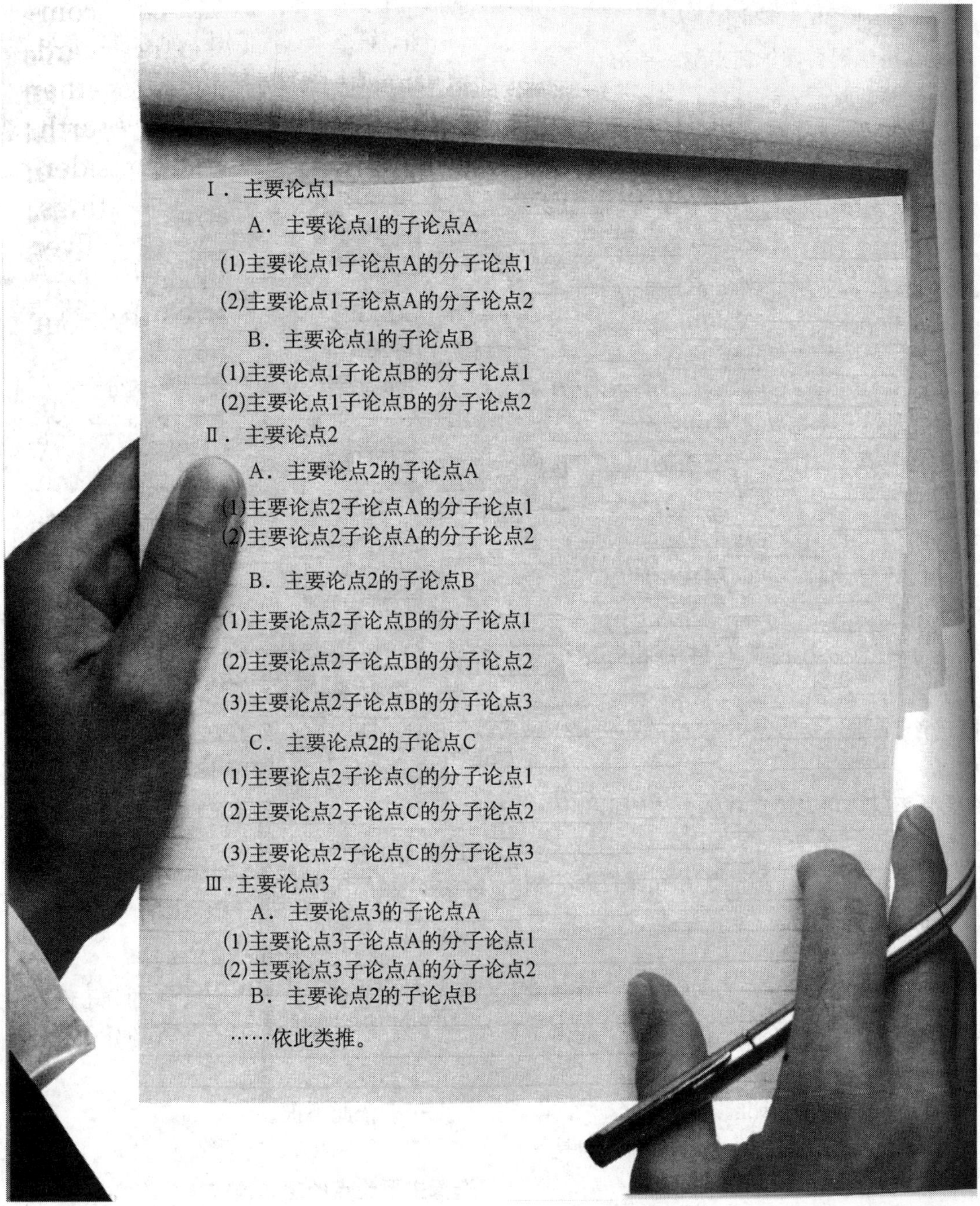

图 13—1　讲话提纲的一般形式

确定主要论点

回想一下，埃明确定利率、年费和引起注意的诱因是 3 个找到一张合适信用卡的主要标准，而且，他的论题表述是“为了找到最适合的信用卡，你应该使用 3 个标准是：实际利率水平、年费和广告诱因。”所以，埃明可能写出如下所示的讲话主要论点的草稿：

Ⅰ. 分析利率水平，是可以帮助你在你生活的地方找到一张合适信用卡的一个标准。

Ⅱ. 你可以用来在你生活的地方确保找到一张合适信用卡的另一个标准，是要对年费进行分析。

Ⅲ. 找到合适的信用卡也可以根据衡量广告诱因来定，这是你希望用来在你生活的地方找出一张合适信用卡的第三个标准。

> **行动步骤 3b：撰写论题表述**
>
> 使用你已经识别的具体目标和主要论点，形成一个措辞适当的论题表述。
>
> 1. 写出你在第 12 章用行动步骤 1e 发展的具体讲话目标。
>
> 2. 列出你在行动步骤 3a 中确定的主要论点。
>
> 3. 现在写出一个完整的句子，将你的具体目标与你的主要论点合并起来。

研究上述表述。它们看上去是不是似乎有点模糊不清？有时，一个主要论点的草稿表达充分，并不需要进行修改。然而，在更多的时候，我们发现，我们的第一次尝试没有完全捕捉到我们想要说的话。所以，我们需要改写表述，使它们更加清晰。在我们修改时，可以用两个问题来检验我们的主要论点。

（1）主要论点表述说明与讲话目标是相关的吗？

根据这个问题，埃明修改了他的主要论点，如下所示：

Ⅰ. 低利率是你可以用来在你生活的地方找到一张合适信用卡的一个标准。

Ⅱ. 你可以用来在你生活的地方确保找到一张合适信用卡的另一个标准，是要寻找一张免年费或年费非常低的信用卡。

Ⅲ. 找到一张信用卡也可以根据权衡广告诱因相对被增加的年费或利率的价值来定，这是你希望用来确保在你生活的地方找到一张合适信用卡的第三个标准。

> **➢平行的**
>
> 在一个以上的句子中遵循相同的结构模式、经常使用相同的介绍性词语进行措词。
>
> **➢时间顺序**
>
> 通过按年代排列的顺序或以某个过程的步骤来组织主要论点。

（2）主要论点在结构上是平行的吗？

当主要论点的措词遵循相同的结构模式、经常使用相同的介绍性词语时，主要论点相互就是**平行的**（parallel）。平行结构有助于受众通过回想措词的模式来认出主要论点。据此，埃明修改了主要论点，以使它们平行：

Ⅰ. 第一个选择信用卡的标准，是要选择一个利率相对较低的信用卡。

Ⅱ. 第二个选择信用卡的标准，是要选择一个没有年费或年费较低的信用卡。

Ⅲ. 第三个选择信用卡的标准，是要权衡广告诱因相对年费或利率的价值。

Ⅰ. 主要论点 1
A. 主要论点 1 的子论点 A
（1）主要论点 1 子论点 A 的分子论点 1
（2）主要论点 1 子论点 A 的分子论点 2
B. 主要论点 1 的子论点 B
（1）主要论点 1 子论点 B 的分子论点 1
（2）主要论点 1 子论点 B 的分子论点 2
Ⅱ. 主要论点 2
A. 主要论点 2 的子论点 A
（1）主要论点 2 子论点 A 的分子论点 1
（2）主要论点 2 子论点 A 的分子论点 2
B. 主要论点 2 的子论点 B
（1）主要论点 2 子论点 B 的分子论点 1
（2）主要论点 2 子论点 B 的分子论点 2
（3）主要论点 2 子论点 B 的分子论点 3
C. 主要论点 2 的子论点 C
（1）主要论点 2 子论点 C 的分子论点 1
（2）主要论点 2 子论点 C 的分子论点 2
（3）主要论点 2 子论点 C 的分子论点 3
Ⅲ. 主要论点 3
A. 主要论点 3 的子论点 A
（1）主要论点 3 子论点 A 的分子论点 1
（2）主要论点 3 子论点 A 的分子论点 2
B. 主要论点 2 的子论点 B 167
……依此类推。

选择主要论点的组织模式

讲话能够以多种不同的模式进行组织。你的目标是要找到或创建有助于受众充分了解讲话素材的结构。你选择的讲话模式将支配你提出主要论点的顺序。虽然讲话可以依据多种组织类型，但是，对于初学讲话的人而言，我们有 3 种基本的模式：时间顺序或连续顺序、话题顺序以及逻辑原因顺序。

1. 时间顺序或连续顺序

时间顺序或连续顺序（Time，or Sequential，

Order）是通过按年代排列的顺序或以某个过程的步骤来排列主要论点。因此，当你解释某件事的做法、某个物品的制作方法、某个事物的工作原理或某个事件的发生过程时，你就要使用时间顺序。艾琳关于如何扣杀排球的讲话，就是一个时间顺序的事例（正确的方法、强有力的挥臂动作以及完美的扣球后续动作）。正如下面事例说明的那样，受众记住主要论点的顺序与记住主要论点的想法一样重要。

论题表述：发展与个人交际有关的 4 个步骤，是要分析你目前的交际潜力、将你自己置身于有利环境的位置上、宣传你自己并做进一步的联系。

首先，分析你目前的交际潜力。

其次，将你自己置身于有利环境的位置上。

再次，宣传你自己。

最后，做进一步的联系。

尽管在采取时间顺序时，并不要求使用“首先”、“其次”等序词，但是，这些序词所包含的内容，还是承担了帮助受众成员理解这个顺序的重要性。

2. 话题顺序

话题顺序（Topic Order）是通过主题的类别或划分来排列讲话的主要论点。这是排列主要论点的一种常见方法，因为几乎所有的主题都能够以多种不同的方法进行细分或分类。话题的顺序可以按照从一般到具体，从不太重要到十分重要，或者采取某种其他逻辑顺序排列。

在下面的事例中，话题是按照讲话者认为最适合受众和讲话目标的顺序提出来的，最重要的论点在结论部分提出，而次重要的论点则要首先提出。

论题表述：3 种被公认为使我们的身体避免有害毒素的方法，是减少动物性食物的摄入、摄取纯天然的食物以及保持体内液体平衡。

第一种被公认为使我们的身体避免有害毒素的方法，是减少对动物性食物的摄入量。

第二种被公认为使我们的身体避免有害毒素的方法，是摄入比较多的纯天然食物。

第三种被公认为使我们的身体避免有害毒素的方法，是保持良好的体内液体平衡。

3. 逻辑原因顺序

逻辑原因顺序（Logical Reasons Order）是在主要论点为支持论题表述的根本原因或证据时使用。例如：

论题表述：向美国联合慈善总会捐款是比较适宜的，因为你的每一份捐款都适用于许多慈善机构，你可以规定你希望支持的具体的慈善机构，并保证大部分捐款转到这些机构。

Ⅰ. 当你向美国联合慈善总会捐款时，你的每一份捐款都适用于许多慈善机构。

Ⅱ. 当你向美国联合慈善总会捐款时，你可以规定你希望支持的具体的慈善机构。

Ⅲ. 当你向美国联合慈善总会捐款时，你知道大部分捐款将直接转到这些慈善机构。

行动步骤 3c：组织和概括你的讲话的主要论点 *168*

对你的主要论点进行措词和排序。

1. 撰写你的论题表述（行动步骤 3b）。

2. 在被确定为你的论题表述的 2～5 个主要论点下划线。

3. 为每个画线条目写出一个句子，总结你希望受众了解该想法的内容。

4. 按照类别，审视这些主要论点。

a. 明确说明每个主要论点表述与目标表述之间的关系了吗？如果没有明确说明的话，就要进行修改。

b. 主要论点在结构上平行吗？如果不平行的话，就要进行修改。

5. 为你的主要论点选择一个组织模式，并以这样的顺序进行撰写。将“Ⅰ.”放在你首先做出的主要论点之前，把“Ⅱ.”置于第二个论点之前，依此类推。

上述 3 种组织模式都是最基本的组织模式，我们将在第 16 章和 17 章向你介绍其他几种模式，那几种模式适合于解说性演讲和劝说性演讲。

> **➤话题顺序**
> 通过主题的类别或划分来组织讲话的主要论点。
> **➤逻辑原因顺序**
> 在主要论点提供支持论题表述的证据时使用。

选择和概括支持素材

虽然主要论点为你的讲话提供了基本结构或框架，但是，你的受众是否理解、相信或欣赏你所发表的讲话内容，通常都取决于支持素材——被用来发展主要论点的信息。你可以利用在你研究与主要论点相符的大量素材过程中准备的记录卡片，来识别支持素材。这个目标是要看一看你拥有的信息是否可以帮助你发展各个主要论点。当埃明做这项工作时，他发现，对于选择一张低利率信用卡的第一个论点，他拥有了下列支持素材：

- 大多数“零利率”的信用卡，在一个指定期限后都有平均 8 %的利率。
- 有些信用卡在第一年后带有高达 21%的利率。
- 有些信用卡在缴付利率费用之前，提供一个“宽限期”。
- 百货公司的利率通常高于银行的利率。
- 浮动利率是指利率每个月都发生变化。
- 固定利率是指利率固定不变。
- 许多公司提供长达 12 个月的“零利率”。
- 有些公司提供几个月的“零利率”。

行动步骤 3d：选择和概括支持素材

发展和概括你的支持素材。为你的各个主要论点完成下列步骤。

1. 列出主要论点。
2. 使用你的记录卡片，列出你在研究过程中揭示的、与主要论点有关的重要信息。
3. 通过删去看上去似乎是不相关的或不适合的信息来分析信息。
4. 寻找看上去似乎是有关的并可被归入一个更宽泛的标题下的信息。
5. 设法将信息进行分类，直至你拥有 2～5 个支持论点。
6. 用完整的句子写出支持子论点。
7. 用完整的句子写出支持子论点的分子论点。
8. 所有的主要论点都要重复上述过程。
9. 用罗马数字表示主要论点、用大写字母表示支持论点，用阿拉伯数字表示与支持论点有关的素材，撰写提纲。

> **➢过渡**
> 表示想法之间关系或连接想法的词语、短语或句子。

一旦你列出了各个支持的信息条目，你就要寻找它们之间的关系，这些关系为你在一个较为宽泛的标题下对想法进行分类，以及删掉不真正地属于这个标题的想法提供了可能。然后，选择最佳的支持主要论点的想法，并把它们发展为完整的句子。当埃明这样做时，他提出了两种表述，将他为支持第一个主要论点找到的信息归为一组。这两个表述就成了子论点。此外，他还拥有支持各个子论点的素材。于是，他为了涵括这个素材，扩大了他的提纲。

下面是埃明的提纲：

选择信用卡的第一个标准，是要选择一张利率较低的信用卡。

A. 利率是某家公司在支付日到期时，向你的信用卡按透支款收取费用的百分比。

1. 大多数信用卡都有平均 8%的利率。
2. 有些信用卡有平均高达 21%的利率。
3. 许多公司为一个具体时段提供了非常低的 *169*
利率（0%～3%）。

B. 利率可以是浮动利率，也可以是固定利率。

1. 浮动利率是指利率每个月都发生变化。
2. 固定利率是指利率固定不变。

这个提纲包括了讲话的支持论点。但是，它并没有包括全部论点的发展过程。举例来说，埃明可以使用个人经历、事例、图表、逸事、统计数据以及引用语，详细阐述某个主要论点或子论点。但是，这些都没有在提纲上详细地罗列出来。埃明随后将选择这些扩展性素材，因为他要考虑在语言和视觉上如何适应他的受众。我们将在下一章讨论这个内容。

准备部分过渡

一旦你概括出了主要论点、子论点和可能的支持素材，你就要考虑怎样才能从一个主要论点平稳地过渡到另一个主要论点。**过渡**（transitions）是表示两种想法之间的关系或连接两种想法的词语、短语或句子。过渡的作用就像导游，在整个讲话中，引领受众从一个论点到另一个论点。部分过渡是表示讲话主要部分之间关系或连接主要部分的完整句子。部分过渡可以总结刚才所讲的内容或预先展示下一个主要想法。例如，假设肯尼思刚刚结束有关桌子仿旧讲话的导语，现在准备进入主要论点。在阐述第一个主要论点之前，他也许会说：“桌子仿旧是一个过程，有 4

个步骤。现在，让我们思考第一个步骤。”当受众听到这个过渡时，他们收到讲话者发出的信号，在心里做好倾听和记忆第一个主要论点的准备。当他结束第一个主要论点时，他就会使用另一个部分过渡发出信号，他结束了第一个步骤的讲述，并继续转入第二个步骤的讨论：“既然我们看到第一个步骤涉及清理桌子的内容，那么，我们可以继续转入第二个步骤。”

你也许会认为：“这听上去有点重复，或俨然一副施惠于人的态度。”但是，部分过渡却有两个重要的作用。首先，部分过渡有助于受众跟上讲话的节奏。如果每个受众成员都能够以全部的注意力倾听每一句话的话，那么，部分过渡或许就是多余的。然而，随着人们注意力在讲话过程中的高低变化，他们经常吃惊地发现他们自己正在开小差。部分过渡给我们一种心灵震动并表示：“该注意啦。”

其次，部分过渡在帮助我们记忆信息方面也十分重要。我们可以很好地记住我们曾经听到的某次讲话，但是，如果我们不止一次听到某件事情，我们对它的记忆水平就可能显著提高。优秀的过渡在写作上是十分重要的，而它们在讲话中更为重要。如果听众如坠云雾或认为没有听到什么，他们就无法像写作过程那样，回过头来进行核对。

在讲话中，如果我们预先给出主要论点，然后再分别阐述，并在每个论点之间使用过渡，那么，受众就会更有可能遵循并记住这种讲话的组织模式。

在你的讲话提纲中，部分过渡要在讲话的连接处写在圆括号里面。

行动步骤 3e：准备部分过渡

在每个主要论点前后，准备作为附加性表述出现的部分过渡。使用完整的句子：

1. 写出一个从你的第一个主要论点到第二个主要论点的过渡。

2. 写出一个从你剩下的每个主要论点到它后面的主要论点的过渡。

3. 将上述过渡性表述添加到你的提纲中。

过渡使你的受众跟随着你前进。

事实一点通

——实用的界标

在 19 世纪，美国拓荒者沿着俄勒冈道路（Oregon Trail）[①] 前往太平洋西北部，他们将诸如现在位于内布拉斯加州西部的奇姆特岩（Chimney Rock）等地用作界标，以确保他们行进在正确的道路上。同样，讲话的部分过渡也可以有助于受众跟上讲话，并在他们迷失方向时，把他们拖回来。 170

学习目标 2　创建导语

既然你已经确定了讲话的主体，那么，你就可以决定如何开始你的讲话。因为导语构建了你与受众的关系，所以，你就要发展两三个不同的导语，然后，选择一个看上去似乎最适合这些特定受众的导语。虽然你的导语也许非常简短，但是，它还是应该引起受众的注意，并激发受众倾听你要讲述的全部内容。导语一般约占整个讲话长度的 10%，所以，对于一个 5 分钟讲话（约 750 词[②]）而言，一个 60～85 字的导语是比较适宜的。对于初次讲话的人来说，一个常见的问题是耗费大量的时间来讲述导语，这将导致他们发表讲话的时间过长。

① 又译俄勒冈小径等。指旧时自密西西比河由东向西北延伸至俄勒冈州哥伦比亚河的一条通道，长约 2 000 英里。当年拓荒者多循此路。——译者注

② 指英文原文的字词数，下同。——译者注

导语的目标

导语既要吸引受众的注意力，又要引入论题，此外，有效的导语还要开始构建讲话者的可信度、规定讲话的语气以及在讲话者和受众之间创建一种具有亲和力的纽带。

吸引注意力

受众的身体到场，并不保证他们实际上会听你讲话。因此，你的首要目标是要创建一个吸引受众注意力的开场白，引起受众的好奇心，并激发他们继续听下去。在本章下一个部分里，我们将讨论 6 种吸引注意力的技巧，你不仅可以用这些技巧来吸引受众，还能够在你必须说的内容方面激发他们的兴趣。

阐述论题

因为受众希望知道讲话打算讲些什么内容，所以，阐述你的论题至关重要，论题将把受众引入你的讲话的主要论点。对于米格尔有关浪漫爱情的讲话来说，在引起受众注意之后，他引入了论题："在接下来的 5 分钟里，我愿意向你们说明，浪漫爱情是由 3 个基本要素构成的：激情、亲密和义务。"在导语中，阐述主要论点是必要的，除非你有某种特殊理由，不将论题的细节讲述出来。举例来说，在引起受众注意之后，米格尔也许会说："在接下来的 5 分钟里，我愿意就浪漫爱情的 3 个方面进行说明。"一个说明主要论点数量的表述，却为紧接着在主要论点之前详细阐述过渡性表述留有余地。现在，让我们为你的导语思考其他 3 个目标。

构建你的可信度

如果没有人在你讲话之前正式介绍你的话，那么，受众成员就会想知道你是谁，以及他们为什么应该关注你讲述的内容。所以，导语的另一个目标是建立你的可信度。举例来说，受众质疑米格尔讲述有关浪漫爱情话题的资格是很自然的事情。在米格尔吸引注意力的表述之后，他也许会说："我是上学期对这个话题产生兴趣的，当时，我参加了一个有关浪漫爱情各学科间的研讨会，现在我正在从事一个有关在各种关系中的义务的独立研究项目。"

规定语气

介绍性话语同样可以反映与话题相适应的情感语气。一个幽默的开场白将发出一种令人愉快的语气信号。一个严肃的开场白则发出一种比较具有思想性或认真的语气信号。举例来说。某位讲话者首先讲述了一个令人发笑的下流故事，使受众处于愉快、漫不经心的状态。如果这位讲话者随即说道："现在，让我们转入流产（或核战争，或种族屠杀）的主题。"受众就会被最初发出的一个完全不同的主题信号导语搞得迷惑不解。

创建一种亲和力的纽带

在你最初的三言两语中，你就可以创建受众对你的最初印象。如果你是一位热情、真诚和友好的人，并形成一种你谈论的话题是受众最感兴趣的内容的认识，那么，这将使他们更愉快地花时间倾听你的讲话。 171

> **行动步骤 3f：写出讲话导语**
>
> 为你如何开始你的讲话创建各种选择。
>
> 1. 就你较早概括的讲话主体，使用令人瞠目的表述、反问、人格化引入、引用语、报道或悬念，写出 3 种不同的导语，你这些导语要满足有效导语的目标要求，而且，这些导语会为你的讲话目标和受众设定一种适当的语气。
> 2. 在你设计的 3 种导语中，你认为哪一个最好？为什么？
> 3. 接下来，计划如何引入你的论题表述。
> 4. 发展一个非常简短的表述，这个表述将构建你的可信度。
> 5. 在创建导语的过程中，思考你如何构建一种亲和力。
> 6. 用提纲的形式写出导语。

对于较长的讲话来说，你将有更多的时间完成导语的全部 5 个目标。但是，对于较短的讲话而言，像那些你可能在课堂上进行的发言，你将首先侧重于吸引注意力和阐述论题，然后，为了设法建立你的可信度、创建一种适当的语气以及形成亲和力，你将采用非常简短的评论。

吸引注意力的方法

在你开始讲话时，吸引受众的注意力的各种方法受到你的想象力的限制。在本部分，我们描述 6 种常见的方法，你可以用来获得和激发受众对你的话题的兴趣。这 6 种常见的方法是令人瞠目的表述、反问、人格化引入、引用语、报道和悬念。

令人瞠目的表述

令人瞠目的表述可以通过某种使听众感到震惊的方式，吸引他们的注意力。由于受众成员对讲述的话语感到震惊，因此，他们就会停下所做所想的事情，把注意力集中起来。下面的事例说明了令人瞠目的表述吸引注意力的效果。

> 到 2030 年——从现在起，在没有多少年（不到 25 年）的时间里——世界的能源需求将比上一年以近 150%的速度增长。这是一个惊人的统计数字，尤其是当你考虑到这个增长将来自一个子集——发展中国家——的时候。

仅就亚洲的发展中国家而言，在 2000 年到 2030 年期间，它们对能源的需求将以 150%的速度增长。（由于）更高的生活水平，这一对能源需求的增长，反映了在世界范围内的一个不断增长的需求。满足（需求）将需要大规模的投资、获取资源以及对技术发展的持续关注。

在不到 1 分钟的讲话时间里，这个 99 字的导语吸引了注意力，并引入了讲话。

反问

提出**反问**（Rhetorical Question）——寻求内心回答而不是有声回答的问题这是另一个对简短的讲话比较合适的开场白。注意一名学生是如何用 3 个简短的问题，开始关于伪钞的讲话的：

> 如果我把这张 20 美元的钞票给你，你会用这 20 美元做什么呢？带你的朋友看场电影？请你自己吃顿比萨饼并喝几杯饮料？好啦，如果你去做上述某件事，你就会遇到很大的麻烦——这张钞票是假钞！
>
> 今天，我希望说明美国假钞泛滥的程度以及我们的政府采取了哪些控制措施。

这个简短的开场白用不到 30 秒钟的时间阐述出来，吸引了注意力，并引入讲话。

人格化引入

对于受众成员来说，一个可以将话题人格化的表述，将迅速在个人自身利益方面将话题创建起来。除了吸引注意力外，人格化引入在使听众成为积极的参与者方面尤为有效。一个人格化引入的开场白，如下面这个事例所示，可以适合任何长度的讲话：

> 说一说，当你们今天早晨爬上 4 层楼梯到顶层时，你们感到气喘吁吁了吗？我敢打赌，你们中有一些人发誓永远也不再来这栋楼的顶层上课。但是，你们是否曾经停下来想过，这个问题大概不是在顶层上课的问题？它可能只是你们没有进行充分锻炼的问题。
>
> 今天，我想和你们谈的是，你们怎样才能建立一个适合你们并保持你们体型的锻炼计划，而这个计划一周只需花费 3 个小时，不用支付 1 分钱！

这个 112 字的开场白可以用不到 1 分钟的时间表达出来，不仅吸引了注意力，也以一种有助于激发听众关注这个话题的方式将话题人格化。

引用语

栩栩如生或发人深省的引用语，可以成为一则适合任何长度

> **➤反问**
> 寻求内心回答而不是有声回答的问题。

172

的讲话的导语，尤其是如果你能够使用你的想象力将引用语与你的话题联系起来的话。举例来说，在医学博士（M.D.）、美国退休人员协会（AARP）[①] 董事会成员托马斯·“拜伦”·泰晤士（Thomas“Byron”Thames）的导语中，他使用了一条引用语来吸引受众的注意力：

> W.C. 菲尔兹（W.C. Fields）[②] 喜欢说：“在一个人的一生中，他总有必须不畏艰险，勇敢面对的时候。”好啦，女士们，先生们，就今天我们失去控制的卫生保健成本而言，对于我们这些在我们的国家卫生保健体系有投资的人们来说，这个时候已经到来了，我们必须“不畏艰险，勇敢面对”。

一个精彩的引用语不仅可以吸引注意力，也能够激发受众仔细倾听讲话内容。

报道

报道是一个对已经发生的事件的说明。大多数人都喜欢讲述详细的报道。因此，如果你在研究过程中提到了某个有趣的报道，而报道又与你的讲话目标有关，那么，你就要考虑把它用作导语。

不幸的是，许多报道过于冗长，而且，需要很长时间才能讲述完，这种报道不适合你的讲话长度，所以，你只有使用删节的报道，才能适合你的讲话长度。注意下列报道是如何通过平衡利益相关者权益，来吸引注意力并引入讲话话题的。

> 一个走钢丝的杂技演员宣布，他打算穿越尼亚加拉大瀑布。而使人们都感到惊异的是，他果真成功地穿越了尼亚加拉大瀑布，人们为他喝彩。“有谁相信我能骑自行车穿越呢?”人们都说：“不要做，你会摔下去的!”但他骑上自行车，成功地穿越了尼亚加拉大瀑布。“有谁相信我能推着装满货物的独轮车穿越呢?”此时，人们看得太多了，他们相信自己的所见，他们齐声喊道：“我们相信！我们相信!”而他偏偏说道：“好……谁想成为第一个坐上独轮车的人呢?”
>
> 这就是许多投资者认可的公司运营方式，即采取平衡全体利益相关者权益理论是通往最大价值的正确路线。他们走的是一条从无神论者到信徒的道路——几乎是不顾一切地要坐上那辆独轮车。
>
> 我今天下午打算做的事情，是要和你们分享（有关）如何实践依斯特曼的理论，然后，我还要给你们讲一些结果。

悬念

导语的措词要使它描述的内容保持不确定性或神秘性，这样，导语就会使受众感到兴奋。当你开始用一种激发受众思考的方式讲话时，比如，“她要准备引出什么话题?”你已经创设了悬念。对于受众已经没有兴趣去听的话题，悬念式开场白尤其具有价值。思考下面的导语在吸引注意力方面的价值：

> 它每年耗费美国 1 160 亿美元。它造成的就业损失已经超过了任何一次经济衰退。它一年导致近 100 000 人死亡。我不是在谈论可卡因滥用——这个问题是酗酒问题。今天，我想向你们说明，我们如何通过戒酒来消除这种残忍的杀手。

注意，通过把“酗酒”问题放在结论部分，讲话者鼓励受众努力去预先考虑答案。因为受众完全可能想到“麻醉品”，而揭示的答案却是酗酒，这就可以产生更有悬念的效果。

① America Association of Retired Persons 的缩略。美国退休人员协会是美国一家旨在提高老年人生活质量的非营利组织，该组织由加州终身教育家和第一位高中女校长埃瑟尔·珀西·安德勒斯（Ethel Percy Andrus，1884—1967）博士创立于 1958 年。——译者注

② W.C. 菲尔兹（1880—1946），演员，生于美国宾夕法尼亚州费城。原名 William Claude Dukenfield。19 世纪 90 年代离家出走，成为轻歌舞剧演员和魔术师，遍游英国、澳大利亚及世界其他一些国家和地区。曾在佛罗伦斯·齐格飞（Florenz Ziegfeld Jr.，1869—1932）的活报剧中演出，但是，真正树立他的喜剧形象的还是默片，如《锯末萨利》（*Sally of the Sawdust*，1925）。他与众不同的嗓音，在后来出现的有声电影中得到充分发挥。——译者注

学习目标 3 准备结论

莎士比亚说过："结果好就一切都好"（All's well that ends well）。一个强有力的结论将总结主要想法，并为受众留下生动的印象。结论是讲话中相对简短的部分，很少超过整个讲话的 5%（对于一个 5 分钟的讲话来说，结论占 35～40 词）。重要的是，你的结论要经过精心策划。

正如你讲话的导语那样，你应该准备两三个 173
结论，然后，你可以选出一个你认为对受众最有效的结论。

主要论点的总结

任何有效的讲话结论都包括对一个主要论点的总结。在非常简短的讲话中，总结也许是唯一必要的结论。因此，对于一个关于如何提高你们的成绩的劝说性演讲，一个简短的、适当的结尾也许是："所以，我希望你们了解有助于你们提高成绩的 3 个技巧，是按时上课、对课程培养积极的态度、系统地进行学习。"同样，对于一个有关你为什么应该从事举重锻炼的劝说性演讲，结尾部分可能是："因此，请记住，你应该考虑从事举重锻炼的三大原因是改善你的外表、提高你的健康水平、以最小的努力来实现这两个目标。"

留下生动的印象

虽然总结实现了有效结论的第一个目标，但是，讲话者也许需要发展旨在实现第二个目标的其他素材：给受众留下一个生动的印象。生动的印象可以以不同的方式来创建，其目的是要给受众留下一个难忘的形象，起到对讲话情感的概括作用。下面描述了两种创建生动印象的方式。

故事

对于较长的解说性演讲或劝说性演讲而言，讲话者同样可以寻找能够进一步强化讲话讯息的故事或其他类型的素材。下面我们将为你提供这类故事的一个事例。在所罗门·D·特鲁希略（Solomon D. Trujillo）关于西班牙裔商业社区（Hispanic Business Community）共同责任的演讲中，他以一则故事戏剧性地表现了现在行动的重要性来结束讲话：

> 在结束讲话时，我给大家讲一个西班牙西南部地区的古老传说，名叫"四元素"（*The Four Elements*），是我的朋友鲁道夫·阿纳亚（Rudolfo Anaya）告诉我的，这个传说引起了我的注意。
>
> 起初，在这个地球上，有 4 种元素，与人类身体中的元素一样。在人类身体中和地球上，这些基本元素是水、火、风和荣誉。当创造的工作完成后，这 4 种元素决定分开，每种元素都要寻求自己的发展道路。水首先开口说道："如果你们以后还需要我的话，就到地下和大海里找我吧。"火随后说道："如果你们以后还需要我的话，就到钢铁和太阳的力量中找我吧。"风悄声说道："如果你们以后还需要我的话，我就在云朵中间的天空里。"生命的纽带荣誉说道："如果你们失去我，就不要再找我啦——你们找不到我。"
>
> 这对共同责任也是如此。一旦失去了共同责任，荣誉是无法替代的。……它正是要做的事情，……对商业来讲，它是正确无误的，它是我们相互依存的世界不可分割的组成部分。让我们现在行动起来，把西班牙裔

的问题带到美国议程的最前线吧。

> **行动步骤3g：创建讲话的结论**
>
> 为你如何结束讲话创建选择。
>
> 1. 为你较早概括的讲话主体，写出3种不同的结论：总结、故事、诉诸行动（或情感影响），审视你想要受众记住的重要论点，并给受众留下生动的比喻或一种情感诉诸。
> 2. 你认为哪一种结论最好？为什么？
> 3. 用提纲的形式写出这个结论。

诉诸行动

诉诸行动是一种结束劝说性演讲的普通方式。**诉诸**（Appeal）描述了你希望听众在听到你的论点后，力求实现的行为。比如，小卢埃林·H·罗克韦尔（Llewellyn H. Rockwell）用一种强烈呼吁，结束了他关于“伊拉克和民主帝国”的演讲：

> 首先，根据左翼人士和民主党人的观点，这个国家被认为是有同情心的国度，它在国内外为人们提供衣物、供给食物以及使人们恢复健康。但是，他们却未能发现，这种乐善好施的做法最终无法帮助人们，而是奴役它的受托人。其次，按照右翼人士和共和党人的看法，这个国家被认为是一个无所不能的智慧国度，它在国内外纠正错误，并把正义和信念带给所有的人们。他们完全没有注意到，这种智慧最终表现得更像是恺撒·奥古斯都（Caesar Augustus）[①] 及其继任者们。你们有独立的思想吗？那么，你们就要拒绝这两个虚假的选择。你们热爱自由吗？那么，你们就要拥抱和平。你们热爱和平吗？那么，你们就要拥抱私有财产。你们热爱和捍卫文明吗？那么，你们就要捍卫和保护我们自己，反对滥用一切权力，我们一定要继续大无畏地反对邪恶的行径。

就其性质而言，呼吁对于劝说性演讲，特别是讲话的目标是激励受众采取行动时，是最直接的手段。

174

学习目标4 列出资料来源

不管是什么类型的讲话，也不论讲话时间长短，你都要准备列出你打算用于讲话的资料来源。虽然你也许在这门课程和其他选修的课程中被要求为讲话提供资料来源表，但是，在真实背景下，这个资料来源表能够把受众成员直接指向你所使用信息的具体资料来源，而且，它还为你在以后迅速地找到信息提供了可能。

> **➤呼吁**
>
> 描述你希望听众在听到你的论点后，力求实现的行为。

两种组织资料来源表的标准方法是：（1）按作者的姓的字母顺序进行分类。（2）按内容类别的字母顺序进行分类，在每种分类中，要按作者的字母顺序列出信息条目。对于一个具有简短的资料来源表的讲话而言，第一种方法是有效的方法。而对于一个具有较长的资料来源表的长篇大论，以内容类别对资料来源进行分类，则是比较有效的。

我们有许多正式的书目文献格式（Bibliographic Style Formats），你可以在引用资料来源（如MLA格式[②]、APA格式[③]、Chicago格

---

① 恺撒·奥古斯都（公元前63—公元14年），罗马帝国创建者、罗马帝国第一任皇帝（公元前27—公元14年）。他是元老院议员和执政官盖修斯·屋大维（Gecius Octavius）之子，盖尤斯·尤利乌斯·恺撒（Gaius Julius Caesar，公元前101—公元前44年）的外甥。盖尤斯·尤利乌斯·恺撒被暗杀后，他中断学习返回意大利，凭借盖尤斯·尤利乌斯·恺撒留给他的财富和声誉组建军队。公元前31年，他打败马克·安东尼及克娄奥帕特拉，获得整个帝国的统治权。他的统治期是罗马帝国国内和平与复兴、国外有效治理和对外不断征服的时期。——译者注

② 现代语言协会格式（Modern Language Association Style，MLA Style），广泛用于人文科学领域。——译者注

③ 美国心理学会格式不仅用于心理学领域，也用于包括教育学在内的其他领域。——译者注

式[1]、CBE 格式[2]）的过程中使用这些书目文献格式。此外，“正确的”书目文献格式因专业或学科而不同。检查一下，看一看你的老师在课上喜欢采用哪一种书目文献格式。

然而，不管采取哪一种书目文献格式，你需要记录的具体信息，都根据资料来源是图书、期刊、报纸，还是互联网资源或网站而存在差异。全部书目文献格式的基本要素，都由作者、文章名、出版物名称、出版时间以及页码构成。图 13—2 给出了现代语言协会最常用于资料来源的书目文献格式。

行动步骤 3h 可以帮助你编辑讲话的资料来源表。图 13—3 给出了一个由这门课程的学生完成这项活动的事例。

行动步骤 3h：编辑一个讲话的资料来源表

记录你在讲话中使用的资料来源表。

1. 审视你的记录卡片，将你用于讲话的信息与不用的信息分开。

2. 通过复制记录卡片上记录的书目文献信息，列出被用作讲话信息的资料来源。

3. 对于简短的资料来源表，要按作者的姓的字母顺序组织你的资料来源表。一定要按照如图 13—3 所示的格式。如果你没有在记录卡片上记录某些书目文献信息，你就需要再去图书馆或访问数据库把它们找到。

学习目标 5　审视讲话提纲

既然你已经创建了提纲的各个部分，那么，你现在就可以用完整的提纲形式把各个部分组合起来，并对它们进行编辑，以确保提纲合理，用词得当。在你进入改编和排练之前，使用下列一览表，完成提纲的最后检查。

☑我使用一套标准化的符号表示结构了吗？

通常要用罗马数字表示主要论点，用大写字母表示主要细分部分，用阿拉伯数字表示次要细目，并用小写字母表示进一步细分部分。

☑我把主要论点和主要细分部分写成完整句子了吗？

完整的句子有助于你看到：（1）每个主要论
175 点是否真正发展了你的讲话目标，（2）措词是否构成了你的预期论点。如果你的重要想法没有完整地写出来，你就很难遵循下面的指导方针。

☑主要论点和主要细分部分包含一种想法了吗？

这个指导方针保证了讲话各部分的发展与论点有关。因此：

Ⅰ. 这个公园环境优美，而且好找。（The park is beautiful and easy to get to.）

不如将这个句子拆开，这样，两部分都是独立的句子：

Ⅰ. 这个公园环境优美。（The park is beautiful.）

Ⅱ. 这个公园好找。（The park is easy to get to.）

上面这个事例将截然不同的想法分开，这样，讲话者就能够信心十足地排列支持素材，受众将领会并理解支持素材与主要论点的关系。

☑每个主要细分部分与主要论点有关或支持主要论点吗？

这个原则被称为“从属原则”，确保你不会偏离主题，并把受众搞糊涂。例如：

Ⅰ. 适当的设备是比赛成功必需的条件。

A. 质量好的运动鞋是灵活性所必需的物品。

① 芝加哥—图拉比安格式（Chicago-Turabian Style）或芝加哥格式（Chicago Style），脚注和参考文献规范用于历史学领域，而关于作者日期格式，则用于政治学和地理学领域。——译者注

② 《生物科学》（*BioScience*）杂志采用的格式（CBE Biology），几乎用于所有的生物学领域。——译者注

图书

Shell，G. Richard. *Bargaining for Advantage*：*Negotiation Strategies for Reasonable People*. New York：Penguin Books，2006.

论文集 Jens Lautrup Norguard. "Intercultural Alternatives：Critical Perspectives on Intercultural Encounters in Theory and Practice." *Intercultural Ethics*. Eds. Maribel Blaseo and Jan Gustafsson. New York：Mc-Graw Hill，2004. 193—214.

杂志

Poniewozik，James. "How to Create a Heavenly Host." *Time* 21 June 2006：63.

学术期刊

Barge，J. Kevin. "Reflexibility and Managerial Practice." *Communication Monographs* 71：1 (Mar. 2004)：70—96.

报纸

Bergin，Kathy. "A New Orleans Revival Plan." *The Chicago Tribune* 31 May 2006：A3.

电子文章

Friedman，Thomas L. "Connect the Dots." *New York Times* 25 Sept. 2003. http：//www. nytimes. com/2003/09/25/opinion/25FRIED. html.

电子网站

Osterweil，Neil and Michael Smith. "Does Stress Cause Breast Cancer?" *WEB M. D. Health* 24 Sept. 2003. http：//my. webmd. com/contents/article/74/89170. htm? z=3734 _ 00000 _ 1000 _ ts _ 01.

观察

Schoenling Brewery. Spent an hour on the floor observing the use of various machines in the total process and employees' responsibilities at each stage. 22 April 2006.

采访

Mueller，Bruno. Personal interview with diamond cutter at Fegel's Jewelry. 19 March 2006.

图 13—2 讲话资料来源的现代语言协会引用格式事例

B. 加衬手套有助于保护双手。

C. 弹性好的球提供了足够的弹性。

D. 愉快的心态不易受到伤害。

注意，上述主要论点涉及设备；A、B 和 C（鞋、手套和球）是设备的各个组成部分，也都与主要论点有关，但是，D 心态却不是一种设备，不管怎样，它都应该出现在其他地方。

☑有细分部分的详尽说明吗？

回想一下，正是细分部分的详尽说明有助于构建讲话。因为你并不知道讨论这些详尽说明要花多长时间，所以，一个不错的主意是，你要准备的比你可能使用的详尽说明要多。在排练期间，你也许要以不同方式讨论各项详尽说明。

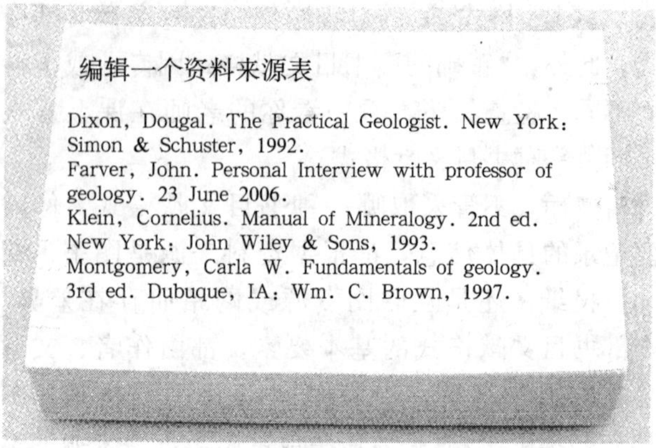

图 13—3 学生对行动步骤 3h 的回答

√提纲字数不到预计讲话总字数的三分之一吗？

提纲只是讲话的框架——并不是具有字母和数字的原稿。提纲应该足够短，允许你在练习期间体会发展提纲的不同方法，并使你在讲话过程中满足受众的需求。判断你的提纲长度是否合适的一种简便方法，是要估计你在实际讲话期间可能讲出的字数，并将这个字数与提纲的字数进行比较（只计算提纲的字数减去讲话目标、论题表述、标题和资料来源表的字数）。因为你需要的全部字数是一个近似数字，所以，为了计算你的提纲最精确的近似字数，首先，假设讲话速度为每分钟 160 词（大部分讲话者上学期在我的班上的讲话速度为每分钟 140～180 词）。因此，使用平均讲话速度为每分钟 160 词，一个 3～5 分钟的讲话，大约包含 480～800 词，提纲就应该为 160～300 词。一个 8～10 分钟的讲话大约包含 1 280 ～1 600词，提纲大约为 426 ～ 533 词。

最后一撇

既然我们已经思考了提纲的各个部分，那么，让我们把它们组合起来，最后看一下。在图 13—4 中，该提纲说明了在实际中的原则，提纲右侧的注释文字，与我们已经讨论过的提纲指导方针的各个部分有关。

176 **提纲**

具体目标：我愿意让受众了解找到一张合适的信用卡的主要标准。

导语

Ⅰ. 你们中间有多少人受到学生会以外的信用卡兜售者的纠缠呢?

Ⅱ. 今天，我想和你们一同分享 3 个标准，这 3 个标准是在你们对一张信用卡做出决定之前需要加以仔细考虑的。

论题表述：3 个能够使受众成员找到最合适的信用卡的标准，是实际利率水平、年费和广告诱因。

主体

Ⅰ. 第一个选择合适信用卡的标准，是要选择一张具有较低利率的信用卡。

A. 利率是某家公司在支付日到期时，向你的信用卡按透支款收取费用的百分比。

1. 大多数信用卡都有平均 8%的利率。
2. 有些信用卡有平均高达 21%的利率。
3. 许多公司提供多达 12 个月的“零”利率。
4. 其他公司提供几个月的“零”利率。

B. 利率可以是浮动利率，也可以是固定利率。

1. 浮动利率是指利率每个月都发生变化。
2. 固定利率是指利率固定不变。

(既然我们已经考虑了利率，让我们看一看下一个标准。)

Ⅱ. 第二个选择合适信用卡的标准，是要选择一张具有较低年费的信用卡。

A. 年费是银行向你提供信用贷款而收取的成本费用。

B. 费用存在很大的差异。

1. 有些信用卡告知不收取年费。
2. 大多数银行收取约 25 美元的年费。

(在你考虑了利率和年费后，你就能够衡量银行向你承诺的利益。)

Ⅲ. 第三个选择合适信用卡的标准，是要权衡广告诱因。

A. 诱因是你获得使用一张信用卡的额外标准。

1. 有些银行承诺折扣。
2. 有些银行承诺奖励老顾客积分。
3. 有些银行承诺“在种类繁多的项目上”打折。

B. 诱因在分量上没有超过其他标准。

结论

Ⅰ. 因此，找到一张适合你的信用卡，可实现你的梦想。

Ⅱ. 但唯一的条件是，要在剖析利率、年费和广告诱因的过程中小心权衡。

资料来源

Bankrate Monitor. 25 Sept. 2007. http：//www. Bankrate. com.

Haddad，Charles. “Congratulations，Grads-You're Bankrupt：Marketing Blitz Buries Kids in Plastic Debt.” *Business Week* 21 May 2001：48.

Hennefriend，Bill. “Credit Card Blues.” Office Pro Oct. 2004：17-20.

McGuire，William. “Protect Your Credit Card.” *Kiplinger's* Dec. 2004：88.

Rose，Sarah. “Prepping for College Credit,” *Money* Sept. 1998：156-7.

分析

在这页的上方，写出你的具体目标。对照目标，检验提纲中的内容是否相关。

标题导语作为一个单独的部分，要与这部分内容分开。导语试图（1）吸引注意力，（2）引入讲话的主体部分、规定语气以及构建可信度。

论题表述阐述了具体讲话目标提出的要素。在讲话中，论题表述起到了预报主要论点的作用。

标题主体作为一个单独的部分，要与这部分内容分开。在这个事例中，主要论点Ⅰ以主要论点的典型模式首先出现，它作为一个完整句子被阐述出来。

由 A 和 B 表示的两个细分部分，表明了这两个论点的分量相等。主要子论点 A 中的 1、2、3 以及子论点 B 中的 1 和 2 表示次要层面的细分部分，为理解子论点提供了必要的信息。

主要层面和次要层面的子论点的数量由讲话者决定。在下一层面前两个子论点之后，词语和短语可以被用作详尽说明的完整句子所取代。

这种过渡使听众想起了第一个主要论点，并预报第二个主要论点。

主要论点Ⅱ继续保持典型的模式，是一个完整的、有意义的表述，与主要论点Ⅰ的措词平行。此外，要注意每一个主要论点只考虑一种主要想法。

这种过渡总结了前两个标准，并预报了第三个标准。

主要论点Ⅲ继续保持典型的模式，是一个完整的、有意义的表述，与主要论点Ⅰ和主要论点Ⅱ的措词平行。

在整个提纲中，要注意主要论点和子论点都是事实性表述。讲话者在练习过程中增加了事例、经历和其他发展性素材。

结论作为一个单独的部分，要与这部分内容分开。结论的目的在于总结主要想法，并使讲话在高潮结束。

资料来源表应该作为讲话提纲的一部分。资料来源应该表明讲话的事实性素材的出处。资料来源表并不是所有可提供的资料来源的总和——只是直接或间接使用的资料来源。每一种资料来源都要以适当的形式表示。

图 13—4 完整讲话提纲实例

学 习 目 标

1. 讨论讲话信息对受众的适应。

2. 讨论视觉素材对受众的适应。

第14章

语言适应和视觉适应

179 适应的技能包括语言适应和视觉适应，要通过准备视觉教具帮助受众理解。

你怎么认为

根本没有办法使讲话更加吸引受众，无论他们有无兴趣。

强烈反对 强烈赞同

1 2 3 4 5 6 7

有效讲话是适应特定受众的讲话。回想一下我们在第12章中，把**受众适应**（Audience Adaptation）定义为使讲话适合特定受众的过程。我们解释了受众适应取决于受众分析，因此，行动步骤1b向你提出了准备受众分析的问题。你使用受众分析的结果，识别你的话题、决定具体目标以及选择主要论点。现在，你要学习在你发展讲话的过程中，如何使用你的受众分析。在本章中，我们将重点研究行动步骤4：使讲话素材适应特定受众的需求。在你思考提出什么特定的语言素材以及在视觉上如何表现素材时，你将使用你的受众知识。

> **受众适应**
> 使讲话适合特定受众的过程。

行动步骤4：使语言和视觉素材适应特定受众的需求

通过准备便于受众理解的视觉教具，适应技能不仅涉及语言适应，也包括视觉适应。

学习目标1 在语言上适应受众

在你选择讲话的支持素材时，你选择的素材应该表明这个讲话（1）与受众有关，（2）有助于受众理解信息，（3）在你与受众之间创建共同基础，（4）提高你的可信度以及你正在提出的素材的可信度，（5）适应受众的最初态度，（6）对受众在文化上的多样性保持敏感的态度。

相关性

当你致力于使讲话适应你的受众时，第一个挑战是要表明讲话的**相关性**（Relevance），这样，受众成员就会把讲话目标视作对他们至关重要的目标。当受众知道讲话对他们会产生个人影响（提出这样的问题："这与我有什么关系?"）时，他们就会关注讲话并对各种想法产生兴趣，而当他们认为讲话的
180 内容与他们无关时，他们就会对讲话感到厌烦。你可以利用具有及时性、接近性以及产生个人影响的支持素材，帮助受众认为讲话是有相关性的。

创建及时性信息

受众更有可能对他们认为具有**及时性**（timely）的信息产生兴趣——他们想知道怎样可以现在马上就使用这类信息。例如，在一个向大学生受众发表"评价钻石质量标准"的讲话中，下列导语将话题与一个对大多数成员来说具有及时性的问题联系起来，并因此引起他们的兴趣。

> 我们大多数人都一直梦想购买证明我们与我们所爱的人永结同心的特殊钻石。好啦，梦想成为现实的这一天正在向我们走来，因此，我想知道你们是否真的准备好要做出这么大的决定。不，我不打算谈论情感承诺。我要谈论一个钻石代表的金融投资。今天，我打算通过讲解评价钻石质量的标准，来帮助你们解决这个问题。

> **➤相关性**
> 使讲话信息适应受众，这样，受众成员就会把它视作对他们重要的信息。
> **➤及时性**
> 表明信息在现在或不远的将来如何有用。
> **➤接近性**
> 一种与个人空间有关的信息。

创建接近性信息

你的听众更有可能对具有接近性的信息发生兴趣。**接近性**（Proximity）是一种与受众个人"空间"有关的信息。在心理上，我们更关注影响我们"兴趣范围"的信息，而不是我们认为是毫无兴趣的信息。因此，当信息与你的受众及其家人、邻居以及他们的城市、州或国家有关时，他们更有可能关注信息。你大概听到过类似表述："让我向你们说明……把这个问题引入与家庭有关的方面吧"，接下来，讲话者通过使用一个当地的事例，提出他们的论点。当你在研究过程中审视收集到的支持素材时，你要寻找对你的受众来说具有接近性的统计数据和事例。例如，如果你发表一个有关美国环保署（EPA[①]）美国超级基金支持的清理场所的项目面临困难的讲话，那么，你就要找到和使用表明你所在地区的该项目面临困难的统计数据和其他素材。

表明个人影响

当你提出的某个话题信息可能对受众产生严重的身体、经济或心理影响时，他们就会对你要讲述的内容发生兴趣。例如，在你的老师说他下面讲述的是"肯定要考"的内容时，注意你的同学们是怎样打起精神的。你的老师清楚这种经济影响（不重视可能"要付出代价"）足以让大多数学生重新把注意力集中在他讲述的内容上。

在你准备讲话时，你要把各种对个人产生影响的想法结合起来。在一个有关有毒废弃物的讲话中，你可以通过提供有毒废弃物对你所在州的人们的健康产生影响的统计数据，来表明一种身体影响。你也可以通过引用最近一次有毒废弃物清理给纳税人造成的成本，来证明经济影响。或者，你通过找到并叙述一个家庭（这在人口统计学上与这个受众群体是类似的）因面对邻居长期随意丢弃有毒废弃物问题所产生的压力，来说明一种严重的心理影响。

① Environmental Protection Agency 的缩略。——译者注

信息理解

受众分析有助于你选择一个适合受众目前知识水平的话题，但是，你还需要提出易于他们理解的信息，这样，受众可以很容易地理解并记住讲话的内容。6 种能够帮助你的技巧是：（1）用基本信息来适应或重新唤起受众的记忆，（2）界定关键词语，（3）创建生动事例来说明新的概念，（4）人格化信息，（5）将不熟悉的想法与受众熟悉的想法加以比较，（6）使用多种发展的方法。

181

适应受众

当受众困惑不解或忘记基本信息时，他们就会对正在讲述的内容失去兴趣或无法理解。所以，你应该尽快回顾对理解讲话至关重要的基本想法。例如，如果你的讲话涉及美国军事介入伊拉克，那么，你有理由相信，受众都知道美国和英国是此次联合行动的参与者，但是，许多人可能不会记住其他参与的国家。所以，在介绍不同国家的作用之前，你要通过罗列派出军队的国家以及驻扎的地点来提醒你的受众。

不过，也许有些受众不需要提醒，所以，要避免表现出一副盛气凌人的讲话口气而冒犯他们，同时，要给需要提醒的人们留有面子，你应该承认他们可能已经记住了这个信息。像"正如你们记住的那样……"、"正如我们在高中可能学过的课程那样……"、"正如我们逐渐发现的那样……"这样的措词，都是作为回顾的方法，这样，你就不会冒犯他们了。

界定关键词语

词语有诸多意义，因此，你一定要通过界定受众也许不熟悉或对讲话至关重要的关键词语，确保受众成员理解。这在你使用的熟悉的词语意义发生变化时，尤为重要。举例来说，在一个有关工作场所的功能性文盲所面临的 4 个重大问题的讲话中，对于受众来说，理解你所说的"功能性文盲"的意义是至关重要的。因此，在讲话开始时，你可以提出你的定义。"根据'功能性文盲'的定义，我指的是完成简单阅读和写作任务有困难的人。"

用生动的事例说明新的概念

生动的事例有助于受众理解和记住抽象的、复杂的、新颖的素材。通过一个生动的事例，我们能够更好地理解一个比较复杂的概念。因此，在准备讲话时，你就要通过选择真实的或假设的事例和图示，帮助受众理解你所提出的新信息。例如，我们使用上面的定义，对"完成简单阅读和写作任务有困难的人"的描述，通过提出下面的事例，就会更加生动。这个事例是，"举例来说，功能性文盲无法阅读和理解一个处方标签上的说明：'一天 3 次，用水服下。不要空腹服用。'"

人格化信息

我们通过一种受众熟悉的参照的体系，来提出**人格化**（Personalize）信息。德文是加利福尼亚大学的一名学生，他准备向美国市场协会（American Marketing Association）学生分会，发表一个有关日本经济如何影响美国市场的演讲。他希望帮助受众了解有关日本的地理数据。他从 2001 年《世界年鉴》（*World Almanac*）援引了下列数据：

> 日本地少人多。该国人口 1.26 亿，生活在 14.6 万平方英里的土地上，人口密度为每平方英里 867 人。

尽管这段文字提供了必要的信息，但是，它并不适应一个由加利福尼亚大学学生组成的受众群体，而加利福尼亚州是美国一个较大的州。德文可以轻易地将信息按照下列受众熟悉的方式提出，使信息适应这个学生受众群体：

> 日本是一个地少人多的国家。人口 1.26 亿——不到美国人口的一半。然而，日

> **➤人格化**
> 以一种受众熟悉的参照体系来提出信息。

> 本人聚集在只有 14.6 万平方英里的土地上——约与加利福尼亚州面积相同。事实上，
> 182 日本每平方英里的土地上挤满了 867 人，而美国每平方英里的人口平均约为 74 人。因此，从整体上讲，日本的人口密度大约是美国的 12 倍。

对于德文而言，为了人格化上面这则信息，他必须找到有关日本和加利福尼亚的统计数据。如果德文是对来自这个国家另一个州的受众发表讲话，那么，他可以通过替换这个州的信息来贴近当地受众。

将未知的想法与熟悉的想法加以比较

一种使素材适应受众的简单方法，是要将你的新想法与受众已经理解的想法加以比较。例如，如果我希望 X 一代（Generation Xers）①出生的受众感兴趣，他们是在电报最初引入时出生的一代人，我也许要将电报与人们广泛使用的电子邮件进行比较。在有关功能性文盲的讲话中，如果你希望有文化的受众了解功能性文盲的经历，你也许要将功能性文盲与一个不会讲流利语言的人在一个国家生活的经历进行比较。

使用多种发展标准的方法

人们在如何学习上是不同的，因此，你要以不同的方式来发展你的想法。有些人通过详细解释的方式学习效果最好，有些人需要准确的定义或生动的事例，而其他一些人则通过统计数据进行学习，还有一些人将受益于精心设计的视觉教具。

让我们来看一看你怎样使用多种方法来发展某个想法。假设你的论点是：“对于大量功能性文盲的美国人来说，理解简单的处方都可能成为一个问题。”下面是一个发展这种想法的事例：

> 举例来说，一个有功能性文盲的人，也许不能够阅读或理解药瓶标签上“饭后一日 3 次”的处方说明书。

现在看一下，我们怎样通过增加统计数据和其他事例，更完善地构建这句话：

> 数量巨大的美国人都是功能性文盲。也就是说，约 3 500 万人或约占成人人口 20%的人完成一般阅读任务都存在严重的困难。他们无法很好地阅读，根本理解不了简单的烹饪介绍、器具使用说明书或游戏规则。例如，一个功能性文盲的人也许不能阅读或理解药瓶标签上“饭后一日 3 次”的处方说明书。

共同基础

每个受众都是独特的，具有不同的知识、态度、理念、经验和认识世界的方式。他们可能或多或少地了解受众中的其他人。因此，他们很容易以为他们与你或与其他受众成员没有任何共同之处。然而，当你讲话时，你是向那个不同的群体提供一则相同的讯息。**共同基础**（Common Ground）是受众成员与讲话者分享的背景、知识、态度、经验和理念。有效的讲话者使用受众分析来识别相似之处，然后，他们使用人称代词、提出反问和利用共同经历等适应技巧，来创建共同基础。

> **➤共同基础**
> 受众成员与讲话者分享的背景、知识、态度、经验和理念。
> **➤人称代词**
> We（我们）、us（我们，宾格）和 our（我们的）等直接涉及受众成员的代词。

使用人称代词

创建共同基础最简单的方法是使用**人称代词**（Personal Pronouns）：we（我们）、us（我们，宾格）和 our（我们的），这样，讲话者就可以在他们自己与受众成员之间确认各种共性。例如，在一个针对儿童电视节目应限制暴力的立法持赞成态度的受众成员的讲话中，注意使用人称代词的效果：

---

① 指 1961—1971 年出生的一代美国人。源自加拿大作家道哥拉斯·库普兰（Douglas Coupland，1961— ）的小说《X 世代》（*Generation* X，1991）。——译者注

> 我知道，大多数人都担心电视播出的暴力节目对年幼孩子产生的影响。
>
> 我知道，我们大多数人都担心电视播出的暴力节目对年幼孩子产生的影响。

183 通过使用“我们”，而不是使用“大多数人”，讲话者将受众成员包括进来，而且，这给他们倾听接下来的内容留出了“赌注”。

提出反问

反问（Rhetorical Question）是答案对受众成员显而易见，讲话者并不真正希望他们回答的问题。反问通过提到受众成员和讲话者分享的信息，来创建共同基础。它们经常被用于讲话的导语，也可以有效地作为讲话的过渡和其他部分。举例来说，注意下面这个用反问表达的过渡是怎样创建共同基础的：

> 当你们观看一个明显的暴力电视节目时，你们是否曾扪心自问：“难道他们真的需要用这样的画面提出论点吗?”

反问只是为了强调受众成员之间的相似性，并使他们对接下来的内容更感兴趣。

利用共同经历

你可以通过选择和提出体现你与受众之间的共同拥有的个人经历、事例和说明，来发展共同基础。举例来说，在一个有关电视暴力影响的讲话中，你也许会提到一种受众常见的经历：

> 你们可曾记得，在一个关键时刻，当你们看到电影中的一个真正可怕的场面时，你们可能会迅速把眼睛闭上吗？我清楚地记得，在我看到电影《印第安纳·琼斯》（*Indiana Jones*）中出现蛇的场面时，把眼睛闭上的情景。

为了能够利用共同经历来创建素材，你必须进行受众分析，了解你与受众成员就话题内容的看法有怎样的相似性，然后，你可以将其与你的话题进行比较。

要让你的信息适应受众的要求，这样，信息才会直接针对特定的受众，创建共同基础需要时间和深思熟虑。但是，适应性好的讲话从不给受众留下任何悬念——“这与我有什么关系呢?”研究表明，适应或“直接性”能对提升注意力和确保受众对信息的记忆产生重大的影响。

讲话者的可信度

可信度（Credibility）是受众对讲话者讲述内容给予的信任。有些著名人物在某个领域是广为人知的专家，并已经被证明是值得信赖和受到人们欢迎的人士。当这些人发表讲话时，他们不必适应受众的话语，用以创建他们的可信性。然而，对于我们大多数人来说，即使我们在讲话之前被正式介绍，这个介绍试图告知受众我们的资格和特征，但是，我们仍然需要在讲话中适应受众的话语，这样，我们就可以在讲述内容的可信性方面构建受众的信任。可以影响人们认为我们是值得信任的 3 种技巧是：展示知识和专长、建立可信性以及表现优雅性。

展示知识和专长

当受众认为你是一名知识渊博的专家时，受众就会认为你是一个可信的人。他们对你的**知识和专长**（Knowledge and Expertise）的评价，取决于你怎样充分说服他们，你有谈论这个话题的资格。你可以通过直接或间接方法来展示你的知识和专长。

当你用话题、正规教育、特别研究、技能展示以及用你的“轨迹记录”来披露你的经历时，你直接创建了你的专长。受众成员也会通过间接方法来评价你的专长，如看你是怎样准备讲话的，以及你在多大程度上通过使用个人事例和说明来展示你的直接参与。当讲话者“即兴讲话”时，受众都有一种近乎本能的感觉，

> **➤反问**
> 用语言表达来刺激部分受众在心里，而不是实际用口头进行回答的问题。
>
> **➤可信度**
> 受众对讲话者具有的或将具有的信任水平。
>
> **➤知识和专长**
> 你怎样充分说服你的受众，你有谈论话题的资格。

184 而且，大多数受众并不太信任一名表现出无法把握素材的讲话者。过分依赖笔记或讲起话来“吞吞吐吐”的讲话者，摸索着寻找各种表达他们想法的方法，就会破坏受众对他们的信任。当你的想法易于理解并明确表达出来时，受众成员就会认为你更值得信赖。

同样，当受众聆听一个讲话时，如果讲话中的各种想法是通过具体统计数据、高质量的事例、图示以及讲话者的个人经历发展的，他们就会把讲话者视为值得信赖的人。回想一下，给你留下深刻印象的老师，他们看上去似乎总是拥有两三个完美的事例和图示，而且，他们不看笔记就能够记住统计数据。将上述情况与你遇到的其他老师进行比较，那些老师看上去似乎照本宣科，而且，除了准备的课程外，对学科内容似乎知之甚少。你认为哪种情况下的老师更有见识呢？

因此，在你准备讲话时，你要注意你准备讲述的内容，这样，你就可以直接或间接地展示你的专长和知识。

建立可信性

可信性（Trustworthiness）是受众相信你所讲述的内容是正确的、真实的以及是他们最感兴趣的程度。受众越是认为你是值得信赖的人，你就越可信。人们通过判断他人的性格和动机来评价他人。因此，你可以通过遵循道德标准，以及通过真诚地解释讲话的动机，来建立可信性。

在你准备讲话时，你需要考虑如何表现你的人格：你是一个诚实的、勤奋的、可靠的以及道德高尚的人。例如，当你在讲话过程中称赞你的信息资料来源时，你确认信息是真实的——你没有捏造信息，你没有把他人的想法据为己有。同样，如果你公平地提出一个问题两方面的论据，而不是仅仅提出你支持的一方的论据，受众成员就会把你看作公正的人。

你如何表现可信性，也取决于受众怎样看待你的动机。如果人们认为你讲述的内容是自私自利的，并不符合他们的兴趣，那么，他们就会产生怀疑并认为你是缺乏可信性的人。因此，在讲话开始时，向受众表明他们怎样从你的讲话中获益，就显得十分重要。例如，在一个有关有毒废弃物的讲话中，布兰登也许会描述一个社区对有毒废弃物处置危险的无知程度，他们允许一个废弃物垃圾站设在他们的社区，接连发生严重的健康问题。接下来，他可以讲述下面这样的话来阐述他的动机：“我希望，这个讲话将为你们提供深思熟虑地参与决策需要的信息，就像上述你们所在的社区可能面临的决策那样。”

精心准备素材，从而使素材突出你的坚强性格和纯粹动机，便可以建立你的可信性。

表现优雅性

我们对我们喜欢的人更加信任。**优雅性**（Personableness）是你突出令人惬意的或使人愉快的人格的程度。听众越是喜欢你，他们就越有可能相信你告诉他们的内容。我们根据我们的第一印象，很快决定我们喜欢一个新人的程度。在试图与受众建立可信度时，你应该寻找让你的个人风格适应受众的方法，让受众认为你是可信的人。

除了穿着打扮要适合受众和场合外，你可以通过在开始讲话之前对受众成员微笑、在讲话时注视着人们以及用频频点头与他们打招呼的方式，增加受众喜欢你的可能性。你还可以通过使用幽默特别是谦逊的话语，来表现优雅性。

> **➢可信性**
> 受众对发表讲话的信任程度。
> **➢优雅性**
> 突出一个令人惬意的或使人愉快的人格的程度。
> **➢最初受众态度**
> 赞成或反对某个话题的倾向，通常表现为一种看法。

最初受众态度 185

最初受众态度（Initial Audience Attitudes）是赞成或反对某个话题的倾向，通常表现为一种看法。满足最初受众态度的需求，意味着要考虑受众对话题了解多少，以及他们对话题持怎样的态度，在此基础上构建讲话。作为受众分析的组成部分，你要了解大多数受众成员对你的话题的最初态度。在准备讲话过程中，你将受到准备素材的挑战，这样，你就要对这种态度加以考虑。

了解听众的态度对于劝说性演讲是很重要的，对于解说性演讲同样至关重要。例如，尽管一个有关重新油漆木制家具的讲话是解说性演讲，然而，也许你面临的最初的受众态度是重新油漆家具繁难复杂，你还可能面对热衷于观看家庭和花园电视频道（HGTV[①]）以及真正期待你讲话的年轻业主。虽然你在上述两种情况中对这个过程的描述会是相同的，但是，你如何着手解释重新油漆家具的步骤，还是需要考虑最初的受众态度。假设你知道受众是由年轻的新业主组成，他们中的大部分人都喜欢观看家庭和花园电视频道，随后，你就要在讲话中迎合他们的兴趣，或者提到在家庭和花园电视频道播出的一些最受欢迎的节目。然而，如果你的受众最初将重新油漆家具视作复杂和乏味的话题，那么，你就需要调整讲述的内容来培养他们的兴趣，并说服他们这个过程要比他们最初的想法简单得多。在第 17 章“劝说性演讲”中，我们还将对处理受众态度的策略进行深入的剖析。

语言和文化差异

西欧人的讲话传统为本书讨论的演讲提供了方法。然而，演讲是一种社会和文化行为，因此，正如你所认为的那样，演讲的惯例及其被感知的效力是各不相同的。当人们准备和发表讲话时，来自不同文化和亚文化群体的讲话者，就会采取他们的语言集团的传统。如果受众是由来自不同于讲话者的种族和语言群体构成的，讲话者则面临另外两种适应性的挑战：以第二语言讲话时被理解的程度和创建共同基础的共同经历有限。

演讲是一种社会和文化行为，因此，正如你所认为的那样，演讲的惯例及其被感知的效力是各不相同的。当他们准备和发表讲话时，来自不同文化和亚文化群体的讲话者，就会采取他们的语言集团的传统。

克服语言问题

当受众的第一语言不同于讲话者的第一语言，讲话者试图以受众的语言讲话时，由于讲话者的发音错误、口音、词汇错误以及特有的语音意义等原因，受众经常无法理解讲话者讲述的内容。害怕犯上述错误可以使第二语言的讲话者出现自我意识。但是，比起土生土长的讲话者发表讲话时所犯的错误，大多数受众成员还是比较容忍第二语言的讲话者所犯的错误。同样，大多数受众将努力去理解第二语言的讲话者。

然而，当你以第二语言讲话时，你还是有责任使讲话尽可能地被人们所理解。你可以通过较慢的讲话和清晰的吐字发音来帮助受众理解。通过放慢讲话速度，你可以为你自己提供更多的时间发出听起来笨拙的语音，并选择你了解其意义的词语。你还可以为受众提供更多的时间“调整他们的耳朵”，使他们能够更容易地理解你正在讲述的内容。

在你以第二语言发表讲话时，一种最好的改善方法是要在讲母语的朋友或同事面前练习讲话。这些“临时的受众成员”应该告知你发音的错误和误用的词语和短语，接下来，他们可以和你一起努力纠正发音，或者选择其他更好地表达你的想法的词语。另外，你一定要记住，你练习用这种语言讲话越多，你使用这种语言就会越轻松，提高与受众成员建立联系的 186
能力就会越高。

---

① Home and Garden Television 的缩略。——译者注

行动步骤 4a：在语言上适应你的受众

本活动的目的，是要帮助你计划如何在语言上使你的素材适应特定受众。

撰写你的论题表述。

审视你在行动步骤 1b 和 1c 中完成的受众分析。在你审视从行动步骤 3a—3h 中完成的讲话提纲时，你要通过回答下列问题，计划在语言上使用支持素材适应你的受众。

1. 你怎样才能通过表明及时性、接近性以及对受众产生个人影响来使这个素材适应受众，从而与受众具有相关性呢？

2. 你怎样才能通过适应受众、界定关键词语、使用生动的事例、人格化信息、将未知的想法与熟悉的想法加以比较以及使用多种发展的方法，使这个素材更容易被受众理解呢？

3. 你怎样做才能通过使用人称代词、提出反问、利用共同经历来建立共同基础呢？

4. 你怎样做才能通过展示知识和专长、可信性以及优雅性来建立你的可信度呢？

5. 你怎样才能适应你与受众之间存在的语言和文化差异呢？

选择在文化上敏感的素材

克服语言障碍看上去似乎很艰巨，但是，那些文化背景明显有别于受众成员的人，同样面临着缺乏共同经历的挑战。在适应受众方面，我们取得的大多数成功都是以创建共同基础和利用共同经历为核心的。但是，当我们向与我们有着很大差异的受众发表讲话时，我们必须尽可能多地学习受众的文化，这样，我们就可以以一种对他们有意义的方式来发展素材。这也许意味着要进行额外的图书馆研究，找到对受众有意义的统计数据、事例等。这也许还需要我们详尽说明在我们自己的文化中不言自明的各种想法。例如，假设一名墨西哥裔美国留学生玛丽亚，准备在以色列犹太高校为演讲课发表一个有关她 15 岁成人礼的个人叙述性讲话。因为以色列学生没有墨西哥成人礼的传统经历，所以，他们就很难理解这个事件的意义，除非玛丽亚能够使用她对犹太文化中的男孩成人礼（Bar Mitzvah）和女孩成人礼（Bat Mitzvah）仪式庆典[①]了解的内容，并能够将这些知识与墨西哥成年礼联系起来。

学习目标 2 在视觉上适应受众

在你使讲话适应特定受众的需求时，你要考虑什么样的视觉素材有助于受众成员理解和记住你所提出的内容。

> **视觉教具**
> 一种为受众看见和听到信息提供可能的讲话辅助形式。

视觉教具（Visual Aid）是一种为受众看见和听到信息提供可能的讲话辅助形式。你要考虑使用视觉教具，它们能够使你适应受众的知识水平，它们可以澄清和戏剧化地表现你的语言讯息。另外，视觉教具还可以帮助受众长期保持信息，因为人们借助于眼睛和耳朵要比单凭耳朵能够记住更多的信息。

视觉教具的种类

在你选择用于具体讲话的视觉教具之前，你需要了解视觉教具的种类。视觉教具包括从那些使用简单和可以从现有来源得到的教具，到那些需要练习才能有效使用和必须为你的具体讲话定制的教具。在本部分里，我们将介绍你可以在你发表讲话时使用的视觉教具种类。

① 在犹太文化中，为 12 岁男孩和 12 岁女孩举行的成人仪式，它标志着从童年进入成年的转变。——译者注

物体

187 **物体**（Object）是你要传播某种想法的三维表现。物体成为优秀视觉教具的条件是：（1）它们足够大，大到能够被全体受众成员看见；（2）它们足够小，小到可以被携带到讲话现场。一个排球或一块编制的地毯都是适合于大多数教室规模的。如果物体只不过是要展示一部电话机的话，那么，一部手机就可以了。但是，如果讲话者要演示如何调节电话的具体技术功能，手机也许就太小了。

有时，你自己就可以成为一个有效的视觉教具物体。举例来说，通过描述性手势，你能够说明网球网的高度；通过手势和动作，你可以表现蝶泳划水的动作；通过你自己的服装，你可以说明不同国家的民族服饰。

模型

当真实物体太大，无法带到讲话现场，或者太小不能看清（像手机）时，三维模型便是比较合适的。在一个关于桥梁结构的物理学演讲中，一个吊桥比例模型就可能是一个有效的视觉教具。同样，在一个有关遗传工程的演讲中，一个 DNA 双螺旋模型可以帮助受众理解这些在显微镜下可见的微观图像。

静物照片

如果需要一个真实素材的复制品，那么，放大静物照片就是极好的视觉教具。在一个有关“精确武器”的演讲中，放大的靶子对比前后照片，能够有效地帮助受众理解这些武器的精准性。

幻灯片

幻灯片和照片一样，允许你为受众展现真实的视觉图像。幻灯片优于照片的地方在于，在讲话现场，可以控制图像的大小，这样，全体受众都能够容易地看清图像。此外，如果要展示一幅以上的图像，那么，幻灯片就可以消除人工更换照片所带来的不便。遥控装置可使你顺利地从一幅图像转换到下一幅图像，而且，只要你愿意，你还可以谈论每一幅图像。然而，使用幻灯片的一个缺点在于，在大多数情境中，房间必须变暗，才能观看幻灯片。在这种情境下，幻灯片能够很容易成为受众的焦点。许多演讲新手都想看着幻灯片和对着幻灯片讲话，而不是冲着受众讲话。此外，为了使用幻灯片，你还必须把一台幻灯机带到教室中去。

电影和视频剪辑

你可以使用取自电影和录像的简短视频剪辑来演示过程，或者使受众看到重要人物。但是，因为有效的剪辑通常要放映 1～3 分钟，所以，对于大多数课堂发言而言，这些剪辑是没有效果的，也不太适合，因为它们支配了讲话和讲话者。而在较长的演讲中，使用幻灯片时，讲话者则应该确保可提供所需的幻灯片放映设备，而且此设备能够正常使用。这意味着演讲者在开始演讲前，要用这种设备在讲话现场进行排练。

简单作图

简单作图准备起来比较容易。对于大多数讲话目的而言，只要你能够使用圆规、直尺，再加上注意一下尺寸，你就能够画得非常好。举例来说，如果你提出滑水者必须保持手臂前伸，腰部挺直，膝部略微弯曲的论点，如图 14—1 所示的线描图便说明了这个论点。线描图可以不用像专业绘画或照片那样，在美学观点上取悦于人，但是，线描图可以非常有效地说明某个概念。事实上，你可能不值得花费时间和精力，来制作精美细致的作图，而真实照片也许足够精

> ➤**物体**
> 你要传播某种想法的三维表现。

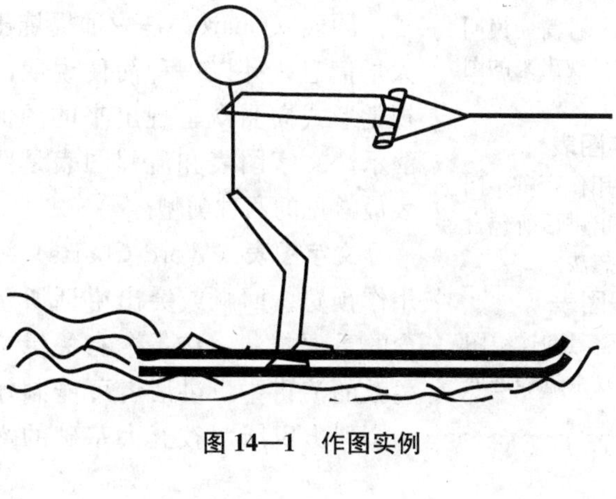

图 14—1　作图实例

细，以至于使你提出的论点黯然失色。

一旦把图准备好，它就可以进行扫描，并用作PowerPoint演示文稿的一部分或作为一个投影片，而如果把图放大并装裱在招贴纸板或泡沫板上，就
188 可以单独使用了。显然，你要准备容易被受众成员看到的图。图应该装裱在招贴纸板或泡沫板上，这样它们可以保持平整，也易于展示。

地图

地图和作图一样，相对比较容易准备。简单的地图可使你为受众确定陆标（山脉、河流和湖泊）、国家、城市、线路、气象系统等。你可以选择使用商用地图，但是，简单的地图相对容易准备，可以根据具体讲话要求制作，这样，受众成员就不会被与你讲话目的无关的视觉信息所迷惑。与作图一样，地图可以用于PowerPoint演示文稿，用作投影片或者独立信息条目。如图14—2所示，这是一个描述气象系统简单地图的优秀实例。

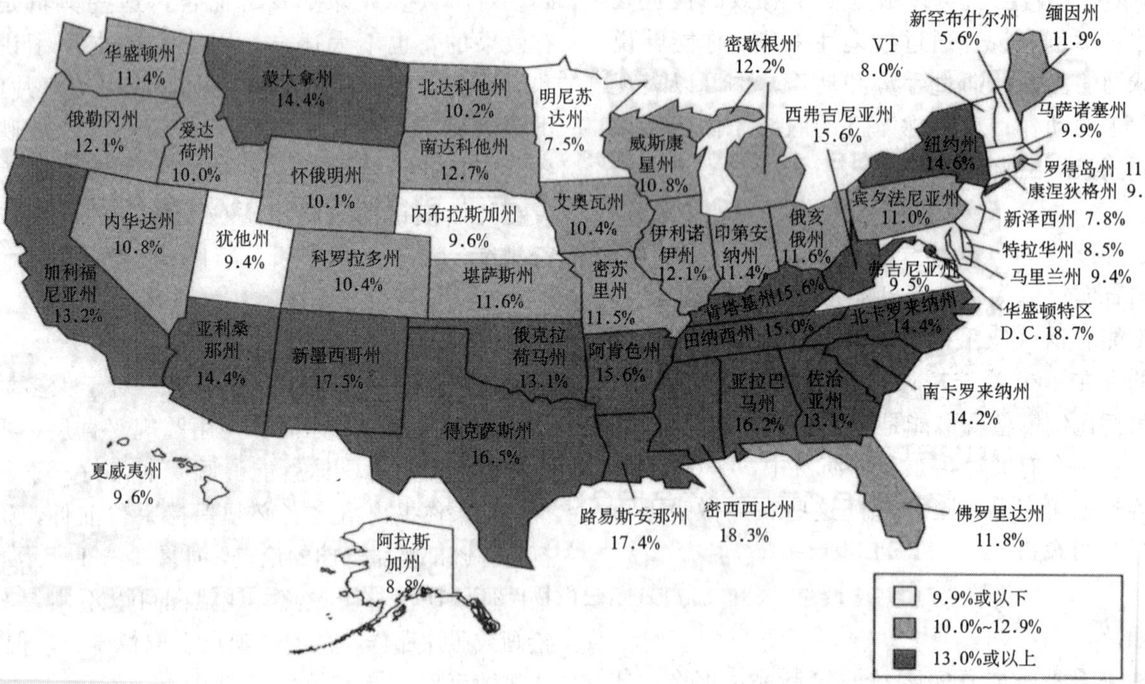

图 14—2 地图实例

资料来源：Poverty in the United States：2005，U.S. Census Bureau，September 2006，Table 19，http：//www.census.gov/hhes/www/poverty/histpov/hstpov19.html. Rates are averaged for 2003，2004，and 2005 to provide more reliable figures。

> **➢图表**
> 以一种简便说明的形式呈现出来的图像演示。
> **➢文字图表**
> 被用作预览、回顾或突出讲话所包含的重要想法。
> **➢流程图表**
> 用符号和连线图解整个复杂过程进展的图表。

图表

图表（Chart）是一种提炼出大量信息，并以一种简便说明的视觉形式向受众呈现出来的图像演示。文字图表和流程图表是图表最常见的两种类型。

文字图表（Word Charts）被用作预览、回顾或突出讲话所包含的重要想法。在一个有关伊斯兰教的演讲中，讲话者可能制作一个列出伊斯兰教五大基础的文字图表，如图14—3所示。讲话主要论点的提纲可以成为一个文字图表。

流程图表（Flow Charts）用符号和连线图解整个复杂过程的进展。组织结构图是一种常见的流程图表，表示一个组织权力和行政管理系统的流程。如图14—4所示的图表，表示学生联合会的组织结构。

在PowerPoint演示文稿中，你可以设计流程图表，这样，你可以边演示，边谈论图表中的每一部分内容。如果使用投影片，多张投影片就可以"摞起来"，这样，每一张投影片添加的信息就

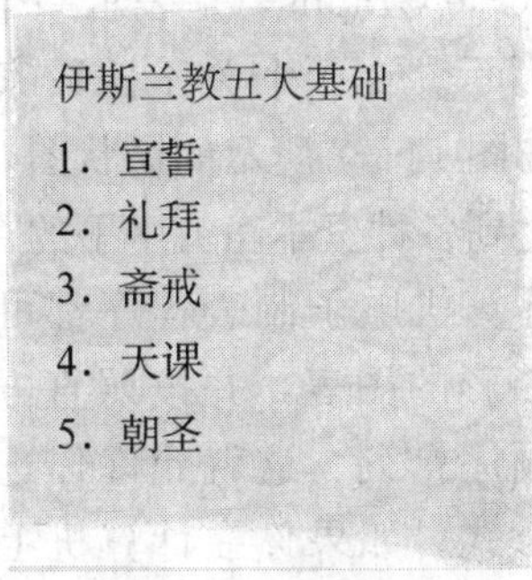

图 14—3　文字图表实例

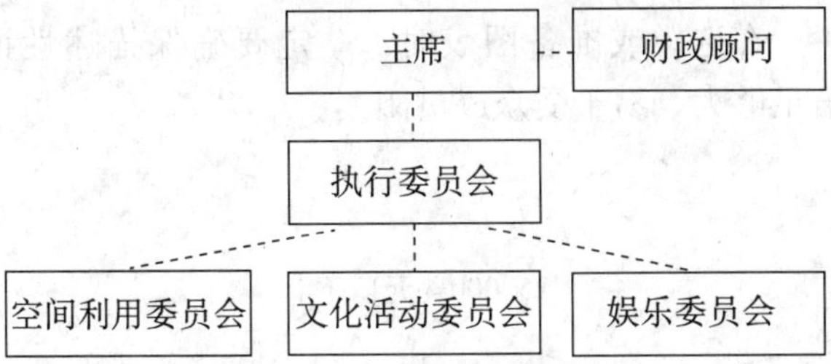

图 14—4　组织结构图实例

会呈现在屏幕上。你也可以通过使用一个有着一系列图表的大幅新闻纸便签本来创造同样的效果，在便签本后面的纸上，添加补充的信息。然后，把便签本挂在黑板架上，在你讲话的过程中，你可以边翻动便签本展示信息，边进行讨论。

图示

图示（Graph）是表示数字信息的图表。直方图、曲线图、饼状图是图示最常见的形式。

直方图（Bar Graphs）是用一系列垂直或水平长方块提出信息的图表。这类图示可以一维或多维表示两个以上变量在相同或不同时间之间的关系。举例来说，在一个有关经济波动的演讲中，图 14—5 表示从 1998 年到 2005 年中国纺织品出口的增长额。

曲线图（Line Graphs）是表示一个或多个变量随时间发生变化的图表。例如，在一个关于美国人口数量的演讲中，如图 14—6 所示的曲线图，有助于表明从 1810 年到 2000 年人口增长的数量。

> **➢图示**
> 一种表示数字信息的图表。 189
> **➢直方图**
> 用一系列垂直或水平长方块提出信息的图表。
> **➢曲线图**
> 表示一个或多个变量随时间发生变化的图表。

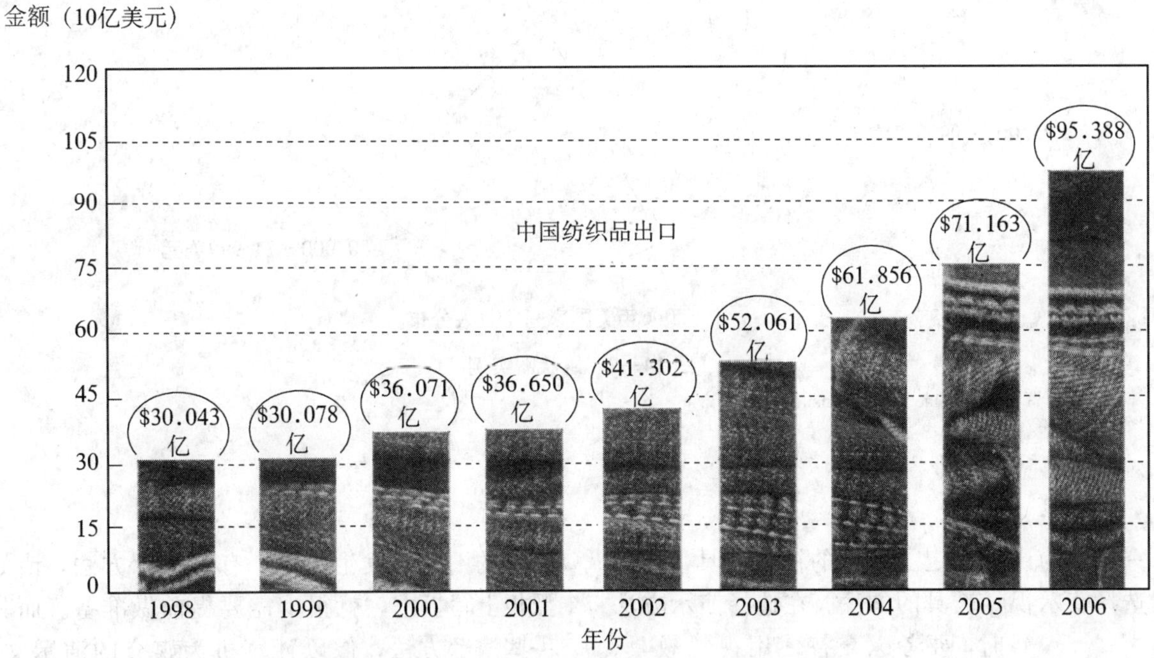

图 14—5　直方图实例

资料来源：http：//www.wto.org/english/res _ e/statis _ e/its2001 _ e/chp _ 4 _ e.pdf，

http：//www.wto.org/english/res _ e/statis _ e/its2004 _ e/its04 _ bysector _ e.pdf，

http：//www.wto.org/english/res _ e/statis _ e/its2007 _ e/its07 _ merch _ trade _ product _ e.pdf。

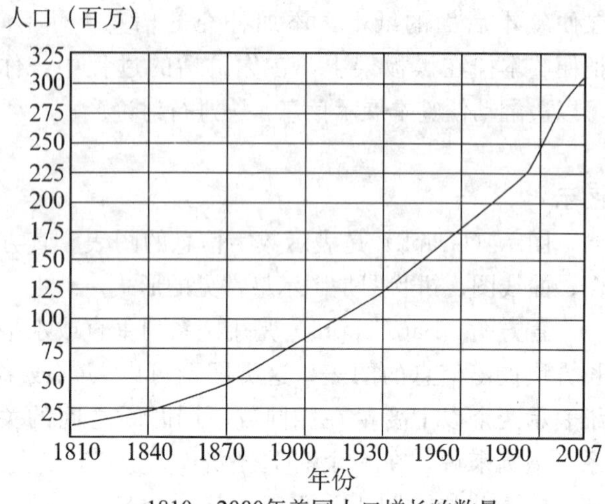

1810—2000年美国人口增长的数量

图 14—6 曲线图实例

资料来源：factfinder. census. gov。

饼状图（Pie Graphs）是表示一个单位各部分之间关系的图示。在一个关于比较家庭资本净值的演讲中，如图 14—7 所示的饼状图，可以用来说明美国家庭达到各种资本净值水平的百分比。

大多数计算机电子制表程序都可使你轻松地制作出丰富多彩的图表，并按照直方图、曲线图或饼状图的顺序排列。这就允许你选择你认为最有效的演示方式。如果你在计算机上准备图表的话，你就可以将图表插入到 PowerPoint 演示文稿中，或者将它们制成投影幻灯片。

在选择或准备图表时，一定要确保描述性词语足够大，易于受众成员阅读。

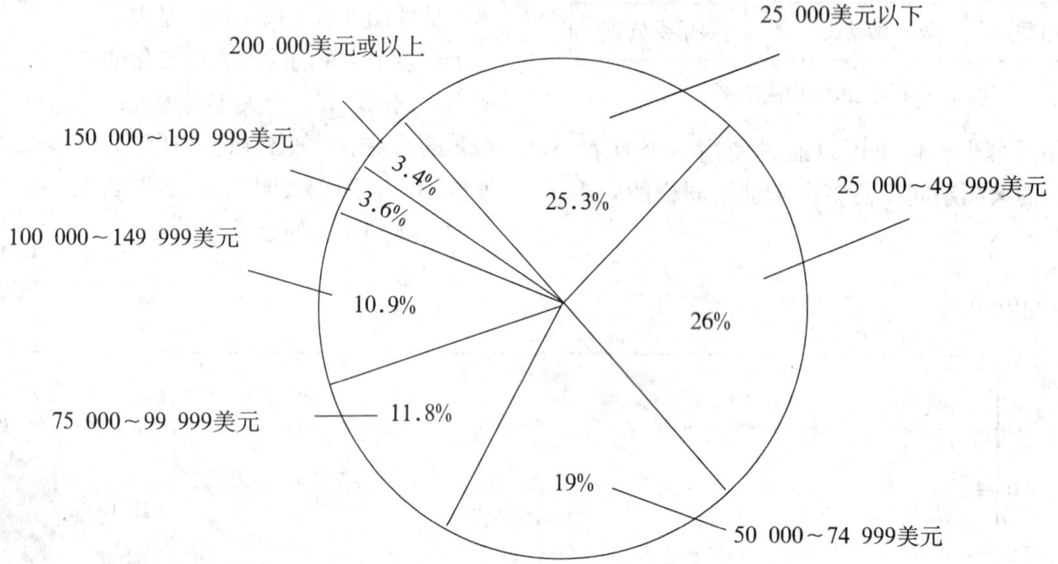

2006年美国家庭年收入分布

图 14—7 饼状图实例

资料来源：factfinder. census. gov。

演示视觉教具的方法

一旦你为讲话确定了具体的视觉教具，你就需要选择演示视觉教具的方法。在选择演示方法时，要考虑交替使用视觉教具。演示视觉教具的方法，根据演示视觉教具需要准备的类型、专业培训所需的有效使用视觉教具的数量以及视觉教具所表示的专业特性的不同而发生变化。有些演示方法，诸如在黑板上写板书，就很少需要提前做准备。而其他一些演示方法，像以计算机为媒介的演示文稿，就需要做大量的准备。同样，使用物体或字幕片作为视觉教具亦简便易行，但是，你还需要进行培训，正确设计和放映幻灯片或 PowerPoint 演示文稿。最后，视觉演示的质量将影响到你被感知

> **➢饼状图**
> 帮助受众看到一个单位各部分之间关系的图表。

的可信度。一个运转良好、以计算机为媒介的演示文稿可以给人留下深刻的印象，但是，技术问题也可以使你看上去准备得不够充分。手工制作的图表或图示，看上去显得粗糙或不整洁，会给人留下很业余的印象，而专业形象的视觉教具，则能够提高你的可信度。讲话者可以从下列方法中进行选择。

以计算机为媒介的演示文稿

当今，在许多教育和专业场合，受众希望讲话者使用以计算机为媒介的视觉教具。PowerPoint、Adobe Persuasion 和 Lotus Freelance 都是流行的演示文稿软件，用这些程序，你可以在计算机上创建视觉教具，将它们下载到磁盘或光盘中，然后，在你的讲话现场的计算机、投影仪或监视器系统上使用它们。另外，通过互联网，你可以找到、下载或存储图像库。演示文稿软件通常可以使你将库中的图像，插入到你的演示文稿里。利用计算机扫描仪，你还可以将书刊中的照片数字化，储存到你的计算机库里面。

你创建的视觉教具，不仅可以直接在屏幕或
190 电视显示器上，作为一种计算机“放映幻灯片”进行演示，还能够被用来制作幻灯片、字幕片或讲稿。用演示文稿制作的视觉教具，为你的讲话提供了一个非常漂亮的课件，使你能够制作复杂的多媒体演示文稿。

今天，大多数学院和大学都开设了制作和使用演示文稿软件的课程，并在教室里或移动式推车上都装配了演示以计算机为媒介的视觉图像所需的设备。

用演示文稿软件准备视觉教具，需要花费时间。而顺利呈现计算机化的视觉演示文稿，则需要反复进行练习。但是，如果你从简单做起，那么，随着时间的流逝，你就会熟练地创作出专业质量的视觉图像。以计算机为媒介的视觉教具，制作精良，演示完美，极大地提高了受众对讲话者的可信度的知觉。值得注意的是，以计算机为媒介的演示文稿能够使人上瘾。许多初学乍练的演讲者，过度地使用以计算机为媒介的演示文稿，因此，替代了视觉教具（视觉图像是为讲话者的想法提供“帮助”），视觉图像就成为了一种炫耀，而讲话者则降为幻灯片放映员的角色。

投影幻灯片

投影幻灯片是一种演示作图、图表和图示的简易方法，是将作图、图表和图示转印为醋酸软片，经投影仪，将醋酸软片投影到屏幕上。通过一个视觉图像的母盘拷贝，你可以用拷贝机、温度记录器、上色机制作投影幻灯片。如果母盘是一个电脑文件，那么，使用电脑打印机即可。投影幻灯片制作简单，成本不高，播放投影幻灯片所需要的设备也简单易行，而且，大多数讲话现场都提供这种设备。投影幻灯片几乎在任何讲话现场都行得通，而且，与其他投影不同的是，投影幻灯片不需要将房间里的灯光变暗。再有，投影幻灯片可以对演示某个过程十分有益，因为在你讲话时，你能够在幻灯片上书写、描摹或画图。投影幻灯片的投影大小，还可以根据房间的大小进行调整，因此，所有的受众成员都能够看到图像。

活动挂图

活动挂图（Flip Chart）是一种悬挂在黑板架上的大幅纸制拍纸簿，可以成为一种演示视觉教具的有效方法。活动挂图（和黑板架）可以有许多尺寸。对于向四五个人演示的活动挂图，一个桌面大小的活动挂图就可以演示得很好；而对于向比较多的受众进行的演示，就需要尺寸较大的活动挂图（30×40 英寸）。

活动挂图在讲话前要准备好，要用彩色记号笔标明信息。有时，讲话者可以在讲话开始前标注信息，然后，边讲边添加信息。

在准备活动挂图时，要在拍纸簿上每两幅挂图之间预留几页纸。如果你发现错误或决定修改的话，你就可以将那页纸撕掉，而不打乱其他可能已经准备好的挂图的顺序。你做好这些挂图后，在每两幅挂图之间只留一张纸，把其他纸全部撕掉。这张空白纸起到过渡页和封面的作用。因为你希望受众把注意力集中在你的讲话上，而不是集中在不再讨论的视觉素材上，在你谈论的内容

> **➢活动挂图**
> 一种悬挂在黑板架上的大幅纸制拍纸簿，它可以成为一种演示视觉教具的有效方法。 191

不涉及挂图的时候，你就可以翻到空白页上。另外，挂图之间的空白页要用质地较厚、颜色较重的纸，保证下一页的挂图透不过来。

为了使活动挂图有效，手写或手画的信息必须干净整洁，大小适宜。活动挂图的视觉图像如果很脏，就会影响讲话者的可信度。活动挂图用于小规模的受众（100 人以内）比较令人满意，而不太适合人数较多的讲话场合。在制作活动挂图时，要确保书写的信息足够大，让全体受众成员能够轻松地看见，这一点尤其重要。

招贴纸板

演示简单作图、图表、地图和图示最简易的方法，是将它们粘贴到纸板或泡沫板上。然后，在讲话过程中提到视觉图像时，就可以将它们悬挂在黑板架上或者戳在粉笔槽里。像活动挂图一样，招贴纸板必须干净整洁，大小适宜。这种演示方式同样被限制在小规模的受众场合。

黑板和交互式电子白板

因为黑板是每个大学教室的主要部分，所以，许多讲话新手（和准备不充分的讲话者）依靠这种演示方法来展示他们的视觉教具。交互式电子白板与黑板具有相同的用途，但是，交互式电子白板可以通过投影仪显示计算机桌面的图像，交互式电子白板既可以从计算机来操作，又可以从白板自身来操作。

不幸的是，黑板很容易被滥用和过度使用。此外，黑板不适于描述复杂的内容。因此，板书适用于可以在几秒钟写出来的简短信息。尽管如此，能够有效地使用黑板，应该是讲话者全部技能的一部分。

板书应该在讲话前或讲话休息期间写出来。否则，字迹既可能写得难以辨认，又可能在你写板书时被身体挡住而看不到。还有，你不要对着黑板讲话，而要面对受众讲话。如果你需要一边讲话，一边在黑板上写写画画，那么，你应该这样进行练习。如果你是右手书写，你就要站在你所画的内容右边。在这样写板书的过程中，你至少要设法面对部分受众。尽管开始看上去显得有些笨拙，但是，这样写板书可为你与受众保持联系，并为使受众在你书写板书的过程中看清你写的内容提供了可能。

“图解说明式演讲”准备起来简单易行，但是，这种方法最可能对讲话者的可信度造成伤害。很少有人能够在黑板上制作出技艺精湛的视觉教具。板书比较多，常常表明准备不够充分。

分发的讲稿

有时，受众成员拥有一份个人所有的视觉教具复印件，可能是比较有益的。在这种情境下，你可以准备一份分发的讲稿，即打印或绘制在纸上的资料。从有利的一面看，你可以很快地准备好分发的讲稿，而且，所有的受众成员都可以拥有他们自己的专业质量资料，以便查阅，这些资料还可以在讲话后带走。从不利的一面看，分发资料会使你分心，而且，当你希望受众成员注视你时，他们存在着注意力不集中的可能。在你决定使用分发的讲稿之前，要仔细考虑一下分发的讲稿优于其他方法的原因。如果你确实决定使用分发的讲稿，你也许要在讲话结束时分发讲稿。

选择视觉教具的标准

既然你了解了各种不同视觉教具的演示方法，你就可以使用这些工具和方法进行演示了，你还必须确定需要描述的内容以及描述内容的最佳方法。在本部分，我们关注一些你需要回答的重要问题，用以帮助你做出视觉教具的选择。

（1）什么是受众需要理解和记忆的最重要的想法？

受众需要理解和记忆的最重要的想法，也许就是你希望用视觉教具强化的想法。视觉教具很
可能被记住，所以，你一定要确保在视觉上表现 192
的内容，就是你希望受众记住的内容。

（2）存在语言上比较复杂或难以解释，而可以在视觉上让受众成员容易理解的想法吗？

古老的谚语“一幅图片胜过千言万语”（one

picture is worth a thousand words）准确地回答了这个问题。有时，我们能够通过视觉说明来帮助受众。演示握高尔夫球杆的正确方法，比起只是描述每只手和手指的位置，要简单明了得多。

（3）使用多少种视觉教具合适？

如果你没有放映幻灯片，而将整个讲话的注意力都集中在视觉图像上的话，那么，你使用视觉教具的数量就应该加以限制。在很大程度上，你希望受众的注意力都集中在你的身上，即讲话者身上。你希望把握受众的注意力、举例说明某个想法或者帮助受众记忆时，就要使用视觉教具。就上述每个目标而言，使用视觉教具越多，视觉教具贡献的价值就越少。对于一个 5 分钟的讲话而言，在关键时刻，使用 3 个视觉教具，就可以引起注意、进行举例说明以及刺激回忆，远比使用 6 或 8 个视觉教具的效果要好得多。

使视觉教具保持在一个小规模的数量上还有一个理由。两个真正设计精湛的视觉教具，会使你的表述效果达到最大化，而几个粗制滥造或使用不当的视觉教具，也许会削减你的言语的实际效果。

（4）受众有多大规模？

各种视觉教具对 20 人以下的小群体产生的效果，不同于对 100 人以上的受众产生的效果。对于 20 人以下的小群体而言，就像在大多数课堂讲课一样，你可以演示相对比较小的物体和模型，使每个人都能看到。对于规模较大的受众来说，你可以使用能够轻松地从 100 英尺或 200 英尺[1]外看见的投影。

（5）必要的设备容易得到吗？

有时，你也许要在没有安装特定视觉演示设备的环境下讲话。在许多学院和大学里，大多数教室都只安装了黑板、投影仪和电源插座。如果你要使用其他设备，你就必须自己携带或通过大学有关的媒体办公室进行预订。一定要做好准备！当你已经从其他地方预订了设备时，你需要亲自做好准备，看设备能否按时运抵或按照你认为的那样运行。你要提前打电话，及早确定讲话的地点，并要有可供选择的备用视觉教具，以防万一。

（6）需要时间制作或得到视觉教具吗？设备成本有影响吗？

视觉教具是补充性手段。视觉教具的目标，是要在语言上强调你所讲述的内容。如果你认为某个特定的视觉教具有助于你更好地实现你的讲话目标，那么，这个视觉教具就值得花时间去制作。

你会发现，我们讨论过的大多数视觉教具都可以得到或准备起来相对较为容易。但是，因为有些演示过程还是比较复杂的，所以，我们发现自己不知道该怎么去制作这样的视觉教具。视觉教具肯定会使得讲话生动而有吸引力，可是，我们发现，最好的设备是要简便易行。

在选择视觉教具时，要遵循下列指导方针：

- 要用几分钟思考你使用视觉教具的策略。什么地方使用某种视觉教具最有意义？什么视觉教具最合适？
- 要使你的视觉图像适应讲话情境、讲话话题和受众需求。
- 要用令人满意和符合要求的标准，来选择视觉图像。
- 在开始使用视觉教具之前，要检查讲话场地的视听设备。
- 要在使用视觉教具的数量以及视觉教具支持的重要论点上有所区别。

设计有效视觉教具的原则

尽管你也许认为你的视觉教具制作起来简便易行，但是，你还是必须精心设计它们。你
193 最有可能为课堂演示设计的视觉教具，是写在招贴纸板、活动挂图上的图表、图示、图解和作图或使用投影仪在屏幕上打出的投影片和幻灯片。在本部分，我们将提出 8 项设计有效视觉教具的原则。接下来，我们将重点研究说明这 8 项原则的几个事例。

---

[1] 约 30.48 米到 60.96 米。——编者注

行动步骤 4b：在视觉上适应你的受众

本活动的目的，是要帮助你确定用于讲话的视觉教具。

1. 识别你能够用一个视觉演示文稿强调的重要想法，用以提高受众的兴趣、理解力或记忆力。

2. 为你已经识别的每个想法，列出你认为最适合制作和使用的视觉教具种类。

3. 为你计划在视觉上提出的每个想法，确定使用的教具或方法。

4. 写出一段简要的文字，对你选择的视觉教具种类和演示方法的原因进行描述。一定要考虑到你的选择对你的准备时间以及受众对你的可信度，将产生怎样的影响。

使用能够易于被全体受众看清的字体或字号

如果你正在设计一个手工绘制的招贴纸板，你要走到坐得最远的受众的位置上，检查你制作的视觉教具的字号。如果你能够看到书写的文字，并且，从那个距离可以看清视觉教具上的具体内容，那么，文字和具体内容就足够大了。否则，你就要重新制作视觉教具，并再次检查字号大小。

当你将字体从投影仪投影到屏幕上时，屏幕上的字体就会比投影仪上的字体大很多。那么，什么是选择投影字体的主要经验原则呢？主要标题要使用 36 磅字号，副标题要使用 24 磅字号，正文要使用 18 磅字号。图 14—8 表示这些字号在纸上看到的大小。36 磅字体投影在屏幕上的大小约为 2～3 英寸；24 磅字体投影在屏幕上的大小约为 1～2 英寸；18 磅字体投影在屏幕上的大小约为 1 英寸①。如果你选择的字体太小，大多数演示文稿软件都会对你进行提示。

使用易于阅读和眼睛看上去舒服的字体

现代的软件包，像微软公司的文字处理软件，提供了种类繁多的字体，但是，只有少数字体投影效果不错。总之，要避免使用笨拙的衬线字体或者有波纹标记的字体。图 14—8 同样展示了 4 个 18 磅常规和粗体标准字体的事例。大多数其他字体都是为特殊情境而设计使用的字体。

这些字体哪些是看上去最容易阅读和让眼睛感到特别舒服的字体呢？你也许愿意用一种字体表示标题，用另一种字体表示正文。总之，你使用的字体不要超过两种——标题用一种字体，正文用另一种字体。你希望字体唤起受众对讲话素材的注意，而不是唤起受众对字体本身的注意。

使用大小写字体

大小写字母结合起来使用更容易阅读。有些人认为，全大写字母印刷体可以产生强调的效果。尽管这在某些情境下可能是真的，但是，以全大写字母印刷体表示的想法阅读起来比较困难——即使当想法以短语形式写出来时，也难以阅读（图 14—8）。

将字行的数量限制在 6 行以内

你并不希望受众长时间地阅读视觉教具——你希望他们听你讲话。要将字行的总数量限制在 6 行以内，并且，要用短语而不是用完整的句子，将论点写出来。视觉教具是为了巩固和总结你讲述的内容，而不是你所说的准确话语。你不要让受众必须用 6 秒或 8 秒以上的时间“得到”视觉教具。

只包括你在讲话中强调的信息条目

我们经常有从其他资料来源获得视觉教具的想法，这种援引其他资料来源的倾向，是要包括所有以原作形式呈现的素材。然而，从讲话目的而言，我们要使视觉教具尽可能地简单。只包括重要信息，要排除任何转移注意力或者影响你提出论点的东西。

因为这种混乱的倾向很可能在图表上提出特殊问题，所以，让我们思考两幅根据《高等教育新闻》（*Chronicle of Higher Education*）的报道，按学生入学年龄做出的大学录取图示（图 14—9）。左图表示报道提到的 11 种年龄分类；右图合并了百分比较小的年龄段，简化了信息。右图不仅容易阅读，也突出了最高百分比的分类。

① 1 英寸≈0.0254 米。——编者注

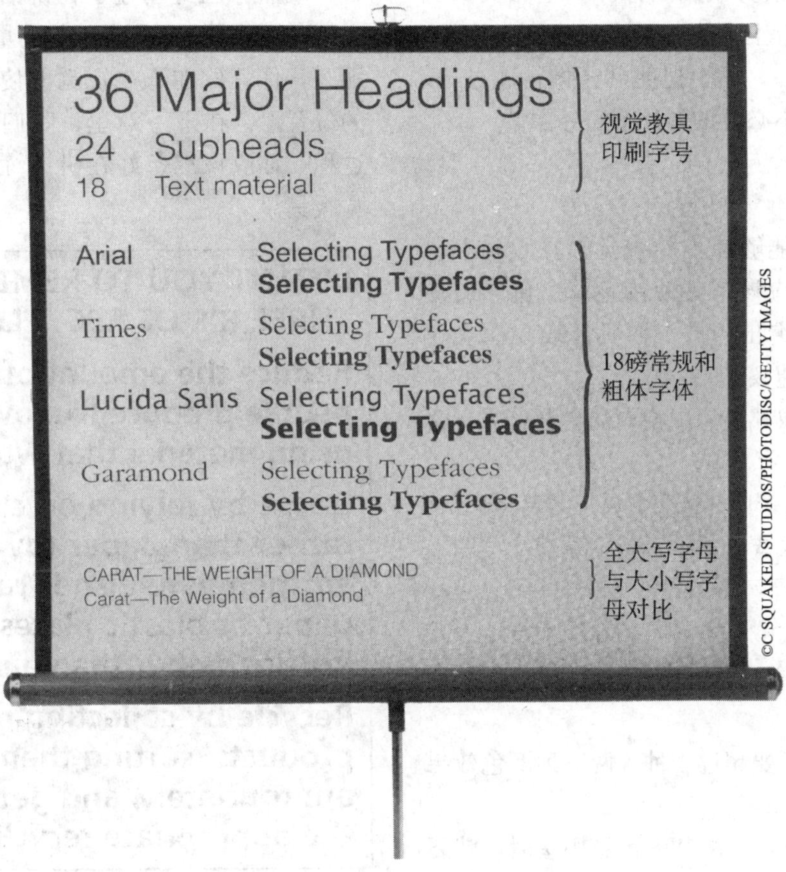

图 14—8　投影字体的各种形式

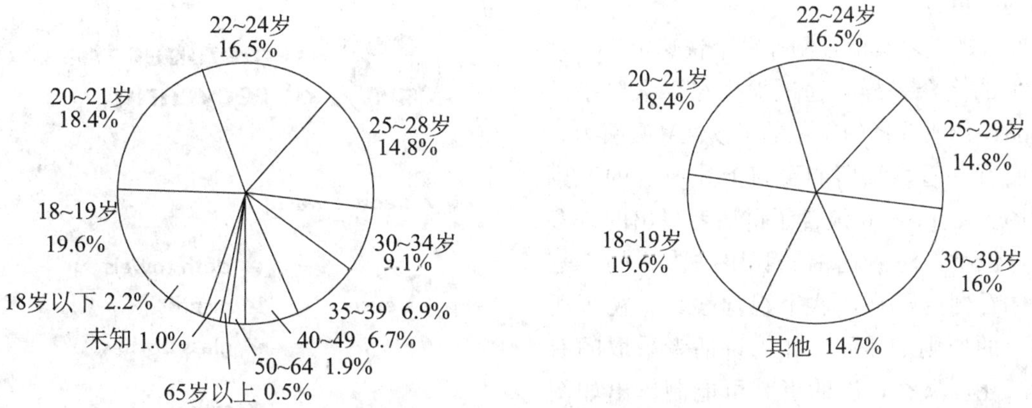

图 14—9　对比图：按学生入学年龄做出的大学录取图形

确保在视觉教具上设计的信息，在美学观点上令人满意

设计包括在整体讯息周围留有空白的空间、缩进排印次要想法、使用不同的字号以及使用诸如粗体和加下划线等不同的处理方法。

在适当的位置上添加图片或剪贴画，用以增加受众兴趣 194

如果你正在使用计算机图表的话，那么，你就要考虑添加图片或剪贴画。大多数软件包都有种类繁多的剪贴画，你可以将剪贴画引入你的文件。你也可以购买相对比较便宜的软件包，这样的软件包中有几千幅剪贴画图像。一幅相关的剪贴画，能够使图像看上去更加专业，也更加生动。但是，你一定要小心，不要把剪贴画做得太过分。不要让你的讯息被不必要的图片喧宾夺主。

有策略地使用色彩

尽管黑白两色能够使你的视觉教具收到不错的效果，但是，你应该考虑使用色彩。色彩的使用，能够在策略上突出论点。在具体表现图表色彩时，要遵循下列建议：

- 每个视觉图像都要使用相同的色彩背景，避免使用晦暗的背景。
- 使用诸如红色等明亮色彩，突出重要信息。

195 ● 使用黑色或深蓝色文字，特别是活动挂图上的文字。

- 在使用黄色或橙色文字时，提纲文字就要用较深色的文字，这样，从一定距离上看，效果比较好。
- 使用的颜色不要超过 4 种，两三种颜色效果比较好。
- 当你希望学习比较复杂的色彩用法时，就要使用色彩盘选择和谐的颜色。
- 不要把颜色混作一团。要让背景颜色与文字和剪贴画的颜色分开。
- 在准备视觉教具前，制作一个快速模板。就好像你是你的受众一样。远远地坐在受众要坐的位置上，品评你所选择的颜色的可读性和吸引力。

让我们看一看，我们能否将上述所有的原则都派上用场。图 14—10 包含了讲话者提出的许多重要信息，但是，注意这幅图让眼睛多么的不舒服。正如你看到的那样，这个视觉教具忽视了所有有效演示的原则。然而，如果讲话者采取颇有创见性的简化，那么，讲话者就可能制作出如图 14—11 所示的视觉教具，这个视觉教具强调了关键词（减少、再利用、再生）、突出了主要细节以及为某种专业格调添加了剪贴画，从而强化了注意力。

既然你已经创建了在讲话中使用视觉教具的方案，而且了解了创建高质量视觉教具的原则，那么，你就处在了在视觉上使讲话适应特定受众的位置上。在下一章里，我们将描述练习讲话的过程。你应该准备好在讲话练习阶段中使用的视觉教具。

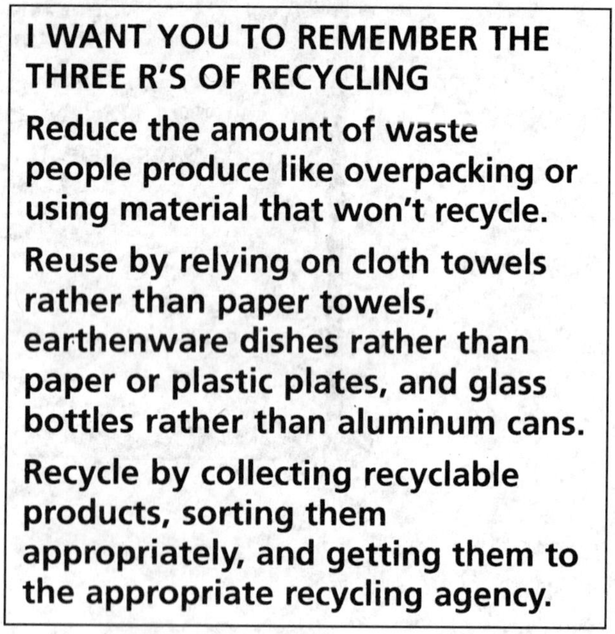

图 14—10　混乱而笨拙的视觉教具

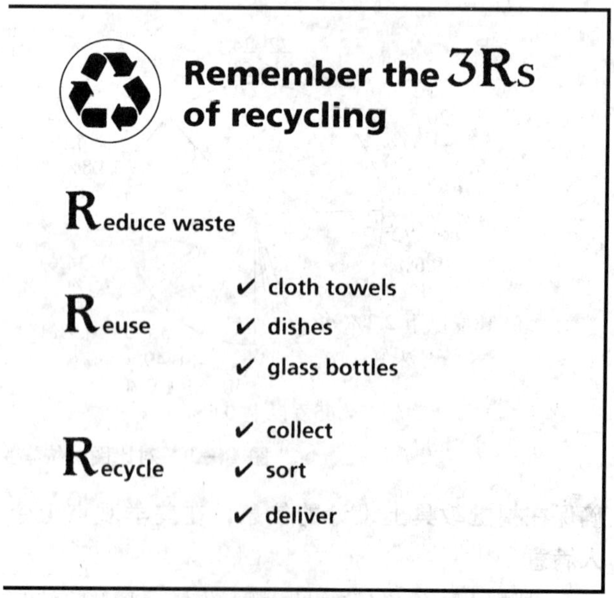

图 14—11　简单而有效的视觉教具

学习目标

1. 讨论演讲焦虑。

2. 识别影响讲话方式的身体要素。

3. 描述讲话表达方式的特征。

4. 识别讲话方式的不同类型。

5. 讨论排练讲话的方法。

6. 确定评价讲话的标准。

第15章 通过练习讲话方式来克服讲话焦虑

197 “平庸的讲话和伟大的讲话之间的差异，经常在于讲话到底是怎样表达的。”

平庸的讲话和伟大的讲话之间的差异，经常在于讲话到底是怎样表达的。虽然讲话方式无法弥补贫乏的研究、无序的组织和拙劣的措辞，但是，讲话方式却可以通过充分研究、组织得当和完美阐释的方式，成为实现你的讲话目标的强大工具。虽然有些人面对一群人讲起话来，看上去似乎自然流畅和轻松自如，但是，我们大多数人还是对讲话感到有点恐惧，并不是真正对准确有力地提出我们的想法感到轻松自如。

你怎么认为

我越多地练习讲话，我对讲话就越感到轻松。

强烈反对						强烈赞同
1	2	3	4	5	6	7

行动步骤5：练习讲话措辞和讲话方式

在本章中，我们要解释第5个行动步骤：练习讲话。我们首先讨论怯场或演讲焦虑，怯场或演讲焦虑是我们大多数人要面对的问题。随后，我们将解释有效讲话方式的身体要素和特征，这些都是讲话方式的标志。接下来，我们描述人们用来发表讲话的3种表达模式。然后，我们向你介绍旨在使你的排练阶段富有成效的讲话练习过程。最后，我们对你可以用来评价你的讲话，以及你也许会听到的其他人的讲话标准进行解释，作为举例，我们将这个标准应用到一个学生讲话的事例中去。

学习目标 1 演讲焦虑

人们或许因为第一次开始在公众面前讲话而感到害怕。所以，如果你有一点紧张的话，那么，和你一样感到紧张的人就有很多。另外，在我们中间，那些向他人传授讲话技巧的人们，也总是对帮助学生克服恐惧表示关注。**演讲焦虑**（Public Speaking Apprehension），一种沟通焦虑（或紧张），是你在参与或实际对受众讲话时所经历的恐惧程度。

我们所有人几乎都存在不同程度的演讲焦虑， 198
但是，在美国人口中，大约 15%的人存在较高程度的演讲焦虑。目前，我们可以从大量有关演讲焦虑的研究结果和帮助我们克服演讲焦虑的方法中得到帮助。

症状和原因

演讲焦虑的迹象因人而异，而且，演讲焦虑的症状从轻微到严重不等。症状包括身体反应、情绪反应和认知反应。身体反应可以是胃部不适（或恶心）、皮肤发红、流汗、颤抖、轻度头痛、心跳加快或加重以及包括口吃和发出嗓音停顿［“像”（like）、“你知道”（you know）、“啊”（ah）］等在内的语言不流利。情绪症状包括感到焦虑、闷闷不乐或心烦意乱。症状还可以包括具体的消极认知或思维模式。例如，一名具有较高理解能力的人，也许会说出诸如“我打算让自己出丑”或“我就知道我干不好”等话语。

我们认为，演讲焦虑程度在讲话的不同阶段不尽相同。在几年前撰写的一篇文章中，研究者识别了 3 种讲话者经历的反应阶段：预期性反应、对抗性反应和适应性反应。**预期性反应**（Anticipation Reaction）是你在发表讲话前经历的焦虑程度，包括你在准备和等待讲话时所感到的紧张。**对抗性反应**（Confrontation Reaction）是在你开始讲话时，你所感到的焦虑程度的波动。这种焦虑程度首先在你讲话 1 分钟左右时出现下降，大约在 5 分钟后，就会回升到讲话前的程度。**适应性反应**（Adaptation Reaction）是在你开始进入语言表达约 1 分钟后，出现焦虑程度逐渐下降，并在大约 5 分钟后，使你的焦虑程度降低到讲话前的程度。

演讲焦虑的原因仍在研究之中，但是，几个资料来源已经指出，讲话焦虑可能包含某种遗传成分。焦虑的两种其他解释分别是负面强化（Negative Reinforcement）[①]和欠发展的技能。

负面强化关注他人对你以往的演讲努力所做出的反应。如果你经历过负面反应的话，那么，或许你在公众面前讲话，就会比演讲时努力获得成功并受到赞扬更加紧张。然而，这些感受并不妨碍未来的表现。

欠发展的技能［抑或“技能欠缺”（Skill Deficit）理论］是最早解释焦虑的学说，并继续受到研究者的关注。欠发展的技能指出，我们多数人都会感到焦虑，因为我们不理解或无法实现伴随有效演讲所产生的基本任务。幸运的是，在前面几章里，你已经学习了行动步骤，这个过程旨在培养你获得讲话成功所需的各种技能。

虽然了解讲话技能对于减轻讲话焦虑是至关重要的，但是，我们还有其他控制和减少焦虑的方法。

> **➤演讲焦虑**
> 一种沟通焦虑（或紧张），是你在参与或实际对受众讲话时所经历的恐惧程度。
>
> **➤预期性反应**
> 你在发表讲话前所经历的焦虑水平，包括你在准备和等待讲话时所感到的紧张。
>
> **➤对抗性反应**
> 在你开始讲话时，你所感到的焦虑水平的波动。
>
> **➤适应性反应**
> 在你开始进入语言表达约 1 分钟后，出现焦虑水平逐渐下降，并在大约 5 分钟后，使你的焦虑水平降低到讲话前的程度。

① 又译负强化。——译者注

控制焦虑

我们多数人认为，如果我们能够完全摆脱紧张和焦虑的话，我们的讲话状态就会更好。然而，杰拉尔德·菲利普斯（Gerald Phillips）[①] 教授根据多年的研究，得出紧张未必就是负面的结论。他指出：“生物体处于紧张状态时，学习进展最
199 佳。”实际上，有点紧张有助于你做得最好，如果你懒洋洋地发表讲话，你或许就不会讲得太好。

> **控制你的焦虑**
>
> 1. 要意识到尽管你焦虑，你也能够在讲话过程中加以克服。
> 2. 要认识到听众也许察觉不到你的焦虑或紧张。
> 3. 要理解通过精心准备和排练，焦虑就会降低。

研究还进一步证实，虽然大多数学生在演讲课上都体验过焦虑，但是，差不多所有人还是学会了如何这种紧张。那么，如何将这种紧张应用到你身上呢？

1. 要意识到尽管你焦虑，你也能够在讲话过程中加以克服

只有极少数的人饱受演讲焦虑的折磨，使得他们无法正常工作。你也许不喜欢你所经历的“心绪不宁”，但是，你还是可以发表有效的讲话。在我们授课的这些年里，只有两名学生因害怕而无法讲话。我们看到过讲话者忘掉一些他们计划讲述的内容，而且，有些讲话者还偏离了他们计划的讲话主题，但是，他们都完成了讲话。此外，有些说自己感到非常恐惧的学生，竟然也做出了精彩的演讲。

2. 要认识到受众也许察觉不到你的焦虑或紧张

有些人焦虑心理加重，是因为他们误以为受众会察觉出他们的恐惧。然而，事实上，受众很少能够知道一个人的紧张程度。举例来说，一项经典的研究发现，即使教授讲话的教师，也会极大地低估他们认为一个人出现怯场的数量。

3. 要理解通过精心准备和排练，焦虑就会降低

如果你遵循在本书中学到的讲话计划行动步骤，在你全身心地与你的特定受众进行沟通时，你就会发觉自己很少注意焦虑。此外，通过练习讲话，你就会减轻预计要进行“即席讲话”可能产生的焦虑。由凯思琳·埃利斯（Kathleen Ellis）[②] 所做的一项研究，补充了以前研究的结果。这项研究指出，认为自己是胜任的讲话者的学生，比那些认为自己是不胜任的讲话者的学生，所经历的演讲焦虑要少。

减轻焦虑的技巧

鉴于演讲焦虑存在诸多原因，所以，我们拥有多种方法，可以帮助我们全面减轻焦虑，另外，

---

① 杰拉尔德·M·菲利普斯，美国宾夕法尼亚州立大学语言传播学教授。著有《帮助害羞的人：进入满是生人的房间都曾感到不自在的人》（*Help for Shy People: And Anyone Else Who Ever Felt Ill at Ease on Entering a Room Full of Strangers*，1986）、《沟通无能：一种培训口头表现行为的理论》（*Communication Incompetencies: A Theory of Training Oral Performance Behavior*，1991）、《修辞疗法对医学疗法：应对沉默寡言》（*Rhetoritherapy Versus the Medical Model: Dealing With Reticence*，1997）、《群体讨论：参与和领导力实践导论》（第三版）（*Group Discussion: A Practical Guide to Participation and Leadership*，3rd Edition，2001）等作品。——译者注

② 凯思琳·埃利斯，美国科罗拉多大学多泉分校传播系副教授。著有《焦虑、自我察觉的能力以及教师在实验支持的演讲课程中的直接性：趋势和关系》（*Apprehension, Self-perceived competency, and Teacher Immediacy in the Laboratory-supported Public Speaking Course: Trends and Relationships*，1995）、《测量组织信任：一个诊断调查和国际性指标》（*Measuring Organizational Trust: A Diagnostic Survey and International Indicator*，2000）、《教师的肯定对接收者焦虑、动机和学习的影响》（*The Impact of Perceived Teacher Confirmation on Receiver Apprehension, Motivation, and Learning*，2004）等作品。——译者注

我们在讲话过程中也可以使用一些具体技巧，这些技巧旨在控制我们感到的片刻紧张。

> **减轻焦虑的技巧**
> 1. 心像。
> 2. 系统脱敏疗法。
> 3. 演讲技能培养。

1. 心像

心像（Visualization）是一种通过帮助你自己形成一个权威讲话的心理图像，来减轻焦虑的方法。乔·艾尔斯和西奥多·S·霍普夫（Joe Ayres and Theodore S. Hopf）[①]是两位对心像有着广泛研究的学者。他们发现，如果人们能够自己形成仔细检查全部讲话准备和发表讲话过程的一个思维图像，那么，在他们讲话时，就会拥有一个更为有利的获胜机会。

心像一直被广泛用于运动员提高体育成绩。在一项对试图提高他们罚球投篮命中率的球员的研究中，球员被分成 3 组。一组从不练习罚球，另一组练习罚球，而第 3 组则进行形成心像练习。正如我们预料的那样，那些练习罚球的球员成绩，远比没有练习罚球的球员成绩提高得多。看上去似乎令人惊讶的是，那些仅通过形成心像练习的球员，几乎和练习罚球的球员成绩提高得一样多。设想一下，当你既形成心像，又进行练习时，你将会发生什么？

通过形成发表讲话的心像，不仅使人们看上去似乎可以降低总体焦虑程度，也能够使他们在实际
200 讲话时，较少地诉说负面想法。因此，你要使用各种心像活动，作为有效讲话准备的组成部分。

2. 系统脱敏疗法

系统脱敏疗法（Systematic Desensitization）[②]是一种通过逐渐让你形成越来越多的可怕事件的心像，来减少焦虑的方法。这种方法涉及有意识地绷紧和放松肌肉群，从而学会如何认识这两种状态的差异。然后，在处于放松状态时，你想象自己继续处在一个更为紧张的情境。例如，在图书馆寻找一个讲话话题、大声向同屋的人练习讲话以及最后发表讲话。系统脱敏疗法的根本目的，是要让我们在形成实际讲话事件的心像时，使我们向获得平静的感受迁移。在指令上，控制平静——而且，这种技巧十分有效。

3. 演讲技能培养

演讲技能培养（Public Speaking Skills Training）是旨在提高讲话能力从而减轻演讲焦虑，系统讲授与准备和发表有效演讲过程有关的技能。

技能培养是基于这样的假设，由于我们无法知道怎样实现成功演讲——我们缺乏成功演讲方面的知识和有效的行为方式，从而，给我们的演讲造成某些焦虑。因此，如果我们学会与发表有效讲话联系在一起的方法和行为方式的话，那么，我们就会减轻演讲造成的焦虑。演讲技能包括那些与目标分析、受众和情境分析、组织、讲话方式和自我评价有关的内容。

上述 3 种减轻演讲焦虑的方法，成功地帮助人们减轻了他们的焦虑。研究者们正在进行研究，用以识别哪些技巧对于某个人是最有效的方法。一项由克伦·坎卡斯·杜威（Karen Kangas

> **➤心像**
> 一种通过帮助你自己形成一个权威讲话的心理图像，来减轻焦虑的方法。
>
> **➤系统脱敏疗法**
> 一种通过逐渐让你形成越来越多的可怕事件的心像来减少焦虑的方法。
>
> **➤演讲技能培养**
> 旨在提高讲话能力从而减轻演讲焦虑，系统讲授与准备和发表有效演讲过程有关的技能。

---

① 乔·艾尔斯和西奥多·S·霍普夫，分别是美国华盛顿州立大学传播系教授和副教授。著有《心像、系统脱敏疗法和理情治疗法：一个比较评价》（*Visualization, Systematic Desensitization, and Rational Emotive Therapy: A Comparative Evaluation*, 1987）、《心像：它比额外注意更多吗?》（*Visualization: Is It More Than Extra-attention?* 1989）、《课堂心像的长期影响：一个简要的研究报告》（*The Long-term Effect of Visualization in the Classroom: A Brief Research Report*, 1990）、《成像能力是否可以提高专门降低讲话焦虑干扰的有效性检查》（*An Examination of Whether Imaging Ability Enhances the Effectiveness of an Intervention Designed to Reduce Speech Anxiety*, 1994）等作品。——译者注

② 又称交互抑制法。这个方法是由美国学者 J. 沃尔普（J. Wolpe）在 20 世纪 50 年代创立和发展起来的一种行为疗法。他认为，神经症的起因是在焦虑的情境中，原来不引起焦虑的中性刺激与焦虑反应多次结合成为较为牢固的焦虑刺激，从而产生异常的焦虑情绪或紧张行为。——译者注

Dwyer)[①]所做的研究指出，对付焦虑最有效的办法，是采用众多技巧中的一种。但是，我们要具体分析这些技巧，这样，我们就可以按照某种符合个体所经历的焦虑顺序，来使用这些技巧了。因此，让我们举例进行说明，当面临一个讲话情境时，如果你的直接反应是想到令人担忧的想法（“我不知道我打算做什么”或“我会让自己出丑的”），而这随后使你感到紧张，你在第一次体验技能方法的帮助时感觉会是最好的。又比如，另一个人马上感到身体出现反应（恶心、心跳加速等），在与心像和正在接受的技能培养一起作用之前，他会从第一次学习的各种系统脱敏疗法中获益。因此，为了减轻演讲焦虑，你也许需要使用上述所有的技巧，但是，要按照某种符合你所经历的焦虑顺序来使用它们。

学习目标 2　讲话方式的要素

影响你的讲话方式的身体因素是你的嗓音、发音和身体动作。

嗓音

你的嗓音是向受众传播你的讲话内容的媒介。
201 你如何向受众发声，能够强调、补充、有时甚至有悖于你讲话内容的意义。因此，你的嗓音影响你的想法被他人顺利理解的程度。为了很好地利用你的嗓音，了解嗓音发挥作用的方式是有益的。嗓音的 4 个主要特征是：音调、音量、语速和音质。你可以控制这些特征，以产生声音的多样性和侧重点，这有助于你有效地沟通。

音调（Pitch）是指嗓音在某个范围音内发出调的高低。你的嗓音是通过你的声带的振动，在喉咙里产生的。为了感到这种振动，你可以把手放在喉结上方的颈前部，并发出“啊”的声音。现在，就像吉他琴弦的音调可以通过调紧或调松来改变一样，你的嗓音的音调也可以通过绷紧和放松声带来改变。自然音调因人而异，但是，成年男子发出的嗓音音调一般要比儿童和成年女子低。平均而言，人们都有一个轻松的音调变化范围，这个范围要比一个八度音阶大，而八度音阶则是音阶的 8 个完整音高。

> **➤音调**
> 嗓音在某个范围内发出音调的高低。
>
> **➤音量**
> 在你正常呼气、横膈膜放松以及空气通过气管排出时，所发出音调的响度。

我们大多数人都以一个适合我们音调的范围讲话。然而，有些人却存在音调困难——也就是说，他们在语调上已经习惯于要么高于他们的自然音调，要么低于他们的自然音调。如果你怀疑自己出现了音调困难的话，那么，你的老师可以为你介绍一位言语治疗师，这位言语治疗师能够帮助你重新调整你的音调。对于我们大多数人来说，当我们讲话时，问题不仅在于我们是否有一个令人满意的音调，也在于我们为了有助于沟通我们的想法，是否使用了我们的音调范围。

音量（Volume）是在你正常呼气、横膈膜放松以及空气通过气管排出时，所发出音调的响度。当你讲话时，你可以通过收缩腹肌，来增加空气在振动声带上排出的力量。这个排出空气背后的较大的力量，就会增加你的语调的音量。

---

① 克伦·坎卡斯·杜威，美国内布拉斯加大学奥马哈分校传播学教授，全国传播学会（National Communication Association，NCA）沟通焦虑与能力分会主席。著有《克服演讲焦虑：学会如何克服演讲紧张》（*Conquer Your Speech Anxiety*：*Learn How to Overcome Your Nervousness About Public Speaking*，2004）、《克服演讲惊恐：学会如何克服演讲紧张》（*Conquer Your Speechfright*：*Learn How to Overcome the Nervousness of Public Speaking*，1997）、《多维模型：教会学生通过自我选择疗法来自我管理高水平沟通忧虑》（*The Multidimensional Model*：*Teaching Students to Self-manage High Communication Apprehension by Self-selecting Treatments*，2000）等作品。——译者注

为了感受上述肌肉如何工作，你可以将双手放在身体两侧，手指延伸到胃部，以正常嗓音发出“啊”的声音。现在，你尽可能大声地发出“啊”的声音。如果你使用肌肉得当的话，那么，随着你提高音量，你能感到胃部收缩增加。如果你很少或根本没有感到胃部肌肉收缩，那么，你可能正在试图从错误的发声来源获取音量，这会导致疲劳、刺耳的声音以及缺乏足以使一间大房间里的人都听到的音量。

无论你的身材大小，你都能够以洪亮的声音讲话。如果你讲起话来轻声细语，那么，你也许在发表足以让受众听到的大声讲话时就会出现问题，所以，在你讲话时，你需要增加腹部的压力。

语速（Rate）是你讲话时的速度。在正常的谈话中，大多数人以每分钟 130～180 字的语速讲话，但是，一个讲话的最佳语速则由听众能否理解你讲述的内容而定。通常，即使是以一种很快的语速讲话，也是可以接受的，只要观点不是很新和很复杂，词语发音很好，且具有充分的嗓音多样化和侧重点。

如果你被告知讲话太快或太慢的话，那么，你也许需要改变讲话的语速。为此，你要在阅读书面讯息时，计算你的讲话语速。首先，你要大声准确地朗读 3 分钟。当你读完时，你要数一数已经阅读的字数，并除以 3，计算你每分钟朗读的字数。如果你感到朗读的语速明显有别于每分钟 130～180 字的变化范围的话，那么，你就要再用 3 分钟重新朗读相同的讯息，有意识地减少或增加朗读的字数，然后再数一下字数，并除以 3。

最初，显著地改变语速也许是困难的，但是，随着练习，你就会看到，你可以根据需要较快或较慢地进行朗读。你可以找到一个不同的语速，无论这个语速是较快还是较慢的，这个语速将是你感到陌生的语速。为了表明你日常讲话的改善，你必须学会将你的听觉调整到一个比较合适的语速。如果你每天练习的话，那么，你在几个星期内就应该能够使你的听觉习惯于各种变化，这样，你就可以根据朗读素材的种类来调整语速。当你对改变语速的能力有把握时，你便可以练习讲话的各个部分了。当素材比较简单，或当你试图营 202
造一种兴奋的心情时，你就会比较快地进行讲述；当素材比较难，或当你试图创设一种忧郁的心绪时，你就会比较慢地进行谈论。

音质（Quality）是你的嗓音的音调、音色或语音。最佳的嗓音是一种清晰而令人愉快的音调。音质包括鼻音（依附元音，“通过你的鼻子说话”）、气息音（发音过程呼出过多的空气）、刺耳的声音（喉咙和胸部过分紧张）以及嘶哑声（一种刺耳的声音）。如果你认为你的嗓音具有上述某种令人不快的音质，你就要请教你的老师。如果你的老师认为你需要帮助的话，那么，你就要请求老师推荐一名言语治疗师，言语治疗师广博的嗓音解剖和生理学知识可以查明你的问题，并能够帮助你纠正出现的问题。（许多大学都在工作人员中间，设有致力于为学生提供帮助的言语治疗师。）

> **➤语速**
> 你讲话时的速度。
> **➤音质**
> 你的嗓音的音调、音色或语音。
> **➤发音**
> 利用舌头、上颚、牙齿、下颚运动以及嘴唇发出的语音，组合产生一个词语的发音。
> **➤读音**
> 一个词语各个音节的形式和重音。

发音

发音（Articulation）是利用舌头、上颚、牙齿、下颚运动以及嘴唇发出的语音，组合产生一个词语的发音。发音不应该混淆于**读音**（Pronunciation）——一个词语各个音节的形式和重音。例如，在词语“统计学”（statistics）中，发音涉及 10 个语音（s-t-a-t-i-s-t-i-k-s）形式；读音是指这个词语的发音（sta-tis'-tiks）的组群和重音。

许多讲话者都会遇到细小的发音问题，如增加一个不存在的语音［以 athalete 表示 athlete（运动员）］、遗漏一个存在的语音［以 libary 表示 library（图书馆）］、颠倒语音顺序［以 revalent 表示 relevant（有关的）］和误读语音［以 truf 表示 truth（事实，真理）］等问题。虽然有些人一直存在需要言语治疗的发音问题（如不断在讲话中用 s 代替 th），但是，我们许多人有的还是习惯性粗心大意的发音问题，这些问题很容易加以改正。

两个最恼人的发音问题是讲话者发音不清（将语音和词语混为一谈）和遗漏词尾。大多数英语口语都包括一些发音不清的语音。举例来说，大多数英语讲话者都可能把“that table”（那张桌子）说成“tha-table”，因为连续发出两个“t”的语音简直是太困难了。但是，有些人过分发音不清和遗漏词尾，使听众难以理解。用“Who ya gonna see?”（你打算去看谁?）表示“Who are you going to see?”（你打算去看谁?），具体说明了上述两种错误。

如果你有某种轻微的“发音不清”（sluritis）的情况，而这种情况是由于没有花时间形成清晰的语音造成的，那么，你通过每周3天用10～15分钟大声朗读几则讯息，并对每个语音进行咬文嚼字的反复练习，就可以在发音方面取得相当大的改善。有些教师提倡“咀嚼”你的词语——也就是说，你发出的每个语音都要确保嘴唇、下颚和舌头小心地运动。发音问题与大多数其他讲话方式问题一样，你也都要加以改善。根据语音问题的严重程度，讲话者必须有意识地进行几天、几个星期、几个月的讲话练习。接二连三地出现读音错误，能够给人留下讲话者缺乏才智的印象，所以，学习清晰地发音是至关重要的。

来自不同文化和这个国家不同地区的讲话者关注的一个主要问题，是他们的**口音**（Accent）——一个国家、一个地区、甚至一个州或城市的当地人典型的发音方式、音调的调整、音调和讲话习惯。每个人都操着某种口音讲话，因为“口音”表示任何与其他人讲话方式不同的语调和音调的调整。举例来说，美国某个城市或地区的当地人认为，他们操着对于美国北部讲话方式来说是“正常”的语调和音调的调整，来自美国东北部的人们会漏掉“r”的发音［ca表示car（汽车)］，而来自美国南部的人们则“拉长音调”讲话。但是，当他们去某个不同的城市或地区时，他们就会被指责带有某种“口音”。因为居住在这 203
个城市或地区的人们，听到了他们认为是不同于他们自己的音调的调整和语调。

人们在什么时候应该努力减少或消除他们的口音呢? 只有当口音“太重”或不同于难以有效沟通的受众成员的时候，抑或如果他们希望教书、从事播音或其他口音也许对他们的表现产生不利影响的职业的时候。

身体动作

当你发表讲话时，你传达的意义同样取决于你的非语言身体动作如何补充你的嗓音讯息。影响你讲话方式的非语言特征包括面部表情、手势、动作姿势和镇定自若的状态。讲话者的面部表情就会被受众认为是使人厌烦的、虚假做作的或令人难以忍受的。受众对自然的面部表情做出的积极反应，反映了你正在讲述的内容以及你如何感受讲话的内容。

> **➤口音**
> 一个国家、一个地区、甚至一个州或城市的当地人典型的发音、音调的调整、音调和讲话习惯。
> **➤面部表情**
> 眼部和嘴部动作。
> **➤手势**
> 在你描述和强调时，你的双手、两臂和手指的动作。

面部表情

面部表情（Facial Expression）是指眼部和嘴部动作，传达着你的魅力。受众希望你有不同的表情，并与你正在讲述的内容相一致。如果讲话者在讲话期间并没有做出生动的面部表情，而是板起一副毫无表情的面孔、不断龇牙咧嘴地重复着虚假的笑容或摆出一筹莫展的苦脸，那么，

手势

手势（Gestures）是指在你描述和强调时，你的双手、两臂和手指的动作。我们有些人在随意谈话过程中做出大量的手势，而其他一些人并非如此。如果你做出的手势比较费劲，那么，你就不要在讲话过程中强迫自己做出手势。有些经常使用手势的人认为，当他们发表讲话时，因为他们在背后握紧双拳、双手插兜或者紧紧抓住讲台，所以，他们无法做出温文尔雅、从容不迫的手势。因此，他们古怪地摆动双肘，看上去似乎显得拘

谨不堪。为了避免这类问题，当你讲话时，要自在地留出双手，这样，它们就可以做出你经常做的手势。

动作

动作（Movement）是指整个身体的运动。有些讲话者在整个讲话过程中，站在那里一动不动，而其他一些讲话者则不停地来回走动。一般来说，你也许最好站在一个地方，除非你有一些走动的理由。然而，一个小动作却可以增加讲话的效果，它也许有助于保持注意力。在理想情况下，动作应该有助于强调某个过渡、一种想法或者引起对讲话某一方面的注意。要避免反复晃动身体或来回移动脚步，抑或从房间的一侧踱步到另一侧等无法集中注意力的动作。在你的讲话开始时，你要双腿站直。如果在讲话过程中，你发现自己出现某种奇怪的姿势，那么，你就要恢复到直立的姿势，把你的身体重量平均分配到双脚上。

姿势

姿势（Posture）是指身体的坐立方式或风度举止。在讲话过程中，挺直的姿势、端正的肩膀，向受众传达了一种镇定自若的含义。慵懒的讲话者可能给人造成一种不快的印象，从而给人留下缺乏自信和态度冷漠的印象。在你练习时，你要注意你的姿势，并加以调整，使你保持挺直的姿态，将你的身体重量平均地分配到双脚上。

> 作为一个一般原则，任何引起注意的动作都是消极的，而任何有助于强化某个重要想法的动作都是积极的。

镇定自若

镇定自若（Poise）是指自信的行为方式。一个镇定自若的讲话者能够避免出现使受众分散注意力的习惯动作，如摘下或戴上眼镜、轻轻地摇动口袋中的硬币、咂舌、舔嘴唇、抠鼻子、搓手、摸胳膊等。作为一个一般原则，任何引起注意的动作都是消极的，而任何有助于强化某个重要想法的动作都是积极的。同样，一个镇定自若的讲话者能够控制伴随讲话紧张出现的各种行为。在本章后面的部分里，将提供几种你可以用来减轻紧张的技巧。

上述一些发音特征和身体动作，对于有具体残障的讲话者而言，也许难以做到，但是，204
所有讲话者都需要进行练习，这样，他们就可以有效地使用嗓音和身体动作，提升他们讲话的质量。

学习目标3　讲话方式

在你练习和发表讲话时，将希望使用嗓音、发音和身体动作，从而使你的表达方式看上去自然。**讲话方式**（Conversational Style）是一种表现讲话的非正式方式，从而使受众感到你正在与他们进行交谈，而不是对他们唠叨不休。讲话方式的5个特征是积极性、嗓音表现力、自发性、流畅性和目光接触。

积极性

积极性（Enthusiasm）是对你的讲话感到兴奋或富于激情。如果积极性并不能从你说话的声音中自然流露出来的话，那么，只要你拥有一个真正使你感到兴奋的话题，就会对你有所帮助。即使是一个热情的人，当他选择一个打不起精神的话题时，表现积极性也会遇到困难。那么，表现积极性就要集中在你的听众如何从你要讲述的内

> ➢**动作**
> 整个身体的运动。
> ➢**姿势**
> 身体的坐立方式或风度举止。
> ➢**镇定自若**
> 自信的行为方式。
> ➢**谈话方式**
> 一种表现讲话的非正式方式，从而使受众感到你正在与他们进行交谈，而不是对他们唠叨不休。
> ➢**积极性**
> 对你的讲话感到兴奋或富于激情。

容中获益。如果你确信你有值得与大家沟通的内容的话，那么，你就有可能表现出更多的积极性。

为了验证积极性的重要性，想一想，你对一节课采取怎样不同的态度，这种态度取决于教授的表达方式："我与你们谈论地理学（历史学、英国文学）确实感到很兴奋"还是"我宁愿在任何地方谈论，也不愿意同你们谈论这个主题。"一位看上去和听起来具有积极性的讲话者，他讲述的内容就会被受众倾听，而且，讲话者的想法也将被受众记住。

嗓音表现力

嗓音表现力（Vocal Expressiveness）是指在音调、音量、语速和音质方面，影响受众从你所讲述的句子中获得意义的差别。阅读下列句子：

"我们需要起诉滥用职权的人。"（We need to prosecute abusers.）

作者打算强调的这个句子的重点是什么呢？在没有听到这个句子的情况下，我们很难说。为什么？因为正是嗓音表现力，有助于我们理解意义。大声将这个句子朗读 4 次，在每次朗读时，**强调**（Emphasize）一个不同的词语（在词语表达上表现出一种不同的细微差异），然后，听一听这个句子的意义发生怎样的变化。第 1 次强调"We"（我们），第 2 次强调"need"（需要），等等。注意，你每一次强调不同的词语，你都微妙地改变了这个句子的意义。第 1 次，侧重点集中在谁应该采取行动。第 2 次，侧重点集中在紧迫性以及做事情的非自愿的性质。第 3 次，侧重点集中在要做的内容。而最后一次，侧重点则集中在谁需要被起诉。所以，如果你想要确保受众理解你的讯息，那么，你必须充分表现你的嗓音，把意义的细微差异描绘出来。

一个完全缺乏嗓音表现力的讲话，就会产生**单调的口吻**（Monotone）——一种词语、想法或句子的音调、音量和语速保持不变的嗓音，没有明显不同于其他词语、想法或句子的音调、音量和语速。虽然很少有人真正以一种单调的口吻讲话，但是，我们很多人在公共场合讲话时，对自己严格加以限制，只使用两三个音调水平，而且，在音量和语速上相对不变。一种实际或近乎单调的口吻很难保持受众的注意力，也会降低受众理解你正在讲述的内容的可能性。因此，在你排练时，你要在讲述内容方面努力发展嗓音的多样性。

> **➢嗓音表现力**
> 在音调、音量、语速和音质方面，影响受众从你所讲述的句子中获得意义的差别。
>
> **➢强调**
> 在词语表达上表现出不同的细微差异。
>
> **➢单调的口吻**
> 一种词语、想法或句子的音调、音量和语速保持不变的嗓音，没有明显不同于其他词语、想法或句子的音调、音量和语速。
>
> **➢自发性**
> 一种看上去似乎没有经过排练或背诵的自然讲话。

自发性

自发性（Spontaneity）是一种看上去似乎没有经过排练或背诵的自然讲话。自发性讲话方式是新颖的，在讲话者讲话时，它听上去就好像讲话者正在真正思考想法和受众。相反，吃力的讲话听起来就像死记硬背一样，降低了受众对讲话者和讲话内容的注意力。

受众通常认为讲话者背诵的讲话缺乏某种自发性，因为试图记忆的人经常必须付出艰苦的努力，才能记住所要表达的语句，这样，讲话者往往就会因辛苦而在讲话过程中变得很无精打采。虽然天赋卓著的演员可以几百次地逐字地重复讲出相同的台词，听上去就像有感而发、畅所欲言一样，但是，大多数初出茅庐的演讲者却无法做到。

怎样才能使你事先准备和练习的讲话听起来仍然像有感而发的呢？理解讲话的观点，而不是试图记忆讲话的词语，你就可以保持自发性。假 205
设有人请你叙述驾车上班的线路，因为你熟悉这条驾车线路，所以，你就可以自然而然地对线路进行描述。你既没有把线路写出来，也不会把它记下来——你完全熟悉它。你要像熟悉上班线路那样，通过理解讲话的观点，来形成讲话的自发性。要研究你的提纲和吸收你要提出的素材，然后，享受与受众谈论它的乐趣。

流畅性

有效的讲话方式同样要求**流畅性**（Fluency）——轻松流畅地讲话，没有丝毫犹豫或发出噪音干扰。虽然大多数人偶尔也会发出“er”（嗯）、“uh”（啊哼）、“well”（啊，这个）、“OK”（好）、“you know”（你知道）、“like”（好像）等噪音干扰，但是，当这些噪音干扰被其他人认为过多以及开始引起他人注意时，这些干扰词语就变成了一个问题，因此，要防止听众把注意力集中在干扰词语的意义上。

目光接触

目光接触（Eye Contact）是我们直接看着人们讲话。在发表讲话的过程中，目光接触包括在整个讲话期间，看着所有坐在各个不同位置的受众。只要你看着某些人（坐在你面前、坐在房间左后方、坐在房间中央右侧等的人们），而不是看着笔记、天花板、地板或窗口，每一个受众都将认为你正在充分地与他们进行目光接触。

保持目光接触是至关重要的，有以下几个原因。

1. 保持目光接触有助于受众把注意力集中在讲话上

如果讲话者在讲话时不看着我们的话，我们不太可能与他们保持目光接触。这种双方目光接触的中断，经常会减少对讲话者讯息的注意力。

2. 保持目光接触可以提高受众对讲话者的信任

正如你可能会怀疑交谈时不看着你的人，受众也会对不看着他们的讲话者持怀疑的态度。目光接触被认为是一种真诚的信号。没有与受众保持目光接触的讲话者，几乎总是被看作是局促不安的人，并经常被认为是虚伪或不诚实的人。

3. 保持目光接触可以帮助你深入了解受众对讲话的反应

因为沟通是双向的，所以，在你对受众讲话的同时，受众也在同你讲话。在谈话中，受众的反应很可能是语言和非语言的反应。在演讲中，受众的反应更可能只通过非语言暗示表现出来。专心致志的受众很可能会以不同的关注度看着你，烦及无聊的受众可能打哈欠、向窗外张望、慵懒地坐在椅子上甚至可能瞌睡打盹。如果受众成员听不懂的话，他们就会迷惑不解；如果他们赞同或理解你的话，他们就会频频点头。通过监控受众的行为，你就可以以更加充满活力、提供其他事例或者更为快速地转入某个论点的方式进行调整。如果你准备充分的话，那么，你做出的调整就会更好地适应受众的需求。 206

保持目光接触为什么重要?

1. 保持目光接触有助于受众把注意力集中在讲话上。

2. 保持目光接触可以提高受众对讲话者的信任。

3. 保持目光接触可以帮助你深入了解受众对讲话的反应。

一种在你的讲话期间确保目光接触的方法，是要在整个讲话过程中，注视受众各个部分不同群体的人们。为了创建有效的目光接触，你要在心里将受众划分为散坐在房间内的小群体。然后，随机对每个群体讲 4～6 秒的话。最终，你就会发现自己以一种随机的模式，注视整个群体几分钟的时间了。使用这一模式可以帮助你避免花费不成比例的时间，与坐在你面前或房间中央的人们进行交谈。

> ➤**流畅性**
> 轻松流畅地讲话，没有丝毫犹豫和发出干扰词语。
> ➤**目光接触**
> 我们直接看着人们讲话。

学习目标 4 讲话方式的类型

讲话在你提前做的内容准备和练习的数量上存在着差异，这些因素都能够对讲话的方式产生影响。最常见的 3 种讲话方式是即兴讲话、照稿讲话和脱稿讲话。

即兴讲话

有时，你也许被要求在没有通知或没有时间准备的情况下“现场”发表讲话，在商务会议或课堂上，你可能被要求分享你对某个感兴趣的话题了解的内容。**即兴讲话**（Impromptu Speech）是一种只提前几秒钟或几分钟通知准备，通常不参考任何形式的笔记而发表的讲话。你可能已经被要求在这门课上发表即兴讲话，所以，你了解伴随着这种讲话所产生的压力。

你可以通过练习模仿即兴讲话，来提高你的即兴表现。例如，如果你正在选修一门课程，在这门课上，教授随机叫学生回答问题，那么，你可以通过预计当天可能提出的有关阅读的问题，来进行准备，并给出你的答案。随着时间的推移，你就会成为比较善于组织答案和即兴讲话的人了。

照稿讲话

在另一种极端的情境下，你也许要逐字认真准备一份完整的书面讲稿。然后，你要么把讲稿文字背诵下来，要么借助一个印刷文件或电子提词机，向受众朗读讲稿。**照稿讲话**（Scripted Speech）是一种通过创作完整的书面讲稿进行准备，并通过死记硬背或阅读书面讲稿而发表的讲话。

显然，有效的照稿讲话要花大量的时间进行准备，因为讲话提纲和逐字逐句的讲稿都必须事先准备，也许还要背诵下来。当照稿讲话的内容被记住后，你就要面对由于害怕忘词而不断增加的焦虑。当你阅读一篇讲话稿时，你必须善于用眼睛的余光来看讲稿，这样，你就不会被人看出是在进行朗读，也能够与受众保持目光接触。

由于有效准备和发表照稿讲话需要的时间以 207
及技能，照稿讲话通常被用于重要场合。政治演讲、大会上的基调演说以及年度股东会议上执行总裁的讲话，都是照稿讲话的事例，在这些时候，照稿讲话也许是值得付出努力的。

脱稿讲话

无论是在工作中、社区里或课堂上，大多数讲话都是不用讲稿的。**脱稿讲话**（Extemporaneous Speech）是提前经过研究和计划的讲话，但是，具体的措辞与照稿讲话不同，而且，每一次的表达方式也各异。在脱稿讲话时，你可以参考准备好的简单笔记，提醒你想要提出的想法以及表达想法的顺序。

脱稿讲话是最容易产生效果的讲话。与即兴讲话不同的是，在脱稿讲话时，你能够对想法做提前的准备、携带提示的笔记并练习实际可能讲到的内容。然而，与照稿讲话不同的是，脱稿讲话不需要一个长时间的准备过程，就可以产生效

> **➢即兴讲话**
> 只提前几秒钟或几分钟通知准备，通常不参考任何形式的笔记而发表的讲话。
>
> **➢照稿讲话**
> 通过创作完整的书面讲稿进行准备，并通过死记硬背或阅读书面讲稿而发表的讲话。
>
> **➢脱稿讲话**
> 提前经过研究和计划的讲话，虽然具体的措辞与照稿讲话不同，而且，每一次的表达方式也各异。

果。在本章的下一个部分里，将描述如何成功地为脱稿讲话进行排练。

学习目标 5 排练

排练（Rehearsing）是大声地练习你的讲话的表达方式。在本部分里，我们描述怎样安排你的讲话准备和练习时间，怎样准备和使用笔记以及运用视觉教具，此外，我们还提供有效排练的指导方针。

确定讲话排练时间和进行讲话排练

没有经验的讲话者常常认为，他们一旦完成了讲话提纲，就做好了发表讲话的准备。但是，一个没有经过练习的讲话，可能远远不及你花时间进行有效练习讲话的效果好。总之，如果你不是一位有经验的讲话者，那么，你就要至少在发表讲话前的两天内，努力完成讲话提纲，这样，你就有充足的练习时间，修改、评价并仔细思考讲话的方方面面了。图 15—1 给出了一个实用的、准备课堂发言的时间表。

真的有必要大声练习讲话吗？一项由门泽尔和卡雷尔（Menzel and Carrell）所做的研究，支持了这种看法，并得出结论：“大声排练讲话的重要性，或许反映了以言语表达澄清想法的事实。 208
因此，口头排练有助于获得实际讲话的成功。”

> **➤排练**
> 大声地练习你的讲话的表达方式。

6月

星期日	星期一	星期二	星期三	星期四	星期五	星期六
1	2	3	4 选择话题；开始研究（7天前）	5 继续研究（6 天前）	6 概括讲话主体（5 天前）	7 写出导语和结论（4 天前）
8 完成提纲；如果需要的话，要找到其他素材；完成全部视觉教具（3天前）	9 第一次排练阶段（2 天前）	10 第二次排练阶段（1天前）	11 发言（讲话当天）	12	13	14

图 15—1 准备一个发言的时间表

准备讲话笔记

在第一次排练阶段之前，你要准备一份讲话笔记的草稿。**讲话笔记**（Speech Notes）是你的讲话要用到的词语或短语概括，加上难以记忆的信息，如引用语和统计数据等，旨在帮助唤起你记忆的信息。最好的讲话笔记包括尽可能少的文字，用足够大的字号书写，可以在一段距离内马上看到。

为了形成你的笔记，首先，要将讲话提纲提炼为一个由关键短语和词语组成的简略提纲。然后，如果你的讲话有细节的话，那么，你就必须对讲话细节形成一个完全准确的说明——如一个具体的事例、一条引用语或一组统计数据——将这些内容添加在适当的位置上。最后，准确地指出你计划在哪里演示视觉教具。

做讲话笔记不仅为你在讲话时提供了提示，也有利于在你的脑海里巩固讲话的想法。

对于一个3～5分钟的讲话而言，你只需要一两张3×5英寸的记录卡片来记录你的讲话笔记。对于一个时间较长的讲话来说，你可能需要一张卡片用于记录导语，一张卡片用于记录主要论点，一张卡片用于记录结论。如果你的讲话包含一个特别重要和较长的引用语，或一套复杂的统计数据的话，那么，你可以将这些数据详细地记录在几张单独的卡片上。图15—2表示埃明能够在两张3×5英寸的记录卡片上，呈现完整的提纲（如原书第13章，第176页所示）的方式。

在练习阶段，要使用你在讲话时使用的笔记。如果你使用讲台的话，你就要把笔记摆放在讲台上，或者，一只手拿着笔记，并在需要时进行参考。构建优秀的记录卡片是为何显得重要呢？讲话者经常发现，制作记录卡片的做法，在练习期间或在以后的讲话过程中，帮助巩固头脑中的想法时，效果十分显著，之后，他们根本就不需要使用这些笔记了。

记录卡片1
导语
有多少人受到信用卡兜售者的纠缠？
3个标准：1 利率，2 年费，3 诱因
讲话主体
第一个标准：分析利率
利率是公司收取透支款的百分比
√平均8%
√高达21%
√开始低于0%~8%——但包括各种限制
浮动利率或固定利率
√浮动利率——每月都发生变化
√固定利率——固定不变
（考虑利率后，要看下一个标准）

记录卡片2
第二个标准：分析年费——费用不同
√有些没有年费
√多数平均年费约为25美元
（考虑利率和年费后，要权衡一下收益）
第三个标准：权衡广告诱因
√折扣
√经常旅客的奖励积分
√贴现率
广告诱因不是主要因素
结论
所以，3个标准是利率、年费、广告诱因

图15—2 记录卡片实例

在讲话过程中使用视觉教具

许多讲话者认为，一旦他们把优秀的视觉教具准备好，他们在讲话过程中就可以毫无困难地使用视觉教具了。然而，许多拥有优秀视觉教具的讲话，却因为视觉教具操作不当，而显得笨拙不堪。你可以通过遵循下列指导方针来避免出现上述问题：

> **➤讲话笔记**
> 你的讲话要用到的词语或短语概括。

1. 在使用视觉教具时，要精心策划

你要在讲话提纲上，准确地注明（并在讲话笔记上做出标记）演示或取消视觉教具的时间。要练习介绍每个视觉教具，并要练习操作视觉教具，直至你能够轻松和顺利地使用它们为止。

2. 要仔细考虑受众的需求

在你练习时，要考虑淘汰不能对吸引受众的注意力起到充分和直接作用的视觉教具。

3. 只有在谈到视觉教具的时候，才可以演示视觉教具

因为视觉教具可以引起受众注意，所以，要
209 练习只有谈到它们的时候，才可以演示视觉教具，在不再需要引起关注的时候，就要让视觉教具从视线中消失。

使用视觉教具的指导方针

1. 在使用视觉教具时，要精心策划。
2. 要仔细考虑受众的需求。
3. 只有在谈到视觉教具的时候，才可以演示视觉教具。
4. 在演示视觉教具的过程中，要描述视觉教具的特定方面。
5. 演示视觉教具，以便受众成员都能够看见。
6. 要对着你的受众，而不要对着视觉教具讲话。
7. 要仔细考虑在受众中间传递演示物体的弊端。

一个视觉教具可以包含几组信息。要在你需要保持受众注意力的地方准备视觉教具，这样，才能仅仅揭示你正在讨论的部分。

4. 在演示视觉教具的过程中，要描述视觉教具的特定方面

要练习通过在语言上向受众讲述视觉教具的特定方面、描述不同组成部分以及说明数字、符号和百分数，帮助你的受众理解视觉教具。

5. 演示视觉教具，以便受众成员都能够看见

无法看到视觉教具是件令人沮丧的事情。因此，如果你拥有视觉教具，你就要进行练习，直至你能够将视觉教具安装在与你有一段距离的位置上，并向坐在不同位置的受众说明视觉教具。如果你将视觉教具安装在黑板或黑板架上，抑或以某种方式安装，你就要练习站在一旁，用靠近视觉教具的那只手指向教具。如果需要将视觉教具卷起来或折叠起来，你就要带一些透明胶带，将视觉教具粘在黑板或墙壁上面，这样，视觉教具就不会折卷或出现褶皱了。如果你打算投影使用视觉教具，你就要设法在讲话现场进行练习，这样，你就会知道如何安装投影设备，怎样使得图像大小合适和焦距准确清晰。如果你无法在讲话现场提前练习的话，你就要保证在演示当天尽可能地早到讲话现场，练习你要使用的投影设备。

6. 要对着你的受众，而不要对着视觉教具讲话

虽然你也许需要不时看一下视觉教具，但重要的是，你要尽可能多地与受众保持目光接触。当讲话者对视觉教具过于关注，一味地看着视觉教具，而不是注视着受众时，他们往往完全与受众丧失了联系。因此，在你练习时，你要防止盯着视觉教具讲话。

7. 要仔细考虑在受众中间传递演示物体的弊端

无论什么物体到了人们手里，他们都要看一看、读一读、摆弄摆弄、琢磨琢磨。当演示物体占用他们的时间过多时，他们就不太可能倾听你的讲话。因此，如果你拥有强有力的和必要的视觉教具，要在受众成员中间传递的话，那么，你就要仔细考虑你怎样做才能保持受众的注意力。

练习讲话

和其他任何活动一样，发表有效讲话需要练习，你练习得越多，你发表的讲话就会越好。在练习阶段，你有 3 个主要目标。首先，要练习用语言表达你的观点，从而使你的观点生动有力。第二，要通过嗓音和身体来练习讲话，这样，你就可以充满激情、有适当的侧重点和有感而发地表达你的观点了。第三，你要练习使用视觉教具。作为每个练习阶段的组成部分，你要分析练习的进展情况，并为下一个练习阶段设定目标。让我们来看一看你应进行几轮练习。

第一次练习

你最初的排练应该包括下列步骤：

（1）将整个练习过程的声音录制下来。如果

你没有磁带录音机，你就要设法借一个录音机。再有，你可以邀请一位朋友参加你的练习。

（2）要完整地把你的句子提纲阅读一两遍，加深记忆。然后，不看提纲，练习用你准备的记录卡片讲话。

（3）尽可能地在与讲话现场相似的情境中进行练习，包括使用你准备的视觉教具。要站着并面对你想象的受众，把练习房间里的座椅、电灯、图书和其他物体都想象为受众。

（4）记录你开始讲话练习的时间。

（5）开始讲话。不论发生什么，你都要把讲话继续下去，直至你将整个讲话讲完为止。如果出错的
210 话，你就要进行修改，就像你实际向受众讲话那样。

（6）记录你结束讲话练习的时间，计算出你第一次练习讲话的时间长度。

分析

边听录音带，边看你完成的提纲。提纲怎么样？你遗漏了什么主要观点吗？你在某个观点上谈得太多，而在另一个观点上谈得太少了吗？你把每个观点都说清楚了吗？你设法适应预期的受众了吗？（如果你让某个朋友或亲戚倾听你的练习的话，那么，你就要让这个朋友或亲戚帮你进行分析。）你的记录卡片有效吗？你的视觉教具操作得如何？要在第二次练习之前，做必要的修改。

第二次练习

要重复第一次练习概括的6个步骤。在你做出分析后，马上进行第二次练习，你就会根据做出的调整，开始完善讲话。

额外练习

在你完成一个完整的排练后，一个完整的排练包括两次练习和分析，你就要将讲话放在一边，直至当晚或第二天再练习讲话。虽然你至少要将讲话排练一遍以上，但是，如果你将全部练习都挤在一次较长的排练时间内，那么，你就不会有所收获。你也许会发现，恰好就是你上床睡觉前的最后一次练习，对你是最有帮助的；你的潜意识会在睡眠过程中继续对讲话起作用。因此，当你第二天再练习讲话时，你很可能在把握讲话方面进步一大截。

练习讲话的次数取决于许多变量，其中，包括经验、你对讲话主题的熟悉程度以及讲话长度等。

行动步骤5a：排练你的讲话

本活动的目的是要排练你的讲话、分析你的讲话和再次排练你的讲话。一次完整的排练包括练习、分析和第二次练习。

1. 找一个你可以单独练习讲话的地方。按照上面列出的第一次练习的6个要点，练习讲话。

2. 听录音带。一边听录音，一边审视你的讲话提纲，然后回答下列问题。

你对下列内容的满意程度：

导语吸引注意力并引入讲话了吗？________

主要论点表述得清晰吗？________ 主要论点充分形成了吗？________

素材适应受众了吗？________

使用部分过渡了吗？________

结论总结主要论点了吗？________ 讲话是在高潮结束的吗？________

使用视觉教具了吗？________

观点表达得生动吗？________ 有力吗？________

在整个讲话中，你保持交谈的口吻了吗？________

讲话听上去有激情吗？________ 讲话听上去有感而发吗？________ 讲话流畅吗？________

列出你在下一次练习阶段要做出的最重大的改动。

一是：________________

二是：________________

三是：________________

3. 再将第一次练习概括的6个步骤全面检查一遍。然后，做出评价：你实现第二次练习设定的目标了吗？________

用这个讲话一览表再次进行评价，并继续进行练习，直至你对所有的语言表达部分都感到满意为止。

学习目标 6　评价讲话的标准

除了要学会准备和发表讲话外，你还要学会评价（批评地分析）听到的讲话。从一个教育观点来看，讲话的批评分析，不仅向讲话者提供了哪里讲得好以及何处讲得不好的分析，也为你——批评者——提供了了解你应该在自己的讲话中采取或可能避免的方法的建议。

尽管讲话批评有着特定的语境（分析某个解说性示范讲话的效果，不同于分析某个劝说性行动讲话的效果），但是，在本部分里，我们还是要在总体上看一看评价演讲的标准。课堂发言通常是在讲话者到底如何满足有效讲话的具体标准的基础上来评价的。

从第 12 章至第 15 章，在你一直学习讲话计划行动步骤的过程中，你同样学习了衡量讲话的标准。这个批评假设在于，如果讲话具有很好的内容，讲话组织就会很好，也就能很好地适应受众，这样，发表的讲话就会很好，就可能实现讲话目标。因此，你可以通过回答与基本内容、基本组 211
织和基本表达方式有关的问题，评价任何讲话。如图 15—3 所示，是一个诊断讲话的一览表。你可以使用这个一览表，分析你在排练阶段的第一次讲话，并批评本章结尾部分的学生演讲实例。

讲话实例：《中国算命》

选自柯林县社区学院（Collin County Community College）的文宗恩（Chung-Yan Man）发表的讲话

（1）审视文宗恩在准备有关中国算命讲话过程中形成的提纲和适应计划。

（2）然后，阅读文宗恩讲话的讲稿。

（3）使用如图 15—3 所示的讲话批评一览表，帮助你评价这个讲话。

（4）写出一段反馈意见，描述文宗恩的表达方式的优势。此外，你认为他在下次发表讲话时可以在哪些方面做得更有效？

你可以使用如图 15—3 所示的讲话批评一览表，来完成这项活动。

适应计划

1. 受众的主要特征

大部分听众都不熟悉中国文化，也很少接触中国神秘主义。

2. 创建和保持共同基础

我创建共同基础的主要方式，是使用人称代词。

3. 建立和保持兴趣

兴趣不是自动产生的，我将提供各种事例来激起受众的兴趣。

4. 受众的知识和经验

因为这个班上的大多数同学都不熟悉中国算命，我将向他们介绍 3 种最常见的算命形式。我认为，通过重复主要论点和使用各种事例，受众就 212
会更有可能记住这方面的信息。

5. 构建可信度

因为我是中国人，所以，受众就会认为我熟悉中国文化，而且，在讲话过程中，我也会强化

用批评的眼光思考讲话
检查有效完成的全部项目。

内容
☐ 1. 讲话的目标清晰吗?
☐ 2. 讲话者拥有高质量的信息吗?
☐ 3. 讲话者使用各种发展性素材了吗?
☐ 4. 视觉教具适当吗?视觉教具得到很好的使用了吗?
☐ 5. 讲话者创建共同基础,并将内容适应听众的兴趣、知识和态度了吗?

组织
☐ 6. 导语引起注意、为讲话者赢得亲和力并引入讲话了吗?
☐ 7. 主要论点清晰、平行并以有意义的完整句子呈现出来了吗?
☐ 8. 从一个论点平稳地过渡到另一个论点了吗?
☐ 9. 结论与讲话结合在一起了吗?

表达方式
☐ 10. 语言清晰吗?
☐ 11. 语言生动吗?
☐ 12. 语言有侧重点吗?
☐ 13. 讲话者讲话听上去有激情吗?
☐ 14. 讲话者充分表现嗓音表现力了吗?
☐ 15. 表达方式是有感而发吗?
☐ 16. 表达方式流畅吗?
☐ 17. 讲话者注视受众了吗?
☐ 18. 读音和发音得到认可了吗?
☐ 19. 讲话者姿态优雅吗?
☐ 20. 讲话者动作适度吗?
☐ 21. 讲话者镇定自若吗?

根据上述标准,将讲话评价[打对勾(√)]为:
☐精彩,☐很好,☐满意,☐尚可,☐低劣。

图 15—3 讲话批评一览表

这一点。

6. 受众态度

受众很可能会感到好奇,但是,他们却持怀疑态度。

7. 适应来自不同文化和语言社群的受众

因为与我相比,大多数受众成员都是来自不同的文化和语言社群,而且,他们对这些做法并不熟悉,所以,我要用日常用语来仔细描述这些做法。

8. 用视觉教具提高受众的理解力和记忆力

我将展示一张手相的投影幻灯片、一张脸部 212
的幻灯片以及算命中使用的卦签。

讲话提纲:中国算命

总体目的:解说。

讲话目标:我希望受众欣赏 3 种不同的中国算命形式。

导语

Ⅰ. 你们想知道你们的未来将是怎样的吗?

Ⅱ. 一般来说,人们都想知道未来是怎样的,因为对未来的了解意味着掌控未来。

Ⅲ. 正如你们所知,我来自中国香港,而且,我体验过中国传统文化中的神秘主义和独特的算命形式。

Ⅳ. 所以，我今天要讨论中国算命的 3 种不同的形式。

主体

Ⅰ. 你们也许听说过的一种算命形式是看手相。

A. 看手相也被称为相手术，是通过手掌的纹路和印记来预言一个人的未来的过程。

(1) 相手术是根据一个人的双手的一般特征做出的解释。

(2) 相手术集中在研究纹路、图案以及手掌和手指出现的其他形象和印记上（投影 1：标有感情线、智慧线和生命线的手掌图片）。

B. 相手术被分为两个子区域：手掌本身和手指。

(1) 手掌上的 3 条主线是感情线、智慧线和生命线。如果纹路深刻、清晰和没有中断的话，那么，它就是一个顺利和成功的命运迹象。

(2) 在看手相中，手指同样重要，食指和无名指的长度分别表示不同的意义。

过渡：这样看来，你们现在已经了解了看手相的基本思路，让我们继续来看第二种中国算命形式——相面。

Ⅱ. 中国人认为，面部也可以被用来预测未来和一个人的命运。

A. 相面是通过分析一个人面部的不同组成部分，来预测这个人的未来和命运（投影 2：一个中国人脸部的线描图实例）。

(1) 形成命运的主要脸部组成部分是鼻子、嘴巴、前额、眉毛和眼睛。

(2) 脸部形状表示基本的构造和属性。

B. 在相面中，匀称和比例是十分重要的，就像绘画一样。

过渡：最后一种中国算命形式使用卦签算命——你们也许对这种做法最不熟悉。

Ⅲ. 世界上最古老、最有名的算命方法是算命卦签的使用。

A. 它显示的是未来各种可能性的迹象，而不是准确表示未来将要发生什么。

B. 这种方法是宗教做法的组成部分，出现在寺庙里。

(1) 信徒从盛有 78 支卦签的竹筒里，选择一支[①]标有号码的卦签。

(2) 祈祷者点燃线香，随即跪在祭坛前。

结论

Ⅰ. 总之，当人们更多地了解中国算命时，他们便开始认为这些方法是非常科学的，并在一定程度上认为它们是很准确的。

Ⅱ. 所以，我希望你们今天已经了解的有关手相、相面和卦签算命，为你们提供一个欣赏中国文化和算命做法的机会。

引用的作品

Bright, Maura. "Chinese Face Reading for Health Diagnosis and Self Knowledge." 2001. The Wholistic Research Company. 18 Oct. 2005. http://www.wholisticresearch.com/info/artshow.php3?artid=96.

Chan, King-Man Stephen. *Fortune Telling*. May. 2005. Chinese University of Hong Kong. 15 Oct. 2005. http://www.se.cuhk.edu.hk/~palm/chinese/fortune/.

"Fortune Telling." *Chinese Customs*. 2003. British Born Chinese. 17 Oct. 2005. http://www.britishbornchinese.org.uk/pages/culture/customs/fortunetelling.html.

"Most Popular." *Wong Tai Sin Temple*. 18 Oct. 2005. Hong Kong Tourism Board. 18 Oct. 2005. http:/www.discoverhongkong.com/eng/touring/popular/ta_popu_wong.jhtml.

"What Is Palmistry?" 2004. *Palmistry*. 16 Oct. 2005. http://www.findyourfate.com/palmistry/palmistry.html.

① 原文此处"numbered sticks"应为"a numbered stick"。——译者注

213

讲话与分析

讲话	分析
让我问你们一个问题：你们想知道你们的未来将是怎样的吗？难道我们大家不想知道吗？很多人都想知道未来将发生什么，这是因为了解未来意味着你可以掌控未来。我来自中国香港，而且，在中	这些在开场时提出的反问问题，旨在引起受众对这个话题的好奇心。
国，我们可以预知未来。好啦，实际上，我们可以	← 在这句话中，宗恩构建他的可信度。
体验到算命的神秘主义和独特的做法，算命是中国传统文化的组成部分。今天，我要讨论 3 种不同的中国算命形式：看手相、相面和卦签算命。	他的论题表述大致介绍了 3 个主要论点：他将要讨论 3 种中国算命形式。
一种中国算命形式是**看手相**。斯蒂芬·陈（Stephen Chan）在他的一篇名为“算命”（Fortune Telling）的网络文章中指出，看手相是通过剖析和解释手掌的纹路和印记以及一个人双手的其他总体特征，预言一个人未来的过程。看手相也被称为相手术，被分为两个子区域：手掌本身和手指。	← 他的第一个论点集中在第一种算命形式：看手相。 注意，他是如何为这个定义提供证明的。
花 1 分钟看一看你的手掌。在“发现你的命运网”（FindYourFate.com）上，名为“什么是手相?”的网页告诉我们，手掌上的 3 条主线是感情线、智慧线和生命线——感情线是你手掌上方的长线；智慧线就在感情线下方，也是穿过手掌的纹路；而生命线则是从手掌下方延伸出去的纹路，并与你的拇指构成弓箭的形状。	← 他有两个子论点，在分别介绍它们之前，他快速地做了大致介绍。 在这里，他试图让受众参与识别自己手掌纹路的性质：感情线、智慧线和生命线。
如果这些纹路深刻、清晰和没有中断的话，那么，它就是一个顺利和成功的命运迹象。	他鼓励受众看一看这些纹路是否深刻、是否清晰以及有没有断开或中断。但是，他并没有真正阐发“中断”的含义，为受众留下了猜测的余地。
手指的长度、形状以及指间间隔也是看手相的重要方面。例如，食指和无名指的长度分别表示你的人格的不同方面，如你是否是领导、是否有风度抑或是否天性鲁莽。	他继续谈在看手相中，手指长度、形状和指间间隔的重要性。但是，他同样没有真正发展这个论点。
这样看来，你们现在已经了解了看手相的基本思路，让我们来看第二种中国算命形式——相面。中国人认为，面部也可以被用来预测未来和一个人的命运。在相面中，算命人分析一个人脸部的不同组成部分。	← 宗恩的过渡表示，他将开始讨论一种新的算命形式。
按照莫拉·布赖特（Maura Bright）的网页的看法，被用来确定一个人命运的主要脸部特征的，是鼻子、嘴巴、前额、眉毛和眼睛。脸部的	← 他再次鸣谢了信息的资料来源。
形状和状况表明一个人的基本构造、人格和属性。例如，一张长而窄的脸表明你是一名领导者和组织者，而一张短而宽的脸则意味着你是一个实际的和可靠的人。在相面中，你所有的脸部特征的匀称和	宗恩给出了一个很好的例子，如何用脸部形状来预测一个人的特征，但是，他并没有解释一个人脸部特征及其匀称与比例怎样影响一个人的命运。

比例同样是十分重要的，就像它们在绘画中一样。

最后，但并非最少见的算命方法是，中国人还使用卦签算命。这是世界上最古老、最有名的算命
214 方法。卦签是一种线香，它们被用来表示未来的几种**可能性**，而不是**准确地**指出未来将要发生什么。这种算命方法是中国民间宗教活动的组成部分，出现在寺庙里。正如香港旅游局网站“最受欢迎”(Most Popular）页面描述的那样，一名占卜命运的信徒点燃一支线香，跪在主要的祭坛前许愿，然后，他从盛有 78 支标有号码的卦签的竹筒里，选择一支命运卦签。这名探求命运的信徒用这支卦签换取一张号码相同的卦文，这个人的命运就写在这张卦文上。

虽然比没有过渡要好，但是，这个过渡过于老套，既没有总结，也没有大致介绍主要论点。

宗恩需要澄清“可能性”与“准确未来”之间的区别。举一个例子会比较有益。

虽然他解释了这个过程，但是，假如这个论点被比较详细地提出来的话，那么，这个论点就会更加有意义。例如，什么类型的寺庙？这名信徒是寻求某个特定问题的答案，还是询问大致的命运走向呢？

总之，当人们更多地了解中国算命时，他们就开始认为这些方法实际上是科学的，并在一定程度上认为它们是很准确的。

在这个结论中，宗恩声称，这些做法是基于“科学事实”，而且，是“准确的”，可是，讲话主体并没有提供任何支持这一结论的素材。

我希望你们今天已经了解的有关相手术、相面和线香算命，为你们提供一个欣赏中国文化和算命形式的机会。

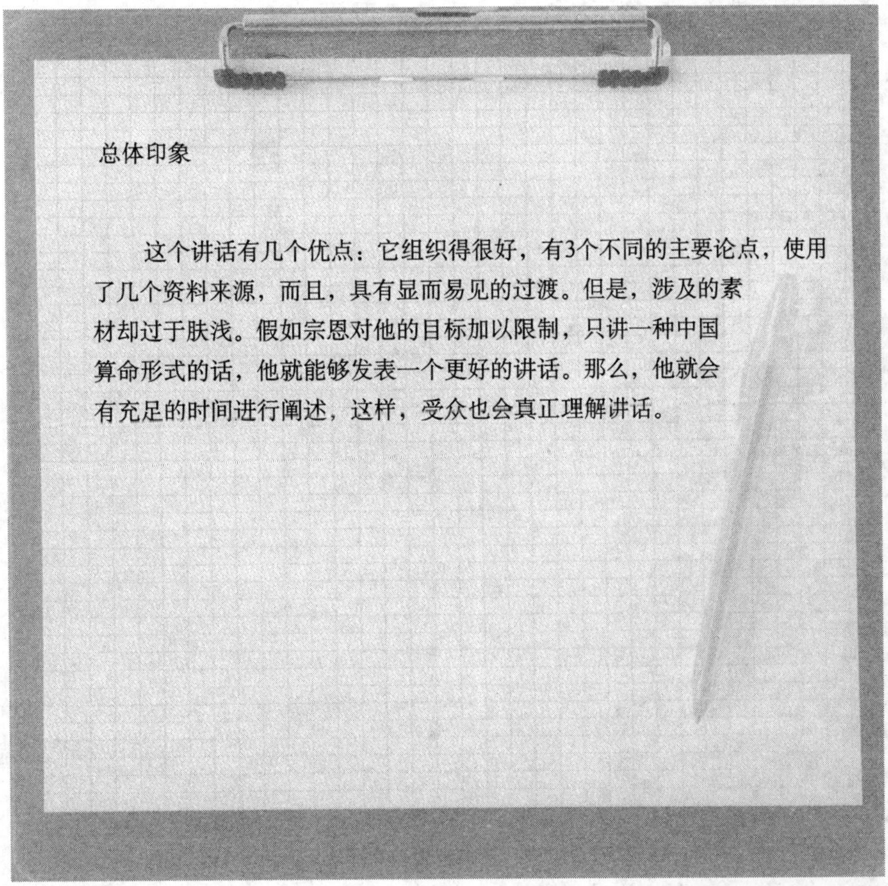
总体印象

这个讲话有几个优点：它组织得很好，有3个不同的主要论点，使用了几个资料来源，而且，具有显而易见的过渡。但是，涉及的素材却过于肤浅。假如宗恩对他的目标加以限制，只讲一种中国算命形式的话，他就能够发表一个更好的讲话。那么，他就会有充足的时间进行阐述，这样，受众也会真正理解讲话。

学习目标

1. 识别有效的解说性演讲的特征。

2. 描述传达信息的方法。

3. 讨论解说性演讲的常见类型。

第16章 解说性演讲

217 有效的解说性演讲是使用智力激励、创新性以及侧重点帮助记忆的演讲。

在前4章中，我们描述了你用来准备任何讲话的基本行动步骤。在本章中，我们要侧重于优秀的解说性演讲的基本特征，以及你可以用来形成有效的解说性演讲的方法。

解说性演讲（Informative Speech）是一种具有一个要解释的目标，以某种激发兴趣、促进理解和提高受众记忆的可能性的方式，来解释或描述事实、真相以及原则的演讲。总之，解说性演讲旨在教育受众。因此，你的老师在课堂上进行的大多数授课都可以归类为解说性演讲（不过，正如你知道的那样，它们在质量上有好坏之分）。

在本章的第一部分里，我们关注解说性演讲的3个显著特征。在第二部分里，我们讨论5种解说性演讲的方法。在最后的部分里，我们讨论解说性演讲两种常见的类型，并提供了每种类型的事例。

你怎么认为

对我来说，记住一个笑话比记住报纸上刊登的事实要容易。

强烈反对						强烈赞同
1	2	3	4	5	6	7

学习目标1　有效的解说性演讲的特征

有效的解说性演讲是使用智力激励、创新性以及侧重点帮助记忆的演讲。

> **➤解说性演讲**
> 一种具有一个要解释的目标，以某种增进理解的方式来解释或描述事实、真相以及原则的演讲。

智力激励

当信息对受众是陌生的，或当信息被以一种激起受众好奇心和兴趣的方式解释时，信息就被看作是**智力激励**（Intellectually Stimulating）的信息。在我们说新信息的时候，我们既是指大多数受众对你提出的信息不熟悉，也意味着你提出信息的方式为受众成员了解熟悉的话题，提供了崭新的思路。

如果受众不熟悉你的话题，那么，你就应该考虑如何挖掘受众与生俱来的好奇心。假设你学的是人类学专业，对早期人类的身材感兴趣，而这个话题并不是大多数受众成员广泛熟知感兴趣的。例如，在 1991 年，一名5 300岁的男子奥茨（Ötzi），被人们发现完好地保存在奥地利和意大利之间的山区的冰原之中。即使这是当时的头条新闻，你的大多数受众也不大可能对此了解很多。然而，在你发表题为“揭开神秘的冰人”的演讲中，你却可以利用他们与生俱来的好奇心 ，在演讲中，你可以描述科学家们付出的努力，用以了解奥茨是谁以及他发生了什么事。

如果受众熟悉你的话题，你就需要识别哪些对他们是陌生的信息。假设你是一名汽车爱好者，打算发表一个有关运动型多功能汽车（SUVs）的讲话。因为你的大多数受众都熟悉这些汽车及其缺点，那么，你谈论的内容怎样才能在智力上激励他们呢？你和受众都知道运动型多功能汽车是油老虎，因此，当汽车制造商试图使它们省油时，你也许能够找出汽车制造商所面临的问题。正如你所看到的那样，当你的话题是一个受众熟悉的话题时，你的挑战就是找到一个在智力上激励他们的新视角。为此，要选择一个目标，并提出挑战大部分受众思考你讲述内容的信息，来形成你的讲话。

创新性

当你以某种方式使用信息，产生与众不同或具有独创性的观点和见解时，信息就被受众认为是具有**创新性**（Creative）的信息。你也许从不认为自己具有创新性，但是，这可能是因为你从不致力于提出创新性的观点。也许与你认为的正好相反，创新性并不是一个有些人有、有些人无的
218 天赋才能，更准确地讲，它是辛勤工作的结果。创新性来自潜心研究、付出时间和进行发散性思维。

> **➢智力激励**
> 对受众成员陌生的信息。
> **➢创新性**
> 以某种方式使用信息，产生与众不同或具有独创性的观点和见解。
> **➢发散性思维**
> 在我们从各种不同的视角考虑事物时出现的思维。

创新性的解说性演讲始于潜心研究。你对话题了解得越多，你进行思考和创新性地提出的观点就会越多。如果你对话题了解的全部信息足以填补分配给你的时间的话，那么，你就要努力挤出时间，拿出新颖的方法来处理信息。创新性地提出信息的讲话者也是这么做的，因为他们为自己提供了大量可利用的素材。

对于要进行的创新过程来说，你同样必须给自己提供时间。如果你想要创新性地提出素材的话，那么，你就需要至少在发表讲话的几天前，决定主要论点和子论点。这将为你提出事例和说明、以各种方式提出适合受众的统计数据等内容留出时间。我们往往越是心急，越想不出创新性的内容，相反，这些内容很可能在我们最不经意的时候产生出来，例如，在我们开车的时候、准备睡觉的时候或做白日梦的时候。因此，创新性过程取决于仔细考虑各种想法的时间。

对于要进行的创新过程而言，你必须进行发散性思维。**发散性思维**（Divergent Thinking）是在我们从各种不同视角考虑事物时出现的思维。每一种视角都至少可以为我们提供一个能够产生无数想法的新见解，在我们努力发表创新性演讲时，我们可以从中进行选择。然后，在拥有许多可供选择的想法的情况下，我们可以选择最适合

我们的特定受众的想法。让我们重点研究发散性思维怎样有助于识别话题的不同方法。假设你想发表一个有关美国气候变化的演讲，在进行研究的过程中，你遇到了如表 16—1 所示的数据。

通过从不同的视角来考察数据，你可以识别几个可能的线索来发展你的讲话。举例来说，你也许注意到，美国年最高气温的城市比年最低气温的城市变化要小，大多数人都无法理解为什么如此，并会对此感到好奇。让我们从另一个视角来考察这组数据，你可能会发现西海岸夏季很少降雨。事实上，虽然西雅图被我们大多数人认为是一个多雨的城市，那里的降雨量在 7 月份却显示不到 1 英寸。这个降雨量几乎要比任何东海岸城市的降雨量都少 3 英寸，而且，这个降雨量要比迈阿密的降雨量少 5 英寸。另外，一个对这种反常现象的解释，还会引起大多数受众成员的兴致。让我们仍然用另一种方式来考察这些数据，我们发现，
219 虽然我们大多数人也许都认为 7 月是一个相对干旱的月份，但是，中西部和东海岸城市比我们预计的 7 月平均降雨量要多。另外，有些受众成员也许会找到一种有趣的解释。

表 16—1 美国几个主要城市的最高气温、最低气温和降雨量

	年度气温［以华氏温度（°F）为单位］		降雨量（以英寸为单位）	
城市	最高	最低	7 月	全年
芝加哥	95	－21	3.7	35
辛辛那提	98	－7	3.3	39
丹佛	104	－3	1.9	15
洛杉矶	104	40	微量	15

续前表

	年度气温［以华氏温度（°F）为单位］		降雨量（以英寸为单位）	
城市	最高	最低	7 月	全年
迈阿密	96	50	5.7	56
明尼阿波利斯	95	－27	3.5	28
新奥尔良	95	26	6.1	62
纽约	98	－2	4.4	42
菲尼克斯	117	35	0.8	7
缅因州波特兰	94	－18	3.1	44
圣路易斯	97	－9	3.9	37
旧金山	94	35	微量	19
西雅图	94	23	0.9	38

发散性思维同样能够帮助我们创设二选一的方法，得出相同的论点。此外，使用图 16—1 的信息，我们可以迅速地创设两种方法，支持“美国城市年最高气温远比年最低气温变化要小”的论点。

二选一方法 A：“在这个表选择的 13 个城市中，10 个城市或 77％的城市的年最高气温在 90°F ～100°F 之间。4 个城市或 30％的城市的最低气温高于冰点；2 个城市或 15％的城市的年最低气温在 0°F ～32 °F 之间；7 个城市或 54％的城市的最低温度低于 0°F。”

二选一方法 B：“辛辛那提、迈阿密、明尼阿波利斯、纽约以及圣路易斯是位于不同纬度的城市，都出现了 95°F ～98°F 的年最高气温。相反，迈阿密的最低气温为 50 °F，而辛辛那提、明尼阿波利斯、纽约以及圣路易斯的最低气温分别为－7 °F、－27 °F、－2°F 和－9 °F。”

使用侧重点帮助记忆

如果你的演讲是真正的解说性演讲的话，那么，受众就会听到大量的新信息，但是，在记住最重要的信息方面，受众还是需要得到你的帮助。除了强调具体目标和确保你的各个主要论点以恰当的语言被阐述出来外，你还可以使用视觉教具、重复、过渡、幽默和语言记忆帮助，进一步突出你希望受众记住的重要信息。

视觉教具

当我们能够对我们正在学习的内容形成思维图像时，我们记住的内容就会比我们仅仅听到的

内容要多。当倾听解说性演讲时，受众更有可能记住使用视觉教具提出的信息。因此，你的视觉教具应该被用来强调你希望受众记住的内容。在选择视觉教具时，小心不要用令人兴奋的次要论点或细节的思维图像来迷惑你的受众，你的受众不需要记住这些次要论点或细节。

重复

我们可以记住被重复的信息。对此进行一下思考。在课堂上，当你做笔记时，难道你不是更有可能记录老师重复的内容吗？所以，另一种帮助受众记住讲话内容的简单方法是再重复一遍。你可以逐字重复观点（“浪漫爱情的第一个方面是激情——简言之，激情”），你也可以解释观点（“浪漫爱情的第一个方面是激情。也就是说，如果没有性吸引的话，那么，它无法是真正的浪漫爱情”）。要小心不要过分重复，因为如果重复被用作强化重要信息的唯一途径的话，那么，它会变得令人厌烦，达不到预期的目标。

过渡

有效的过渡可以帮助受众成员识别你的组织模式，并区分主要论点和子论点。在你的导语中，你可以大致介绍一下讲话结构，这样，受众成员就会知道要倾听的内容。例如，在一个有关浪漫爱情演讲的导语的结尾，演讲者也许对要讨论的内容预先进行如下的铺垫：

> 今天，我打算说明浪漫爱情的 3 个特征，以及你能够保持爱情活力的 5 种方式。

220 然后，当演讲者从描述浪漫爱情特征转入讨论保持爱情活力的入门指导时，演讲者也许使用过渡做总结并为受众确定演讲的方向：

> 因此，浪漫爱情的 3 个方面是激情、亲密和义务。现在，让我们看一看，人们如何保持爱情活力。

另外，在演讲者转入结论时，一个优秀的过渡将向受众提示主要观点，并发出演讲即将结束的信号：

> 今天，我向你们讲述了浪漫爱情由激情、亲密和义务构成。你们还了解到，如何进行闲聊、支持以及公开分享想法和感受，再加上自我发展和关系仪式，这些可以保持浪漫火焰燃烧……

有效的过渡强调了你的主要观点，并帮助受众记住它们。

幽默

我们可以记住有趣的事情。因此，有效的演讲者使用幽默来强调重要观点。例如，在一个缓解压力的演讲中，演讲者的一个主要论点是“用正确的看法来对待信息”。为了强调这个观点，他讲述了下面的故事：

> 一个此刻看上去困难重重的问题，在以正确的看法对待时，就能够被人们认为是没有什么压力的问题。举例来说，有一名男子去了跑马场，并在第一轮赛马中，在一匹与他小学校名相同的马上下了 2 美元注。这匹马获胜，而且，这名男子也赢了 10 美元。在接下来的几轮赛马中，他继续采取他的“看法”——把赌注压在了他喜欢的像“苹果馅饼”以及与他妻子名字一致的“卡茜的战利品”等马匹上面。他不断获胜，而且，他每次都把全部赌注压在随后的赛马中。在第 6 轮赛马结束时，他赢了 700 美元。他打算离

开，这时，他注意到在第 7 轮赛马中，一匹名叫“七重面纱”的马预计跑第 7 名，这匹马目前并没有跑在第 7 名的位置上。他实在按捺不住。于是，他把全部的 700 美元都押在这匹马上。这匹马不负众望，获得了第 7 名。当他回到家时，他的妻子问道：“你今天在跑马场赌得怎么样？”他非常平静地回答道：“不错——我输了 2 美元。”这就是正确的看法。

语言记忆帮助

你可以通过使用诸如记忆方法和首字母缩略词等语言记忆帮助，来强调和帮助受众记住观点。

221 **事实一点通**

——西斯廷礼拜堂（Sistine Chapel）[①]

西斯廷礼拜堂长 134 英尺，宽 44 英尺，有一个高 68 英尺的拱形顶。这座教堂内部的长宽高保持着 6：2：3 的比例。这是一个经典的比例，这个比例是文艺复兴时期建筑的一个常见特征。在两侧主墙的中央，装饰着两组相似的系列壁画，描绘了摩西和耶稣的生平。在壁画的上方，顺着窗户的上沿，装饰的是名为《教皇的画廊》（Gallery of Popes）的壁画。在圣坛上方的墙壁上，装饰的是由米开朗基罗绘制的、名为《最后的审判》（The Last Judgment）的壁画。镶板上的壁画也是由米开朗基罗画的，取名为《耶稣的祖先》（The Ancestors of Christ），这幅画是一组有规律排列着的男女先知的系列壁画，拱顶上方的壁画描绘了创世记的 9 个情景，其中包括一幅名为《亚当的创造》（The Creation of Adam）的壁画。

记忆方法（Mnemonics）是一个使用规则来提高记忆的方法。例如，如果你能够概括主要论点，从而使每个论点的关键词都以相同的字母开始的话，那么，你就可以向受众指出这种记忆方法。例如，在一个有关钻石的解说性演讲中，评价钻石的 4 个标准——重量、透明度、色泽和形状——可以被改写为“carat”（克拉）、“clarity”（透明度）、“color”（颜色）、“cut”（切割）的“4 个 C”。

类似地，你可以形成一个首字母缩略词，用作记忆方法。**首字母缩略词**（Acronyms）是为了强调观点，由一系列词语的首字母组成的单词。在一个设置有效目标的演讲中，演讲者也许会说：“有益的目标是 smart（巧妙的）——specific（明确的）、measurable（可测量的）、action-oriented（以行动为导向的）、reasonable（合理的）以及 time-bound（受时间限制的）。”

学习目标 2　解说性方法

既然你理解了解说性演讲的特征，那么，让我们看一看你可以用来向受众解说你的话题的不同方法。我们可以通过描述、定义、比较和对比、叙述和演示进行解说。让我们更进一步地重点研究上述各种模式。

> **➤记忆方法**
> 一个使用规则来提高记忆的方法。
> **➤首字母缩略词**
> 由一系列词语的首字母组成的单词。

① 西斯廷礼拜堂是建于 1473—1481 年的教皇礼拜堂，位于梵蒂冈宫，是由设计师乔凡尼为教皇希克斯图斯四世所建。——译者注

描述

描述（Description）是被用来创设物体、地理特征、背景或图像的一个准确的、生动的语言画面的解说性方法。如果被描述的事物是简单而熟悉的事物（如一只电灯泡或一条河流），我们也许就不需要进行详细描述。但是，如果被描述的事物是复杂而陌生的事物（如六分仪或全息图），我们就需要进行比较详尽的描述。当然，如果你有一个视觉教具的话，那么，描述就比较容易，但是，清晰和生动的语言描述还是可以创设同样具有解说性的心像的。为了有效地描述事物，你可以说明它的大小、形状、重量、颜色、成分、年代、状况和空间组织。虽然你的描述可能只集中在这些为数不多的特征方面，但是，在你思考你创设的描述时，每个特征都是有所帮助的。

你可以在主观上描述尺寸的大或小，也可以客观地记录具体的数量。例如，你可以在主观上将一本书描述为很大，也可以指出这本书大小为9×6英寸，有369页。

你可以参照诸如圆、三角形、椭圆形、球形、锥形、圆柱形、矩形等常见的几何图形，来描述形状，也可以参照众所周知的物体形状。比如说："我们可以把密歇根州南部半岛的形状描述为一只左手连指手套。"通过使用如光滑的、锯齿状的等形容词，我们可以把形状描述得更加生动。

你可以在主观上描述重量的重或轻，也可以以磅、盎司或克、千克、毫克或克拉等单位来描述。

你可以通过用共同熟悉的物体的一个基本色来描述颜色。举例来说，不要把事物的颜色描述为深褐色或赭黄色，你把物体描述为"茄紫色"或"陶罐橙色"也许更好。

你可以通过说明事物的实际构成，来描述它的成分。比如说，这幢大楼是由砖、水泥、木材或壁板等构成。我们也可以把一个物体描述为表面看上去的样子，比如说，它看起来像"金属"一样，即使它是由塑料制成的，而不是由金属制成的。

你可以根据事物的年代和状况来描述。例如，与破旧而遭到战争蹂躏的城市相比，把一座城市描述成 222
古老而保存完好的城市，可以产生不同的心像。

最后，当你描述时，你需要遵循从上到下、由左至右、自外而内等空间组织模式。例如，一个对西斯廷礼拜堂的描述，可以从地板向天花板进行描述。

定义

> ➤**描述**
> 被用来创设物体、地理特征、背景或图像的一个准确的、生动的语言画面的解说性方法。
> ➤**定义**
> 一种通过识别事物的意义来解释事物的解说性方法。

定义（Definition）是一种通过识别事物意义来解释事物的解说性方法。你可以使用4种方式来解释事物的意义。

第一，你可以通过将一个词语进行分类，以及将一个想法与类似的想法区分开来，界定这个词语或想法。例如，在一个有关素食主义的演讲中，你也许会使用素食主义者学会（Vegan Society）网站（http://www.vegansociety.com）上的信息，形成下列对"素食主义者"的解释。"素食主义者是为了人类、动物和环境的利益，寻求一种免予食用动物产品的生活方式的素食者。"素食主义者食用植物性食品，不吃所有的动物产品，其中包括牛奶、鸡蛋和蜂蜜。素食主义者也不穿皮革、羊毛或丝绸，并避免穿着其他动物性产品。

第二，你可以通过解释一个词语的出处或来历来界定这个词语。举例来说，词语"vegan"（素食主义者）是由词语VEGetariAN（素食者）的前后字母构成，是1944年在英国创造的词语，素食学会在那一年成立。提供上述词源，将有助于受众记住词语"vegan"的意义。

第三，你可以通过解释一个词语的用途或功能来界定这个词语。当你说"刨子（plane）是一件用来使木板边缘光滑的手工工具"，或者"镰刀（scythe）是一件附有木柄的半圆形铁制工具，被用来铲除杂草或收割长高的青草"时，你便是通过解释它们的用途来定义工具的。

第四，你可以使用一个熟悉的同义词或反义词，这也许是你可以定义一个词语的最快捷的方式。**同义词**（Synonym）是具有相同或相似意义的词语；**反义词**（Antonym）是意义完全相反的词语。所以，如果你想要快速地给出 vegan 的定义，那么，你就可以使用 vegetarian（素食者），vegetarian（素食者）是 vegan（素食主义者）的一个同义词。

比较和对比

比较和对比（Comparison and Contrast）是一种通过关注事物和其他类似事物的相似性和差异性的程度，来解释事物的解说性方法。例如，在一个有关素食主义者的讲话中，你也许想要告诉受众素食主义者与其他类型的素食者有怎样的相似性和差异性。你可以指出，像所有的素食者一样，素食主义者不吃肉，但是，与半素食者不同的是，他们也不吃鱼或家禽。与乳素食者一样，素食主义者不吃鸡蛋，但是，与这个群体和奶蛋素食者不同的是，素食主义者也不吃乳制品。与所有素食者一样，素食主义者有着最严格的饮食。

正如你还记得的那样，比较和对比既可以是比喻的，也可以是平实的。因此，你可以在解释你的观点和实际进行比较时，使用暗喻和类比。

叙述

叙述（Narration）是一种通过讲述事件来解释事物的解说性方法。自传或传记事件的叙述、神话、故事以及其他记述，都可以成为解释某种观点的有效方式。叙述通常有 4 个部分。首先，叙述通过描述事件在何时何地发生，以及通过引入重要的人物或角色，为受众确定了了解事件的方向。其次，一旦叙述为受众确定了方向，那么，叙述就解释了事件发生的先后顺序，这便导致了麻烦或问题的产生，其中包括突出事件发展的细节。再次，叙述讨论了麻烦或问题对叙述中的关键人物产生怎样的影响。最后，叙述讲述了麻烦或问题如何得到解决。优秀叙述的特征包括了一个强大的故事发展线索、描述性语言的使用、突出情节、人物、背景和事件的细节、对话的有效使用、调整构建悬念的节奏以及一个强大的声音。叙述的效力将取决于你的受众有多少人能够识别故事中的关键人物。叙述可以以第一人称、第二人称或第三人称的语态呈现出来。当你使用第一人称时，你讲述你个人的经历或观察。“让我告诉你们有关我第一次试图成为素食者吧……”也许是以第一人称讲述一个叙述性故事的开场白。当你使用第二人称时，你把受众置身于“现场”之中，并使用代词“you”（你，你们）和“your”（你的，你们的）。“设想一下，你在巴基斯坦刚下飞机。你查看各种路牌，却什么也看不懂。哪一条路是通往终点的呢？”当你使用第三人称时，你向受众描述其他人发生了什么事情、正在发生什么事情或将要发生什么事情。“当移民抵达埃利斯岛[①]时，他们看到的第一样东西是……”

> **➢同义词**
> 具有相同或相似意义的词语。
> **➢反义词**
> 意义完全相反的词语。
> **➢比较和对比**
> 一种通过关注事物和其他类似事物的相似性和差异性的程度，来解释事物的解说性方法。
> **➢叙述**
> 一种通过讲述事件来解释事物的解说性方法。

223

① 埃利斯岛（Ellis Island），位于纽约市曼哈顿区西南上纽约湾中的一个岛，距曼哈顿 15 公里，离“自由女神像” 300 米。它是 1892—1943 年间美国的主要移民检查站，于 1954 年关闭。当年，欧洲移民乘船到美国，先进入纽约湾，然后通过纳罗斯海峡，才能到达美国本土。——译者注

演示

演示（Demonstration）是一种通过解释事情是怎样做的，通过表现一个过程的各个阶段，或通过描述事情是如何运作的，来解释事情的解说性方法。演示从非常简单、只有几个易于遵循的步骤（像如何拨打国际长途电话），到非常复杂（如解释如何制造乙醇）不等。无论话题是简单还是复杂，有效的演示都需要专业知识，形成一个有层次的步骤，并使用视觉语言和视觉教具。

在演示中，你的经验对于你演示的内容是至关重要的。专业知识为你提供了必要的背景，用个人的生活经验来补充各种贫乏的知识。为什么电视烹饪节目非常受欢迎呢？这是因为厨师不只是解读菜谱，而且，厨师还边说边做。更确切地讲，在演示每一个步骤时，厨师都在分享有关怎样做的技巧，这是在任何食谱中都不会提到的内容。正是厨师的经验为厨师指出一个鸡蛋和两个鸡蛋的作用一样，或你不能用人造黄油代替黄油提供了可能。

在演示中，你把步骤组织成一个时间顺序层次，这样，你的受众就能够准确地记住行动顺序。假设你想要演示使用触摸屏投票机的步骤。在这种条件下，与其单独提出14个论点，倒不如你将14个论点按照下列4个标题进行分组：Ⅰ.准备好投票，Ⅱ.投票，Ⅲ.查看你的选择，Ⅳ.正式投票，那么，受众能够记住大部分步骤的可能性，就要比所有的条目没有按照4个类别进行分组的可能性大得多。

虽然你只用三言两语就能够解释某个过程，但是，大多数演示实际上向受众说明了这个过程或过程的某些组成部分——如果你解释的内容相对简单的话，那么，你可以从头到尾演示整个过程。然而，如果这个过程是漫长或复杂的，那么，你可以选择预先准备的素材，这样，虽然演示了这个过程的全部阶段，但是，并不是每一个步骤都是受众看着完成的。

有效的演示需要练习。记住，在面对受众发表演讲的压力下，即使是最简单的任务，也能够变得很困难。（你曾在25个人看着你的情况下，设法完成一件困难的工作吗？）在你练习时，你要考虑受众的规模和房间的结构。一定要做到所有的受众都可以清楚地看到你在做什么。你也许发现，你的演示需要的时间比提供给你的时间限制要长。在这种情况下，你也许要预先准备一两个步骤。

学习目标3 解说性演讲的常见类型

虽然你可以使用任何解说性方法作为组织一个解说性演讲的主要框架，但是，两种最常见的解说性演讲类型是过程性演讲和说明性演讲。

过程性演讲

> **➤演示**
> 一种通过解释事情是怎样做的，通过表现一个过程的各个阶段，或通过描述事情是如何运作的，来解释事情的解说性方法。

过程性演讲的目标是要表明怎么干或如何做某事，抑或事情是如何运作的。有效的过程性演讲要求你仔细描绘过程的步骤及其发生的顺序。然后，你要对步骤进行分组，并对每个步骤和子步骤做出具体的解释。因为过程性演讲是基于演示的演讲，所以，过程性演讲很可能需要使用视觉教具来进行演示。

例如，艾莉是一名花卉设计师，她受她以前的美术老师的邀请，在高中美术课上发表有关插花基础知识的演讲。这位老师给她5分钟的演示时间。在准备演讲的过程中，艾莉意识到，在 5 分钟的时间里，她无法完成任意大小的插花演示，更不用说帮助学生理解如何创建各种效果。因此，她仅仅选择了亲自演示插花过程的几个组成部分，并带来各个阶段完成的插花，作为额外的视觉教
224 具。例如，插花的第一步是要选择合适的花瓶和插花支架。所以，她带来各种大小和形状的花瓶以及插花支架，作为解释如何根据使用的花卉类型和想要得到的视觉效果，选择花瓶和插花支架。第二步是要准备基本的三角形插花，于是，她开始演示如何把她带来的鲜花摆放成一个三角形。然而，她并不是试图在几秒钟的时间里忙着把一切都做得很完美，她也拿出了几个部分完成的插花作品，这些插花作品放在一张铺有桌布的桌子后面。这些插花作品展示了其他使用其他类型的花卉，仔细完成的三角形插花。第三步是添加其他花卉和绿色植物，以完成一件插花作品，并产生各种艺术效果。此外，艾莉还实际演示了如何摆放几朵鲜花，接下来，在进行描述时，她拿出几件完成的插花作品，来说明各个艺术效果。即使艾莉没有实际演示完成插花的各个步骤，她的视觉表达方式也是一个相当出色的插花演讲。

虽然有些过程性演讲要求你进行演示，而其他一些过程性演讲则不适合演示，但是，使用视觉教具却可以帮助受众“看到”过程的各个步骤。在一个有关炼铁的演讲中，演示炼铁过程是不切实际的，然而，一位演讲者却能够通过展示炼铁的各个阶段的画面或图片，极大地强化语言描述。

在过程性演讲中，步骤是主要论点，而且，演讲是以时间顺序组织的，这样，演讲者在较晚的步骤之前讨论了较早的步骤。

说明性演讲

说明性演讲（Expository Speech）是一种提供经过仔细研究而获得的有关复杂话题的深入信息的解说性表达方式。例如，“了解卫生保健的辩论”、“童谣的起源和分类”、“虐待儿童的生物社会学理论”以及“将帮派说唱乐（Gangsta Rap）[①]视作诗歌”，都是你可以发表有趣的说明性演讲的话题。冗长的说明性演讲，被称为讲座。

所有的说明性演讲都要求演讲者为准备演示文稿而使用一个广泛的研究基础，选择一种有助于受众理解所讨论素材的组织模式，并使用我们刚刚讨论的各种解说性方法，以保持受众注意力和对所提出素材的理解力。

即使大学教授是他们从事研究领域的专家，他们在准备讲座时，也要借鉴各种资料来源的素材。因此，你就要从有声誉的资料来源获得你所需要的信息。然后，在你演讲时，你要引用你提出信息的资料来源。这样，你不仅可以构建你提出的信息的可信性，也可以加强自己的可信度。

说明性演讲者还必须选择一种最适合他们所提出素材的组织模式。不同类型的说明性演讲适合于不同的组织模式，因此，这完全由演讲的主要论点来决定，从而使它们以一种帮助受众理解和记忆的方式，流畅地阐述出来。

最后，有效的说明性演讲的特征是，使用各种解说性方法来发展素材。在一个演讲中，你也许听到演讲者使用描述、定义、比较和对比以及简短的演示来发展主要论点。

说明性演讲包括解释政治、经济、社会、宗 225
教或其他道德问题的说明性演讲，解释历史事件或影响力的说明性演讲，解释理论、原则或规律的说明性演讲以及解释创造性作品的说明性演讲。

> **➤说明性演讲**
> 一种提供经过仔细研究而获得的有关复杂话题的深入信息的解说性表达方式。

① 帮派说唱乐是嘻哈乐（黑人说唱乐）的一种。20 世纪 90 年代成为嘻哈乐的主要风格，最初在美国东海岸兴起，后在西海岸的加利福尼亚州发展成为全国性的流行乐风。——译者注

政治、经济、社会或宗教问题的说明性演讲

你发表的一种说明性演讲，也许是帮助受众了解政治、经济、社会或宗教问题的背景或语境。在这种演讲中，你可以解释引发问题的各种势力及其对问题产生的持续影响。你也可以提出对问题所持的各种立场及其背后的理由。最后，你还可以讨论人们提出的各种解决问题的方式。

你发表演讲的总体目标是解说，而不是劝说。因此，你就要均衡地提出有争议问题的各方意见，不要主张哪一方更好。你还要确保借鉴的资料来源是受到人们尊重的资料来源，而且，它们报道的内容是客观的。最后，你要以一种有助于受众理解的简单方式，提出各种复杂的问题，而不是把棘手的问题过分简单化。

例如，当研究一个有关在北极国家野生动物保护区（Arctic National Wildlife Refuge，ANWR）开采石油和天然气的演讲时，你需要就这个有争议问题的各个方面，仔细阅读参考文章和咨询专家，并在提纲中公平地表现和采纳他们的意见。因为这是一个非常复杂的问题，所以，你就要讨论这个争议问题的全部重要的方面，其中，包括生态、经济、政治（国家、州和地方）以及技术方面。如果时间受到限制的话，那么，你就可以将讨论只限定为一两个方面，但是，你至少应该告知受众影响这个问题的其他因素。

历史事件和影响力的说明性演讲

说明性演讲的第二种重要类型是解释历史事件和影响力的说明性演讲。历史由于其自身的缘故，可以极具吸引力。但是，在解释历史时，我们可以看到它对今天所发生的事件具有相关性。作为一名说明性演讲者，你在研究期间肩负着一种特殊的义务，要把可以使演讲变得生机盎然的故事和叙述找出来。另外，你还要查阅资料来源，分析你要描述的事件，这样，你就能够描述它们在当时的影响以及在今天所具有的意义。虽然我们许多人都知道美国在第二次世界大战期间研制原子弹的历史事实，但是，一个有关（大家都熟悉的）“曼哈顿计划”的说明性演讲，戏剧性地展现了研发这种炸弹的竞赛，而且，讲述了主要参赛者的故事，还是会增加我们对这个内部“秘密”运作、政府资助的研究项目的了解。另外，这个说明性演讲也有可能将现代军备竞赛以及对核扩散的担心，放在其适当的历史语境之下。

理论、原则或规律的说明性演讲

我们的生活方式受到自然以及人为规律和原则的影响，并被各种理论解释。然而，对于许多理论、原则和规律，我们并不完全理解，或不了解它们对我们产生怎样的影响。因此，说明性演讲可以通过解释这些重要的现象来告知我们。作为一名说明性演讲者，你将受到寻找可以用语言来解释理论、原则和规律的素材的挑战，而这些素材必须是受众可以理解的内容。因此，你就要寻找或创建事例和说明，剥去深奥或复杂的术语的神秘面纱。有效的事例，以及将陌生的想法与那些受众已经熟悉的想法进行比较，能够有助于你解释规律。在一个有关操作条件的反射作用的心理学演讲中，一名演讲者能够用下列解释来帮助受众理解连续强化和间歇强化之间的差异：

> 当某种行为被不断强化时，这个人每次完成这种行为都会得到奖赏，但是，当这种行为被间歇强化时，奖赏并不是每次都提供。 226
> 据悉，连续强化的行为在奖赏不再提供时便很快消失，但是，据了解，间歇强化的行为即使在得不到强化时，也会持续一段时间。每天，你都可以看到某个条件行为所产生的影响。例如，把一枚硬币放在一台机器的插槽里。如果这台机器是一部投币式自动售货机的话，那么，每次在你“玩”的时候，你都期待着得到回应。可是，如果这台机器没有弹出任何物品的话，那么，你也许想知道，

这台机器是不是出了毛病，你还可能猛烈地拍打机器。无论如何，你都不可能再往里面放入硬币了。但是，假设这台机器是一台老虎机或一台即时向彩票赢家分配现金的机器，在你停下来并得出结论，认为这台机器"出了毛病"之前，你"玩"了多少硬币呢？为什么不同呢？因为你在一个连续的时间段内，对投币式自动售货机产生了条件反射，但是，老虎机或自动彩票分配机却在间歇的时间点上"教育"了你。

创造性作品的说明性演讲

也许，这个国家的每一所大学都提供艺术、戏剧、音乐、文学和电影欣赏课程。这些课程的目的是要解释创造性作品，并通过揭示创造性作品的风格、识别历史时期以及欣赏某部作品或一组作品的特征来为学生提供认识工具。然而，我们大多数人却对如何理解创造性作品知之甚少，因此，旨在解释诸如诗歌、小说、歌曲甚至著名演讲等创造性作品的介绍，能够对受众成员具有很大的教育意义。

在准备解释一部创造性作品或作品主体的演讲中，你希望找到有关这部作品及其艺术家的信息。你同样希望找到这部作品的创作时期，以及有关批评家评价这类作品所依据标准的资料来源。例如，如果你要发表一个有关弗雷德里克·道格拉斯（Fredrick Douglas）[①]于1852年在纽约罗切斯特发表的名为"7月4日致辞"（Fourth of July Oration）的说明性演讲，那么，你首先要提醒他们道格拉斯是谁，用以为受众确定方向。接下来，你就要解释在这个历史时刻，人们对7月4日演讲者怀有的习惯预期。在此之后，你也许希望总结演讲，而且，你可能还希望分享一些令人难忘的引用语。最后，你就要讨论演讲批评家对这个演讲的看法，为什么这个演讲被认为是"非常棒"的演讲。

表16—2列出了4种说明性演讲的各个话题事例。

政治、经济、社会或宗教问题的说明性演讲话题观点	历史事件、影响力和人物的说明性演讲话题观点	理论、原则或规律的说明性演讲话题观点	创造性作品的说明性演讲话题观点
布什先发制人的纲领 干细胞研究 同性婚姻 教育券 强制性判决 校服 家庭教育 移民	W.E.B.杜波依斯（W.E.B.DuBois）[②] 甘地的领导才能 罗马教皇 非洲的殖民化 征服埃弗勒斯峰[③] 越南战争 《巴尔福宣言》 "得克萨斯共和国"	货币理论 波义耳定律 数论 精神分析理论 全球变暖 智能设计 正态分布 色原学说	爵士乐 阿尔弗雷德·希区柯克的电影 印象画 莎士比亚的十四行爱情诗 萨尔萨舞 歌舞伎剧院 就职演说 肖像画法

表16—2 说明性演讲话题的事例

① 弗雷德里克·道格拉斯（1818？—1895），美国政治家。全名Frederick Augustus Washington Bailey。第一位在美国政府里担任外交使节的黑人。他一生致力于捍卫黑人权益，主张废除奴隶制。在原著提到的这个演讲中，他赞扬美国所取得的成就，但他指出，并非所有的美国人都得到了福祉，这是不公正的。对于奴隶而言，7月4日是他们承受这种不公正的日子。——译者注

② W.E.B.杜波依斯（1868—1963），社会学家、历史学家、争取平等权利的活动家，生于美国马萨诸塞州大巴灵顿。美国有色人种协进会（National Association for the Advancement of Colored People，NAACP）的创办人之一。毕业于哈佛大学，成为获得哈佛大学博士学位的第一位黑人。毕生研究美国和非洲的历史和社会，著有《约翰·布朗传》（John Brown：A Biography，1909）、《黑人的重建》（*Black Reconstruction：An Essay toward a History of the Part Which Black Folk Played in the Attempt to Reconstruct Democracy in America*，1860—1880，1935）、《黑人的过去和现在》（*Black Folk，Then and Now*，1939）、《世界与非洲》（*The World and Africa*，1946）、《黑人百科全书》（*The Encyclopedia of the Negro*，1946）等作品。后人加纳国籍。——译者注

③ 即珠穆朗玛峰。——译者注

227 说明性演讲实例：唐氏综合征[①]的 3 个 C[②]

选自柯林郡社区学院伊丽莎白·洛佩兹（Elizabeth Lopez）发表的演讲[③]。

本部分给出了一个说明性演讲实例的适应计划、提纲和讲稿，这个演讲是由一名学生在介绍性演讲课程中发表的。

1. 审视伊丽莎白·洛佩兹在准备有关唐氏综合征演讲过程中形成的提纲和适应计划。

2. 然后，阅读伊丽莎白·洛佩兹演讲的讲稿。

3. 使用如表 16—3 所示的说明性演讲评价一览表，帮助你评价这个演讲。

4. 写出一段反馈意见，描述伊丽莎白·洛佩兹演讲的优势。此外，你认为她在下次发表演讲时，可以在哪些方面做得更有效？

你可以使用如表 16—3 所示的说明性演讲评价一览表来完成这项活动，你也可以在线下载这个一览表。

适应计划

1. 受众的主要特征

因为受众成员可能见过患有唐氏综合征的人，但是，他们对这种病症并不真正了解，所以，我需要提供基本信息。

2. 创建和保持共同基础

我创建共同基础的主要方式是通过使用含义广泛的人称代词［we（我们）、us（我们，宾格）、our（我们的）］。

3. 建立和保持兴趣

我将通过指出我个人与该病症的关系和我对唐氏综合征的兴趣，并使用事例来建立兴趣。

4. 受众知识和经验

因为这个班上的大部分同学并不熟悉唐氏综合征，所以，我将提供尽可能多的说明性信息。

5. 构建可信度

在讲话开始时，我将通过提及我的志愿者经历、教育背景，最重要的是我的女儿患有这种综合征，来提升我的可信度。

6. 受众态度

我期待我的受众对唐氏综合征感到好奇，但是，与患有这种综合征的人们进行互动的想法会使人感到不舒服。所以，我将为他们提供信息，帮助他们增长知识，而且，我希望他们别太害怕。

表 16—3　说明性演讲评价一览表

你可以使用这个表格来评价你在课堂上听到的说明性演讲，在你倾听的过程中，概括这个演讲，并识别演讲者发表说明性演讲的类型。然后，回答下列问题。

说明性演讲的类型［打对勾（√）］

□ 政治、经济、社会或宗教问题
□ 历史事件或影响力
□ 理论、原则或规律
□ 创造性作品

主要标准

□ 1. 演讲提供经过充分研究而获得的有关复杂话题的信息了吗？
□ 2. 演讲者有效地使用各种方法来传递信息了吗？
□ 3. 演讲者强调主要论点和重要的支持素材了吗？
□ 4. 演讲者对提出的信息使用高质量的资料来源了吗？
□ 5. 演讲组织得周密吗？具有明确的主要论点吗？
□ 6. 演讲者提出深入的、高质量的信息了吗？

一般标准

□ 1. 具体目标清晰吗？
□ 2. 在创建兴趣和引入要解释的过程方面，主要论点清晰吗？
□ 3. 演讲是使用时间顺序来组织的吗？
□ 4. 语言是清晰、生动、有侧重点和适当的吗？
□ 5. 结论在总结步骤方面有效吗？
□ 6. 演讲是充满热情的吗？具有嗓音表现力、流畅性、自发性和直接性吗？

---

① 又称 21—三体综合征，即先天愚型。英国医生约翰·朗顿·海登·唐（John Langdon Haydon Down，1828—1896）首先对唐氏综合征的病理进行了描述。该病最早称为“蒙古症”、“蒙古痴呆症”。1965 年世界卫生组织正式将该病以约翰·朗顿·海登·唐的姓氏命名为唐氏综合征。——译者注

② 指 causes、characteristics 和 contributions。——译者注

③ 使用得到伊丽莎白·洛佩兹的许可。——作者注

7. 适应来自不同文化和语言社群的受众

虽然受众是多样化的，而且，唐氏综合征发生在各个民族和性别之中，但是，我不会做任何具体的划分。

8. 用视觉教具提高受众的理解力和记忆力

我将使用几个 PowerPoint 幻灯片，来突出唐氏综合征的特征。

讲话提纲：唐氏综合征的 3 个 C

总体目的：解说。

讲话目标：在这个演讲中，我打算让受众了解唐氏综合征的 3 个 C：原因（Causes）、特征（Characteristics）和唐氏综合征患者做出的贡献（Contributions）。

导语

Ⅰ. 在我们的一生中，我们将会遇到许多出于各种原因而“不同的”人。

Ⅱ. 今天，我要向你们讲述那些差异的一种——唐氏综合征。

Ⅲ. 为什么我要谈论这个话题呢？因为我有一个患有唐氏综合征的女儿。

Ⅳ. 在这个演讲中，我将与你们一起讨论唐氏综合征的 3 个 C。（幻灯片 1：原因、特征和贡献）

主体

Ⅰ. 首先，让我们了解一下导致唐氏综合征的原因。

A. 虽然唐氏综合征是一种遗传性生理状况，但是，它不是与生俱来的疾病。

（1）唐氏综合征患者具有 47 条染色体，而不同于正常人具有 46 条染色体。

（2）这条多余的染色体是在受精之前，由于细胞分裂在 21 号染色体内产生的随机误差造成的。（幻灯片 2：21 号染色体）

（3）个人不会由遗传继承这条突变的 21 号染色体，就生下来就患有唐氏综合征的孩子来说，父母双方是无辜的。但是，一旦一对夫妇有了一个患有唐氏综合征的孩子，那么，这对夫妇可能生下另一个患有相同综合征孩子的概率就会增加。（幻灯片 3：遗传但不继承）

B. 美国大约有 35 万唐氏综合征患者。

（1）唐氏综合征大约在每 800 个新生儿中间就出现一例，此外，每年患有唐氏综合征的胎儿的流产数目不详。

（2）超过 35 岁的女性最有可能出现 21 号染色体——卵子发生变异。但实际上，大多数唐氏综合征患儿都是由年轻母亲生育的，这是因为年轻女性生育的婴儿比例较高。

过渡：既然你们已经了解了造成唐氏综合征 228
的原因，那么，我想描述一下唐氏综合征患者有别于其他人的主要身体和智力特征。

Ⅱ. 唐氏综合征患者在身体和智力上不同于其他人。

A. 唐氏综合征患者长相不同，而且，这种综合征患者也有一些身体健康问题。（幻灯片 4：特征——身体和健康差异）

（1）主要身体差异是面部特征，如脸部扁平、眼睛歪斜以及小口大舌等，但是，唐氏综合征患者同样经常出现肌张力低下的症状。

（2）主要的健康问题有心脏缺陷、听力丧失、视力减退以及免疫系统较弱。

B. 其次，唐氏综合征患者在智力上也不同于其他人，出现发育迟缓、认知损伤和情感早熟。（幻灯片 5：特征）

（1）唐氏综合征患者发育迟缓的特征，体现在讲话、认知和运动技能方面。

（2）唐氏综合征患者的认知发展特征存在较大的差异。

（3）唐氏综合征患者在情感上比较早熟。

过渡：既然你们对唐氏综合征患者及其有别于其他人的方面有了一定的了解，那么，我愿意就唐氏综合征患者以特殊和独特的方式，对他人所做出的贡献进行说明。

Ⅲ. 唐氏综合征患者对他们的家庭和所居住的社区产生某种积极的影响。（幻灯片 6：贡献）

A. 唐氏综合征患者对家庭产生怎样的积极贡

献呢？

（1）唐氏综合征患者的家庭经常有着一个比较牢固的婚姻，而且，兄弟姐妹往往更富于同情心。

（2）有唐氏综合征患者的家庭，往往在他们居住的社区里具有一个较高的认同度。

B. 唐氏综合征患者经常对他们居住的社区做出重要的贡献。

（1）被编入学校正规班级的唐氏综合征患儿，教会他们的同龄人重视差异。

（2）许多患有唐氏综合征的成年人是献身精神和坚定不移的行为模范。

结论

（1）回顾一下，现在，你们知道唐氏综合征是在受精前由 21 号染色体变异造成的，而且，这导致患有唐氏综合征的人们具有不同的身体和心理特征。此外，你们也知道，许多唐氏综合征患者经常对社会做出积极的贡献。

（2）所以，在你们下次遇到唐氏综合征患者时，我希望你们还能够记住所学到的东西，这样，你们就能够享受认识这个人的乐趣，而不是感到害怕。

229 **引用的作品**

Faragher, R. Down Syndrome: it's a matter of quality of life. *Journal of Intellectual and Developmental Disability*, October 2005, 49: 761-765. Academic Search Premier. EBSCOE Host Research Databases. Collin County Community College District. Accessed October 7, 2005 at www. web27. epnet. com.

Helders, Paul. Children with Down Syndrome. 2005: 141. Academic Search Premier. EBSCOE Host Research Databases. Collin County Community College District. Accessed October 7, 2005 at www. web27. epnet. com.

"Information and Resources," National Down Syndrome Society. Accessed October 7, 2005 at www. ndss. org.

National Association for Down syndrome. Accessed October 7, 2005 at www. nads. org.

Rietveld, Christine. Classroom learning experiences by new children with Down syndrome. *Journal of Intellectual and Developmental Disability*, September 2005, 30: 127-138. Academic Search Premier. EBSCOE Host Research Databases. Collin County Community College District. Accessed October 7, 2005 at www. web27. epnet. com.

讲话与分析

讲话

在我们的一生中，我们将遇到许多人，他们出于各种原因被认为“不同于”那些自认为是“正常的人们”。今天，我想向你们讲述一种使人们看上去不同的病症：唐氏综合征。我为什么要谈论这个话题呢？在某种程度上，因为我多年来一直是智障儿童的志愿者，我从事特殊教育工作。此外，我愿意与你们分享我一直在学习的内容。但更为重要的是，我有一个蹒跚学步的女儿，她患有唐氏综合征。我从个人经验发现，当人们更多地了解什么使我的女儿与众不同时，他们就会更多地接纳她以及在其他方面与众不同的人们。

在这个演讲中，我愿意与你们分享一些有关这个综合征的基本信息——我把它们称为 3 个 C。首

分析

←伊丽莎白以一个有关正常人和与众不同的人的表述作为开场白，随即，她很快引入了她的话题。

←她通过说明她一直从事唐氏综合征患儿工作，以及她也有一个患有此综合征的女儿，立即创建了可信度。

先，我将讨论造成唐氏综合征的原因。然后，我将对区分唐氏综合征患者与其他人的典型特征进行说明。最后，我将描述唐氏综合征患者对他们的家庭和所居住的社区做出的贡献。

首先，让我解释一下造成唐氏综合征的原因。

> 她通过使用一种助记手段——3 个 C，大致介绍了她的主要论点，结束了她的导语。

与一些人认为的相反，唐氏综合征并非与生俱来的——它是一种遗传性生理状况。根据全国唐氏综合征协会网站的观点，唐氏综合征患者有 47 条染色体，而不是正常人的 46 条染色体。这条多余的染色体是在受精之前，由细胞分裂在 21 号染色体内产生的随机误差造成的。因为你没有继承突变的 21 号染色体，所以，就生下来就患有唐氏综合征的孩子来说，父母双方都是“无辜”的。然而，一旦一对夫妇有了一个唐氏综合征患儿，那么，这对夫妇可能
230 生下另一个患有相同综合征孩子的概率就会增加。

> 在这里，伊丽莎白明确表示，虽然唐氏综合征是一种遗传性生理状况，但是，它并不是与生俱来的一种生理状况。她使用的 PowerPoint 幻灯片很简单，并在视觉上强化了她的论点。

根据全国唐氏综合征协会网站，美国大约有 35 万唐氏综合征患者。唐氏综合征大约在每 800 个新生儿中间就出现一例。此外，每年患有唐氏综合征的胎儿的流产数目不详。我们很多人都听说年龄较大的女性很可能生育患有唐氏综合征的婴儿。的确，超过 35 岁的女性最有可能出现 21 号染色体——卵子发生变异。但实际上，大多数唐氏综合征患儿都是由年轻母亲生育的，这是因为年轻女性生育较高比例的婴儿。

> 在创建遗传性原因之后，伊丽莎白对有关唐氏综合征的流行程度以及什么类型的父母可能生下唐氏综合征患儿，进行了进一步的阐述和解释。

既然我已经谈论了造成唐氏综合征的原因，那么，让我描述一下唐氏综合征患者有别于其他人的身体和智力特征。当然，人们首先注意到唐氏综合征患者长相不同，但是，唐氏综合征患者也有一些身体健康问题。我们注意到的主要身体差异首先是面部特征，如脸部扁平、眼睛歪斜以及小口大舌等，虽然并非所有的唐氏综合征患者都具有上述面部特征。不过，唐氏综合征患者同样经常出现肌张力低下的症状和较多的健康问题，如心脏缺陷、听力丧失、视力减退以及免疫系统较弱等。

> 在这里，伊丽莎白使用了一个很好的过渡，其中，她强化了两个 C：原因和特征。

唐氏综合征患者在智力上也不同于我们其他人。根据 R. 法拉格（R. Faragher）在《智障研究杂志》（*Journal of Intellectual Disability Research*）上发表的有关唐氏综合征的文章，唐氏综合征患者发育迟缓，主要影响他们的讲话、认知和肌肉运动技能。认知发展的迟缓程度在唐氏综合征患者中间存在较大的差异。正如克里斯廷·里特沃尔德（*Christine Rietveld*）在《智力和发展性障碍杂志》（*Journal of Intellectual and Developmental Disability*）上发表的有关唐氏综合征的文章所解释的那样，有些唐氏综合征患儿能够被编入学校正规班级，与其他儿童一起上公立学校，有些唐氏综合征患儿需要接受特殊教育，而其他一些唐氏综合征患儿则需要在常规教育之外接受更多的专门教育计划。

←在这里，伊丽莎白引用了一个她的信息资料来源。

唐氏综合征患者在情感上同样比较早熟，这意味着他们经常在情感上看上去似乎比他们的年龄显得成熟，而且，他们在表达情感上几乎不受压制。如果你花时间同一个唐氏综合征患者在一起的话，那么，你就会知道什么意味着无条件地被热爱了。

也许伊丽莎白通过给出一个事例，能够进一步发展这个特征。

伊丽莎白再次使用了一个过渡，强化了她界定主要论点的两个 C：特征和贡献。

既然你对唐氏综合征患者的特征有了一定的了解，那么，我愿意就这些人以特殊和独特的方式对其他人做出的贡献进行说明。正如我们许多与唐氏综合征患者住在一起的人都知道的那样，毫无疑问，他们对家庭和所居住的社区产生某种积极的影
231 响。正如 R. 法拉格解释的那样，唐氏综合征患儿的父母往往有着一个紧密、基础牢固的婚姻——他们学会一起支持他们患有这种综合征的孩子和不患有唐氏综合征的孩子们，而且，他们学会相互依靠，更多地去抚养需要特殊帮助的孩子。此外，唐氏综合征患儿的兄弟姐妹往往更富于同情心，因为他们理解被视为“不同的人”是什么样子。具有唐氏综合征患儿的家庭，也往往在他们居住的社区里具有一个较高的认同度。人们很容易喜欢唐氏综合征患儿，因为他们往往是快乐的、惹人喜爱的、很容易表达情感的孩子。此外，当人们感到喜欢唐氏综合征患儿时，他们也会产生保护愿望，并接纳这个孩子的家庭。

←虽然伊丽莎白一开始就告诉受众，她有一个患有唐氏综合征的孩子，但是，她错过了提供人格化事例引入这个论点的机会。她可能还要通过给出她女儿怎样对家庭做出贡献，来进一步发展这个论点。

反过来，唐氏综合征患者经常对他们所居住的社区做出重要的贡献，就像我们许多人所做的那样。例如，这些被编入学校正规班级的孩子们，教会他们的同龄人重视差异，培养对与自己不同的人的同情心和移情作用。作为成年人，许多患有唐氏综合征的人们在工作场合里是献身精神和坚定不移的行为模范——我敢打赌，你们有些人遇到过患有唐氏综合征、快乐和兢兢业业的人，他们不仅在商店里帮助过你，他们也在办公室这样的环境下与你一道工作。

此外，具体事例还会对她的论点的发展提供帮助。

回顾一下，现在，你们知道唐氏综合征是在受精前，由 21 号染色体变异造成的，而且，这导致唐氏综合征患者具有不同的身体和心理特征。但是，你们也知道，这种综合征患者经常对他们的家庭和所居住的社区做出积极的贡献。所以，在你下次遇到唐氏综合征患者时，我希望你们还能够记住所学到的东西，享受认识这个人的乐趣。

在这个讲话的结论部分里，她回顾了原因、特征和贡献的 3 个 C，有助于我们记住她的讲话所谈论的内容。

总体印象

总之，这是一个有板有眼、有着充分证据的解说性演讲。

学习目标

1. 剖析劝说详尽可能性的模型。

2. 思考撰写作为主张的劝说性演讲目标。

3. 讨论情感诉求对受众参与的影响。

4. 讨论劝说性演讲的组织模式。

第17章

劝说性演讲

233 是什么决定我们如何充分倾听和认真评价我们每天听到的许许多多劝说性讯息的方式呢？

虽然人们很容易对某个强有力的演讲感到兴奋不已，但是，现实中说服他人的努力，则要求讲话者见闻广博地形成论据，并充分适应受众的需求。**劝说性演讲**（Persuasive Speech）是一种具有一个影响受众信念和/或行为目标的演讲。这大概是最费心劳神的演讲。你需要使用迄今为止全部已经学习和培养的技能。此外，你还需要构建说服受众的论据，用情感来提高受众对你的话题的参与，通过表现亲和力，来形成你的可信度。当你希望受众采取行动时，你要使用动机来激发他们，并且，选择一个有效的组织策略。在本章中，你将要学习如何准备一个有效的劝说性演讲。我们首先提出一个被广为接受的理论模型，解释人们如何处理劝说性讯息。然后，在此模型基础上，描述你在发展一个有效劝说性演讲过程中可能遇到的挑战。

你怎么认为

我很容易被我听到的讲话所说服。

强烈反对						强烈赞同
1	2	3	4	5	6	7

学习目标1　人们如何处理劝说性讯息：劝说详尽可能性模型

你还记得你认真和细心地听取某个人试图用一个观点来说服你的时候吗？你还记得你有意识地仔细思考人们说的话和做出深思熟虑的决策的时候吗？你还记

> **➢劝说性演讲**
> 一种具有一个影响受众信念和/或行为目标的演讲。

得你只是不经意倾听并决心快速地根据你的“直觉”来揣摩人们说的话的真实性的时候吗？是什么决定我们如何充分倾听和认真评价我们每天听到的许许多多劝说性讯息的方式呢？理查德·E·佩蒂（Richard E·Petty）[①] 和约翰·T·卡乔波（John T· Cacioppo）[②] 提出了一个现在被广泛接受的模型，这个模型解释了人们可能怎样以一种详尽的方式，使用批判性思维技能，花时间来评价信息（如他们在一个讲话中听到的论据），而不是以一种比较简单的、不加批判的方式来处理信息。这个模型被称为劝说详尽可能性模型（Elaboration Likelihood Model，ELM）[③]，无论演讲者如何处理信息，这个理论都可以被他们用来发展影响受众成员的劝说性演讲。

这个模型指出，人们以两种方式来处理信息。一种方式是强烈的，而且，耗费的时间也较多。人们使用这种“中心途径”（Central Route）仔细 234 倾听、思考听到内容，甚至可能在内心详尽说明讯息。

第二种方式被称为“外围途径”（Peripheral Route），是一条依靠简单暗示的捷径，如对演讲者可信度的一个快速评价，或对听众揣摩讯息的一个直觉核实。

按照劝说详尽可能性模型，我们认为，一个问题的重要性决定了我们是使用中心途径，还是使用外围途径。当我们认为某个问题与已有关时，我们愿意付出必要的精力，采取中心途径加以处理。当问题对我们不重要时，我们则采取外围途径来处理。因此，受众成员如何全面理解你的论据，取决于他们与你的话题的关系。例如，如果你患有严重的慢性疾病，治疗费用昂贵，那么，你就更有可能关注和评价任何改变你自己的医疗保健利益的主张。如果你的身体健康，那么，你可能很快就接受你认为是可信的人的建议，或赞同看上去似乎富于同情心的提议。

劝说详尽可能性模型还指出，与当我们根据外围暗示形成我们的态度时相比，当我们由中心途径（批判性思维）形成态度时，我们不太可能改变我们的看法。你也许还能够记得，你被某个强有力的演讲者搞得举棋不定，但是，经过思考后，后悔你的行动并改变看法的时候。同样，根据你听到的信息并花时间进行思考，你很可能坚持一些坚定的、不容易改变的信念。

当你准备劝说性演讲时，你可以利用劝说详尽可能性模型理论发展你的话题，这样，你就可以提高受众成员积极参与这个话题的可能性。你希望提出充分的理由，这样，对你的演讲采取中心途径和批判思维方法的受众就会找到有说服力的论据。对于与话题关系不大的受众而言，你就应该诉诸他们的情感，并包括使他们能够感到你是可信的人的信息。在本章余下的部分里，我们描述你怎样才能使讲话计划的行动步骤适应帮助你完成这种模型的目标。

---

① 理查德·E·佩蒂，美国俄亥俄州立大学心理学杰出教授。1977年获得俄亥俄州立大学社会心理学博士学位。美国科学促进会（American Association for the Advancement of Science）、美国心理学会（American Psychological Association）和美国心理科学协会（Association for Psychological Science）成员。著有《态度与劝说：经典与当代方法》（*Attitudes and Persuasion：Classic and Contemporary Approaches*，1981）、《传播和劝说：通向态度改变的中心和边缘路径》（*Communication and Persuasion：Central and Peripheral Routes to Attitude Change*，1986）等作品。——译者注

② 约翰·T·卡乔波（1951— ），美国芝加哥大学教授，生于得克萨斯州马歇尔市。1977年获得俄亥俄州立大学心理学博士学位。创立芝加哥大学认知与社会神经科学中心并担任主任。著有《态度与劝说：经典与当代方法》（*Attitudes and Persuasion：Classic and Contemporary Approaches*，1981）、《传播和劝说：通向态度改变的中心和边缘路径》（*Communication and Persuasion：Central and Peripheral Routes to Attitude Change*，1986）、《社会神经科学：社会心理学的重要读物》（*Social Neuroscience：Key Readings in Social Psychology*，2004）、《孤独：人类天性和对社会联系的需求》（*Loneliness：Human Nature and the Need for Social Connection*，2008）等著作。——译者注

③ 理查德·E·佩蒂和约翰·T·卡乔波在1981年出版的《态度与劝说：经典与当代方法》一书中，提出了劝说详尽可能性模型，并在1986年出版的《传播和劝说：通向态度改变的中心和边缘路径》一书中，详细阐述和论证了该模型的原理和实验性研究。——译者注

学习目标 2　将劝说性演讲目标写成主张

劝说性演讲的具体目标是作为一种主张被阐述出来的。**主张**（Proposition）是一个清楚地表明讲话者的话题立场的陈述句。例如，“我希望受众相信吸烟导致癌症”这个使受众认同讲话者的劝说性演讲目标就是主张。目标可以集中在受众的态度或信仰应该是什么，或者受众应该采取怎样的行动。图 17—1 提供了旨在改变某种态度或信仰，以及旨在使受众采取行动的主张的事例。

态度或信仰的主张

我希望受众相信，这座城市应该修建一个市区娱乐中心。

我希望受众相信，癌症研究需要更多的资助。

我希望受众相信，重复利用对于减少浪费是十分必要的。

行动的主张

我希望受众对征税修建一个市区娱乐中心投赞成票。

我希望受众向美国癌症协会[①]捐款。

我希望受众整理和使用邻居提供给他们的重复利用的纸箱。

图 17—1　态度或信仰和行动的主张的事例

235 主张要适应受众的需求

在你考虑话题和要提出的主张时，你要了解受众成员目前对你的话题的看法。

受众成员对你的讲话话题的看法，可以在从非常赞成到非常反对的范围内变化，并被形象化地置于一个如图 17—2 所示的连续体上。即使受众的个人看法几乎都落在这个连续体的每个点上，一般而言，受众成员的看法也往往在这个连续体上的某个区域里比较密集。举例来说，图 17—2 表示受众的看法大致集中在“略微反对”上，即使少数人持有更为反对的态度，而其他少数人采取较为赞成的态度。

反对	非常反对	反对	有点反对	既不赞成也不反对	有点赞成	赞成	高度赞成	赞成
	2	2	11	1	2	2	0	

图 17—2　看法的连续体实例

你使用这个密集点，用以将受众对你的话题的最初态度划分为“反对的态度”（反对某种信念或行动，抑或持有相反的观点）、“没有看法的态度”（不了解情况的态度、中立的态度或缺乏兴趣的态度）或“赞成的态度”（已经支持某种信念或行动），而且，在你发展主张和讲话时，你要考虑这种最初的看法。

反对的态度

如果受众强烈地反对你的目标的话，那么，仅仅在一个简短的演讲中，你能够将这种态度从

> **➢主张**
> 一个清楚地表明讲话者的话题立场的陈述句。

① 美国癌症协会（American Cancer Society，ACS），是一个“基于社区的全国性志愿者健康组织”，肩负着“致力于消除癌症这一主要的健康问题”的使命。协会最初由 15 名医生和商人于 1913 年在纽约创建。经过全国 200 万志愿者的努力以及各种研究、培训和倡导计划，协会得以迅速发展。——译者注

"反对的态度"改变为"赞成的态度"，就是不现实的看法。因此，你应该考虑某种主张，在你选定的方向上来激发你的受众，但是，不要指望它实现一个全面的转变。例如，当你确定受众很可能完全反对这个主张："我希望说服受众相信同性婚姻应该合法化"，你可以把你的目标重新表达为："我希望说服受众相信，受到法律约束的同性夫妇，应该能够与通过州政府批准并受到法律约束的异性夫妇的婚姻一样，得到合法的保护。"

当你认为听众只是略微反对你的话题时，你就需要了解他们的反对理由，并提出论据来克服阻力。你的目标应该是向他们提供支持你的立场的有力理由，其中，包括反驳其他态度的根据。你的主张也许可以措辞为："我希望能够说服受众，同性婚姻将造福社会。"

中立的态度

当你认为受众采取中立的态度时，你需要考虑这种对你的话题的态度，是因为不了解情况、无动于衷还是缺乏兴趣。当受众**不了解情况**（Uninformed）时，也就是说，他们并不充分了解某个已经形成某种看法的话题，你需要向他们提供他们需要了解的基本论据和信息。要确保用充分的信息来真正支持你的每个理由。当你的受众采取**无动于衷的态度**（Impartial）时，也就是说，受众了解你的话题的基本要素，但仍然没有看法，你就要提供更详细的论据或更有力的证明。当受众成员没有看法时，这是因为他们采取**缺乏兴趣的态度**（Apathetic），你需要设法为他们人格化这个话题，从而使他们看到这个话题怎样与他们及其需求有关。

赞成的态度 236

当受众只是略微赞成你的提议时，你的任务是要强化和加强受众的信念。一个在信念上赞成你的话题的受众，将仍然从一个对持有这些信念的理由的阐述中获益。受众也可以通过听取其他新的理由以及支持理由的最新根据，更加忠实于这个信念。

当受众强有力地赞同你的立场时，那么，你可以考虑一个建立在这种信念基础之上的主张，并激发受众按照这种主张采取行动。例如，如果话题是同性婚姻，而且，你的受众的民意调查表明，大多数受众成员强烈赞成这个观点，那么，你的目标也许就是："我希望受众成员参加星期六举行的支持同性婚姻的游行。"

> **➢不了解情况的态度**
> 不充分了解某个已经形成某种看法的话题。
> **➢无动于衷的态度**
> 了解某个话题的基本要素，但仍然没有看法。
> **➢缺乏兴趣的态度**
> 由于一个人对某个话题不感兴趣、漠不关心或认为无关紧要而没有看法。
> **➢理由**
> 总结几个有关的根据以及说明你为什么应该相信或做某事的主要论点表述。

发展支持主张的论据

劝说性演讲是由理由和根据组成的，理由和根据被用来制造支持主张的论据。一旦你确定了某个适合受众的主张，你就要使用你已经获得的研究素材来帮助你选择演讲的主要论点。在一个劝说性演讲中，主要论点是支持主张的理由。提出的支持素材是支撑理由的根据。

找到用作主要论点的理由

理由（Reasons）是总结几个有关的根据以及说明你为什么应该相信或做某事的主要论点表述。例如，假设你的演讲主张是："我希望受众相信，住宅所有权对社会有益"。根据你的研究，你提出下列6个可能的理由：

Ⅰ. 住宅所有权建立了强大的社区。
Ⅱ. 住宅所有权减少了犯罪。
Ⅲ. 住宅所有权增加了个人的财富。
Ⅳ. 住宅所有权提高了个人自尊。
Ⅴ. 住宅所有权改善了周围地区的价值。
Ⅵ. 住宅所有权在市郊得到了发展。

一旦你拥有了一系列理由，你就可以衡量和评价每个理由，并从中选出三四个高质量的理由。你可以通过提出下列问题，对每个理由的质量做出判断：

1. 理由直接与证明的主张有关吗

有时，我们找到可以被归纳为一个理由的信息，但是，理由并不直接支持主张。举例来说，你也许发现很多研究都支持“住宅所有权在市郊得到了发展”的概念。不幸的是，住宅所有权在市郊发展怎样有益于整个社会尚不清楚。因此，当选择理由时，要删除那些只与你的主张略有关系的理由。

2. 我具有支持理由的有力根据吗

一个理由也许听起来令人印象深刻，但是，在你的研究中，你可能无法找到支持它的可靠根据。因为受众权衡他们是否接受你的理由，将取决于你提出的根据，所以，你应淘汰没有强有力支持的理由。例如，第二个理由“住宅所有权减少了犯罪”，听起来像是一个充分的理由，但是，如果你具有的唯一证据是一种看法，而这种看法是由一个其专业知识水平受到质疑的人提出来的，或者，如果你在研究中发现，虽然在住宅所有权高的地区犯罪率较低，但是，没有根据表明这两者的因果关系，那么，你就应该考虑淘汰这个理由。

3. 这个理由对于这些受众有说服力吗

假设你有大量的事实根据，支持“住宅所有权提高了个人自尊”的理由。这个理由也许对于一个由社会工作者、心理学者和教师组成的受众是极具说服力的，但是，这个理由对于一个由财政规划者、银行家和经济学者组成的受众却不太重要。因此，一旦你确信你的理由与主张有关，并
237 且有强有力的根据来支持它们，你就要选择用作演讲的三四个主要论点，它们将对特定的受众最具有说服力。

选择支持理由的根据

虽然一个理由看上去似乎是不言自明的，但是，大多数受众成员却并不相信这个理由，除非他们听到支持这个理由的信息。在你研究时，你可能找到支持某个理由的较多根据，而你无法在分配给你的演讲时间里把它们都用上，所以，你必须选择几个你要提出的根据。事实和看法都可以作为根据。

假设在你的演讲中，你要说服人们为阿尔茨海默氏症（Alzheimer's disease）① 研究提供更多的资金，那么，你就要使用这样一个理由，即美国越来越多的人患上阿尔茨海默氏症。下面的事实表述支持了这个理由：“根据《神经病学纪要》（Archives of Neurology）在 2003 年刊登的一篇文章，自 1980 年以来，美国患有阿尔茨海默氏症的人数已经增长了一倍以上，而且，预计人数还将继续增长，到 2050 年，患有此症的人数将达到 1 130～1 600 万人。”

关于某一主题的专家表述，也可以用作支持理由的根据。例如，“按照舒尔容·杰纳勒尔（Surgeon General）的观点，‘到 2050 年，每年可能有 1 400 万人受到阿尔茨海默氏症病痛的折磨’”的表述，就是专家意见。

事实和看法根据能够怎样组合起来支持一个主张呢？让我们看一个事例。

主张：我希望受众相信，电视暴力对儿童产生一种有害的影响。

理由：电视暴力使儿童对暴力麻木不仁。

支持：在加利福尼亚州洛杉矶市，一项对 50 名 5～10 岁，刚看过一集《忍者神龟》（*Teenage Mutant Ninja Turtles*）的儿童所做的调查显示，在问及这群儿童是否可以接受暴力时，在 50 名儿童中，有 39 人或约 80%的人回答说：“是的，因为它有助于你赢得战斗。”（事实）不管儿童怎样解释理由，事实仍然是，观看暴力使儿童麻木不仁，而且，这可能导致真正的暴力。根据一位德高望重的学者柯尔斯顿·休斯顿（Kirsten Houston）在 1997 年第 7 期《心理学杂志》（*Journal of Psychology*）上撰写的文章，“反复受到媒体暴力的影响，是个人对这种场面逐步脱敏的一个主要因素。这种脱敏作用反过来削弱了观众对暴力行为的心理约束”（看法）。

不论根据是基于看法还是事实，你都要用你找

---

① 又译老年性痴呆。阿尔茨海默氏症是 1910 年以德国神经病理学家阿洛依斯·阿尔茨海默（Alois Alzheimer，1864—1915）的姓氏命名的病症。1906 年，阿尔茨海默首次报告了一例具有进行性痴呆表现的 51 岁女性患者。该病是一种逐渐失去某些认知能力的脑疾病，通常与大脑皮层下生长出的异常纤维和蛋白质沉积有关。症状表现为短期记忆丧失、认识能力退化、逐渐变得呆傻，甚至丧失生活自理能力。——译者注

到的最佳根据来支持你的论点。你可以使用下列问题的答案，帮助你选择有可能说服受众的根据。

1. 根据来自一个备受尊重的资料来源吗

这个问题既包括提出看法或搜集事实的人们，也包括书籍、杂志，还包括被报道的互联网资料来源。正如有些人的看法要比其他人的看法可靠，有些平面和互联网资料来源要比其他平面和互联网资料来源可靠。要特别小心未经证实的信息。要淘汰一些有疑问的、不可靠的或带有偏见的资料来源的根据。

2. 根据是最新的吗？如果不是，还有效吗

事物千变万化，因此，某个特定时期的准确信息很可能在今天就不再有效。在你重点研究根据时，你要考虑收集根据的时间。5 年前真实的内容，在今天未必是正确的。一个一年前预测的趋势可能从那时起就不断被修改。一个上星期报道的统计数据，也许是根据 3 年前收集的数据做出的。所以，无论是一个事实还是一个看法，你都要选择在今天仍然有效的根据。例如，根据“按照阿尔茨海默氏症患者协会（Alzheimer's Association）和全国老年人研究所（National Institute on Aging）的统计，治疗阿尔茨海默氏症患者的总成本至少 1 000 亿美元，”就是引用全国卫生研究所（NIH）① 2003 年的一个出版物。然而，该出版物根据的却是一项使用 1991 年的数据做出的研究，这个数据在出版之前，在 1994 年进行了更新。因此，我们可以预计，目前每年的成本会更高。如果你选择使用这个根据的话，那么，你就应该披露研究采用数据的年代，并指出目前这个成本会

238 更高。

> **➤论据**
> 主张与理由或理由与根据之间的逻辑关系。
> **➤通过事例进行说服**
> 通过提供一个或多个个人事例来支持某种主张。
> **➤通过类比进行说服**
> 用一个与某种主张的主题明显类似的可比较事例来支持这种主张。

> 选择根据时要提出的问题：
> 1. 根据来自一个备受尊重的资料来源吗？
> 2. 根据是最新的吗？如果不是，还有效吗？
> 3. 根据真的支持理由吗？
> 4. 这个根据对于这些受众有说服力吗？

3. 根据真的支持理由吗

正如理由需要与主张具有相关性，根据也需要与理由具有相关性。有些你找到的根据也许仅仅间接地与理由有关，而为了给更重要的根据留有更多空间，我们应该淘汰这个根据。

4. 这个根据对于这些受众有说服力吗

最后，正如在你选择理由时，你要选择特定受众会认为有说服力的根据。因此，如果你要对专家的两个引用语做出选择的话，那么，你就要使用受众认为更可靠的那个专家的话。

论据的类型和检验

论据（Argument）是主张与理由或理由与根据之间的逻辑关系。到目前为止，我们始终把注意力集中在选择主张、理由和支持根据上，但是，如果受众不相信你的根据为你的理由提供了一个令人心悦诚服的论据的话，那么，他们就不会赞同你的根据。另外，如果受众无法认同你为理由所提出的论据形式的话，那么，他们也不会支持你的主张。

我们可以提出如下所示的几种论据关系：

1. 通过事例进行说服

当你提出的理由是主张的事例，或当你提出的根据提供了你阐述的理由的事例时，你在**通过事例进行说服**（Arguing by Example）。

例如，如果你说：“任何人学习都能够得到 A 的成绩”，并提出作为根据的“汤姆、简和和乔希学习，并得到 A 的成绩”，那么，你就是通过事例来提出一个论据。由事例得出论据的一般形式，是“在某些实例或事例中是正确的内容，在所有情况下都是真实无误的”。在通过事例进行说服时，你可以通过回答下列问题，来确保你的论据是有效的：“为使受众了解引用的事例不是孤立的或信手拈来的，引用的实例（事例）充分吗？实例是具有典型性和代表性的吗？负面实例真的就不具有典型性吗？”如果上述答案都是“否定”的话，那么，你就要考虑以不同的方式提出论据。

① National Institute of Health 的缩略。——译者注

2. 通过类比进行说服

当你用一个可比较的事例支持你的理由，而这个事例明显类似于主题所提供的强有力的证据时，你在通过**类比说服**（Arguing by Analogy）。例如，如果你支持你的主张：“切利福克志愿者消防队应该为 3 个便携式自动减震设备筹集资金，而举行一次抽奖活动”，你可以通过“马克志愿者消防队与切利福克志愿者消防队相似，他们为 4 个设备举行了一次抽奖活动，筹集到足够的资金”进行表述，那么，你就在通过类比进行说服。类比论据的一般形式是：“在一种环境背景下正确的或起作用的内容，在一个可比较的环境下也是正确的或起作用的。”在通过类比进行说服时，你要通过回答下列问题，确保你的论据是有效的：“这些主题真的能够比较吗？切利福克志愿者消防队和
239 马克志愿者消防队真的在所有重大的方面都是相似的吗？”

如果上述问题的答案是“否定”的话，那么，你的论据就是无效的。你也可以提出这样的问题：“主题与结论有没有重大差异呢？”如果有重大的差异的话，那么，推论就是不够充分的。

3. 通过原因进行说服

当你引用一个或多个事件总是或几乎总是引发、导致或防止一个可预言的事件或一组结果的根据时，你在**通过原因进行说服**（Arguing from Causation）。如果你支持你的主张：“今年小麦的产量将比去年低”，你可以通过“我们今年春天非常干旱”进行表述，那么，你就是通过原因进行说服。你的论据可以归结为：“缺乏充足的降雨造成农作物产量歉收。”原因论据的一般形式可以表示为：“如果众所周知 A 导致 B，A 发生了，那么，我们可以预计 B 就要发生。”为了确保你的原因论据充分，你应该回答下列问题：“仅仅这些事件就足以造成这个被阐述的结果吗？”“与这些引用的事件相近的其他事件实际上产生这个结果吗？”“随机事件与结果之间的关系一致吗？”如果上述问题有一个答案是“否定”的话，那么，推论就是不够充分的。

4. 通过迹象进行说服

当你提出作为支持你的主张的理由或作为支持理由的根据，即发生的事件是主张或理由的真实性的外在信号时，你在**通过迹象进行说服**（Arguing by Sign）。例如，你用当地施舍处的人数增加，来支持经济衰退正在恶化的论点：“施舍处的人群排起了长龙是经济衰退恶化的一种迹象。”为了检验这个论据，你应该提出这样的问题：“这个被引用的迹象总是或通常表示得出结论的信号吗？”“迹象的数量充分吗？”“在根据中还有矛盾的迹象吗？”

避免推论谬误

当你提出理由和论据时，你应该进行检查，确保理由适用于具体的情况。这将使你避免产生谬误或出现推论错误。我们要避免犯下列 3 种常见的谬误：

1. 草率概括

草率概括（Hasty Generalization）是提出的概括要么没有根据支持，要么多半也只是由一个说服力不强的事例支持的谬误。

因为被引用的支持素材应该是全部可能被引用的支持素材的代表，所以，我们必须提出足够的支持素材来满足受众，以显示支持素材的实例不是孤立的或信手拈来的。因为你总可以找到一个事例或一个统计数据支持几乎任何事情，所以，避免草率概括要求你确信，作为支持而引用的实例是你的主张的典型和代表。例如，有个人认为：“所有的秋田犬[①]都是凶猛的狗”，这个人唯一的根据是：“我的邻居养了一只秋

> **➤通过原因进行说服**
> 通过引用产生某种主张的事件来支持这种主张。
>
> **➤通过迹象进行说服**
> 通过引用表示某种主张的信息来支持这种主张。
>
> **➤草率概括**
> 一种提出的概括要么没有根据支持，要么多半也只是由一个说服力不强的事例支持的谬误。

① 原产于 17 世纪的日本本州秋田县，故名。1931 年正式被列为日本国家珍贵动物。秋田犬性情沉稳，感觉敏锐，身体强壮，勇猛且易训练。——译者注

田犬，它咬了我最好的朋友的姐姐”，这就犯了草
240 率概括的谬误。这是根据一只狗的千别行为，草率概括一种狗的整体性情。

2. 虚假原因

虚假原因（False Cause）在所谓的原因无法与结果发生联系或产生结果时出现。两件事情只是相继发生，并不意味着第一件事情必然引起第二件事情发生。正如人们把损失钱财、患有疾病归咎于在交叉路口遇见黑猫或破碎的镜子，你必须小心不要接受巧合事件或信号事件，并把它们作为因果关系提出来。

3. 感情用事的主张

感情用事的主张（Ad Hominem Argument）是通过攻击或赞扬某个人或某件事的特征，来支持某种观点。从字面意义上讲，“感情用事的”是指“对人不对事的”。例如，如果贾马尔支持受众购买苹果电脑的主张，在于苹果电脑公司的创始人和现任总裁史蒂夫·乔布斯（Steve Jobs）[1] 是一个天才，那么，他就会提出一个感情用事的论据。乔布斯的聪明才智并不是购买某一品牌电脑的真正理由。播放名人使用产品的电视商业广告，经常犯采取感情用事的论据谬误。

学习目标 3　通过情感诉求提高受众参与

正如你记得的那样，劝说详尽可能性模型指出，当人们与话题相关时，他们更有可能倾听和思考信息。当我们在某个话题中投入情感时，我们更有可能关注这个话题。作为一名演讲者，如果你可以在讲述的内容方面为受众设置某种情感诉求的话，那么，他们就更有可能倾听和思考你的论据。你可以在演讲中通过唤起受众负面或正面的情感，来提高受众成员的参与。

负面情感是令人不安的，因此，当人们经历负面情感时，他们就会寻找各种消除不适的方式。在你的演讲过程中，你可以唤起受众的负面情感，这样，他们就会倾听你的主张，而主张应该为受众提供一种缓解不适的方式。有许多负面情感可供你选择，最常见的 5 种负面情感是恐惧、内疚、羞愧、愤怒和悲伤。注意在下面的表述中，“恐惧”是如何人格化有关心脏病的统计数据的，并且，在你倾听演讲者讲述的过程中，怎样将你的兴致发展到高潮的。

> **虚假原因**
> 一种在所谓的原因无法与结果发生联系或产生结果时出现的谬误。
>
> **感情用事的论据**
> 一种在一个人攻击做出论据的人而不是论据本身时出现的谬误。

> 每 3 个 18 岁以上的美国人，就有一个人患有高血压。高血压是造成中风、心脏病、心力衰竭、肾脏疾病和失明的主要原因。高血压使一个人患心脏病的可能性增至 3 倍，把患中风的可能性提高至 7 倍，并将充血性心力衰竭的可能性扩大至 6 倍。看一看坐在你们右边的人，再看一看坐在你们左边的人。如果他们不了解高血压的话，那么，幸运的是，你们马上就会明白。今天，我想要说服你们，你们正处于患高血压的风险之中。

正面情感参与同样能够使受众更加仔细地考虑你的主张和论据。当你唤起正面情感时，受众成员就会寻找保持或进一步强化这种情感的方式。你可以唤起 5 种最常见的正面情感，这样，受众就会倾听和思考你讲述的内容，这 5 种正面情感是幸福或喜悦、自豪、安慰、希望和同情。例如，注意在一个旨在让受众签字支持选择春假体验人类家园的演讲中，演讲者是如何使用“骄傲”情感将兴致发展到高潮的。

想象一下，你是一位赢得比赛胜利的奥林匹克选手，现在，你站在领奖台上，脖子上挂着一枚奖牌，国歌在耳畔响起。想象一下，当你打开邮件，你发现你考取了这个国家第一流的研究生培养计划。现在，想象一下，你正站在一幢你一

① 史蒂夫·乔布斯已于 2011 年去世。——编者注

直希望建造的全新住宅的门廊面前，被一个有 4 个孩子的母亲拥抱着，她感谢你的无私工作，她再也不用住在只有一间卧室而没有电梯的 5 层公寓里了。能想象出来这种骄傲吗？你感觉如此美好有多久了？好啦，伙计们，当你们签字支持在你们的社区建造人类家园住宅时，这就是你们将要体验的诸多美好的事情之一。

通过表示亲和力的可信度来暗示受众

即使你已经设法使受众关注你的话题，受众也并不是每一个人都会选择仔细倾听、评价和仔细思考你所讲述的内容。有些人仍然选择最低限度地关注你的论据，而且，他们使用简单的暗示来处理你的讯息。当人们沿着外围途径处理信息
241 时，他们使用的最重要的暗示是演讲者的可信度。

在第 14 章里，我们讨论了受众成员在评价讲话者可信度时关注的 3 个特征（专长、可信性和优雅性）。第 4 个特征是亲和力，这个特征对于激发未参与的受众成员相信讲话者所讲述的内容，是至关重要的。**亲和力**（Goodwill）是受众感到讲话者理解、对受众移情以及对受众做出反应的知觉。换言之，亲和力是受众成员认为讲话者对受众演讲的目的是出于他们的善意的信念。如果受众成员认为讲话者向他们展示亲和力，就会更愿意相信讲话者所讲述的话。

你可以通过人格化你的信息，来表明你对受众的理解。你从你的受众分析中收集到的信息，可以对你有所帮助。例如，工会代表梅格试图说服会员接受一份改革医疗保健福利的新合同，他通过人格化这个提议的一个方面，来构建亲和力：

> 我知道，你们大约 40%的人很少进行眼睛保健，这是新方案的一个组成部分。但是，你们 60%的人戴眼镜或依赖眼镜，这个计划不仅支付你每年的眼科检查，也支付购买新眼镜费用的 30%以及购买隐形眼镜费用的 25%。这将意味着每年在你的口袋里多了 250 美元，而且，预计今年办理这个方案不会拖延太久，这是一个真正的福利。

讲话者不仅通过表示他们对受众的理解，也通过对他们移情来表明亲和力。移情需要你超越理解，并在感情上认同受众成员的意见。

然而，这并不意味着你要接受他们的意见，来作为你自己的观点。但是，这确实意味着你承认他们的意见是有效的。即使当你的演讲是旨在改变受众成员的意见时，你对他们的感受所表现出的敏感性也会表明亲和力。例如，这名工会代表通过说出下列一番话来表明移情：

> 我可以想象，在实施这个新计划的情况下，像你们这些人一样的人们就会去药店，找到你们现在服用的一种高需求量的共同支付的药物，这种药物将不再是非处方类的药物。但是，我同样可以保证，这个计划的处方目录将包括医生可以开出的处方类药物的直接替代药物，你还是能够要求服用共同支付的药物。

最后，为了表明亲和力，你就要表示你对受众做出的反应。**做出反应**（Being Responsive）是通过承认来自受众的反馈，尤其是微妙的负面暗示，来表示对受众的关注。这名工会代表通过提及会员较早提出的反馈，来表明做出的反应：

> 在我们开始谈判之前，我们调查了你们希望在医疗保健计划中看到的变化。你们 75%的人说，你们头号关注的问题是看病共同支付保持在 10 美元，在这个合同中，我们能够做到这一点。

或者，如果梅格发现有些受众成员正在厌恶地注视着她，并摇晃着脑袋，那么，她也许就要做出如下的反应：

> **➢亲和力**
> 受众感到讲话者理解、对受众移情以及对受众做出反应的知觉。
>
> **➢做出反应**
> 通过承认来自受众的反馈，尤其是微妙的负面暗示，来表示对受众的关注。

> 我可以看出，你们有些人对增加保费感到失望。我也失望。我希望，我们能够在这
> 242 个问题上做得更好。但事实上，医疗保健开销今年在全国范围内已经增长了15%，而且，我们的药物使用量已经超过了平均水平。

通过创建亲和力，你可以提高对受众的可信度，这对于那些与你的话题没有直接关联的受众成员尤为重要。

通过动机来激励受众行动

当你的演讲主张是旨在影响受众成员的态度或信念时，你就要使用情感诉求来鼓励受众参与你的话题。但是，当你想影响受众按照你所讲述的内容行动时，你就需要通过指出他们按你说的做就会满足他们的需求来提供激励。**激励**（Motivation），即“迫使行动或在生物体内产生发起和支配行为”，经常是动机和情感语言的一种结果。

动机（Incentive）是一种得到承诺的奖赏，只要采取某种行动或达到某个特定的目标即可获得。动机可以是物质奖赏（食物、住房、金钱、性）、心理奖赏（自尊、内心的宁静），也可以是社会奖赏（认同、声望、地位）。

动机只有在能够满足受众某种需求时才有价值，而且，伴随行动产生的成本必须不能超过它们的价值。

使用动机来满足未被满足的需求

当动机满足某个强烈而未被满足的需求时，它们更有可能激发受众。人们提出了各种将需求分类的方式，来帮助我们理解需求的类型。其中，一种得到人们最广泛认同的需求分类是马斯洛的需求层次。亚伯拉罕·马斯洛（Abraham Maslow）将人类需求分为7种，如图17—3所示：(1) 生理需求，包括食物、饮料以及维持生命的温度的需求；(2) 保护和安全需求，包括长期生存和稳定的需求；(3) 归属感和爱情需求，包括朋友、爱人和家庭认同的需求；(4) 尊重需求——自我满足，包括寻求物质利益、得到赞誉以及获得权力或影响的需求；(5) 认知需求；(6) 审美需求；(7) 自我实现需求，包括发展一个人的自我，实现一个人的全部潜能和从事创造性行为的需求。马斯洛认为，这些需求是有层次的，也就是说，在你受到“较高层次”的需求激发之前，你的“较低层次”的需求必须得到满足。那么，从理论上讲，只有一个人的基本生理需求、安全需求以及归属感和爱情需求得到了满足，才能激发这个人去获得赞誉的尊重需求。

> **➢激励**
> 迫使行动或在生物体内产生发起和支配行为。
>
> **➢动机**
> 一种得到承诺的奖赏，只要采取某种行动或达到某个特定的目标即可获得。

需求的层次性质仍然备受争论，因为有根据指出，有时，有些人为了满足较高顺序的需求而牺牲较低层次的需求。然而，作为一名演讲者，当你能够将伴随你的提议所产生的动机与未被满足的受众需求联系起来时，你就有可能让受众采取你所提议的行动。让我们看一看，这在与大学生受众一起从事扫盲志愿者工作的演讲中怎样才能够做到。假设在演讲过程中，你指出，一年从事30个小时以上志愿者工作的人们将获得一个荣誉证书，并被邀请与炙手可热的乐队明星们一起 243
出席一个私人宴会，而乐队将在一流的春季校园音乐会担当主角。

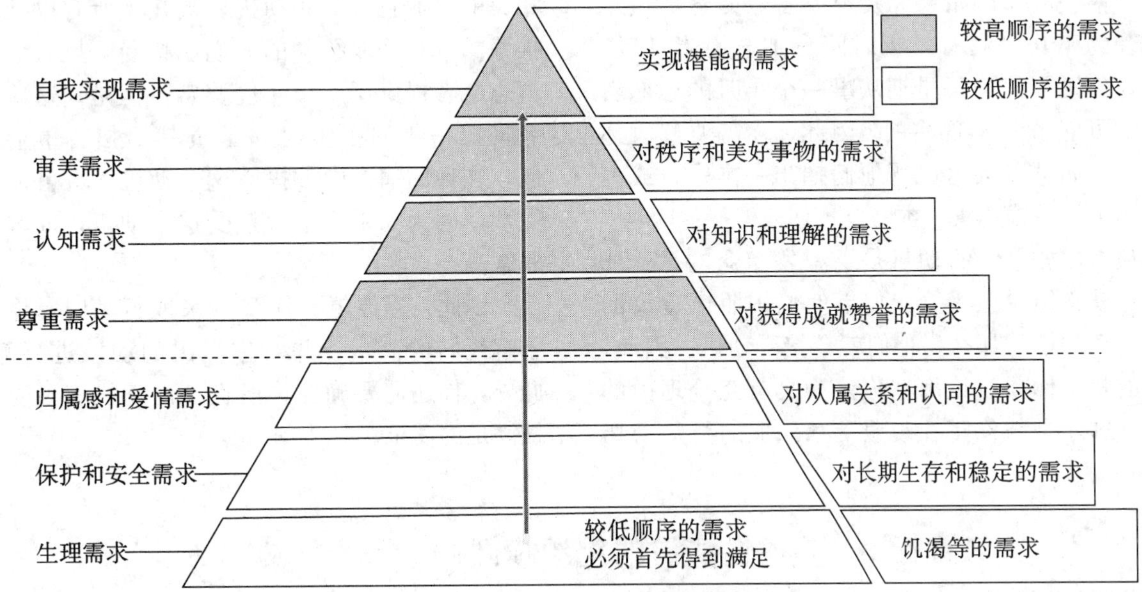

图 17—3　马斯洛的需求层次理论

在宣布上述内容后，你补充道：

> 我知道，虽然你们大多数人都关心扫盲，但是，你们却正在考虑用那段时间做点别的什么事情。然而，把你们的时间花在作为一名扫盲志愿者上，你们将会自我感觉良好，因为你们提高了他人的生活水平，而且，你们还能够将这种服务和荣誉列在你们的简历上。作为一种奖励，你们将能向朋友炫耀你们与几个名人一起参加宴会。

在这个简短的表述的第一部分里，你列举了 3 个与志愿者工作有联系的动机：一个物质动机（一个奖励证书）、一个强化自我概念的心理动机（自我感觉良好，因为我帮助了一些其他人）以及一个社会动机（与某个精英团体一起出席宴会，并与名人会见）。在第二部分里，你同样将每个动机与可以得到满足的某种需求联系起来。在简历得到锦上添花的情况下，人们更有可能找到为食物和住所提供金钱的工作。如果通过帮助他人，我们感觉良好的话，那么，我们满足了一种自我实现的需求。另外，通过参加私人宴会，我们可以满足自尊需求和归属感需求。

超出成本

在你准备演讲时，你必须关注满足受众需求的动机，而且，你还需要了解与你的提议相一致的受众成员行动所产生的潜在成本。例如，在扫盲演讲中，一个显而易见的成本是，每个星期一个小时的空闲时间，也许要从受众成员目前与朋友或家人一起度过的时间中减去，这可能在他们的归属感需求方面造成一种潜在的损失。

为了表明这个关注，你可以指出："现在，我知道你们也许担心这将减少与朋友或家人在一起的时间，但是，请放心，你们的朋友或家人很可能理解和钦佩你们（用自尊需求代替归属感需求）。另外，在扫盲中心里，你在开始辅导之前，会有时间来认识在那里工作的其他志愿者（归属感需求），他们是一些真正美好的人们（尊重）。我认识一对刚刚订婚的夫妇，他们就是通过志愿者工作认识的（一流的归属感需求）。"

如果通过受众分析，你发现，你无法将你的主张与满足受众的基本需求联系起来，或者，假如这个分析显示，与你的主张有关的成本超出动机的话，那么，你就需要重新考虑你要求受众从事的事情。例如，如果你发现大多数受众成员承担过多的工作，没有空闲时间参加志愿者活动，那么，你说服他们每星期从事一个小时的志愿者活动，可能就是不现实的。因此，你需要修改你的主张，如可以改为说服他们捐出一本书，或为扫盲图书馆捐钱购买一本书。

最后，如果你的动机是要激发受众的话，那么，你就必须说服受众。如果他们按照你建议的方式行动的话，那么，他们就会接受动机。因此，重要的是，你要讨论那些你认为具有充分理由的动机，这才是与你正在说服受众采取的行动密切相关的，而且，那些动机要被几乎所有以某种被推荐的方式采取行动的人们所接受。虽然你向扫盲志愿者提供了一个年度奖赏，但是，这些志愿者将把一年的很多时间都贡献给扫盲事业，所以，在你的演讲中，提及这个动机不太可能激发受众，因为如果一个人接受这个动机，成本就会非常高。

因此，当你想要使受众采取行动时，你需要了解他们的需求，并对你提出的动机进行解释。此外，你还需要确保你所提及的动机实现受众未被满足的需求。

学习目标 4　劝说性演讲的组织模式

在提出一个主张、选择支持理由的根据、通过情感诉求来识别各种增加受众参与的方式、确
244 定如何通过发展亲和力来提高你的可信度、识别你将用来激发受众的动机后，你就要选择一种模式来组织你的演讲。最常见的组织劝说性演讲的模式有理由表述模式、问题解决模式、相对优势模式、标准满足模式和动机顺序模式。在本部分里，我们描述和说明上述劝说性组织模式及其最常适用的主张类型。这样，你就可以对比这些模式，而且，更好地理解它们的使用方式。我们将通过剖析相同的话题来说明每一种模式，这些相同的话题都使用相同（或类似）的理由来阐释略有不同的主张。

理由表述模式

理由表述模式（Statement of Reasons Pattern）是一种被用来证明事实的主张的劝说性组织形式。在这种模式中，你可以以某种提高受众可能接受论据的特定顺序，在演讲中提出最佳的支持理由。对于一个具有 3 个以上理由的演讲，要把最强的理由放在最后，因为这是你认为受众将发现的最有说服力的理由。要把次强的理由首先提出来，因为你希望首先提出一个重要的论点。要把其他理由放在最强和次强的理由之间。

➤理由表述模式

一种直截了当的组织模式，在这种模式中，你提出你可以找到的最佳的支持理由。

➤相对优势模式

一种组织模式，在这种模式中，允许你在拟议的行动过程的优势基础上提出全部的侧重点。

主张：我要让受众相信，通过这次所讨论的教育税收是必要的。

Ⅰ. 税收所得能够使学校恢复重大项目。（次强的理由）

Ⅱ. 税收所得能够使学校提高教师工资，用来维持他们的生活费。

Ⅲ. 税收所得将为社区保持地方控制提供可能，并使该地区免于州政府的干预。（最强的理由）

相对优势模式

相对优势模式（Comparative Adroantages Pattern）是一种在目标要证明某事物比其他事物更有价值时，被用来解释某个具有价值的主张的劝说性组织形式。

一个教育税收主张的相对优势模式，可以如下所示：

主张：我想让受众相信，通过教育税收要比否决它好。（将变化的价值与现状进行比较）

Ⅰ. 税收收入能够使学校重新引入被削减的重大项目。（优势 1）

Ⅱ. 税收收入能够使低收入教师不再进行临时性罢工。（优势 2）

Ⅲ. 税收收入能够使我们保持对学校的地方控制，如果追加的地方资金无法提供的话，那么，我们的学校就不再属于州政府所有。（优势 3）

标准满足模式

标准满足模式（Criteria Satisfaction Pattern）寻求受众在评价某个特定观点时，就应该考虑的标准取得的一致意见，然后说明演讲者倡导的主张如何满足这些标准。当受众反对你的主张时，标准满足模式格外有用，因为它通过在引入具体解决方案之前，首先关注受众赞同的标准，来着手处理主张。一个教育税收主张的标准满足模式如下所示：

主张：我想让受众相信，通过教育税收对资助我们的学校是一个很好的方法。

Ⅰ. 我们都赞同，一个资助学校的好方法必须满足 3 个标准：

A. 一个好的资助方法可以使由于预算约束而终止的项目恢复重建。

B. 一个好的资助方法可以使教师得到公平的报酬。

C. 一个好的资助方法可以获得足够的收入，以保持地方控制，避免州政府的干预。

Ⅱ. 一个地方教育税收的通过，对资助我们的学校是一个很好的方法。

A. 地方税收为我们重新资助重大项目提供了可能。

B. 地方税收为我们给教师提高待遇提供了可能。

C. 地方税收将产生足够的收入，以保持地方控制，并避免州政府的干预。

245

问题解决模式

问题解决模式（Problem Solution Pattern）是一种为阐述某个问题的特征，以及说明为什么一个给出的提议是最佳解决方案而提供框架的组织模式。当受众持中立的态度或只承认存在问题，而对某种特定的解决方案没有看法时，这种组织模式十分有效。在一个问题解决方案的演讲中，主张（“有一个可以被 X 提议解决的问题”）得到采取下列 3 个一般理由形式的支持：（1）有一个要求行动的问题。（2）X 提议将解决这个问题。（3）X 提议是这个问题的最佳解决方案，这是因为 X 提议将产生积极结果，并将消极结果减少到最低限度或避免消极结果。一个教育税收主张的问题解决模式如下所示：

主张：目前学区的财政危机可以通过地方教育税收得到解决。

Ⅰ. 目前的资金不足导致计划被削减，劳动力问题是由停发工资所致，并面临一个州政府接管地方学校的威胁。（问题表述）

> **标准满足模式**
> 一种间接的组织模式，在这种模式中，首先寻求受众在评价某个特定主张时，就应该考虑的标准取得的一致意见，然后说明演讲者倡导的主张如何满足这些标准。
>
> **问题解决模式**
> 一种组织模式，在这种模式中，为阐述某个问题的特征，以及说明为什么一个给出的提议是最佳解决方案而提供框架。

Ⅱ. 本次讨论的教育税收足以解决这些问题。（解决方案）

Ⅲ. 本次讨论的教育税收是解决资金危机的最佳途径。（结果）

动机顺序模式

阿伦·H·门罗（Allan H·Monroe）[①] 明确地指出，**动机顺序模式**（Motivational Sequence Pattern）将问题解决模式与旨在激发受众采取行动的明确呼吁结合在一起。动机顺序模式是一个由5个步骤统一组成的顺序模式，取代了通常的导语—主体—结论模式：（1）注意步骤，（2）需求步骤，完整地解释问题的性质，（3）满意步骤，解释提议如何以某种满意的方式来解决问题，（4）形象化步骤，提供了一个提议的个人应用方法，（5）行动诉求步骤，强调受众应该采取行动的具体方向。一个教育税收主张的动机顺序模式如下所示：

主张：我要让受众在11月的投票中，对教育税收投赞成票。

Ⅰ. 与世界范围的数学和科学测验分数相比，我们已经重新将注意力集中在教育上面。（注意）

Ⅱ. 资金短缺正在使成本节约措施产生出来，这些成本节约措施对我们教好基础学科的能力造成损害。（需求，问题表述）

Ⅲ. 提议增加足够的资金投入，可以用各种方式来解决那些问题，这些方式为把增加的资金重点投入到学科需求的领域提供了可能。（满意，提议如何解决问题）

Ⅳ. 想一想，你不仅对未来孩子们的教育做出了贡献，也为我们的教育体系重新回到曾一度保持的世界水平做出了努力。（将个人作用形象化）

Ⅴ. 这是你们可以佩戴的“投票赞成”徽章，表示你们乐意支持这一迫切需要的税收。（以具体方向表明行动诉求）

因为动机顺序模式是问题解决模式的变种，所以，动机顺序模式存在的假设是与问题解决模式相似的：当目前的手段解决不了问题时，我们就应该采取一种新的问题解决方案。

246 ## 劝说性演讲实例：不要边开车边聊天

选自柯林县社区学院锡德里克·麦克贝丝（Cedrick McBeth）发表的演讲[②]

本部分给出了一个劝说性演讲实例的适应计划、提纲和讲稿，这个演讲是由一名学生在介绍性演讲课程中发表的。

（1）审视锡德里克·麦克贝丝在准备有关打手机和开车的演讲过程中形成的提纲和适应计划。

（2）然后，阅读锡德里克·麦克贝丝演讲的讲稿。

（3）使用如表17—1所示的劝说性演讲评价一览表，帮助你评价这个演讲。

（4）写出一段反馈意见，描述锡德里克·麦克贝丝演讲的优势。此外，你认为他在下次发表演讲时，可以在哪些方面做得更有效？

你可以使用如表17—1所示的劝说性演讲评价一览表来完成这项活动，你也可以在线下载这个一览表。

---

① 阿伦·H·门罗，美国普渡大学20世纪30年代的演讲学教授。以其创立的门罗动机顺序而闻名。它是根据劝说心理提出的一种劝说性演讲结构，至今适用。又称为门罗五步法，即注意、需求、满足、呈现、行动。——译者注

② 使用得到锡德里克·麦克贝丝的许可。——作者注

247

表 17—1　劝说性演讲评价一览表

你可以使用这个表格，来评价你在课堂上听到的一个令人信服的劝说性演讲。在你倾听演讲的过程中，要概括这个演讲，密切关注演讲者使用的推论过程。另外，你还要记录在论据中使用的主张和支持，并识别演讲者使用的诉求类型。然后，回答下列问题。

主要标准

______1. 具体目标表达为一个主张（你清楚演讲者关于这个问题所采取的立场）了吗？
______2. 这个主张看上去适应大多数受众成员的最初态度了吗？
______3. 使用的情感诉求使受众参与这个话题了吗？
______4. 演讲使用的理由
　　______直接与这个主张有关吗？
　　______被强有力的根据支持吗？
　　______对特定的受众有说服力吗？
______5. 被用来支持理由（主张）的根据（支持）
　　______是来自受到备受尊重的资料来源吗？
　　______是最近和/或仍然有效的吗？
　　______对这些受众有说服力吗？
　　______可能被用作最典型的根据吗？
　　______是充分（足以被引用的根据）的吗？
______6. 你能够识别被用作论据的类型吗？
　　______演讲者通过事例进行说服吗？　　______如果是，有效吗？
　　______演讲者通过类比进行说服吗？　　______如果是，有效吗？
　　______演讲者通过原因进行说服吗？　　______如果是，有效吗？
　　______演讲者通过迹象进行说服吗？　　______如果是，有效吗？
______7. 你能够识别演讲中的任何推论谬误吗？
　　______草率概括
　　______通过虚假原因进行说服
　　______感情用事的主张
______8. 演讲者表明亲和力了吗？
______9. 如果演讲者要求受众采取行动，
　　______演讲者描述动机并将它们与受众需求联系起来了吗？
　　______演讲者承认任何与行动有关的代价了吗？
______10. 演讲者使用适当的劝说性组织模式了吗？
　　______理由表述模式
　　______问题解决模式
　　______相对优势模式
　　______标准满足模式
　　______动机顺序模式

一般标准

______11. 主张清晰吗？你能够说出演讲者在这个问题的立场吗？
______12. 导语在创建兴趣和使受众参与方面有效吗？
______13. 演讲使用适当的劝说性组织模式了吗？
______14. 语言清晰、生动、有侧重点、适当吗？
______15. 结论在总结所讲述的内容和动员受众采取行动方面有效吗？
______16. 演讲表达积极吗？具有嗓音表现力、流畅性、自发性和直接性吗？
______17. 演讲者建立可信度了吗？
　　______专长
　　______优雅性
　　______可信性

演讲的总体评价［打对勾（√）］：

______精彩 ______很好 ______一般 ______尚可 ______糟糕。

使用这个一览表所得到的信息来支持你的评价。

适应计划

1. 受众的主要特征

虽然大部分受众都了解边开车边使用手机存在的问题，但是，我要提出信息和论据，说服他们支持立法，禁止边开车边使用手机。

2. 创建和保持共同基础

我创建共同基础的主要方式是使用“we”（我们）、“us”（我们，宾格）等代词。

3. 建立和保持兴趣

我将使用马诺基奥（Manocchio）和培尼亚（Peña）的故事，以及使用令人瞠目的统计数据，来创建和保持注意力。

4. 受众知识和经验

因为这个班上的大部分同学都熟悉在边使用手机边开车时存在的普遍问题，所以，我将提出具体的统计数字，作为这个问题的基础。

5. 构建可信度

在讲话开始时，我将提到我就这个问题进行的阅读和所做的研究。

6. 受众态度

因为我的同学是忙于往返两地的学生，我认为大部分人都拥有手机，并在开车时使用手机，所以，他们将对我的主张存有略微的敌意。

7. 适应来自不同文化和语言社群的受众

虽然我的受众成员在人口统计学上是多样性的，但是，班里大部分成员都使用手机，而且，问题也是具有跨文化性质的。

8. 用视觉教具提高受众的理解力和记忆力

我将手里拿着手机开始这个演讲，就仿佛我在边聊天边开车。

讲话提纲：不要边开车边聊天

总体目的：劝说。

讲话目标（主张）：我要说服我的同学，在开车时不要打手机。

导语

Ⅰ. 亚历山大·马诺基奥因交通肇事罪受审。

Ⅱ. 在这个班里，我们有多少人经常边开车边打手机交谈呢？我们有多少人考虑到边开车边打手机交谈的危险呢？

Ⅲ. 我今天希望能够说服你们，应该在开车时禁止使用手机。

主体

Ⅰ. 首先，让我们看一看边开车边使用手机存在怎样的问题。

> **➢动机顺序模式**
> 一种组织模式，在这种模式中，将问题解决模式与旨在激发受众采取行动的明确呼吁结合在一起。

(1) 总的来说，在最近12～14年里，手机的使用量迅猛增长。

A. 统计显示，截至2004年8月，有1.68亿人使用手机。

B. 将这个数字与1990年大约有43万人使用手机进行比较。

(2) 与手机使用有关的交通事故数量的攀升，是伴随着手机使用数量的暴涨出现的。

A. 2001年，仅在得克萨斯州发生的1 032起事故就造成8人死亡。其中，使用手机被认为是一个诱因。

B. 无论驾车者的年龄多大，驾驶经验如何，驾车者使用手机时发生相撞危险是驾车者不使用手机时发生相撞危险的4倍。

(3) 手机使用增加了事故死亡的可能性。

A. 驾车时使用手机的危险因素每年总共造成每百万驾驶者中有6.4人死亡。

248 B. 使用手机的驾车者撞死行人或其他驾驶者的可能性，是每百万人中有 1.5 人。

C. 将上述数字与美国 2.1 亿拥有驾驶执照的驾车者进行比较，每年涉及与手机有关的危险因素的事故，总计大约造成 1 660 人死亡。

过渡：既然我们指明了一个存在的问题，那么，让我们进一步看一看，为什么打手机会导致这个问题。

Ⅱ. 驾驶时使用手机造成注意力分散。

(1) 首先，在接听或拨打电话时，驾驶者就不会注视道路。

(2) 其次，在谈话时，注意力在交谈和不断变化的路况之间被分散。

Ⅲ. 下面是在开车时禁用手机的好处。

(1) 这会消除各种在智力上分散注意力的根源。

(2) 这会消除一种在身体上分散注意力的根源。

(3) 这会减少事故和死亡的数量。

结论

Ⅰ. 我已经向你们说明了开车时不断使用手机导致事故和死亡数量的增加。

Ⅱ. 我已经解释了手机分散驾驶者的注意力。

Ⅲ. 我已经识别了一个减少驾驶者分散注意力及其造成事故的方针。

Ⅳ. 一个帕特丽夏·培尼亚（Patricia Peña）的引用语，表明了接听一个电话所造成的后果。

引用的作品

Cellular Telecommunications & Internet Association. November 1997. "An investigation of the Safety Implications of Wireless Communications in Vehicles."

Dunn, Susan. 2004. "Two Good Reasons Not to Use Your Cell Phone in the Car." *USA Today*. (http://www.americaninsurancedepot.com/protectyourself/cellphones.htm)

Gebler, Dan. 2000. "Cell Phones and Automobiles." *Wireless Newsfactor*. (http://www.uvm.edu/~vlrs/doc/cell_phones.htm)

Greve, Frank. 2000. "Restricting Car Phones is a Difficult Sell in the US." *Philadelphia Inquirer*.

National Conference of State Legislatures. August 1999. "Cell Phones and Driving: 1999 State Legislative Update."

讲话与分析

讲话	分析
2006 年 6 月 17 日，亚历山大·马诺基奥伸手去接手机，结果轧死了卡里恩·科德尔（Karyn Cordell）和她未出生的儿子。你们看到，马诺基奥当时正在开车。现在两个人死亡，而且，亚历山大的生活也一片狼藉，这全都是因为他驾车时接听电话造成的。亚历山大要面对两项机动车杀人案的审判。	←锡德里克以一个旨在在演讲中构建我们兴趣的事例开始。
在我们这个班上，有多少人对边开车边用手机交谈而危及生命感到内疚呢？我敢打赌，我们几乎所有人都做过此事，而且，我们许多人每天都这样干。但是，我们曾考虑过边开车边用手机交谈的危险吗？	然后，他要求我们思考我们的行为。
在我阅读统计数据和用研究这种状况时，我深信，边开车边使用手机已经成为无法接受的危险。	←在这里，锡德里克开始创建他的可信度。
今天，我希望你们相信在驾驶汽车时，使用手机是非法的行为。	←接下来，他阐述他的目标：让你们相信在驾驶汽车时使用手机是非法的行为。
让我们首先建立这样一个概念，在你们驾车时	

使用手机已经成为一种严重和日益增长的问题。总的来说，在最近12～14年里，手机的使用量迅猛增长。根据移动通信和互联网协会（Cellular Telecommunications & Internet Association）的统计，与1990年大约只有43万人使用手机相比，截至2004年8月，有1.68亿人使用手机。

←使用一个问题解决组织模式，他开始创建使用手机的问题。

他接着说明手机的使用量急剧增长。

这是一个390%的增长。毫不奇怪，根据佛蒙
249 特州立法研究中心（Vermont Legislative Research Shop）的研究结果，与手机使用有关的交通事故数量的攀升，是伴随着手机使用数量的激增出现的。按照《今日美国报》（*USA Today*）2004年刊登的一篇由苏珊·邓恩（Susan Dunn）撰写的文章，2001年，仅在得克萨斯州发生的1 032起事故就造成8人死亡，其中，手机使用被认为是一个诱因。不论驾车者的年龄还是驾驶经验是什么一种情况，驾车者使用手机时发生相撞危险是驾车者不使用手机时发生相撞危险的4倍。

↙他接着指出，这种手机使用量的攀升导致了交通事故的激增。

←然后，他引用了一个资料说明这个后果。

手机使用同样增加了死亡的可能性。由哈佛大学风险分析中心（Harvard Center for Risk Analysis）在2002年完成的一项独立研究发现，驾车时使用手机，将这种危险增加至每年每百万驾驶者中有6.4人死亡。这项研究还发现，使用手机的驾车者撞死行人或其他驾驶者的可能性是每百万人中有1.5人。从上述数字与美国拥有2.1亿驾驶执照的驾车者进行推断，每年与手机有关的事故总计大约造成1 660人死亡。

在他的第二个论点中，他指出，这个问题不仅造成事故数量的增加，也造成死亡数量的增加。另外，他还使用统计数据来支持这种主张。

锡德里克在这里的表述并不清楚。虽然他谈到了“风险”，但是，他阐述的却是原始数字。风险通常以百分比表示。

←在这一点上，受众可能会失去兴趣，锡德里克接二连三地使用统计数据，而没有提到有助于为它们提供根据的资料来源。

因此，我敢肯定，你们会同意我们存在一个问题。但是，开车时使用手机是怎样造成事故的呢？无论我们是否认识到，也不管我们作为驾驶者有怎样的经验，在我们驾车使用手机的过程中，我们关注道路的注意力分散了，回想一下——当你们接听或拨打电话时，你们就不会注视道路。即使你们使用免提电话，你们的注意力在交谈和不断变化的路况之间也会在心理上被分散。专心于交谈对你们的集中驾驶能力产生影响，这可能危及你们的安全以及行人和其他驾车人的安全。

注意，在这里和在讲话的其他地方，他使用了代词“we”（我们），表明我们所有人都能够和也许被涉及。

←在这里，锡德里克要求受众将驾车时使用手机的过程人格化。

现在，让我们考虑一个解决方案。为了解决这种问题，我建议，我们向国会和州代表发出请求，要求制定政策，禁止驾驶汽车时使用手机。要求驾

在建立问题后，他现在提出了这个问题的解决方案。

车者在打电话之前，停靠在一个安全地点，而且，这项政策适用于所有年龄的驾车者。这项政策要通过主流媒体告知公众。假如制定这类政策的话，就不会有人在驾车时使用手机，他们的注意力也不会分散，因此，每年事故和死亡的总数就会减少。

↖他的提议含糊不清，而且，他也许对一个面对略有敌意的受众的讲话过于野心勃勃。

←要求受众成员个人在驾车时克制使用手机可能更好。

最后，今天我已经向你们说明了，在过去几年里，手机使用量的不断增长怎样导致了在驾车时使
250 用手机数量的增长，这又导致了汽车事故和死亡数量的增加。另外，我还解释了在身体上分散注意力——如在他们寻找手机和拨打电话的时候——以及在心理上分散注意力——如在交谈时，怎么会分散他们驾车的注意力。最后，我提出了建议，我们要求政府制定政策，最大限度地减少在驾车时使用手机，从而减少驾车者分散注意力及其造成的事故。

在这个结论中，他回顾了讲话的主要论点，用以强化受众对他讲述的内容的记忆。

←此外，注意他的整个演讲是怎样以一种表明我们都被涉及的方式进行的，因此，当我们谈论边驾车边在手机上交谈时，我们需要考虑要么把车开到路边，要么说我们应该以后再聊。

我在开始讲话时，向你们讲述了亚历山大·马诺基奥的遭遇，他是一个杀害一名孕妇的手机使用者。我想在结束讲话时，引用一位失去 2 岁女儿的妇女的话，她女儿死于一个男子认为他能够边用手机交谈边安全开车：

“我的名字叫帕特丽夏·培尼亚。1999 年 11 月 2 日，我 2 岁的女儿摩根和我行驶在回家的路上时，我们的车被另一辆车从侧面撞上。警方报告证实，事故原因是由一个更关注他的手机而不是关注道路的驾驶者造成的，而且，从刹车迹象上看，他的车以每小时 40 英里行驶，结果，摩根被送往医院，在医院里，她的生命坚持了 16 个小时。但是，她再也没有苏醒过来，在 11 月 3 日上午 4 点 58 分，她被宣告死亡。”

随后，他以一个情感诉求结束讲话，一个女人的女儿由于驾车者更关注手机而不是关注道路死亡。引用语虽然有关，但是，它并没有表达太多情感。

这只是诸多驾车使用手机造成事故的一个事例。我只是祈祷这种事故永远都不要发生在你们或你们爱的人的身上。

总体印象

这是一个优秀的劝说性演讲，使用了理由充分的统计数据。

Tour opens
STORY
State Launches
Gridle
Loss of Pump
ALL-STAR
Kidnap Susp
Smoking

章节练习

第 1 章　传播视角

关键词

传播

在非正式会谈、群体互动或演讲中创设或分享意义的过程。

参与者

在某个相互作用过程中，承担发送者和接收者角色的个人。

讯息

在传播过程中赋予意义的语言表达方式和非语言行为。

意义

在我们头脑中的想法以及对他人的讯息所做出的解释。

符号

一般被理解为表示具体想法和感受的词语、声音和行为。

编码

将我们的想法和感受转换成词语或非语言暗示的过程。

解码

解释另一个人的讯息的过程。

语境

传播发生的背景，包括人们讲话的前后背景。

自然语境

包括地理位置、环境条件（温度、照明、噪音水平）、传播者之间的距离、座位排列和时间。

社会语境

存在于参与者之间的关系的性质。

历史语境

以前的传播事件为参与者提供的背景，它会影响人们对现在遇到的事件的理解。

心理语境

每个人带到交谈中的语气和感受。

文化语境

普遍存在于某个社会人们中间的价值标准、态度、信仰、倾向以及潜在的假设。

信道

不仅是讯息传播的途径，也是传输的手段。

噪音

妨碍分享意义过程的任何刺激。

自然噪音

环境中的景象、声音和其他刺激物，吸引人们的注意力偏离指定的意义。

心理噪音

基于对符号的想法、感受和情感反应在内的内部注意力分散。

内部噪音

与注意力竞争并妨碍传播过程的想法和感受。

语义噪音

由特定符号引起的注意力分散，使我们的注意力偏离主要讯息。

反馈

对讯息做出的反应和回答。

人际传播背景

在彼此具有关系的少数人之间进行的非正式的相互作用。

问题解决群体背景

参与者聚集在一起，以解决问题或做出决策为特定目的。

演讲背景

一个参与者即演讲者，向某个聚集在一起聆听演讲的群体或受众发表一则有准备的讯息。

电子媒介传播背景

参与者涉及但不分享某个自然语境，只通过技术的使用进行传播。

电子邮件

两个或两个以上的用户在网络上进行电子通讯联系，在网络上，这种传播不是实时出现的。

即时讯息

通过保持一个人物列表来进行电子传播，你可以在他们在线时实时与他们进行互动。

文本讯息

在手机和其他手持式电子设备之间发送简短的文字讯息，讯息可以在手机用户之间实时交流，也可以储存起来便于今后提取使用。

邮件列表管理器

通过电子邮件使用的电子邮件列表，可以向众多的互联网用户发布广泛的信息。

聊天室

在两个或更多的人之间交流的互动信息，在聊天室里，多种信息都是实时进行交流的。

网络日志（博客）

保存在一个网站上的在线日志。

在线游戏

在一群人之间实时进行的互动，他们玩常见的游戏、靠碰运气取胜的游戏或虚幻人物角色扮演的游戏。

自发表达

没有经过更多有意识的思考而说出来。

照搬讯息

我们从过去遇到的事情中所学到的措辞，判断这些措辞是否适合目前的情境。

构建讯息

当我们意识到我们所知道的范本不适合某种情境时，放在一起加以仔细思考的讯息。

直接性

在某种关系中喜爱或吸引的程度。

可控性

一个参与者被认为具有更多优势和更大权力的程度。

文化

由一个相对大规模的人类群体所分享的知识体系。

道德

社会、群体或个人遵守的一套合乎道德的原则。

真实和诚实

避免说谎、作弊、偷盗或欺骗。

道德困境

使人陷入无法做出满意选择的一种情境。

正直

保持信仰与行动的一致性。

公平

在不考虑自己的感受和没有在某次冲突中偏袒某一方的情况下，实现恰如其分的利益均衡。

尊重

表示对他人及其思想的关心或考虑，即使我们并不赞同他们。

责任

对一个人的行为和言语负责。

传播能力

在某个指定的情境下，传播行为给人留下适当的和有效的印象。

技能

我们在适当的情境中，能够控制和重复的目标导向行动和行动顺序。

可信度

对一位讲话者知识、可信性和热情的知觉。

社交风度

在没有焦虑和紧张的情况下进行传播。

学习目标1 传播过程

界定传播过程

我们已经将传播定义为创设或分享意义的过程，无论语境是非正式的谈话、群体互动，还是演讲。传播过程的基本要素是参与者、讯息、语境、信道、噪音和反馈。

学习目标2 传播功能和传播背景

讨论传播功能和传播背景

传播在我们生活的各个方面都发挥着作用。首先，传播提供了许多重要的功能。人们传播是为了满足需求、发展和保持一种自我意识、发展关系、履行社会义务、交流信息以及影响别人。其次，传播在人际交往、群体、演讲和电子媒介传播背景下发生。

学习目标3 传播原则

识别传播原则

我们的传播至少受7个原则的支配。第一，传播具有目的。第二，人际传播是连续的。第三，人际传播讯息在有意识的编码程度上呈现多样性。讯息可以是自发讯息、照搬讯息或构建讯息。第四，人际传播是相关的，在人们之间界定了权力和情感。第五，传播受文化的支配。第六，道德标准影响我们的传播，其中，包括真实、正直、公平、尊重和责任。第七，人际传播是可以学习的。

学习目标4 提高我们的传播能力

发现如何提高传播能力

这门课程的一个首要目标就是提高能力——我们所有人都要努力成为更优秀的传播者。能力是别人对我们的传播行为是适当和有效的知觉。它包括改善我们传播的一种愿望，即提高我们传播的知识水平、识别和实现目标、能够使用各种技能以及把我们自己表现为可信赖的和自信的传播者。由于技能是可以学习、发展和改善的，因此，你可以通过系统地写出目标表述，提高你自己的技能本领。

第1章　小测验

判断对错

1. 传播可以被定义为在交流讯息时，被赋予意义的语言表达方式和非语言行为。

2. 这门课程的一个首要问题就是能力，能力是他人对我们的传播行为是适当和有效的知觉。

3. 技能是我们能够在适当的情境中，掌握和重复的目标导向行动和行动顺序。

4. 传播能力意味着在没有焦虑或紧张的情况下进行传播。

5. 当你对他人及其想法表示尊重或谅解时，即使你不同意他们的想法，你也要表示出公平的道德标准。

选择题

6. 为了理解传播过程是如何运作的，哪些基本要素是我们必须描述的？

a. 参与者（何人）、讯息（何事）、语境（何处）、信道（如何）、有无噪音（分散注意力）和反馈（反应）。

b. 参与者（何人）、谈话（何事）、互动（如何）和白噪音[①]干扰（分散注意力）。

c. 公众（何人）、谈话（何事）、语境（何处）、信道（如何）和反馈（分散注意力）。

d. 接收者（何人）、讯息（何事）、互动（如何）、有无噪音（分散注意力）和反馈（反应）。

e. 伙伴（何人）、信道（如何）、非语言行为（何事）和反馈（反应）。

7. 我们为什么传播？

a. 满足我们的社会需求。

b. 发展和保持我们的自我意识。

c. 发展关系。

d. 交流信息和影响别人。

e. 以上所有的答案都是正确的。

8. 在这门课程中，你将学习人际传播背景。人际传播背景的特点在于：

a. 在少数人之间进行的正式的互动。

b. 在少数人之间进行的非正式的互动。

c. 为了解决某个问题或做出某个决策的特定目的，而聚集在一起的参与者。

d. 一个或一个以上的参与者向某个群体或受众发表一个有准备的讯息。

e. 参与者并不分享某个自然语境，而是通过技术的使用进行传播。

9. 传播有7个原则或普遍真理。下列哪一个不是这7个原则或普遍真理？

a. 传播具有目的。

b. 传播是连续的。

c. 传播讯息在有意识的思想中呈现多样性。

d. 传播讯息总是自发表达的。

e. 传播是相关的。

10. 下列哪一个不是影响我们的传播和指导行为的道德标准：

a. 真实和诚实。

b. 正直。

c. 公平。

d. 尊重。

e. 能力。

章节小测验答案：

1.×；2.√；3.√；4.×；5.×；6.a；7.e；8.b；9.d；10.e

① 白噪音，是一种功率频谱密度为常数的随机声音信号或随机过程。这种声音信号在各个频段上的功率是一样的，由于白光是由各种频率的单色光混合而成，因此，具有这一性质的噪音信号就被称作白噪音。而其他不具有这一性质的噪音信号则被称为有色噪音。

第 2 章　自我知觉和他人知觉

关键词

知觉

有选择地关注信息并将意义归于信息的过程。

模式

一套被用来将某些事物与其他事物相区别的特征。

解释

赋予信息以意义的过程。

自我概念

你的自我认识。

自尊

你对你的能力和个人价值的整体评价。

角色

人们为满足对某个特定语境感知的需求，而使用的一种习得的行为模式。

自我监控

根据你对情境的分析以及他人对你做出的反应，观察和调节你自己的行为的内在过程。

不一致

我们不准确的自我知觉与现实之间的差距。

自我实现预言

作为被预言、预期或谈论的结果而发生的事件。

自我交谈

我们与我们自己进行的内心谈话。

不确定性降低

为了更多地了解自我和他人，而监控社会环境的过程。

内隐人格理论

人们已经形成了有关与他人共处的身体特征、人格特质或行为的假设。

光环效应

当你实际上只是观察到某个人的身体特征、特质或行为时，归纳并感知这个人所具备的全部身体特征。

刻板印象

掩盖个人差异，并把某些特征看成是整个人类群体的属性。

成见

一种以群体成员为基础，并用某种消极方式使某个人的所感、所思、所为容易受到另一个人或另一个群体影响的苛求态度。

歧视

一种由于群体成员资格而对某个社会群体及其成员实施的负面行为。

归因

我们对他人的行为所给出的理由。

知觉核实

一种反映你理解另一个人的非语言行为意义的讯息。

学习目标 1　知觉过程

讨论知觉过程

知觉是有选择地关注信息并将意义归于信息的过程。我们的知觉是我们对感官信息进行选择、组织和解释的一种结果。自我概念是我们对有关我们的技能、才干、知识、能力和人格特征的自我认同、想法或心像。自尊是我们对我们的能力和个人价值的整体评价。自我概念来自我们根据我们自己的经验，对自我的解释以及对他人的反应和回应。一个人被扭曲图像的不准确性，通过自我实现预言和过滤讯息被放大。

关于下图的详细说明，请参见正文第 2 章的注释。

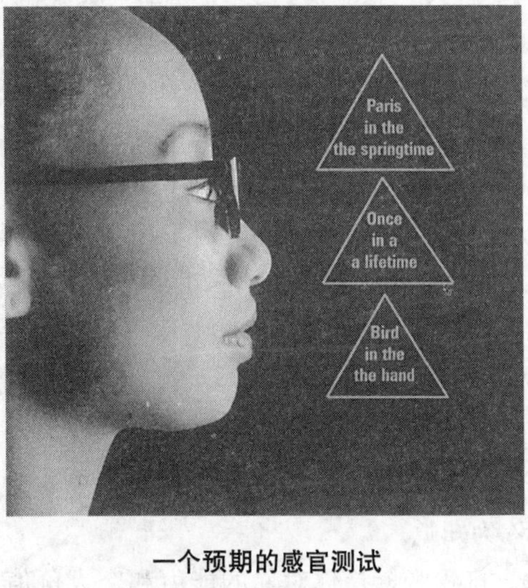

一个预期的感官测试

学习目标2　自我知觉：自我概念和自尊

剖析自我知觉及其对传播造成怎样的影响

自我概念和自尊在我们的自我交谈过程中，调节对抗的内在讯息、影响我们对他人的知觉以及影响我们个人的传播方式。在社会方面，我们的自我概念由我们和他人来构建，而且，我们在不同情境下扮演的不同角色，塑造了我们的多重自我。

学习目标3　他人知觉

剖析什么决定我们对他人的知觉

知觉在形成对他人的印象的过程中起着重要的作用。我们根据他人的身体特征和社会行为、我们的刻板印象以及我们的情绪状态，来形成这些印象。如果你不完全依赖于你自己的解释，来确定另一个人如何感受、这个人真正喜欢什么或你认为这个人对某个讯息意味着什么的话，那么，你的沟通就会是最成功的。如果你积极地质疑你的知觉的准确性、寻求更多的讯息来检验你的知觉、与你正在形成知觉的人们进行交谈以及认识到人们的知觉需要随着时间发生变化的话，那么，你就能够提高知觉水平。

学习目标4　讯息知觉

描述我们如何感知讯息

除了感知我们自己和他人外，我们同样使用知觉解码和理解我们接收到的讯息。正如我们感知讯息一样，影响我们知觉的三个重要因素是我们接收讯息的语境、形成讯息的语言和非语言行为以及形成讯息的技能。

知觉核实是一种传播技能，可以帮助我们提高与他人分享意义的可能性。它有助于提高我们的自我知觉、我们对他人行为的知觉以及我们对我们接收讯息的非语言部分的知觉的准确性。

第2章　小测验

判断对错

1. 有选择地关注信息并将意义归于信息的过程被称为知觉。

2. 自我概念是你对你的能力和个人价值的整体评价。

3. 我们经常强调我们对某个特定现象所具有的第一次经历。例如，如果你第一次尝试演讲没有做好，你的自我知觉也许是你在发表讲话方面不是一块“天生的料”。

4. 如果你完全依赖于你自己的解释或“知觉”，来确定另一个人真正喜欢什么或你认为这个人对某个讯息意味着什么的话，那么，你的沟通就会是最成功的。

5. 根据你对情境的分析和他人对你的反应，来观察和规范你自己行为的内在过程，被称为自我监控。

选择题

6. 虽然我们连珠炮似的不断地受到感官刺激的影响，但是，我们很少把注意力集中在这些刺激上。我们选择的方式在一定程度上取决于我们的需求、兴趣和________

a. 知觉。
b. 预期。
c. 选择性。
d. 目标。
e. 解释。

7. 人们为满足对特定语境感知的需求而使用的一种习得的行为模式，被称为________

a. 角色。
b. 自我概念。
c. 人格。
d. 气质。
e. 人物。

8. 假设当你要求某个人出去，随即你的行为方式导致这个人拒绝你，而你已经预料到会遭到拒绝。这会是一个什么事例？

a. 负面自尊。
b. 不一致。
c. 自我实现预言。
d. 过滤信息。
e. 知觉。

9. 假如你长大后听说你是一个“学习迟缓者”，后来，一位教授因为你学得快而表扬你，那么，你也许不重视这个评论或没有真正听进去。这是一个什么事例？

a. 不一致。

b. 过滤信息。

c. 负面的自我知觉。

d. 延迟反应。

e. 自我实现预言。

10. 或许，影响我们对他人知觉的最常见的因素是________________，它被描述为“掩盖个人差异并把某些特征看成是整个人类群体的属性”。

a. 不一致

b. 过滤信息

c. 自我实现预言

d. 刻板印象

e. 歧视

章节小测验答案：

1.√；2.×；3.√；4.×；5.√；6.b，7.a；8.c；9.b；10.d

第3章　语言传播

关键词

语言

一组符号（最常用的词语）和相同语言集团的人们在讯息中常用的体系。

语言集团

讲相同语言的一群人（也称为语言社群）。

词语

语言集团用于表示物体、思想和感受的符号。

萨丕尔—沃尔夫假说

一种主张语言影响知觉的理论。

外延

一个语言集团正式给出一个词语直接的、明确的意义。

内涵

我们由一个词联想到的感受或评价。

句法语境

在一个句子中，一个词语和它周围其他词语的位置。

低语境文化

在这种文化中，讯息是直接的、特定的和详细的。

高语境文化

在这种文化中，讯息是间接的、概括的和含糊的。

女性语言风格

使用移情和支持的词语，强调具体和个人语言，并在讲话中表现出礼貌和迟疑。

男性语言风格

使用地位和问题解决的词语，强调抽象和概括语言，并在讲话中表现出自主和控制。

特定的词语

将人们理解的内容从总体范畴缩小到该范畴内的某个特定项目或类别，以澄清由一般的词语造成的混乱。

具体的词语

符合人体的感官要求，并有助于我们看到、听到、闻到、尝到或触摸到的词语。

准确的词语

限制一个较大范畴的词语。

生动性措辞

充满生命的、强健有力的、欢快明亮的和感情充沛的措辞。

明喻

一种不同事物间的直接比喻。

暗喻

在比较的事物之间，创建一种形容特性的比喻。

侧重点

给某些词语或观点增加的分量或重要性。

注明信息发生的时间

详细说明一个真实的或被认为是真实的事实所发生的时间或时间段。

标识归纳

在表达和归纳时，承认个人差异存在的心理和语言实践。

适当地讲话

选择适应倾听者的需求、兴趣、知识以及态度的语言和符号，避免使用疏远他们的语言。

行话

只被选择的群体所理解的专门词语。

俚语

社会特定群体使用的非正式的词汇。

非平行性语言

由于性别、种族或其他个人特征，而造成词语变化的语言。

标记

对一种描述附加性别、种族、年龄或其他名称。

学习目标1　语言的性质和使用

讨论语言的性质和使用

语言是一组符号和相同语言集团的人们在讯息中常用的体系。语言为我们感知我们周围的世界提供了可能。通过语言，我们命名、标识和定义，我们评价、讨论我们直接经验之外的事物以及谈论语言。

语言和意义之间的关系是复杂的，因为词义随着人们的不同而各异，人们根据外延和内涵意义解释不同的词语，使用词语的语境影响意义，而且，词义随着时间发生变化。

文化和性别对如何使用词语以及我们怎样解释他人的词语产生影响。在低语境文化中，讯息是直接的，语言也是特定的。在高语境文化中，讯息是间接的、概括的和含糊的。男性和女性的社会预期会对语言产生影响。

学习目标 2　提高语言技能

识别提高语言技能的方法

我们可以通过使用特定的、具体的和准确的语言，通过发展语言的生动性和侧重点，通过提供细节和事例、注明信息发生的时间以及标识归纳，来提高语言技能。

学习目标 3　适当地讲话

理解什么是适当和不当的讲话

我们可以通过选择倾听者理解的词汇、有节制地使用行话、使用符合情境的俚语以及表明语言的敏感性，更加适当地讲话。

第 3 章　小测验

判断对错

1. 词语是一组符号（被称为语言）和相同语言集团的人们在讯息中常用的体系。

2. 语言集团是讲相同语言的一群人。

3. 外延可以被定义为一个语言集团正式给出一个词语的直接的、外在的意义。内涵可以被定义为我们由一个词语联想到的感受或评价。

4. 在像美国或北欧国家那样的高语境文化中，讯息是直接的，语言也是非常特定的。

5. 男性语言风格通常使用地位和问题解决的词语，强调抽象和概括的语言，并在讲话中表现出自主和控制。

选择题

6. 语言影响人们的思维方式和他们关注的内容，这个概念被称为________

a. 利特尔约翰—福斯假说。

b. 萨丕尔—沃尔夫假说。

c. 知觉转换。

d. 外延。

e. 内涵。

7. 虽然语言集团在其使用的词语、语法和句法体系方面存在不同，但是，所有的语言都服务于相同的目的。下列哪一项不是语言服务的目的？

a. 我们使用语言命名、标识、定义和限定。

b. 我们使用语言评价。

c. 我们使用语言讨论我们直接经验之外的事情。

d. 我们可以使用语言讨论语言。

e. 上述都是所有语言服务的目的。

8. ____________将人们理解的内容从总体范畴缩小到该范畴内的某个特定项目或类别，以澄清意义。

a. 概括性回答

b. 正确的词语

c. 特定的词语

d. 描述性词语

e. 暗喻

9. 下列哪一个句子是一个生动性措辞的事例？

a. 杰克逊做出了一个漂亮的接球动作。

b. 爱米丽去年努力在学校取得了好成绩。

c. 萨姆从自行车上摔下来，受了伤。

d. 凯西的自行车撞到了这辆红色马自达轿车的后保险杠，她飞到了街上，脸首先碰到沥青路面。

e. 哈利为女友的生日烤制饭后甜点。

10. 给某些词语或观点增加的分量或重要性是

a. 暗喻。

b. 明喻。

c. 重复。

d. 侧重点。

e. 传播。

章节小测验答案：

1.×；2.√；3.√；4.×；5.√；6.b；7.e；8.c；9.d；10.d

第 4 章　通过非语言行为进行传播

关键词

非语言传播行为

通常伴随着语言讯息的身体动作和嗓音特征。

举止神态学

对沟通中所使用的身体动作的解释。

手势

我们的手、手臂和手指的动作，我们使用这些动作来描述或强调。

说明性手势

论证语言讯息的手势。

象征性手势

可以代替词语的手势。

适应性手势

对某种身体需求做出反应的手势。

目光接触（凝视）

我们以什么方式和在多大程度上注视与我们进行沟通的人。

面部表情

对讯息沟通的情绪状态或反应的面部肌肉排列。

情感图标

为传递在线讯息的各种情绪而键入的符号。

姿势

身体的位置和动作。

身体定向

与另一个人有关的姿势。

触觉学

对触摸的解释。

音性学

根据副语言特征而对语言讯息做出的解释。

副语言

发出的嗓音，而不是口语讯息的语言部分。

音调

嗓音语调的高低。

音量

声音的大小。

语速

一个人讲话时的速度。

音质

一个人的嗓音的音色或特征。

声调

一个人嗓音的多样性、音调或音调的起伏和调整。

嗓音停顿

干扰流畅讲话的无关紧要的声音或词语。

空间关系学

对一个人的空间使用的解释。

个人空间

你在与他人相互作用时设法保持的距离。

自然空间

你施加控制的自然环境。

人工制品

我们用来装饰我们所控制的自然空间的物体和财产。

肥胖型体质者

浑圆和沉重的体型。

运动型体质者

强健和运动的体型。

消瘦型体质者

瘦弱和没有肌肉形成的体型。

时间学

对一个人的时间使用的解释。

一次性时间取向

一种时间取向，强调一次做一件事。

多次性时间取向

一种时间取向，强调同时做多件事。

学习目标 1　非语言行为的特征

识别非语言传播的特征

非语言传播是指对身体行为、嗓音品质、空间的使用以及自我表现暗示做出的解释。

学习目标 2　非语言传播的来源

识别我们通过非语言传播的信道

非语言传播是连续的、多信道的、有意图或无意图的，也可能是不明确的，而且，非语言传播是我们表达情绪的主要手段。非语言讯息的来源包括身体动作的使用（举止神态学、手势、目光接触、面部表情、姿势和触摸）、嗓音的使用（音性学、音调、音量、语速、音质和嗓音停顿）以及空间的使用（空间关系学、个人空间、自然空间和人工制品的使用）。

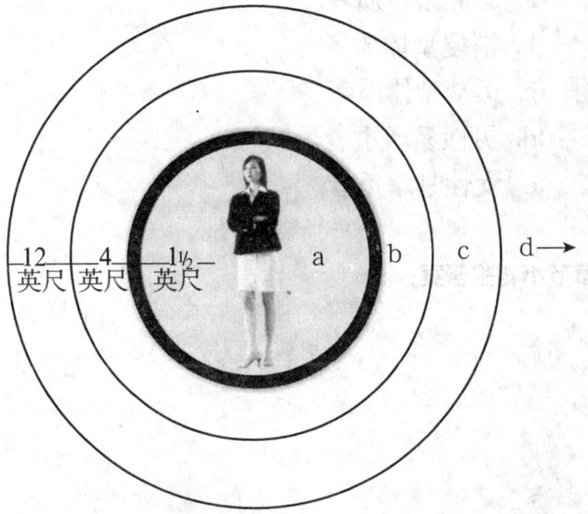

美国主流文化个人空间的距离水平

区域 a，亲密距离：配偶、其他重要的人、家庭成员以及与我们有着某种亲密关系的其他人；

区域 b，个人距离：朋友；

区域 c，社交距离：商业伙伴和熟人；

区域 d，公共距离：陌生人。

学习目标 3　自我表现暗示

讨论我们的自我表现如何影响传播

人们根据他们如何解释我们的自我表现暗示，来获取有关我们的信息。自我表现暗示包括身体外貌（如体型）、衣着打扮以及时间的使用（或我们的时间取向）。

学习目标 4　非语言传播的文化和性别变化

根据文化和性别的不同，剖析非语言传播存在怎样的不同

我们采取的非语言行为以及我们如何解释他人的非语言讯息，取决于我们的文化和性别。然而，不论我们的文化背景或性别怎样，我们都可以通过不急于得出结论、思考文化和性别差异、关注非语言传播及其与语言传播之间关系的各个方面以及知觉核实等方法，使我们在接收解释他人的非语言讯息方面变得更加熟练。

学习目标 5　提高非语言传播的指导方针

理解提高非语言传播的指导方针

我们可以通过有意识地了解我们展现的非语言行为、在非语言行为的使用方面有目的或有策略、确保非语言暗示没有分散我们的讯息、使我们的非语言传播与我们的语言讯息相匹配以及将我们的非语言行为适应情境的要求，提高我们的非语言传播的编码能力。

第 4 章　小测验

判断对错

1. 对沟通中所使用的身体动作的解释，被称为举止神态学。

2. 研究表明，讲话者保持目光接触占讲话时间的 70%，而倾听者保持目光接触则占讲话时间的近 40%。

3. 空间关系学是向某个人对你的空间使用做出解释的正式术语。

4. 研究表明，不论我们的文化或性别怎样，非语言传播总是一样的。

5. 在解释非语言讯息的时候，重要的是，要自动地知道某个行为准确表示什么，这样，你就知道如何做出适当的反应。

选择题

6. 下列是非语言传播特征，除了________

a. 连续的。

b. 多信道的。

c. 有意图的。

d. 无意图的。

e. 明确的。

7. 论证语言讯息的手势被称为

a. 强调性手势。

b. 说明性手势。

c. 象征性手势。

d. 举止神态学。

e. 适应性手势。

8. 在西方文化中，我们握手表示友好和有礼貌，拍一个人的后背表示鼓励，拥抱一个人表示爱，紧握举起的手表示团结。这种触摸的解释被

称为________

a. 举止神态学。

b. 空间关系学。

c. 触觉学。

d. 非语言传播。

e. 副语言。

9. 6个构成副语言的嗓音特征是

a. 音调、音量、语速、音质、声调和嗓音停顿。

b. 音性学、音调、音量、触觉学、举止神态学和说明性手势。

c. 音调、音量、语速、触觉学、声调和空间关系学。

d. 触觉学、表情、音性学、音调、音质和声调。

e. 表情、音质、音性学、音量、声调和嗓音停顿。

10. 我们有3种基本体型。通常强健而结实的体型，并被认为是精力充沛、对人友善和自信的人，被称为

a. 肥胖型体质者。

b. 消瘦型体质者。

c. 运动型体质者。

d. 男性易增重者。

e. 女性易增重者。

章节小测验答案：

1.√；2.×；3.√；4.×；5.×；6.e；7.b；8.c；9.a；10.c

第 5 章 跨文化传播

关键词

文化冲击

适应一个新的文化情境所感到的心理不适。

跨文化传播

出现在文化假设不同的人们之间的互动，从而使他们之间的传播发生改变。

主流文化

一个社会的大多数人共同拥有的态度、价值标准、信仰和习俗。

非主流文化

生活在一个主流文化里的人类群体，表现出来的沟通方式却明显不同于与它们截然有别的主流文化。

种族划分

一种基于诸如民族、地理起源、祖先习俗和传统等共同特征组合的分类。

宗教

一种由某个具有祈祷对象、崇拜仪式和道德规范的群体所享有的信仰体系。

社会阶层

一个社会权力等级制度的层次。

个人主义文化

强调个人权利和责任、隐私、表达个人的看法、自由、创新和自我表达。

集体主义文化

强调一致、协作、共同利益、和谐、公共福利和避免尴尬。

低不确定性规避文化

以对不可预言的人们、关系或事件，采取较多的认同和较少的控制需求为特征的文化。

高不确定性规避文化

以对不可预言的人们、关系或事件，采取较低的容忍和较高的控制需求为特征的文化。

高权力距离

权力不平等、地位和级别被视为是“自然的”现象以及这些差异应该得到承认和强调的文化信仰。

低权力距离

权力不平等、地位和级别被轻描淡写和弱化的文化信仰。

男性文化

一种认为人们要坚持传统性别角色的文化。

女性文化

一种认为人们不论性别如何，都要承担基于环境及他们自己选择的各种角色的文化。

民族优越感

一个人特有的文化高于其他文化的信仰。

利他主义

一种真正和无私关心他人福利的表现。

自我中心

一个人排除其他人利益、只关注个人需求的自私的利益诉求。

跨文化移情

为了尝试体验另一人经历的事情，想象将你自己置身于这个人的文化世界里。

灵活性

调整你的传播以适应对方和情境的能力。

学习目标 1 文化和传播

剖析文化如何影响传播

文化围绕价值标准、态度、信仰、倾向以及潜在假设而形成，在某个社会的人们中间普遍存在。文化冲击是指当人们尝试适应一个新的文化情境时所具有的心理不适。在人们以截然不同的文化假设改变传播事件时，就产生了跨文化传播。一个共同的意义体系存在于主流文化之中，但是，意义却可以在基于性别、种族、种族划分、性取向、宗教、社会阶层和年龄的非主流文化内存在差异。

学习目标 2 识别文化规范和价值标准

讨论如何识别文化规范和价值标准

文化规范和价值标准在体系方面存在着差异，而且，我们可以通过理解文化的个人主义—集体主义、不确定性规避、权力距离以及男性化—女性化维度，理解一种文化如何类似于或不同于其他文化。

10 个国家及地区之间维度层面的相对比较

个人主义	高不确定性规避	高权力距离	男性化
美国	日本	俄罗斯	日本
荷兰	俄罗斯	中国内地	德国
法国	西非	印度尼西亚	美国
德国	法国	西非	中国香港
俄罗斯	德国	法国	中国内地
日本	中国内地	中国香港	印度尼西亚
中国香港	荷兰	日本	西非
中国内地	印度尼西亚	美国	法国
西非	美国	荷兰	俄罗斯
印度尼西亚	中国香港	德国	荷兰
集体主义	低不确定性规避	低权力距离	女性化

资料来源：G. H. Hofstede, "Cultural Constrains in Management Theories," *Academy of Management Executive* 7, no 1 (1993): 81-94。

学习目标 3　有效跨文化传播的障碍

解释有效跨文化传播的障碍

跨文化传播的障碍包括焦虑、相似性或差异性假设、民族优越感、刻板印象和成见、不相容的传播代码、不相容的规范和价值标准。

学习目标 4　跨文化传播能力

分析跨文化传播能力的培养

为了培养跨文化传播能力，我们需要对跨文化传播采取正确的态度。我们应该学会容忍模棱两可、不存偏见和没有私心。我们可以通过观察、通过正式研究以及通过文化融入来获取其他文化的知识。实用的跨文化传播技能是跨文化倾听、移情和灵活性。

第 5 章　小测验

判断对错

1. 跨文化传播可以被定义为适应一个新的文化情境所感到的心理不适。

2. 美国的主流文化曾经反映了白人、西欧人、讲英语的人、新教徒、异性恋男性的价值标准，但是，正如我们认识到我们的多样性一样，美国的主流文化已经发展，并已将其他文化群体的方方面面融入进来。

3. 生活在一个主流文化里，表现出来的传播方式明显不同于与它们截然有别的主流文化的人们，被称为跨文化群体。

4. 个人主义文化强调个人权利和责任、隐私、表达个人的看法、自由、创新和自我表达。相反，集体主义文化强调群体的利益和群体的和谐。

5. 美国、瑞典和丹麦都是低不确定性规避文化的实例，因此，在人们处理关系和事件的行为举止上，这些国家的文化容忍更多的不确定性。

选择题

6. 下列哪一个不是当今美国非主流文化的主要因素：

a. 性别。
b. 种族划分。
c. 种族。
d. 政治信仰。
e. 性取向。

7. 格特·霍夫斯泰德识别了 4 个影响传播的主要文化维度。下列哪一个不属于这 4 个文化维度：

a. 个人主义—集体主义。
b. 宗教信仰。
c. 不确定性规避。
d. 权力距离。
e. 男性化—女性化。

8. 在以__________为特征的文化中，权力不平等、地位和级别被轻描淡写和弱化。

a. 高权力距离
b. 低权力距离
c. 男性化
d. 女性化
e. 个人主义

9. 下列哪一种跨文化传播可能发生障碍，因为一个人认为他们自己的文化高于其他文化：

a. 民族优越感。
b. 假设的相似性和差异性。
c. 刻板印象和成见。
d. 不相容的传播代码。
e. 不相容的规范和价值标准。

10. 有能力的跨文化传播者通过__________来克服障碍。

a. 对其他文化采取正确的态度

b. 获取有关其他文化价值标准和做法的准确信息

c. 培养在跨文化之间所需要的特定技能

d. 学会容忍模棱两可

e. 以上所有的答案都正确

章节小测验答案：

1.×；2.√；3.×；4.√；5.√；6.d；7.b；8.b；9.a；10.e

第6章 关系传播

关键词

关系

两个人根据他们之间相互作用的模式，对其行为所做出的各种预期。

良好的关系

人们在相互作用过程中所涉及的那些令人满意和健康的关系。

熟人

我们知道名字和当谈话机会出现时与之交谈的人，但是，我们与他们的相互作用很大程度上是非个人的作用。

朋友

我们自愿与之商谈较多的个人关系的人。

亲密朋友（挚友）

与我们分享某种高度承诺、信任、相互依存、披露和快乐的人。

柏拉图式关系

一种亲密的关系，在这种关系中，双方既不是在性上相互吸引，也不是以他们认为的某种方式行为。

浪漫关系

一种亲密的关系，在这种关系中，双方以他们的性吸引方式行为。

信任

以一种几乎总是涉及某种风险的方式，强调对另一个人的信赖。

自我披露

分享对方不了解的传记资料、个人想法以及感受。

反馈

对人们及其讯息做出语言和身体反应。

约哈里窗口

一种在关系中剖析披露和反馈关系的工具。

学习目标1 关系类型

描述关系的主要类型

人际关系传播有助于发展和保持关系。一种良好关系是与对方相互进行某种令人满意的相互作用。我们有3种关系。熟人是我们知道名字并与之交谈的人，但是，我们与他们的相互作用在数量和质量上却是有限的。友谊以关系经历的各种温暖和感情、信任、自我披露、承诺和预期的程度为特征。亲密朋友或挚友是与我们分享某种高度承诺、信任、相互依存、披露和快乐的人。

学习目标2 关系的披露和反馈比例

解释披露和反馈如何影响关系

一种健康关系是以某个自我披露和反馈的平衡为特征的。约哈里窗口是一种分析这种平衡、根据信息是否是自我和他人了解的信息而对信息进行分类的工具。

约哈里窗口

O=开放部分　S=掩饰部分
B=盲目部分　U=隐藏部分

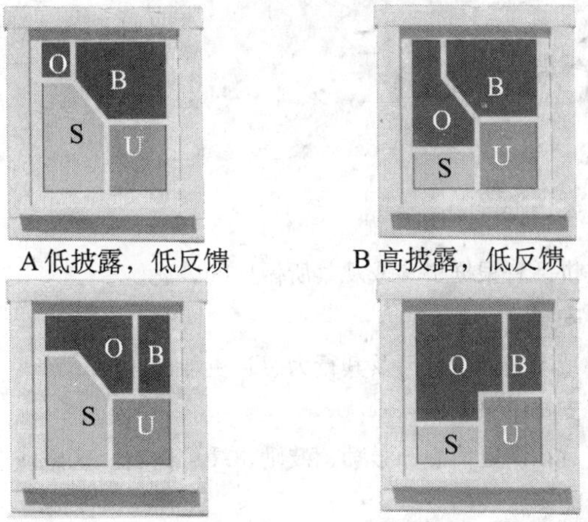

A 低披露，低反馈　B 高披露，低反馈

C 低披露，高反馈　D 高披露，高反馈

约哈里窗口实例

学习目标 3　关系发展阶段的传播

保持关系

以各种保持关系的亲近或亲密程度的方式，来行为举止和进行沟通。

剖析关系在不同阶段的传播水平

关系经历一个生命周期，这个周期包括创建和发展阶段、保持阶段以及可能出现的冷淡和终止阶段。在开始和发展关系的第一个阶段，为了减少不确定性，我们设法相互了解，我们发展轻松感和确认感以及体验更高水平的披露和支持。保持关系有各种方法，其中包括花时间在一起、纳入到社交网络之中、无私做事、交流感情、自我披露、倾注好感。当关系开始恶化时，我们往往认识到不满的感受、注意对方的缺点、经历更多的冲突、只讨论安全的话题以及很少花时间在一起。有效的传播者要有意识地以直接、坦率和诚实的沟通，而不是控制、冷淡或规避的沟通，来终止关系。

第 6 章　小测验

判断对错

1. 人际关系技能有助于你创建和保持健康的关系。关系是两个人根据他们之间相互作用的模式，对其行为所做出的各种预期。

2. 关系是你知道名字和当谈话机会出现时与之交谈的某个人，但是，与你相互作用的人主要是非个人的作用，被认为是柏拉图式的。

3. 分享对方不了解的传记资料、个人想法以及感受被称为反馈。

4. 花时间和你的伙伴在一起、整合你的社交网络以及报以无私的行动，都是人们用来保持关系的策略的事例。

5. 有时，仅仅因为双方在保持目前关系水平上没有提高警觉做必要的事情，关系就可能出现恶化。

选择题

6. 与你分享某种高度承诺、信任、相互依存和披露的人，被称为

a. 柏拉图式的人。

b. 挚友。

c. 浪漫的人。

d. 没有人情味的人。

e. 专业人士。

7. 一种双方既不是在性上相互吸引，也不是按照他们认为的某种方式行为的关系是

a. 柏拉图式关系。

b. 亲密关系。

c. 浪漫关系。

d. 非个人关系。

e. 职业关系。

8. 下列指导方针是遇到其他人并发展熟人关系的指导方针，除了

a. 通过自我介绍发起谈话。

b. 当你遇到某个人时，考虑自然语境、想法或感受，抑或是其他人。

c. 在谈话过程中，适当地进行轮流发言。

d. 要彬彬有礼。

e. 主动提出花时间在一起。

9. 下列哪一个不是在亲密关系中建立和保持信任的指导方针

a. 要值得信赖。

b. 要对你的伙伴的需求做出反应。

c. 在你改变话题之前，要使你的评论与你以前说过的话相关。

d. 要通过以某种协商的方式来管理冲突，从而，在冲突中成为一名有效的伙伴。

e. 要忠诚。

10. 约哈里窗口是一种剖析________的工具。

a. 在某种关系中披露和反馈之间的关系

b. 在某种亲密关系中的信任程度

c. 在各种传播方式上的性别差异

d. 一种亲密友谊的力量

e. 一种关系的生命周期

章节小测验答案：

1.√；2.×；3.×；4.√；5.√；6.b；7.a；8.e；9.c；10.a

第7章　倾听和反应

关键词

倾听

接收语言和/或非语言讯息，从语言和/或非语言讯息构建意义以及对语言和/或非语言讯息做出反应的过程。

注意

从无数触及感官的刺激中，选择和集中在特定刺激上的知觉过程。

理解

准确地解码讯息，以反映讲话者打算表达的意义。

移情

在智力方面认同对方的感受或态度，抑或与对方的感受或态度产生同感。

移情反应

经历某种类似的情感反应，并因此观察对方真实的和预期的情感表现。

同情反应

由于对方的情境和状况，而关心、怜悯此人或为此人感到难过。

问题

用以获得进一步的信息或证实已经获得的信息的话语。

解释

把你从讯息中察觉的想法或感受用词语表达出来。

内容解释

集中于讯息外延意义的解释。

感受解释

一种获取与讯息内容有关的情感的反应。

记忆

能够保持并在需要时可以记起的信息。

助记手段

任何被用作一种记忆工具的人为技巧。

批评性分析

为了确定你所听到的内容的真实性而进行评价的过程。

事实性表述

其准确性能够被检验或证明的表述。

推断

讲话者根据事实或观察所做出的表述。

安慰

帮助人们对自己及其行为感觉更加良好。

支持讯息

旨在恢复信心、激励、鼓励、缓解痛苦、抚慰或令人振奋的安慰表述。

阐明支持意图

公开声明你的谈话目的是要帮助你的伙伴。

缓解

通过利用积极的和消极的礼貌技能来减缓讯息的效果。

主动面子需求

被别人重视、认可、喜欢和尊敬的愿望。

被动面子需求

避免强加或侵扰的愿望。

以他人为中心的讯息

鼓励我们的伙伴说出并谈论发生在他们身上的事情以及他们对事情有怎样的感受的表述。

重构

提供看法、观察、信息以及备选的解释，以不同角度帮助你的伙伴了解情境。

给出忠告

提出一个人能用来满意地处理情境的相关建议和提案。

学习目标1　注意

列出在倾听过程中提高注意力的技巧

倾听是包括了注意、理解、记忆、评价和用支持和安慰做出反应的复杂过程。

注意是从我们接收的无数刺激中，选择和集中在特定刺激上的过程。如果我们（1）让身心做好倾听的准备，（2）完全做到从讲话者角色向倾听者角色的转变（不要复述），（3）在你做出反应之前，听人把话讲完，（4）观察非语言暗示，那么，我们就能够在注意方面做得更加有效。

学习目标 2　理解

剖析各种提高讯息理解水平的方式

理解是解码讯息的过程，这样，意义准确地反映讲话者打算表达的内容。移情是认同或对另一个人的经历产生同感，可以增进理解。另外，我们还可以通过提出问题加以阐明和获得详细信息，以及通过解释讲话者的内容和感受，来增进理解。

学习目标 3　记忆：保持信息

讨论如何更好地记忆信息

记忆是保持信息的过程，所以，在人们需要信息的时候，它可以被人们回想起来。通过重复信息、使用记忆方法和做笔记，我们可以提高记住我们所听到的内容的可能性。

学习目标 4　评价或批评地分析

解释如何评价或批评地分析讯息的真实性

批评性分析是为了确定你所听到内容的真实性而进行评价的过程。批评性分析在讲话者要求你相信所说的内容、按照所说的内容去做或支持所说的内容时尤为重要。批评性分析的一个重要技能是将事实性表述和推断区分开。事实性表述应该加以分析，看一看它们是否是真实的。推断应该加以检验，看一看它们是否是有效的。3 个问题可以帮助我们检验推断：(1) 支持这个推断的事实是什么？(2) 该信息真的对这个推断很重要吗？(3) 还有没有其他事实或信息与这个推断矛盾呢？

学习目标 5　对给予安慰做出支持反应

识别支持反应和给予安慰的步骤

支持和安慰的反应有助于人们对自己及其行为感觉更好。有效的支持讯息旨在帮助别人、认同别人、表示关心、利用倾听、结成同盟、承认权威和有效的感受以及鼓励进一步详述。我们应该对讲话者看上去似乎无法解决的问题，使用诸如阐明我们的支持意图、以礼待人、以他人为中心、重构情境、给出忠告等方法，给予安慰。

给予安慰

1. 阐明支持意图。
2. 用礼貌来缓解面子受到的威胁。
3. 通过以他人为中心的讯息促进理解。
4. 重构情境。
5. 给出忠告。

第 7 章　小测验

判断对错

1. 通过使用助记方法和做笔记，我们可以提高我们理解和弄清听到的内容的可能性。

2. 批评性分析在讲话者要求你相信所说的内容、按照所说的内容去做或支持所说的内容时，尤为重要。

3. 当我们给予安慰时，我们应该努力使我们的意图含糊不清，并避免提出有关讲话者看上去似乎无法解决问题的忠告，以免令这个人不高兴。

4. 大量的研究发现，在各种关系中，男性和女性都格外重视从他们的伙伴那里获得的情感支持。

5. 推断是其准确性可以加以验证和证明的表述。例如，“你正在阅读这个句子”的表述就是一个推断。

选择题

6. 从我们接收的无数刺激中，选择和集中在特定刺激上的过程，被称为

a. 倾听。
b. 注意。
c. 理解。
d. 记忆。
e. 评价。

7. ____________是解码讯息的过程，从而使意义准确反映了讲话者打算表达的内容。

a. 倾听
b. 注意
c. 理解
d. 移情
e. 反应

8. 下列哪一个问题可以有助于我们检验推断：

a. 什么事实支持这个推断？

b. 信息对推断真的重要吗？

c. 有其他同推断矛盾的事实吗？

d. 所有上述问题都有助于检验推断。

e. 所有上述问题都无助于检验推断。

9. ＿＿＿＿＿＿旨在帮助别人、认同别人、表示关心、表明愿意倾听和结成同盟、承认和验证讲话者的感受。

a. 移情讯息

b. 有效的支持讯息

c. 有意图的讯息

d. 批评性分析

e. 记忆方法

10. 积极的倾听者擅长＿＿＿＿＿＿，把他们从讯息中察觉的想法或感受用词语表达出来。

a. 推断

b. 反馈

c. 解释

d. 记忆方法

e. 批评性分析

章节小测验答案：

1.×；2.√；3.×；4.√；5.×；6.b；7.c；8.d；9.b；

10.c

第 8 章　在关系中发展亲密性：自我披露、反馈及冲突解决方案

关键词

关系辩证法

从表面上看是出现在全部人际关系之中的对立力量（开放性—封闭性、自主性—关联性、新颖性—可预见性）。

自我披露

分享传记资料、个人经历、观点和感受。

隐私

一个人保存传记资料、个人观点和感受秘密的权利。

管理隐私

一种有意识地避免披露和阻止从关系伙伴那里获取信息或感受的决策。

报道式谈话

一种分享信息、展示消息、进行商讨以及保护独立性的方式。

关系式谈话

一种分享经历和与他人建立联系的方式。

描述感受

在对情感不加以评价的情况下，说出你经历的情感的技能。

描述行为

在没有评论对方行为适当性的情况下，准确地叙述此人的具体行为。

表扬

描述对方具体的积极行为或成就，以及行为在他人身上产生的效果。

建设性批评

描述对方伤害这个人或这个人与他人的关系的具体行为。

消极行为

我们因为担心成本以及在关系中没有安全感、具有非常低的自尊或高估对方，而没有表达我们的个人偏好或维护我们的权利。

攻击行为

在很少考虑情境、他人的感受或权利的情况下，以你的偏好、感受、需求或权利，挑衅或侵犯地面对对方。

自主行为

在尊重他人的偏好和权利时，表达你的个人偏好和维护你的个人权利。

人际冲突

在一个人的需求或想法与另一个人的需求或想法不一致或相反时存在。

回避化解冲突

通过在身体或心理上使你自己摆脱冲突来管理冲突。

调解化解冲突

通过满足他人的需求或接受他人的意见，而不考虑我们自己的需求或意见来管理冲突。

强行化解冲突

通过满足你自己的需求或提出自己的意见，而不考虑他人的需求和意见以及对关系造成伤害来管理冲突。

妥协化解冲突

通过放弃你们的部分愿望，用以至少实现双方的某种满意度来管理冲突。

协商化解冲突

通过充分强调各方的需求和问题，并实现双方都满意的解决方案来管理冲突。

学习目标 1　自我披露和隐私

讨论自我披露和隐私之间的平衡

在各种关系中，从表面上看，开放性—封闭性、自主性—关联性、新颖性—可预见性的对立力量自然出现。这些产生紧张状态的相对力量被称为关系辩证法，紧张状态必须在所有的人际关系中被加以管理。通过自我披露、反馈、自主以及冲突管理的沟通，可以帮助管理在关系中出现的辩证紧张状态。

学习目标 2　披露感受

剖析披露感受的指导方针

自我披露揭示有关我们自己的信息，而这些

信息他人并不了解。指导方针可以帮助我们决定何时自我披露是适当的。有时，就管理我们的隐私而不是披露信息而言，我们拥有各种正当的理由。披露感受是比较困难的。我们可以通过阻止、表现或熟练地描述我们的感受来应对它们。我们经常通过做出概括性的表述来避免自我披露，而不是拥有我们的想法和感受。

学习目标 3 给出个人反馈

发展给出个人反馈的有效方式

个人反馈通过描述而不评价行为及其效果来构建关系。正面反馈通过表扬来实现。负面反馈可以通过建设性批评来有效地表达。

学习目标 4 自主性

描述自主行为

自主性是在人际关系中以各种有效方式支持我们自己的技能。消极的人们由于没有表述他们的需求而经常不高兴；攻击的人们让他人听到他们的想法和感受，但是，他们也会通过他们的攻击性产生其他问题。

自主行为的特征

拥有你的感受	自主的个人承认，他们所表达的思想和感受是他们的。
避免对抗性语言	自主的个人不使用威胁、评价或武断性语言。
使用集中在即将发生的行为的具体表述	自主的个人使用描述性表述，关注最相关的问题，而不是无关紧要的问题。
保持目光接触和坚定的身体姿势	自主的个人看着人们的眼睛，而不是转移目光、眼睛盯着地板、身体前后摇摆、含胸弓背，抑或使用其他可能被认为是犹豫不决或缺乏信念的姿势。
保持一种坚定而愉快的嗓音语气	自主的个人以坚定而正常的音调、音量和语速讲话。
避免出现哼哼式的停顿	自主的个人避免发音出现停顿和其他闪烁其词的迹象。

学习目标 5 管理关系冲突

讨论各种冲突管理方式

我们以各种方式应对冲突，包括回避化解冲突、调解化解冲突、强行化解冲突、妥协化解冲突和协商化解冲突等方式。虽然每种方式都有正面和负面的结果，但是，当我们关注长期的关系以及某种解决方案的有效性时，协商化解冲突方式经常是最适合的。

第 8 章 小测验

判断对错

1. 管理隐私是在你选择与其他人分享传记数据、个人经历、观点以及感受时进行的。

2. 一个好的看法是，即使没有马上得到回应时，也要继续进行自我披露，因为你也许能够使对方说出真情来，并更加容易鼓励他们信任你。

3. 研究表明，无论文化、性别或家庭教育怎样，人们对自我披露在多大程度上是适当的都具有相同的看法。

4. 表现我们的感受可以引起语言和身体的滥用。我们可以使用描述感受的自我披露技能，以更多适当的方式与他人分享它们。

5. 在给出批评之前，首先要征得这个人许可是至关重要的。

选择题

6. 一种有意识地避免披露和阻止从关系伙伴那里获取某种信息或感受的决策，被称为

a. 内向性。

b. 管理隐私。

c. 形象管理。

d. 自我披露。

e. 掩饰感受。

7. 在《你怎么就是不明白》一书中，德博拉·坦嫩认为，男性更可能进行__________，而女性则更可能进行__________。

a. 报道式谈话；关系式谈话

b. 关系式谈话；报道式谈话

c. 自我披露；管理隐私

d. 管理隐私；自我披露

e. 协商；调解

8. 面无表情的扑克牌选手的表情根本无法破解，他们已经成为__________的专家。

a. 自我披露

b. 关系式谈话

c. 报道式谈话

d. 掩饰感受

e. 管理隐私

9. 在没有对他们的适当性进行评论的情况下，准确地叙述另一人的具体行为是

a. 描述感受。

b. 披露事实。

c. 描述行为。

d. 报道式谈话。

e. 建设性批评。

10. 一个____________人在各种人际有效方式上具有支持他或她自己的技能。

a. 消极的

b. 自主的

c. 攻击的

d. 调解的

e. 协商的

章节小测验答案：

1.×；2.×；3.×；4.√；5.√；6.b；7.a；8.d；9.c；10.b

第9章 访 谈

关键词

访谈

一种经过计划的结构性谈话，在谈话中，一个人提出问题，而另一个人回答问题。

开放性问题

要求访谈对象在回答问题时提供看法、想法、信息、感受或观点的广泛调查。

封闭性问题

关注范围相对狭窄，要求回答者给出非常简明的（一两个词语）答案。

中立问题

并不控制某个人答案的问题。

引导性问题

引导回答者提供特定种类的信息，并暗示访谈者偏爱某个答案，而不是另一个答案的问题。

主要问题

引入访谈的某个主要话题的导入性问题。

次要或补充性问题

旨在探究主要问题答案的问题。

访谈方案

一个为满足具体的访谈目的而选择按顺序排列的问题。

求职信

一封简短而文笔出色的信件，表达你对特定工作的兴趣。

简历

一个对你的技能与成就的书面概括。

电子求职信和简历

包含与传统求职信和简历相同的信息，只是在网上传送。

论点

你在接受媒体采访期间被请求回答问题时提出的中心思想。

过渡

你在媒体采访中创设的一种转换，这样，你就可以从采访者的话题转移到你想要沟通的讯息。

学习目标1 访谈使用的问题

识别在访谈中使用的不同问题类型

访谈可以是一种从论文、文章或讲话的专家那里获得信息的有效方式。

访谈的关键技能是有效地使用各种问题。开放性问题允许灵活的回答；封闭性问题要求非常简要的答案；主要问题激发作答；补充性问题要求附加信息；中立问题为回答者自由选择提供可能；引导性问题需要访谈对象以某种特定的方式来回答。

学习目标2 信息访谈

解释如何准备和实施信息访谈

当你进行信息访谈时，你要界定访谈目的、选择最合适的人进行访谈、形成访谈方案以及按照访谈方案实施访谈。

学习目标3 实施工作面试

解释如何实施工作面试

工作面试是一种传播背景的具体类型，对面试者和面试对象都有特定的要求。当你对有希望的工作申请人进行面试时，为了最大限度地获得有关申请人的讯息，你要精心组织面试。在面试之前，如果提供的话，你就要对面试对象的申请书、简历、推荐信、成绩单所包含的信息了如指掌。要对你如何表现你自己加以小心、不要浪费时间、不要提出各种有悖于公平就业法律规定的问题以及要向申请人提供提出问题的机会。在面试结束时，要向求职者说明面试过程下一步将发生什么。

学习目标4 为获得工作进行面试

解释如何在工作面试时表现你自己

为了获得面试机会，首先，要花时间了解这

家公司，并准备一封适当的求职信和简历。求职信和简历是专门使雇主对你进行面试的材料。电子求职信和简历已经成为广泛采用的方式，而且，需要专门准备。就面试本身而言，你应该着装得体、守时、思维敏捷、目光直接注视着面试者、在回答困难的问题之前给自己留有思考的时间、提出有关这家公司和这份工作的机智问题以及对这个岗位表现出热情。

面试之前

1. 做好你的准备工作。
2. 根据你的研究，准备一组有关用人单位和工作的问题。
3. 排练面试。
4. 着装得体。
5. 计划按时到达。
6. 携带必备的资料。

面试期间

1. 采取积极倾听的态度。
2. 想好再说。
3. 满腔热情。
4. 提出问题。
5. 避免讨论工资与津贴。

面试之后

1. 写一封感谢信。
2. 自我评价你的表现。
3. 与面试者联系，得到反馈意见。

学习目标 5　媒体采访

讨论如何参与媒体采访

为了参与媒体采访，你要了解采访的重点和形式，以及思考你想要传达的为数不多的主要观点。在媒体采访期间，你应该展现适当的非语言暗示、明确和简洁地做出表述、意识到你总是处于“现场直播”之中，以及学会使用过渡作为讯息的转换。

第 9 章　小测验

判断对错

1. 主要问题是你用来引入某个访谈主要话题的导入性问题。

2. 你要访谈的人们并不总是显而易见的。你也许必须进行研究来识别他们。

3. 访谈方案是为某个访谈你应该采取怎样的行为举止以及应该穿什么衣服。

4. 通常，最好在访谈之初就提出全部复杂的事实性问题，使它们不要成为拦路虎，并与对方营造友好的氛围。

5. 重要的是，要记住在工作面试之初就谈论工资和福利，这样，无论工作面试是否继续下去，你都了如指掌。

选择题

6. “你能够告诉我有关你的工作经历吗?”是一个____________的事例。

a. 引导性问题
b. 中立问题
c. 封闭性问题
d. 非有效性问题
e. 主要问题

7. “你的老板很难打交道，是这样吗?”是一个____________的事例。

a. 开放性问题
b. 中立问题
c. 次要问题
d. 引导性问题
e. 主要问题

8. “你学过市场营销课程吗?”是一个____________的事例。

a. 开放性问题
b. 封闭性问题
c. 引导性问题
d. 次要问题
e. 不当的问题

9. 获得面试，一切都始于

a. 研究。
b. 撰写一封求职信。
c. 润色你的简历。
d. 准备推荐信
e. 关系网。

10. 在媒体采访期间，你应该

a. 展示适当的非语言暗示。
b. 明确和简洁地做出表述。

c. 意识到你总是处于“现场直播”之中。

d. 学会使用过渡作为你的讯息的转换。

e. 练习上述全部内容。

章节小测验答案：

1.√；2.√；3.×；4.×；5.×；6.b；7.d；8.b；9.a；10.e

第 10 章　参与群体传播

关键词

工作群体

一个由 3 人或更多的人组成，为了解决问题和实现共同目的，而必须相互作用和彼此影响的集体。

群体目标

绝大部分群体成员为了激励群体努力实现的一种未来理想状况。

具体目标

表述准确、可测量和可付诸行动的目标。

一致性目标

补充性目标，实现一个目标并不妨碍另一个目标的实现。

挑战性目标

要求刻苦工作和团队付出努力的目标，这些目标激励群体成员的工作不局限于完成常规的本职工作。

认同性目标

团队成员认为个人要承担个人义务的目标。

同质群体

成员具有很多共同之处的群体。

异质群体

成员表现出不同的人口状况，各种知识层次、态度和兴趣的群体。

凝聚力

成员对彼此和对群体的目标具有吸引力的程度。

团队创建活动

事先设计好的、有助于群体更好地在一起工作的活动。

行为规范

对群体成员在群体中行为方式的预期。

基本原则

有目的地帮助群体满足其目标和实施谈话所规定的行为。

协同作用

由一个共同的目的和成员互为补充的努力所产生的倍加强大的力量。

面对面会议

一种会议，在会议中，所有的成员为了做出决策或解决问题而聚集在一个实际地点。

虚拟会议

一种会议，在会议中，不同地点的人们利用技术一起做出决策或解决问题。

形成阶段

群体发展的最初阶段，在此阶段，人们逐渐感到有价值和得到认同而因此视为一个群体。

锤炼阶段

群体的发展阶段，在此阶段，群体明确其目标，并确定每个成员在群体权力结构中的角色。

群体思维

一种由群体内部压力产生的心理效能、真实性检验和道德判断的恶化。

规范阶段

群体发展的阶段，在此阶段，群体的行为原则，尤其是与管理冲突方式有关的行为原则，得以巩固。

运行阶段

群体发展的阶段，在此阶段，全体成员的技能、知识和能力被结合起来，顺利地克服困难，满足目标的要求。

终止阶段

群体发展的阶段，在此阶段，成员将意义归于他们所做的事情，并决定如何保持或结束已经发展起来的人际关系。

事实性问题

涉及发现什么是真实的或在什么程度上是真实的问题。

价值性问题

与什么是正确的、有道德的、美好的或公正的主观判断有关的问题。

政策性问题

与解决问题应该采取的行动步骤或应该采纳的原则有关的问题。

集思广益

一个对产生的有关想法不加批评、不做评价的过程。

决策

在备选的解决方案中进行选择的过程。

学习目标 1　有效工作群体的特征

分析有效工作群体的特征

有效工作群体满足下列几个标准：形成明确界定的目标、具有一个多元化成员的最佳数量、致力于形成凝聚力、建立规范、在面对面和虚拟会议中营造适当的环境以及实现协同作用。

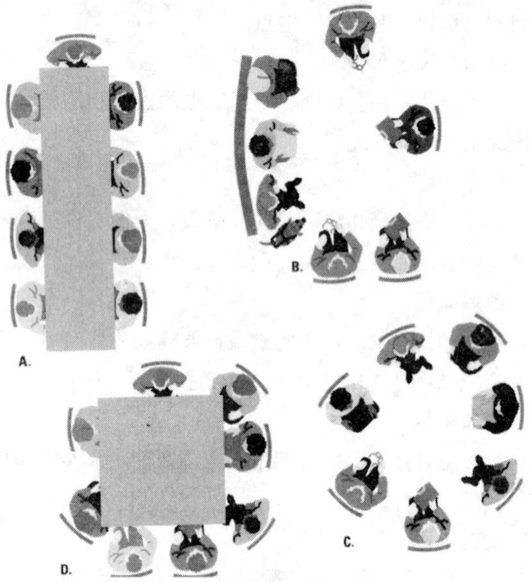

群体座位排列

你认为哪些群体成员能够容易地做出决策？为什么容易？为什么不容易？

学习目标 2　群体发展的阶段

解释群体发展的不同阶段

一旦群体聚集在一起，它们往往经历 5 个发展阶段：形成阶段，是使人们感到有价值和得到认同，从而他们把这个群体视为一个整体的阶段；锤炼阶段，是在确定每个成员在群体权力结构中的角色，同时明确其目标的阶段；规范阶段，是巩固行为原则的阶段；运行阶段，是克服困难，并顺利地满足目标要求的阶段；终止阶段，是将意义归于群体成员所做的事情，并决定如何保持或结束已经发展起来的人际关系的阶段。

学习目标 3　群体问题解决方案

解释群体问题解决的步骤

一旦群体进入了运行阶段，它们开始经历问题解决的一系列步骤。其中，包括将问题界定为事实性问题、价值性问题或政策性问题；分析问题，确定解决方案的标准；识别可能的解决方案；评价解决方案；做出决定。

决策的方法

1. 专家意见法。
2. 平均群体意见法。
3. 多数原则法。
4. 一致决定法。
5. 一致法。

第 10 章　小测验

判断对错

1. “用店内发生的销售额来增加利润”是一个明确界定的目标的事例。

2. 一般来说，随着群体规模的发展，群体管理的复杂性也在增加。

3. 协同作用是成员对彼此及对群体目标具有的吸引力的程度。

4. 有效群体形成支持目标实现和凝聚力的行为规范。

5. 研究表明，群体会议应该是面对面的会议，在面对面的会议中，为了保证有效性，所有的成员都要聚集在一个实际的地点做出决策或解决问题。

6. 研究表明，所有的有效工作群体都遵循相同的问题解决方法，在问题解决方法中，它们通过一系列线性步骤的发展，达成一致意见。

选择题

7. 下列全都是有效工作群体的特征，除了

a. 明确界定的目标。

b. 多元化成员的最佳数量。

c. 至少两个或两个以上的人聚集在一起。

d. 凝聚力。

e. 协同作用。

8. 一个____________群体是表现出不同的人口状况，各种知识层次、态度和兴趣的群体。

a. 同质的

b. 异质的

c. 有凝聚力的

d. 问题解决的

e. 相互促进的

9. 下列全都是形成群体凝聚力的因素，除了

a. 群体目的的吸引力。

b. 对具体的基本原则承担的义务。

c. 自愿加入的成员数量。

d. 自由分享观点的感受。

e. 成就的庆贺。

10. 在群体发展的过程中，群体明确其目标，并确定每个成员在群体权力结构中的角色，被称为

a. 形成阶段。

b. 锤炼阶段。

c. 规范阶段。

d. 运行阶段。

e. 终止阶段。

章节小测验答案：

1.×；2.√；3.×；4.√；5.×；6.f；7.c；8.b；9.b；10.b

第 11 章　群体中的成员角色和领导力

关键词

角色

一个群体成员根据其他成员的预期而履行的一种特定行为模式。

任务相关角色

直接协助群体达成目标所要求的特定行为模式。

发起者

引起讨论或使讨论进入一个新的方向的群体成员。

信息（意见）的给予者

提供讨论内容的群体成员。

信息（意见）的寻求者

探究他人的事实性想法和意见的群体成员。

分析者

探究成员在讨论期间的内容、理由和证据的群体成员。

导向者

指出群体偏离方向，并总结在成员之间存在一致和分歧观点的群体成员。

维护角色

有助于群体发展和保持良好的成员关系、群体凝聚力以及有效冲突水平的特定行为模式。

守门人

确保每个人都有机会发言和听到讲话的群体成员。

鼓励者

对团队其他成员的贡献提供支持的群体成员。

和谐的协调者

帮助群体缓解紧张和管理冲突的群体成员。

自我中心角色

以损害群体利益为代价，关注个人需求和目标的特定行为模式。

攻击者

在事情不顺时批评几乎所有的一切或责备他人，以及通过挫败他人的锐气和贬低他人的地位，来提高他们自己的地位的群体成员。

爱开玩笑的人

通过讲笑话、模仿他人或常开各种玩笑，来引起他人注意的群体成员。

撤出者

通过不参与讨论或群体工作，以牺牲群体目标来满足他们自己的目标的群体成员。

阻挠者

经常拒绝他人的意见和顽固地不同意群体做出的决策的群体成员。

领导力

一种影响成员实现群体目标的过程。

正式领导者

一名被指派的、被任命的或被推选的领导者，他被赋予影响他人的合法权利。

非正式领导者

其权威影响力源于在群体互动中所获得的权利的群体成员。

学习目标 1　成员角色

讨论群体中成员的角色

当个人在群体中进行互动时，他们承担了各种角色。角色是群体成员根据其他成员的预期而履行的一种特定行为模式。角色有 3 种类型：任务导向角色、维护角色和自我中心角色。成员根据他们的人格、他们担任的职位对他们的要求以及群体需要，而其他成员不会承担的空缺职位的情况，选择适合他们要扮演的角色。

任务导向角色	维护角色	自我中心角色
● 发起人	● 守门人	● 攻击者
● 信息（意见）的给予者	● 鼓励者	● 爱开玩笑的人
● 信息（意见）的寻求者	● 和谐的协调者	● 撤出者
● 分析者		● 阻挠者
● 导向者		

学习目标 2　群体会议中的成员职责

讨论群体会议中的成员职责

群体成员需要为他们在群体会议中履行的各

种职责做准备。群体成员需要事先为参加的会议、在参加会议中担任积极的角色以及在会后措施中采取必要的步骤做准备。

学习目标3 领导力

剖析群体中的领导力的重要性

领导力是一种影响成员实现群体目标的过程。领导力可以通过包括特质、情境、职能、变革在内的不同视角来观察。领导力既可以是正式的，也可以是非正式的。正式领导者是被指派的、被任命的或被推选的，具有影响他人的合法权利。非正式领导者从群体中涌现出来，但是，他们仍然得到群体的认同。性别在领导力中扮演着重要的角色。对于有效群体而言，任务导向行为（被认为具有更多的男性特征）和维护导向行为（被认为具有更多的女性特征）都是必要的。

学习目标4 主持群体会议

描述群体会议中的领导力职责

一个对有效群体职能特别重要的角色是领导力角色。群体也许拥有一名领导者，但是，在群体成员之间分享领导力则是更为普遍的。群体也许有正式领导者和非正式领导者。正式领导者既有群体外某个实体赋予的正式权威，又有群体成员自己赋予的正式权威。非正式领导者在一个两阶段过程中涌现出来。个人希望在某个群体中成为非正式领导者，就应该为群体会议做准备、主动参与讨论、积极倾听他人的意见、避免发号施令或讲出过分强硬的意见、通过构建来为其他参与者管理意义。

学习目标5 评价群体的有效性

剖析评价群体有效性的过程

利用图11—2到图11—4给出的表格，你可以对决策的质量、做笔记的质量以及领导力的素质做出评价。另外，你也可以从 www. 4ltrpress. cengage. com/comm 下载这些表格。

第11章 小测验

判断对错

1. 任务相关角色是群体成员根据其他成员的预期而履行的一种特定行为模式。

2. 领导力是一种影响成员实现群体目标的过程，并通过包括特质、情境、职能、变革在内的不同视角来观察。

3. 群体总有一个领导者。

4. 在群体最初形成时，非正式领导者既有群体外某个实体赋予的正式权威，又有群体成员自己赋予的正式权威。

5. 通过非正式交谈修复被损害的关系，可以成为在会后措施中一个被履行的必要步骤。

选择题

6. 当你探究成员在讨论期间的内容、理由和证据时，你扮演哪一种任务相关角色：

a. 发起人。
b. 意见的给予者。
c. 信息的寻求者。
d. 分析者。
e. 导向者。

7. 当你确保每个人都有机会发言和听到讲话时，你扮演哪一种角色：

a. 守门人。
b. 鼓励者。
c. 和谐的协调者。
d. 和事佬。
e. 发起人。

8. 当你经常拒绝他人的意见和顽固地不同意群体做出的决策时，你扮演哪一种自我中心角色：

a. 攻击者。
b. 爱开玩笑的人。
c. 撤出者。
d. 阻挠者。
e. 保镖。

9. 人们应该以所有下列方式参与群体会议，除了

a. 注意倾听。
b. 突出重点。
c. 充当爱提反面意见的人。
d. 控制讨论，以表明你掌握资料。
e. 提出问题。

10. 在运作会议时，一定要完成下列各项任

务，除了

a. 根据成员的建议修改会议议程。

b. 监控成员承担的角色。

c. 为了得出大家对眼前话题的真实感受，在群体成员之间鼓励冲突和争论。记住，对于领导者来说，没有必要扮演某种和谐的角色。

d. 贯彻群体的决策原则。

e. 定期检查，看一看群体是否做好决策准备。

章节小测验答案：

1.×；2.√；3.×；4.×；5.√；6.d；7.a；8.d；9.d；10.c

第12章 发展话题和进行研究

关键词

主题

一个广泛的知识领域。

话题

一个主题的某个具体方面。

集思广益

一种对有关想法不加批评、不做评价的过程。

受众分析

你的讲话所针对的受众的研究。

受众适应

为使你的信息适合讲话受众而主动发展某种策略的过程。

调查

指通过专门设计的调查表从人们那里收集信息。

背景

你发表讲话的场合和地点。

总体讲话目标

你的讲话意图。

具体目标

讲话者希望从受众那里获得准确反应的一个表述。

间接研究

确定有关你的话题的信息的过程，这些信息是由其他人发现的。

期刊

定期出版的杂志和刊物。

直接研究

你实施你自己的研究，以获取讲话信息的过程。

事实性表述

可以被验证的表述。

统计数据

数字事实。

事例

说明或解释一般事实性表述的具体实例。

专家意见

由特定主题领域的权威人士做出的解释和判断。

专家

掌握了某个特定主题、通常长期从事研究的人。

趣闻

简短的、经常引人入胜的故事。

叙述

说明、个人经历、传闻或流传久远的故事。

比较

通过说明相似性来阐述论点。

对比

突出差异性。

剽窃行为

把某个作者已出版的作品描述成你自己的作品的不道德行为。

学习目标1 识别话题

讨论如何识别讲话话题

5个简单的行动步骤可以有助于你准备有效的讲话：（1）确定一个适应受众和场合的具体讲话目标；（2）收集和评价用于讲话的素材；（3）以一种适合受众的方式，组织和发展信息；（4）使讲话素材适应特定的受众；（5）练习发表讲话。

为了完成第一个行动步骤，确定一个具体的讲话目标，你首先要通过罗列你感兴趣和有一定了解的主题，来确定某个话题。然后，就每个话题你要集思广益。

学习目标2 分析受众

理解如何分析受众

为了选择某个适当的话题，你需要收集和分析有关你的受众成员的数据。数据要包括与人口统计和主题有关的具体细节。你可以通过进行调查、非正式观察、询问某个受众代表或通过做出有根据的推测，来收集数据。

学习目标3 分析讲话背景

理解如何分析讲话背景

在选择话题时，你要了解你将要发表讲话的背景和场合。你应该考虑你的讲话的特定预期、适当的时间长度、受众的规模、你发表讲话的地点以及你的演示文稿需要什么设备。

学习目标4　选择话题

讨论话题选择

根据你的受众和背景分析，你可以删掉不合适的话题，然后，从剩余的话题中选择你个人最喜欢的话题。

学习目标5　写出讲话目标

识别和写出讲话的具体目标

一旦你拥有了话题，你可以继续识别你的具体目标。是娱乐性目标、解说性目标，还是说服性目标。最后，你可以形成一个具体目标——一个讲话者希望从受众那里获得准确反应的表述。

学习目标6　确定和评价信息来源

提出确定和评价信息来源以及主要研究的策略

讲话准备过程的第二个行动步骤是收集和评价你用于讲话的素材。3个通用的信息来源包括：(1) 你的个人知识、经验和观察；(2) 第二手资料来源的研究；(3) 直接研究。如果你是所讲述话题的专家，那么，你已经拥有了用于讲话的大部分内容。但是，在大多数的时间里，你同样还需要做间接研究，并找到像图书、文章、报纸记录、统计数据、传记信息、引用语、政府文件以及基于互联网的信息等资源。

在极少数情况下，你也许需要通过调查、访谈、剖析典型成果和原始文件、做实验，来实施直接研究，用以获得你所需要的信息。在使用你所发现的信息之前，你要通过检验权威性（作者的专业知识和出版物的声誉）、客观性和流行性（新奇性），对信息进行评价。

学习目标7　识别和选择相关信息

识别和选择相关的信息

你找到的信息将包括事实性表述（统计数据和事例）、专家意见和详尽说明（趣闻和叙述、比较和对比以及引用语）。在考虑信息时，你要从多元文化视角获得信息，这样，你就可以准确地反映人们对你的话题的了解。

学习目标8　记录信息

解释如何记录信息

在你审视资料来源时，你要把找到的信息记录在记录卡片上。每个记录卡片应该只包含一个事实性表述、意见或详尽说明，这样，在你准备讲话时，你就可以进行存取、排序以及排列资料来源的信息。除了记录信息外，你还要把记录卡片看成一个关键词或分类，这样，你就可以将它与其他相似的记录卡片分为一组。你同样要记录适当的书目信息，这样，在你需要准备资料来源表时，你就可以重新找到这个资料来源。最后，在每张记录卡片背面，你应该写出一个简短的表述，引用可以用于讲话的事实、意见或详尽说明的资料来源。

第12章　小测验

判断对错

1. 在准备发表讲话时，第一个步骤是要确定一个适合受众和场合的具体讲话目标。

2. 集思广益是一个产生各种想法和仔细批评每种想法的分析过程，这样，你就可以立即排除不实际的想法。

3. 为使你的信息适合具体的讲话受众而主动形成某种策略的过程，被称为受众分析。

4. 一个讲话的总体目标表述应该总是向受众解说你的话题。

5. 一个用语言精心构思的具体目标表述，应该总是包括3个重要的想法。

选择题

6. ____________是一个有关诸如电影、认知心理学、计算机技术等广泛的知识领域。

a. 主题

b. 论据

c. 话题

d. 主要想法

e. 以上所有的答案都正确

7. 下列问题都应该被用来提出有关讲话背景的问题，以有助于事先计划的讲话，除了：

a. 讲话的特定预期是什么？

b. 在讲话前要提供一顿膳食吗？

c. 讲话适当的时间长度是多少？

d. 受众的规模多大？

e. 在哪里发表讲话？

8. 图书、文章、统计资料来源和传记文献都是__________的全部事例。

a. 个人知识

b. 经验

c. 观察工具

d. 直接研究

e. 间接研究

9. 下列全部都是直接研究手段，除了

a. 调查。

b. 访谈。

c. 政府文件。

d. 实验。

e. 剖析典型成果和原始文件。

10. 在使用你所发现的信息之前，你要通过检验权威性、客观性和__________，对信息进行评价。

a. 流通性

b. 文化视角

c. 主观性

d. 类别

e. 真实性

章节小测验答案：

1.√; 2.×; 3.×; 4.×; 5.×; 6.a; 7.b; 8.e; 9.c; 10.a

有效讲话计划的5个行动步骤

行动步骤1：确定适应受众和场合的具体讲话目标
（第12章）

行动步骤1

1. 确定适应受众和场合的具体讲话目标

   A：为话题集思广益

   在本活动中，你将根据你的专业或职业、你的爱好和兴趣以及你关注的问题来为话题进行集思广益。一旦你完成了你的话题表，你就要缩小你认为你会最喜欢谈论的话题范围。

   B：分析你的受众

   识别你的受众的特征、选择收集受众信息以及收集数据的方法。

   C：了解讲话背景

   与为你安排讲话机会的人进行交谈，收集有关讲话的背景信息。

   D：选择话题

   使用在行动步骤1B和1C中收集到的信息，缩小你在行动步骤1A中制作的话题表，并决定哪一个剩余的话题是你最喜欢提出的。

   E：写出具体目标

   在本活动中，你要草拟、修改并写出你的最终讲话的目标。

行动步骤2：收集和评价用于讲话的素材
（第12章）

行动步骤2

2. 收集和评价用于讲话的素材

   A：确定和评价信息来源

   使用本活动来识别、确定和评价你用于讲话的信息来源。

   B：准备记录卡片，记录事实、看法和详尽说明

   使用你在行动步骤2A中识别的资料来源的素材，为你可能希望在讲话中使用的每个具体信息的资料来源，准备记录卡片。

   C：引用资料来源

   在每张记录卡片背面，撰写一个你可以在讲话中引用的简短的资料来源。

行动步骤3：组织和发展讲话素材，以满足特定受众的需求
（第13章）

行动步骤3

3. 组织和发展讲话素材，以满足特定受众的需求

   A：确定主要论点

   使用本活动识别你将在讲话中提出的3～5个主要论点。

   B：撰写论题表述

   使用你从行动步骤1E和3A中得到的目标表述和主要论点，

为你的讲话形成一个措辞精巧的论题表述。

C：组织和概括你的讲话的主要论点

总结你的主要论点并选择一种组织模式，以确定你提出的主要论点的顺序。

D：选择和概括支持素材

在这个练习中，你将为你的支持素材创建一个详细的提纲。

E：准备部分过渡

在每个主要论点之前或之后，准备部分过渡，确保你以完整的句子来撰写它们。

F：撰写讲话导语

使用这一章讨论的引起关注的方法，撰写 3 个不同的导语，然后，选择一个导语。要包括强调一个有效导语目标的表述，并以提纲的形式撰写你的导语。

G：创建讲话结论

为你的讲话写出 3 个不同的结论，总结你的重要论点，并为你的受众留下一个生动的印象或情感诉求。从这些结论中选择一个结论，并以提纲的形式写出你的结论。

H：编辑一个资料来源表

你要根据从行动步骤 2B 中得到的记录卡片，来创建一个资料来源表。这些记录卡片实际上是你在行动步骤 3D 中准备提纲时使用的，每个信息条目都应该包括每个资料来源所有必要的书目信息。

行动步骤 4：使语言和视觉素材适应特定受众的需求
（第 14 章）

行动步骤 4

4. 使语言和视觉素材适应特定受众的需求

A：在语言上适应你的受众

使用你从行动步骤 1B 和 1C 中得到的受众分析以及从行动步骤 3A～3H 中得到的提纲，来创建一个计划。在这个计划中，你可以在语言上使你的素材适应你的特定受众。

B：在视觉上适应你的受众

在本活动中，你要决定在讲话中使用哪些视觉教具。

行动步骤 5：练习讲话措辞和讲话方式
（第 15 章）

行动步骤 5

5. 练习讲话措辞和讲话方式

A：排练你的讲话

在撰写好讲话稿之后，你就要进行排练。按照第 15 章概括的排练步骤，分析你的演示文稿并再次进行排练。你可以按照你希望的遍数继续排练和分析你的讲话稿，直到你对演示文稿感到满意为止。

第13章 组织讲话

关键词

组织

选择和安排主要想法与支持素材，以某种比较容易被受众理解的方式，在讲话中提出的过程。

主要论点

在论题表述中使用的表达主要想法的完整句子。

论题表述

一个识别你的讲话目标和你要提出的主要想法的句子。

讲话提纲

一个表达在讲话中所提出的想法之间层次和顺序关系的句子。

平行的

在一个以上的句子中，遵循相同的结构模式，经常使用相同的介绍性词语进行措辞。

时间顺序（连续顺序）

通过按年代排列的顺序或以某个过程的步骤来组织主要论点。

话题顺序

通过主题的类别或划分来组织讲话的主要论点。

逻辑原因顺序

在主要论点提供证据支持论题表述的时候使用。

过渡

表示想法之间关系或连接想法的词语、短语或句子。

反问

寻求内心回答而不是有声回答的问题。

呼吁

描述你希望受众在听到你的论点后，力求实现的行为。

学习目标1　发展讲话的主体

描述发展讲话主体的方法

组织是你将在讲话中提出的选择和构建想法的过程，它受到你的受众分析的支配。一旦你对受众进行了分析、创建了讲话目标以及收集了大量有关你的话题的信息，你就要准备识别你希望在讲话中提出的主要想法，并将它们制作成一个措辞精巧的论题表述。

一旦你识别了论题，你就要准备讲话的主体。讲话的主体是通过主要论点和子论点的使用分层次排序的。一旦识别了讲话的主体，主要论点及其相关的子论点就要以完整的句子撰写，要对主要论点及其相关的子论点进行检查，以确保它们在结构上明确、平行、有意义以及在数量上被限制为5个或更少。主要论点的想法与子论点的想法之间的顺序关系，取决于被选择的组织模式。3种最基本的组织模式是时间顺序、话题顺序和逻辑原因顺序。你要选择一种最有助于受众理解和记忆主要论点的组织模式。主要论点的句子要以提纲形式撰写，使用经选择的组织模式。

子论点用定义、事例、统计数据、个人经历、故事、引用语等内容来支持主要论点。这些子论点也出现在它们所属的主要论点下的提纲里。同样，我们也要为每组子论点选择一个组织模式。

一旦完成了讲话的主体提纲，导语和主体之间、主体内各个主要论点之间以及主体与结论之间的过渡都需要加以设计，这样，受众就可以轻松地跟上讲话，并识别每个主要论点。

学习目标2　创建导语

解释如何创建导语

完成组织过程的第一步，是要创建一个导语。导语应该吸引受众的注意力、引入论题、构建可信度、规定讲话语气以及对受众创建亲和力。

学习目标3　准备结论

解释如何准备结论

完成组织过程的第二步，是要创建一个结论，用以总结讲话的主要论点。

学习目标 4　列出资料来源

剖析罗列资料来源的指导方针

组织过程的第三步，是要从你记录在研究卡片的书目信息中，编辑一个资料来源表。

学习目标 5　审视讲话提纲

发展审视讲话提纲的方法

要对完整的草拟提纲加以审视，在确保使用了一套标准符号、用完整句子表示主要论点和主要细分部分、将每个论点限制为一个想法、将次要论点与主要论点联系起来，以及确保提纲字数不到预计讲话总字数的三分之一的情况下，进行修改。

第 13 章　小测验

判断对错

1. 组织你的讲话的第一步，是要选择一种适合你的想法的流动性的组织模式。

2. 讲话的主要论点是你希望在讲话中提出的 2～5 个重要想法的完整句子表述。

3. 讲话应该总是按照连续顺序加以组织的。

4. 过渡是表示想法之间或连接想法的词语、短语或句子。

5. 导语一般约占整个讲话长度的 10%，所以，对于一个 5 分钟讲话（约 750 字）而言，一个 60～85 字的导语是比较适宜的。

选择题

6. 一个识别你的讲话话题和你要提出重要想法的句子，被称为一个

a. 论题表述。

b. 目的表述。

c. 蓝图。

d. 提纲。

e. 指导方针。

7. ____________是在主要论点为支持论题表述的根本原因或证据时使用。

a. 一个论题表述

b. 逻辑原因顺序

c. 时间顺序

d. 话题顺序

e. 劝说性顺序

8. 令人瞠目的表述、反问、引用语和人格化引入全都可以被用来

a. 阐述表述。

b. 在导语中吸引受众的注意力。

c. 总结讲话。

d. 创建一种亲和力的纽带。

e. 构建你的可信度。

9. 在一个讲话的结束部分，你应该

a. 总结主要论点。

b. 诠释从书目信息编辑的、记录在研究记录卡片上的资料来源。

c. 吸引受众的注意力。

d. 引入论题。

e. 构建可信度。

10. 在最终审视提纲，进入适应和排练之前，你应该向自己提出下列所有问题，除了：

a. 我使用一套标准符号说明结构吗？

b. 我把主要论点和主要细分部分写成完整的句子了吗？

c. 为了保持受众的注意力，每个主要论点和主要细分部分都包含多个想法了吗？

d. 提纲字数不到预计讲话总字数的 1/3 吗？

e. 说明可能的细分部分的详尽阐述了吗？

章节小测验答案：

1.×；2.√；3.×；4.√；5.√；6.a；7.b；8.b；9.a；10.c

第 14 章 语言适应和视觉适应

关键词

受众适应

让讲话适应特定受众的过程。

相关性

使讲话信息适应受众，这样，受众成员就会把它视作是对他们重要的信息。

及时性

表明信息在现在或不远的将来是有用的。

接近性

一种与个人空间有关的信息。

人格化

以一种受众熟悉的参照体系来提出信息。

共同基础

受众成员与讲话者分享的背景、知识、态度、经验和理念。

人称代词

we（我们）、us（我们，宾格）和 our（我们的）等直接涉及受众成员的代词。

反问

用语言表达来刺激部分受众在心里而不是实际用口头进行回答的问题。

可信度

受众对讲话者具有的或将具有的信任水平。

知识和专长

你怎样充分说服你的受众，你有谈论的资格。

可信性

受众对发表讲话的信任程度。

优雅性

突出一个令人惬意的或使人愉快的人格的程度。

最初受众态度

赞成或反对某个话题的倾向，通常表现为一种看法。

视觉教具

一种为受众看见和听到信息提供可能的讲话形式。

物体

你要传播某种想法的三维表现。

图表

以一种简便说明的形式呈现出来的图像演示。

文字图表

被用作预览、回顾或突出讲话所包含的重要想法。

流程图表

用符号和连线图解整个复杂过程进展的图表。

图示

一种表示数字信息的图表。

直方图

用一系列垂直或水平长方块提出信息的图表。

曲线图

表示一个或多个变量随时间发生变化的图表。

饼状图

帮助受众看到一个单位各部分之间关系的图表。

活动挂图

一种悬挂在黑板架上的大幅纸制拍纸簿，它可以成为一种演示视觉教具的有效方法。

学习目标 1 在语言上适应受众

讨论讲话信息对受众的适应

受众适应是将讲话适应特定受众的过程。你既需要考虑在提出讲话时如何适应你的支持素材，又需要考虑如何通过使用视觉教具来帮助受众理解和记住你正在讲述的内容。

首先，你要通过下列步骤在语言上适应受众：(1) 通过表明你提出的信息有及时性、接近性以及对受众产生个人影响，来展示相关性；(2) 通过适应你的受众、界定关键词语、用生动的事例说明新的概念、向你的受众人格化信息、将未知的想法与你的受众熟悉的想法加以比较以及使用多种方法发展你的论点，确保你的素材容易被受众所理解；(3) 通过使用人称代词、提出反问、共同经历来建立共同基础；(4) 通过展示你的知识和专长、建立你的可信性以及表现你的优雅性，来建立可信度；(5) 通过克服语言问题和在文化上选择敏感的素材，来适应语言和文化差异。

学习目标 2　在视觉上适应受众

讨论视觉素材对受众的适应

其次，你要通过发展和使用适当的视觉教具来适应受众。视觉教具最常见的类型是物体、模型、照片、幻灯片、电影和视频剪辑、简单作图、地图、图表和图示。讲话者可以使用各种方法来演示视觉教具，其中，包括以计算机为媒介的演示文稿、投影幻灯片、活动挂图、招贴纸板、黑板和分发的讲稿。当你计划在讲话中使用视觉教具时，你要考虑准备的时间和成本、对受众理解力和记忆力产生的影响，以及对讲话者可信度产生的影响。

选择视觉教具的标准

1. 什么是受众需要理解和记忆的最重要的想法？

2. 有在语言上比较复杂或难以解释，而可以在视觉上让受众成员容易理解的想法吗？

3. 多少种视觉教具合适？

4. 受众有多大规模？

5. 必要的设备容易得到吗？

6. 需要时间制作或得到视觉教具吗？设备成本有影响吗？

设计有效的视觉教具

1. 要使用能够易于被全体受众看清的印刷体或字号。

2. 要使用易于阅读和眼睛看上去舒服的字体。

3. 要使用大小写字体。

4. 要将字行的数量限制在 6 行以内。

5. 要只包括你在讲话中强调的信息条目。

6. 要确保在视觉教具上设计的信息，在美学观点上令人满意。

7. 要在适当的位置上添加剪贴画。

8. 要有策略地使用色彩。

第 14 章　小测验

判断对错

1. 为了使信息成为及时性信息，你必须在讲话中适应这个信息，这样，受众成员就会将它视作是对他们至关重要的信息。

2. 接近性可以被描述为受众成员与讲话者分享的背景、知识、态度、经验和理念。

3. 创建共同基础最简单的方法是要使用人称代词：we（我们）、us（我们，宾格）和 our（我们的），这样，讲话者就在他们自己与受众成员之间承认了共性。

4. 一个反问的事例可以是：“你曾担心过由于你的邻居犯罪而导致房地产的价值贬值吗?”

5. 满足受众最初态度，意味着要以某种考虑受众对话题了解多少，以及他们对话题采取怎样的态度的方式，来构建讲话。

选择题

6. 当你为你的讲话选择支持性素材时，重要的是，要选择展示讲话如何

a. 与受众相关。

b. 有助于受众理解讯息。

c. 在你与受众之间创建共同基础。

d. 适合受众的最初态度。

e. 实现上述全部内容。

7. 一个包括有关受众邻居或城市的讲话，是在创建

a. 相关性。

b. 及时性。

c. 接近性。

d. 个人影响。

e. 可信度。

8. 如果你发表一个有关文盲的讲话，并包括这样一个句子：“根据‘功能性文盲’的定义，我指的是完成简单阅读和写作任务有困难的人”，你正在

a. 界定关键词语。

b. 用生动的事例说明新的概念。

c. 人格化信息。

d. 以居高临下的口吻对受众讲话，这种讲话方式可能冒犯他们。

e. 将未知的想法与熟悉的想法加以比较。

9. 你的__________是受众能够相信你所讲述的内容是正确的、真实的以及是他们最感兴趣的程度。

a. 相关性

b. 接近性

c. 专长

d. 可信性

e. 可信度

10. 在说明一个或多个变量随时间发生变化的讲话过程中，下列哪一个可以被用作视觉教具？

a. 直方图。

b. 曲线图。

c. 饼状图。

d. 文字图表。

e. 流程图表。

章节小测验答案：

1.×；2.×；3.√；4.√；5.√；6.e；7.c；8.a；9.d；10.b

第 15 章　通过练习讲话方式来克服讲话焦虑

关键词

演讲焦虑

一种沟通焦虑（或紧张），是你在参与或者实际对受众讲话时所经历的恐惧程度。

预期性反应

你在发表讲话前所经历的焦虑水平，包括你在准备和等待讲话时所感到的紧张。

对抗性反应

在你开始讲话时，你所感到的焦虑水平的波动。

适应性反应

在你开始进入语言表达约 1 分钟后，出现焦虑水平逐渐下降，并在大约 5 分钟后，使你的焦虑水平降低到讲话前的程度。

心像

一种通过帮助你自己形成一个权威讲话的心理图像，来减轻焦虑的方法。

系统脱敏疗法

一种通过逐渐让你形成越来越多的可怕事件的心像，来减少焦虑的方法。

演讲技能培养

旨在提高讲话能力从而减轻演讲焦虑，系统讲授与准备、发表有效演讲有关的技能。

音调

嗓音在某个范围里发出语音的高低。

音量

在你正常呼气、横膈膜放松以及空气通过气管排出时，所发出音调的响度。

语速

你讲话时的速度。

音质

你的嗓音的音调、音色或语音。

发音

利用舌头、上颚、牙齿、下颚运动以及嘴唇发出的语音，组合产生一个词语的语音。

读音

一个词语各个音节的形式和重音。

口音

一个国家、一个地区甚至一个州或城市的当地人典型的发音、音调的调整、音调和讲话习惯。

面部表情

眼部和嘴部动作。

手势

在你描述和强调时，你的双手、两臂和手指的动作。

动作

整个身体的运动。

姿势

身体的坐立方式或风度举止。

镇定自若

自信的行为方式。

谈话方式

一种表现讲话的非正式方式，从而使受众感到你正在与他们进行交谈，而不是对他们唠叨不休。

积极性

对你的讲话感到兴奋或富于激情。

嗓音表现力

在音调、音量、语速和音质方面，影响受众从你所讲述的句子中获得意义的对比。

侧重点

对词语的不同表现提供的细微差异。

单调的口吻

一种词语、想法或句子的音调、音量和语速保持不变的嗓音，没有明显不同于其他词语、想法或句子的音调、音量和语速。

自发性

一种看上去似乎没有经过排练或背诵的自然讲话。

流畅性

轻松流畅地讲话，没有丝毫犹豫和发出干扰词语。

目光接触

我们直接看着人们讲话。

即兴讲话

只提前几秒钟或几分钟通知准备，通常不参考任何形式的笔记而发表的讲话。

照稿讲话

通过创作完整的书面讲稿进行准备，并通过死记硬背或阅读书面稿件而发表的讲话。

脱稿讲话

提前经过研究和计划的讲话，虽然具体的措辞与照稿讲话不同，而且，表达方式也各异。

排练

大声地练习你的讲话的表达方式。

讲话笔记

你的讲话要用到的词语或短语概括。

学习目标 1　演讲焦虑

讨论演讲焦虑

虽然发表讲话可以采取即兴、照稿或记忆的形式，但是，你一直阅读的素材，旨在帮助你以脱稿的形式讲话——也就是说，经过精心的准备和练习，在发表讲话的时候，可以准确地确定讲话的措辞。

我们所有的人几乎都体验过演讲焦虑，但是，经历高恐惧水平的人只有15%或以下。讲话焦虑或怯场的症状因人而异。焦虑的原因仍处于研究之中——事实上，有些讲话焦虑是与生俱来的。你可以通过承认焦虑来学会控制焦虑，你可以通过精心准备和排练讲话来实现讲话的目的。

减轻焦虑的技巧

1. 心像。
2. 系统脱敏疗法。
3. 演讲技能培养。

学习目标 2　讲话方式的要素

识别影响讲话方式的身体要素

讲话方式的主要要素是嗓音（音调、音量、语速和音质）、发音（形成词语的语音）和身体动作（面部表情、手势、动作和姿势）。

学习目标 3　讲话方式

描述谈话表达方式的特征

有效讲话者要努力形成一种谈话方式，谈话方式的主要要素是积极性、嗓音表现力、自发性、流畅性和目光接触。

学习目标 4　讲话方式的类型

识别讲话方式的不同类型

最常见的 3 种讲话方式的类型是即兴讲话（“现场”讲话）、照稿讲话（拥有完整的书面讲稿）和脱稿讲话（提前经过研究和计划的讲话，但不照稿宣读）。

学习目标 5　排练

讨论排练讲话的方法

有效的讲话方式同样需要进行排练。经验丰富的讲话者可以确定讲话排练时间和进行讲话排练。一旦完成讲话提纲，有效的讲话者一般情况下至少要排练两次，他们经常使用记录卡片上的讲话笔记，在记录卡片上，有关键的短语和词语。在许多情况下，讲话者可以使用视觉教具来帮助受众理解和记住讲话素材。为了做到有效性，需要精心策划视觉教具、在谈到相关内容时显示视觉教具以及让所有人都能够看到视觉教具。此外，有效的讲话者还要对着受众进行交谈，而不是对着视觉教具唠叨不休。

6月

星期日	星期一	星期二	星期三	星期四	星期五	星期六
1	2	3	4 选择话题；开始研究 （7天前）	5 继续研究 （6 天前）	6 概括讲话主体 （5 天前）	7 写出导语和结论 （4 天前）
8 完成提纲；如果需要的话，要找到其他素材；完成全部视觉教具 （3天前）	9 第一次排练阶段 （2 天前）	10 第二次排练阶段 （1天前）	11 发言 （讲话当天）	12	13	14

准备一个发言的时间表

学习目标 6　评价讲话的标准

确定评价讲话的标准

除了准备和发表讲话外，你还要学会评价你听到的讲话，集中在讲话内容、组织、表达和适应上。

第 15 章　小测验

判断对错

1. 演讲焦虑是沟通焦虑的一种罕见类型，美国大约 5%的人在向受众发表讲话时经历过演讲焦虑。

2. 嗓音在某个范围里发出语音的高低是其

音量。

3. 发音可以被定义为一个词语各个音节的形式和重音。

4. 每个人都操着某种口音讲话，因为“口音”表示与其他人讲话方式不同的任何语调和音调的调整。

5. 你应该只有在谈论视觉教具时，才显示视觉教具。

选择题

6. 在你开始讲话时，你所感到的焦虑水平的波动是

a. 演讲焦虑。

b. 预期性反应。

c. 对抗性反应。

d. 适应性反应

e. 认知反应。

7. 一种通过逐渐让你形成越来越多的可怕事件的心像来减少焦虑的方法，被称为

a. 心像。

b. 系统脱敏疗法。

c. 演讲技能培养。

d. 适应性反应。

e. 预期性反应。

8. 在发表讲话时，身体的坐立方式或风度举止，被称为

a. 发音。

b. 手势。

c. 姿势。

d. 动作。

e. 镇定自若。

9. 下列全部都是谈话方式的特征，除了

a. 镇定自若。

b. 嗓音表现力。

c. 自发性。

d. 流畅性。

e. 目光接触。

10. 提前进行研究和策划，虽然具体的措辞与照稿讲话不同，而且，表达方式也各异的讲话，被称为

a. 即席讲话。

b. 照稿讲话。

c. 脱稿讲话。

d. 练习的讲话。

e. 有感而发的讲话。

章节小测验答案：

1.×；2.×；3.×；4.√；5.√；6.c；7.b；8.c；9.a；10.c

第16章 解说性演讲

关键词

解说性演讲

一种具有一个要解释的目标，以某种增进理解的方式来解释或描述事实、真相以及原则的演讲。

智力激励（信息）

受众感到陌生的信息。

创新性

以某种方式使用信息，产生与众不同或具有独创性的观点和见解。

发散性思维

在我们从各种不同的视角考虑事物时出现的思维。

记忆方法

一个使用规则来提高记忆的方法。

首字母缩略词

由一系列词语的首字母组成的单词。

描述

被用来创设物体的一个准确的、生动的语言画面、地理特征、背景或图像的解说性方法。

定义

一种通过识别事物的意义来解释事物的解说性方法。

同义词

具有相同或相似意义的词语。

反义词

意义完全相反的词语。

比较和对比

一种通过关注事物和其他类似事物的相似性和差异性的程度，来解释事物的解说性方法。

叙述

一种通过讲述事件来解释事物的解说性方法。

演示

一种通过解释事情是怎样做的、通过表现一个过程的各个阶段或通过描述事情是如何运作的，来解释事情的解说性方法。

说明性演讲

一种提供经过仔细研究，获得有关复杂话题的深入信息的解说性表达方式。

学习目标1 有效的解说性演讲的特征

识别有效的解说性演讲的特征

解说性演讲是一种具有一个要解释的目标，以某种激发兴趣、促进理解和提高受众记忆可能性的方式，来描述事实、真相以及原则的演讲。总之，解说性演讲旨在教育受众。

有效的解说性演讲是智力激励、创新性以及使用侧重点来帮助记忆的演讲。当信息对受众是陌生的或当信息被一种激起受众好奇心和刺激他们兴趣的方式解释时，解说性演讲将被看作在智力上激励受众的演讲方式。当产生与众不同的或独创的观点和见解时，解说性演讲便是创新性演讲。解说性演讲可以使用侧重点激发受众记忆。

学习目标2 解说性方法

描述传达信息的方法

我们可以通过描述事物、定义事物、将事物与其他事物比较和对比、叙述有关事物的故事或演示事物，来进行解说。

描述被用来创建物体、背景的语言画面或演讲讨论的图像。定义通过分类和区分事物、解释它的语源、解释用法或功能或通过使用同义词，来识别它的意义，提供了一种对事物的解释。比较和对比表明你的主题与其他事物之间的相似性和差异性。叙述通过讲述事件来解释事物。叙述可以以第一人称、第二人称或第三人称语态呈现出来。演示通过解释事情是怎样做的，通过表现一个过程的各个阶段或通过描述事情是如何运作的，来解释事情。

学习目标3 解说性演讲的常见类型

讨论解说性演讲的常见类型

两种最常见的解说性演讲类型是过程性演讲和说明性演讲。过程性演讲是一种表明怎么干或如何做某事，抑或事情是如何运作的解说性演讲，而说明性演讲则是一种提供经过仔细研究，获得有关复杂话题的深入信息的解说性演讲。

说明性演讲话题的事例

政治、经济、社会或宗教问题的说明性演讲话题观点	历史事件、影响力和人物的说明性演讲话题观点	理论、原则或规律的说明性演讲话题观点	创造性作品的说明性演讲话题观点
布什先发制人的纲领	W. E. B. 杜波依斯（W. E. B. DuBois）	货币理论	爵士乐
干细胞研究	甘地的领导才能	波义耳定律	阿尔弗雷德·希区柯克的电影
同性婚姻	罗马教皇	数论	印象画
教育券	非洲的殖民化	精神分析理论	莎士比亚的十四行爱情诗
强制性判决	征服埃弗勒斯峰	全球变暖	萨尔萨舞
校服	越南战争	智能设计	歌舞伎剧院
家庭教育	《巴尔福宣言》	正态分布	就职演说
移民	“得克萨斯共和国”	色原学说	肖像画法

第16章　小测验

判断对错

1. 解说性演讲的目标是要以某种增进理解的方式，来解释或描述事实、真相以及原则。

2. 说明性演讲的目标是要表明怎么干或如何做某事，抑或事情是如何运作的。

3. 有效的解说性演讲是使用智力激励、创新性以及侧重点来帮助记忆的演讲。

4. 首字母缩略词是一种通过使用规则来提高记忆水平的方法。

5. 当信息对受众而言是陌生的或当信息被一种激起受众好奇心和刺激他们兴趣的方式解释时，信息就被受众看作智力激励的信息。

选择题

6. ＿＿＿＿＿＿思维在我们从许多不同的视角考虑事物时出现。

a. 创新性

b. 发散性

c. 解说性

d. 智力激励

e. 创造性

7. 你可以使用视觉教具、重复、过渡、幽默和记忆帮助你来

a. 突出你想要受众记住的重要信息。

b. 鼓励发散性思维。

c. 创设一个解说性演讲。

d. 描述演讲的具体目标。

e. 确保你的主要论点以平行性语言来阐述。

8. 一种通过讲述事件来解释事物的解说性方法，被称为

a. 描述。

b. 定义。

c. 比较和对比。

d. 叙述。

e. 演示。

9. 下列全都是说明性演讲的事例，除了

a. 如何安装顶角线。

b. 在北极国家野生动物保护区开采石油和天然气的影响。

c. “曼哈顿计划”背后的真实故事。

d. 小马丁·路德·金在民权运动上的影响。

e. 电影《教父》系列片的制作。

10. 如果你发表一个演讲，讲述关于素食主义者生活方式以及解释它与素食者生活方式的相似性和差异性，那么，你使用的解说性方法被称为

a. 描述。

b. 定义。

c. 比较和对比。

d. 叙述。

e. 演示。

章节小测验答案：

1.√；2.×；3.√；4.×；5.√；6.b；7.a；8.d；9.a；10.c

第17章 劝说性演讲

关键词

劝说性演讲

一种具有一个影响受众信念和/或行为目标的演讲。

主张

一个清楚地表明讲话者的话题立场的陈述句。

不了解情况的态度

不充分了解某个已经形成某种看法的话题。

无动于衷的态度

了解某个话题的基本要素，但仍然没有看法。

缺乏兴趣的态度

由于一个人对某个话题不感兴趣、漠不关心或认为无关紧要而没有看法。

理由

总结几个有关的根据以及说明你为什么应该相信或做某事的主要论点表述。

论据

主张与理由或理由与根据之间的逻辑关系。

通过事例进行说服

通过提供一个或多个个人事例来支持某种主张。

通过类比进行说服

用一个与某种主张的主题明显类似的可比较事例，来支持这种主张。

通过原因进行说服

通过引用产生某种主张的事件来支持这种主张。

通过迹象进行说服

通过引用表示某种主张的信息，来支持这种主张。

草率概括

一种提出的概括要么没有根据支持，要么多半也只是由一个说服力不强的事例支持的谬误。

虚假原因

一种在所谓的原因无法与结果发生联系或产生结果时出现的谬误。

感情用事的论据

一种在一个人攻击做出论据的人而不是论据本身时出现的谬误。

亲和力

受众感到讲话者理解、对受众移情以及对受众做出反应的受众知觉。

做出反应

通过承认来自受众的反馈，尤其是微妙的负面暗示，来表示对受众的关注。

激励

强迫行动或在生物体内产生发起和支配行为。

动机

一种得到承诺的奖赏，只要采取某种行动或达到某个特定的目标即可获得。

理由表述模式

一种直截了当的组织模式，在这种模式中，你提出你可以找到的最佳的支持理由。

相对优势模式

一种组织模式，在这种模式中，允许你在拟议的行动过程的优势基础上，提出全部的侧重点。

标准满足模式

一种间接的组织模式，在这种模式中，首先寻求受众在评价某个特定主张时，就应该考虑的标准取得一致意见，然后，说明演讲者倡导的主张如何满足这些标准。

问题解决模式

一种组织模式，在这种模式中，为阐述某个问题的特征以及说明为什么一个给出的提议是最佳解决方案而提供框架。

动机顺序模式

一种组织模式，在这种模式中，将问题解决模式与旨在激发受众采取行动的明确呼吁结合在一起。

学习目标1 人们如何处理劝说性讯息：劝说详尽可能性模型

剖析劝说详尽可能性模型

劝说性演讲旨在影响受众成员的信念和/或行为。劝说性演讲提出逻辑理由，但也必须以某种激发受众倾听和思考演讲者讲述内容的方式提出那些理由。劝说详尽可能性模型指出，当人们听到一个论据时，他们可以采用两种方式来处理它。他们要么仔细倾听、思考信息以及亲自详尽说明信息的含义，要么根据有关演讲者的可信度的简单暗示，对他们倾听的内容做出决策。根据这个模型，人们认为亲自参与某种主张，就会更有可能仔细处理这种主张。

学习目标 2　将劝说性演讲目标写成主张

思考撰写作为主张的劝说性演讲目标

在准备一个劝说性演讲的过程中，演讲者必须选择一个考虑受众最初态度的主张（目标）。受众也许反对这个主张，采取中立的态度（因为他们采取了不了解情况、无动于衷或缺乏兴趣的态度）或赞成的态度。

演讲者必须选择充分的理由和合理的根据。理由是支持主张的主要论点的表述。根据是选择支持理由的信息（事实、看法等）。然后，演讲者需要识别和检验说服的形式，而这些形式被用作支持主张和每个理由。最常见的 4 种论据是通过事例进行说服、通过类比进行说服、通过原因进行说服和通过迹象进行说服。演讲者还需要检查论据，这样，他们可以在推论上避免出现 3 种谬误：草率概括、虚假原因和感情用事的论据。

学习目标 3　通过情感诉求提高受众参与

讨论情感诉求对受众参与的影响

演讲者可以使用情感诉求来提高受众成员对主张的参与。诉诸负面情感和正面情感都可能是有效的。

当演讲者希望他们的受众采取行动时，他们同样应该考虑受众按照演讲者的主张采取行动的动机以及这些动机如何满足受众的需求。受众需求包括生理需求、安全需求、归属感需求、自尊需求、自我实现需求。演讲者还应该考虑受众成员为按照你的主张行动可能出现的成本，是否会超出与主张联系在一起的动机。

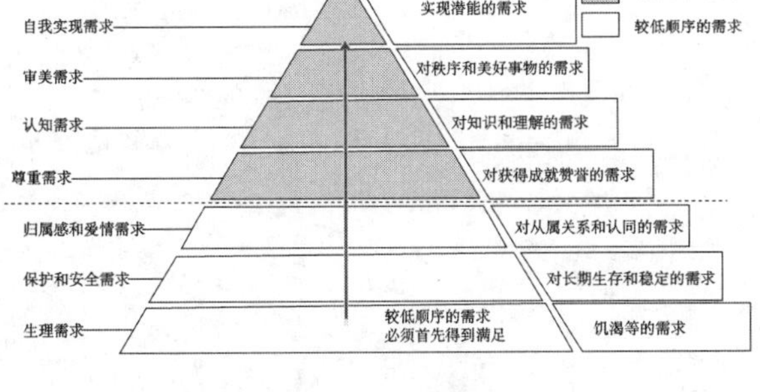

马斯洛的需求层次理论

学习目标 4　劝说性演讲的组织模式

讨论劝说性组织模式

我们可以按照下列 5 种模式的一种，来组织支持主张的理由：理由表述模式，在这种模式中，你提出你可以找到的最佳的支持理由；相对优势模式，在这种模式中，你可以说明你的解决方案超过另一种解决方案的优势；问题解决模式，在这种模式中，你可以引入问题、提出一种解决问题的提议以及说明为什么这种提议是最佳解决方案；标准满足模式，在这种模式中，你提出某种主张需要满足被认同的标准，然后，说明演讲者的主张怎样满足全部标准；动机顺序模式（被用作影响受众采取行动的主张）取代了包括一个注意步骤、一个需求步骤、一个满意步骤、一个形象化步骤和一个行动诉求步骤的标准模式。

第 17 章　小测验

判断对错

1. 劝说详尽可能性模型指出，与当我们根据外围暗示形成我们的态度时相比，在我们由于中心处理（批判性思维）形成态度时，我们就不太可能改变我们的看法。

2. 劝说性演讲的具体目标是作为一种立场表述被写出来的，这个表述清楚表明演讲者对话题的看法。

3. 如果受众强烈反对你的目标，那么，你就应该在演讲结束时，力求从“反对”向“赞成”来改变他们的态度。

4. 当受众已经略微赞成你的主张时，他们将不会从一个对持有那些信念理由的详尽说明中获益。

5. 感情用事的论据是通过攻击或赞扬某个人或某事的特征，来支持某种主张。

选择题

6. 当受众了解你的话题的基本要素，但仍然没有看法时，这是

a. 反对的态度。

b. 不了解情况的态度。

c. 无动于衷的态度。

d. 缺乏兴趣的态度。

e. 漠不关心的态度。

7. 理由是总结几个有关的根据，以及说明你为什么应该相信或做某事的主要表述。一旦你拥有了一系列理由，你就要通过提出下列问题来衡量和评价每个理由的质量，除了：

a. 理由直接与证明的主张有关吗？

b. 受众反对我的主张吗？

c. 我有支持理由的强有力的根据吗？

d. 这个理由对于这个受众有说服力吗？

e. 上述所有的问题都应该提出。

8. 当你引用一个或多个事件总是或几乎总是导致或防止一个可预言的事件或一组结果产生的根据时，你在通过____________进行说服。

a. 事例

b. 类比

c. 原因

d. 迹象

e. 推论

9. 讲话者通过表明他们理解和对受众移情来表明____________。

a. 亲和力

b. 可信度

c. 正面情感

d. 情感诉求

e. 做出反应

10. ____________模式是一种当目标要证明某事比其他事情更有价值时，被用来说服某个具有价值的主张的劝说性组织形式。

a. 理由表述

b. 问题解决

c. 相对优势

d. 标准满足

e. 动机顺序

章节小测验答案：

1.√；2.×；3.×；4.×；5.√；6.c；7.b；8.c；9.a；10.c

索　　引

（页码为原书页码，即本书边码）

A

Accent　口音　202
Acceptable goals　认同性目标　118
Accommodating　调解化解冲突　100
Acquaintance guidelines　熟人指导方针　70,70
Acquaintances　熟人　69－70
Acronyms，use of　首字母缩略词，使用　220,221
Active listening　积极倾听　80
Adaptation reaction　适应性反应　198
Ad hominem argument　感情用事的论据　240
Adjourning　终止阶段　125－126
Advising　忠告　87
Age　年龄　58
Aggressive behavior　攻击行为　98－100
Aggressors　攻击者　133
Altruism　利他主义　66
Analyzers　分析者　132
Anecdotes　趣闻　158
Anticipation reaction　预期性反应　198
Antonyms　反义词　222
Apathetic audiences　缺乏兴趣的受众　235
Appeal to action　诉诸行动　173
Arguing by analogy　通过类比进行说服　238－239
Arguing by example　通过事例进行说服　238
Arguing by sign　通过迹象进行说服　239
Arguing from causation　通过原因进行说服　239
Argument　论据　238
Articulation　发音　202
Artifacts　人工制品　48,49
　cultural/gender influences　文化或性别影响　52
　examining　剖析　156
Assertive behavior　自主行为　98－100,100
Attending　注意　79－80
Attributions　归因　26－27
Audience adaptation　受众适应　149,179－186
See also Visual aids　又见视觉教具
Audience analysis　受众分析　149－150,149,149,149
Audience predispositions　受众倾向　185,235－236,235,237
Average group opinion method　平均群体意见法　128

B

Bar graphs　直方图　188,189
Being responsive　做出反应　241
Biographical references　传记文献　155
Blockers　阻挠者　134
Blogs　博客　9
Body language　身体语言　44－46
　cultural/gender influences　文化或性别影响　50－51
Body of speech　讲话的主体　164－169
Body orientations　身体取向　46
Books　图书　154－155
Books of quotations　引用的图书　155
Brainstorming　集思广益　128,149
Bridge　过渡　114
Buffering　缓解　86

C

Chalkboards　黑板　191
Challenging goal　挑战性目标　118
Channels　信道　5－6
Charts　图表　188,188
Chat rooms　聊天室　9
Chronemics　时间学　50
　cultural/gender influences　文化或性别影响　52
Citing sources in speeches　在讲话中引用信息来源　160,160
Clarifying supportive intentions　阐明支持意图　86
Clip art　剪贴画　193

Closed questions 封闭性问题 104
Close friends 亲密朋友(挚友) 71-72
See also Intimacy in relationships 又见关系中的亲密性
Clothing 衣着 49-50
at employment interviews 就业面试 111
Co-cultures 非主流文化 56-58
Cohesiveness 凝聚力 119
Collaborating 协商化解冲突 101
Collectivist cultures 集体主义文化 59-60
Comfort/comforting others 安慰或安慰他人 85,86,86-87
cultural/gender considerations 文化或性别考虑 88-89
Common ground 共同基础 182
Communication 传播 3
Communication competence 传播能力 13
across cultures 跨文化 65-67
Communication functions 传播功能 7-8
Communication principles 传播原则 9-12
Communication process 传播过程 3-6,7
Communications settings 传播背景
See Settings 参见背景
Comparative advantages pattern 相对优势模式 244
Comparative graphs 对比图 195
Comparisons 比较 158,222
Competence 能力 13-14
in intercultural communication 跨文化传播 65-67
Compromising 妥协化解冲突 101
Computer-mediated presentations 以计算机为媒介的演示文稿 189-190
Concrete words 具体的词语 36
Conflict management 冲突管理
friendship guidelines 友谊指导方针 70
in intimate relationships 亲密的关系 100-101
Confrontation reaction 对抗性反应 198
Connotation 内涵 32-33
Conscious thought 有意识的思想 10
Consensus method 一致法 128
Consistent goal 一致性目标 118
Constructed messages 构建讯息 10
Constructive criticism 建设性批评 97-98
Content paraphrasing 内容解释 82
Contexts 语境 4
Continuous nature of communication 传播的连续性 10
Contrasts 对比 158,222
Control 可控性 10-11
Conversational style 谈话方式 204-206
Cover letters 求职信,附信 108
electronic 电子的 109,111
sample letter 求职信实例 109
Creative use of information 信息的创造性使用 218
Credibility 可信度 13,13,183
Criteria satisfaction pattern 标准满意模式 244
Critical analysis 批评性分析 84-85
Criticism 批评 97-98
Cultural context 文化语境 5
Cultural differences 文化差异
in assertiveness 自主性 99-100
linguistic problems 语言问题 185-186
in public speaking 演讲 185-186
in self-disclosure 自我披露 93
Cultural identity 文化认同 58-59,59
Cultural influences 文化影响 11
artifacts 人工制品 52
in comforting others 安慰他人 88-89
kinesics 举止神态学 50-51
on language usage 语言使用 34-35
nonverbal communication 非语言传播 50-52
physical appearance 身体外貌 52
self-concept/-esteem 自我概念或自尊 23-24
See also Cultural differences 又见文化差异
time, use of 时间,使用 52
Cultural norms and values 文化规范和价值标准 59-62
gender differences 性别差异 62
incompatible 不相容的 65
individualism versus collectivism 个人主义对集体主义 59-60
power distance 权力距离 61-62
uncertainty avoidance 不确定性规避 60-61
Culture(s) 文化 11,55
acquiring knowledge about 获得知识 66-67
co-cultures 非主流文化 56-58
communicating across 沟通,传播
See Intercultural communication 参见跨文化传播
and communication 传播 55
See also Cultural differences; Cultural influences 又见文化差异;文化影响
dominant 主流的 56
information sources from multiple perspectives 多视角的信息来源 158-159

Culture shock 文化冲击 55-56

D

Dating information 注明信息发生的时间 38,38
Decision making 决策 129
Decoding messages 解码讯息 4,28
Definition 定义 222
Demographic audience analysis 人口统计的受众分析 149
Demonstrations 演示 223
Denotation 外延 32
Describing behavior 描述行为 96
Describing feelings 描述感受 94-96,95
Description 描述 221-222
Details, use of 细节,使用 37-38
Dialectics, relational 辩证法,关系 91
Dietitian interview 营养学家访谈 105
Discrimination 歧视 26
Displaying feelings 表现感受 94
Distance 距离 47-49,48
　high power 高权力 61-62
　low power 低权力 62
Divergent thinking 发散性思维 218-219,219
Docents 大学教师 218
Dominant culture 主流文化 56
Drawings 作图 187-188,187

E

Ectomorphs 瘦型体质者 49
Egocentricity 自我中心 66
Elaboration Likelihood Model (ELM) 劝说详尽可能性模型 233-234
Electronically mediated communication settings 电子媒介传播背景 8-9
Electronic cover letters 电子求职信 109,111
Electronic résumés 电子简历 109,111
E-mail 电子邮件 8,9
Emblems 象征性手势 45
Emoticons 情感图标 45
Emotional appeals 情感诉求 240-243
Emotional state 情绪状态 26-27
Emotional support 情感支持
　friendship guidelines 友谊指导方针 70-71
　responding supportively 支持反应 85-88,86
Emotions/feelings 情绪或感受
　describing feelings 描述感受 94-96,95
　displaying feelings 表现感受 94
　masking feelings 掩饰感受 94
　vocabulary of 词汇量 95
Empathic responsiveness 移情反应 80
Empathy 移情 80-81
　Intercultural 跨文化的 67
Emphasis 侧重点 37,204
　in informative speeches 解说性演讲 219-221
Employment interviews 就业面试 107
　behavior during 举止行为 112
　clothing at 衣着 111
　conducting 实施 107-108,108
　following up 后续 112
　frequently asked questions 经常提出的问题 11
　getting the interview 获得面试机会 108-111
　preparation by interviewee 面试对象准备 111-112
　preparation by interviewer 面试者准备 107
　rehearsing the interview 排练面试 111
Encoding messages 编码讯息 4,28
Encouragers 鼓励者 133
Endomorphs 胖型体质者 49
Enigma machines 密码机 4
Enthusiasm 积极性 204
Ethical implications 道德含义 11-12
Ethics 道德规范 11
Ethnicity 种族划分 57
Ethnocentrism 民族优越感 64
Examples, use of 事例,使用 37-38,157
Expectation(s) 预期 18
　sensory test of 感官测试 18
Experimenting 实验 156
Expertise 专门知识 183-184
Expert opinion method 专家意见法 128
Expert opinions 专家意见 157-158
Experts 专家 158
Expository speeches 解说性讲话 224-225
　sample speech (and analysis) 讲话实例(和分析) 227-231
　topics for 话题 225-226,225,226
Extemporaneous speeches 脱稿讲话 207
Eye contact 目光接触 45,205
　cultural/gender influences 文化或性别影响 50-51

F

Face-to-face meetings 面对面会议 122

Facial expressions 面部表情 45,51,203
cultural/gender influences 文化或性别影响 51
Factual statements 事实性表述 84,157
Fairness 公平 12
Fallacies of reasoning 推论的谬误 239-240
False cause 虚假原因 239-240
Feedback 反馈 6,72
in intimate relationships 亲密的关系 96-98
Feelings 感受
See Emotions/feelings 参见情绪或感受
Feelings paraphrase 感受解释 82-83
Feminine cultures 女性文化 62
Feminine styles of language 女性语言风格 34-35
Femininity 女性化
See Gender 参见性别
Film 电影 187
Filtering messages 过滤讯息 22
First impressions 最初印象 24-25
Flexibility 灵活性 67
Flip charts 活动挂图 190-191,190,190-191
Flow charts 流程图表 188
Fluency 流畅性 205
Focus groups 焦点小组 106
Follow-up questions 补充性问题 104
Forcing 强行化解冲突 101
Formal leaders 正式领导者 137
Forming 形成阶段 124
Friends 朋友 70-71
close friends 亲密朋友 71-72
See also Intimacy in relationships 又见关系中的亲密性
Friendship guidelines 友谊指导方针 70-71
Functional leadership 职能型领导力 136-137
Functions of communication 传播的功能 7-8

G

Gatekeepers 守门人 132-133
Gays 男性同性恋者 57
Gaze 凝视
See Eye contact 参见目光接触
Gender 性别 56
Gender differences 性别差异
cultural norms and values 文化规范和价值标准 62
in leadership 领导力 138
in self-disclosure 自我披露 93
Gender influences 性别影响
artifacts 人工制品 52
in comforting others 安慰他人 88-89
kinesics 举止神态学 50-51
on language usage 语言使用 34-35
nonverbal communication 非语言传播 50-52
physical appearance 身体外貌
time, use of 时间,使用 52
Generalizations indexing of 标识归纳 38-39
General speech goal 总体讲话目标 152
Generic language 通用性语言 40-41
Gestures 手势 44,203
cultural/gender influence 文化或性别影响 51,51
Giving advice 给出忠告 87
Good relationships 良好关系 69
Goodwill 亲和力 240-241,241
Government documents 政府文件 155
Graphs 图示 188-189,188,189,188
Grooming 打扮 49-50
Ground rules 基本原则 120-121
Group effectiveness rating sheet 群体有效性评价表 143-145
Group goals 群体目标 117-118
Group meetings 群体会议
face-to-face meetings 面对面会议 122
following-up after 后续会议 136,140-141
leading 最主要的 138-141
members' responsibilities 成员的职责 134-136
participating in 参与 135
preparing for 准备 134-135
seating arrangements 座位排列 122,122
virtual meetings 虚拟会议 122-123
Groups/work groups 群体或工作群体
adjourning 终止阶段 125-126
cohesiveness of 凝聚力 119-120
developmental stages 发展阶段 123-126
diversity in membership 成员的多样性 118-119
effective groups 有效群体
characteristics of 特征 117-124
evaluating effectiveness of 评价有效性 141-142,143-145
forming 形成阶段 124
goals of 目标 117-118
leaders and leadership 领导者和领导力 136-138,142,141
maintenance roles in 维护角色 132-133

meetings　会议
See Group meetings　参见群体会议
members'roles　成员的角色　131-136,141-142
norming　规范阶段　125
performing　运行阶段　125
problem-solving in　问题解决　126-129
productive norms　富有成效的行为规范　120-121
self-centered roles in　自我中心角色　133-134
storming　锤炼阶段　124-125
synergy in　协同作用　121-122
task-related roles in　任务相关角色　131-132
Groupthink　群体思维　124-125
Gutenberg's printing press　谷登堡的印刷机　157

H

Halo effect　光环效应　25
Handouts　分发的讲稿　191
Haptics　触觉学　46
cultural/gender influences　文化或性别影响　51
Harmonizers　和谐的协调者　133
Hasty generalizations　草率概括　239
Heterogeneous group　异质群体　118-119
High-context cultures　高语境文化　34
High power distance　高权力距离　61-62
High uncertainty-avoidance cultures　高不确定性规避文化　61
Historical context　历史语境　5
Homogeneous group　同质群体　118
Homosexuality　同性恋　57
Humor, use of　幽默,使用　220

I

Illustrators　说明性手势　44-45
Immediacy　直接性　10
Immigration　移民　57
Impartial audiences　无动于衷的受众　235
Implicit personality theories　内隐人格理论　25
Impromptu speeches　即席讲话　206
Incentives　动机　241-243
Incompatible communication codes　不相容的传播代码　64-65
Incongruence　不一致　22
Indexing generalizations　标识归纳　38-39
Individualistic cultures　个人主义文化　59-60
Inferences　推断　84
Influencing others　影响他人　7-8
Informal leaders　非正式领导者　137
Information dating　信息发生时间注明　38,38
Information exchange　信息交流　7
Information givers　信息的给予者　132
Information seekers　信息的寻求者　132
Information sources　信息来源　154
biographical references　传记文献　155
books　图书　154-155
books of quotations　引用语的图书　155
from cultural perspectives　文化视角　158-159
elaborations of　详尽说明　158
evaluation of　评价　156
expert opinions　专家意见　157-158
factual statements　事实性表述　157
government documents　政府文件　155
Internet-based resources　基于互联网的资源　155-156
listing the sources　列出资料来源　174
newspapers　报纸　155
note cards　记录卡片　159-160,159
periodical articles　期刊文章　155
personal knowledge, experience, and observation　个人知识、经验和观察　154
recording information　记录信息　159-160
relevant information　相关信息　157-160
statistical sources　统计资料来源　155
Informative interviews　信息访谈　105-106,105,106
Informative speaking　解说性演讲　217
comparison and contrast, use of　比较和对比,使用　222
creativity in 创新性　218-219
definition, use of　定义,使用　222
demonstrations, use of　演示,使用　223
description, use of　描述,使用　221-222
effective speeches characteristics of　有效讲话特征　217-221
emphasis in　侧重点　219-221
expository speeches　说明性演讲　224-231
goals　目标　153
intellectual stimulation　智力激励　217-218
narration, use of　叙述,使用　222-223
process speeches 过程性演讲　223-224,224
types of　种类　223-226
Initial audience attitudes　最初受众态度
See Audience predispositions　受众倾向
Initiators　发起者　131

Instant messaging (IM) 即时讯息(IM) 9
Integrity 正直 11-12
Intellectually stimulating speeches 智力激励的演讲 217-218
Intentional nonverbal communication 有意图的非语言传播 44
Intercultural communication 跨文化传播 56-57
adopting correct attitudes 采取正确的态度 65-66
anxiety in 焦虑 63
assuming difference or similarity 假设差异性或相似性 63
barriers to 障碍 62-67
competence in 能力 65-67
ethnocentrism and 民族优越感 64
improving skills in 提高技能 67
incompatible communication code 不相容的传播代码 64-65
incompatible norms and values 不相容的规范和价值标准 65
prejudice in 成见 64,64
Intercultural empathy 跨文化移情 67
Internal noise 内部噪音 6
Internet-based resources 基于互联网的资源 155-156
Internet course committee agenda 互联网课程委员会的会议议程 139
Interpersonal communication settings 人际传播背景 8
Interpersonal conflict 人际冲突 100
Interpret 解释 19
Interview protocol 访谈方案 105
Interviews/interviewing 面试或采访 103,156
employment interviews 就业面试
See Employment interviews 参见就业面试
informative interviews 咨询采访 105-106,105,106
media interviews 媒体采访 113-114
questions used during 使用的问题 103-104,111
Intimacy in relationships 关系中的亲密性 91
assertiveness and 自主性 98-100
conflict management 冲突管理 100-101
disclosing feelings 披露感受 94-96
feedback 反馈 96-98
managing privacy 管理隐私 93
self-disclosure 自我披露 91-93
Intimate distance 亲密距离 48
Intonation 声调 47

J
Jargon 行话 39,40
Job interviews 工作面试
See Employment interviews 参见就业面试
Johari window 约哈里窗口 72,72-73,73
John Paul Ⅱ, Pope 约翰·保罗二世,教皇 184
Jokers 爱讲笑话的人 133

K
Kinesics 举止神态学 44-46
cultural/gender influences 文化或性别影响 50-51
Knowledge 知识 13
Knowledge and expertise 知识和专长 183-184

L
Landmarks 界标 170,170
Language 语言 31
See also Words 又见词语
choosing specific language 选择特定语言 36-37
cultural influences 文化影响 34-35
feminine styles of 女性风格 34-35
gender influences 性别影响 34-35
generic 通用性的 40-41
improving skills 提高技能 35-39
masculine styles of 男性风格 35
and meaning 意义 32-34
nature of 性质 31-32
nonparallel 非平行的 41
overcoming linguistic problems 克服语言问题 185-186
paralanguage 副语言 46,51
shared 分享的 28
uses of 使用 33
Leadership 领导力 136-141
Leadership traits 领导力特质 136
Leading questions 引导性问题 104
Learned, communication as 学习的,传播 12,12
Lesbians 女性同性恋者 57
Line graphs 曲线图 189,189
Linguistic sensitivity 语言的敏感性 40-41
Listening 倾听 79
attending 注意 79-80,88
evaluating 评价 84-85,88
remembering 记忆 83-84,88
responding supportive 支持反应 85-88,88

understanding　理解　80-83,88
Listervs　邮件列表管理器　9
Logical reasons order　逻辑原因顺序　167-166
Low-context cultures　低语境文化　34
Low power distance　低权力距离　62
Low uncertainty-avoidance cultures　低不确定性规避文化　60

M

Main points　主要论点　164
Maintaining a relationship　保持关系　75-76
Maintenance roles　维护角色　132-133
Majority rule method　多数原则法　128
Managing privacy　管理隐私　93
Maps　地图　188,188
Marking　标记　41
Martin Luther King, Jr.　马丁·路德·金,小　137
Masculine cultures　男性文化　62
Masculine styles of language　男性语言风格　35
Masculinity　男性化
See Gender　参见性别
Masking feelings　掩饰感受　94
Maslow's Hierarchy of Needs　马斯洛的需求层次理论　242
Meaning　意义　4
language and　语言　32-34
Media interviews　媒体采访　113-114
Men　男性
See Gender　参见性别
Mercury Space Project　水星空间计划　123
Mesomorphs　运动型体格　49
Messages　讯息　4
constructed　构建的　10
context of　语境　27-28
decoding　解码　4,28
encoding　编码　4,28
filtering　过滤　22
nonverbal　非语言的
See Nonverbal messages　参见非语言讯息
perception of　知觉　27-29
persuasive　劝说性的　233-234
scripted　照搬的　10
supportive　支持的　85
Metaphors　暗喻　37
Mnemonic devices　助记手段,记忆方法　83
informative speeches, use in　解说性演讲,使用　220-221
Model of communication process　传播过程的模式　6,7
Models　模型　187
Monochronic time orientation　一次性时间取向　50
Monotone voice　单调的噪音　204
Moral dilemma　道德困境　11
Motivated sequence pattern　动机顺序模式　245
Motivation　动机　13,242
Mourners, professional　哀悼者,专业人士　81
Movement　动作　203
Multichanneled nonverbal communication　多信道非语言传播　44

N

Narration　叙述　222-223
Narratives　叙述　158
Negative face needs　被动面子需求　87
Neutral questions　中立问题　104
News interviews　新闻采访　113-114
Newspapers　报纸　155
Noise　噪音　6
Nonparallel language　非平行性语言　41
Nonverbal communication　非语言传播　43
characteristics of　特征　43-44
cultural/gender influences　文化或性别影响　50-52
improving　提高　52-53
self-presentation cues　自我表现暗示　49-50
sources of　来源　44-49
Nonverbal communication behaviors　非语言传播行为　43
Nonverbal messages　非语言讯息
interpreting　解释　52-53
sending　发送　53
Norming　规范阶段　125
Norms　行为规范　120
See also Cultural norms and values　又见文化规范和价值标准
group norms　群体的行为规范　120,120-121
Note taking　做笔记,做记录
on note cards　记录卡片　159-160,159
to remember　记忆　83,83-84,84

O

Objects　物体　187
Object visual aids　物体视觉教具　187

Online games 在线游戏 9,9
Open questions 开放性问题 103-104
Opinion givers 意见的给予者 132
Opinion seekers 意见的寻求者 132
Organizational chart 组织结构图 188
Organizing a speech 组织讲话 163-164
Orienters 导向者 132
Other-centered messages 以他人为中心的讯息 87
Outlining speeches 概括讲话 165-169,166,176
review of outline 提纲的审视 174-175
Overhead transparencies 投影胶片 190

P

Paralanguage 副语言 46
cultural/gender influences 文化或性别影响 51
Parallel wording 平行的措辞 166
Paraphrasing 解释 82-83
Participants 参与者 4
Passive behavior 消极行为 98-100
Pattern 模式 19
Perception 知觉 17
of messages 讯息 27-29
of others 他人 24-27
process 过程 17-19
of self 自我
See Self-concept; Self-esteem 参见自我概念;自尊
Perception checking 知觉核实 28-29
nonverbal messages interpretation of 非语言讯息解释 52-53
Performing 运行阶段 125
Periodical articles 期刊文章 155
Periodicals 期刊 155
Personableness 优雅性 184
Personal distance 个人距离 48
Personalizing information 人格化信息 181-182
Personal pronouns, use of 人称代词,使用 182-183
Personal space 个人空间 47-48,48
Perspective taking 观点采择 81
Persuasive messages 劝说性讯息 233-234
Persuasive speaking 劝说性演讲 233
arguing by analogy 通过类比进行说服 238-239
arguing by example 通过事例进行说服 238
arguing by sign 通过迹象说进行说服 239
arguing from causation 通过原因进行说服 239
audience predispositions 受众倾向 235-236,235,237
comparative-advantages pattern 相对优势模式 244
criteria-satisfaction pattern 标准满意模式 244
emotional appeals 情感诉求 240-243
fallacies of reasoning 推论的谬误 239-240
goals/propositions 目标或主张 153,234-240
motivated-sequence pattern 动机顺序模式 245
organizational patterns 组织模式 243-246,245
problem-solution pattern 问题解决模式 245
processing information in 处理信息 233-234
sample speech (and analysis) 讲话(与分析)实例 246-250
statement-of-reasons pattern 理由表述模式 244
Photographs 照片 187
Physical appearance 身体外貌 24-25,25,49
cultural/gender influences 文化或性别影响 52
Physical context 自然语境 5
Physical noise 自然噪音 6
Physical space 自然空间 48,48-49
Pictures 图片 193
Pie graphs 饼状图 189,190
Pitch 音调 46,201
Plagiarism 剽窃行为 158
Platonic relationship 柏拉图式关系 71
Plato's Dialogues 柏拉图的对话 104
Polychronic time orientation 多次性时间取向 50
Pope, John Paul Ⅱ 教皇,约翰·保罗二世 184
Positive face needs 主动面子需求 86-87
Poster boards 招贴纸板 191
Posture 姿势,手势 45-46,203
Power distance 权力距离 61-62
Praise/praising 表扬或赞扬 96-97
Precise words 准确的词语 36
Prejudice 成见 26
in intercultural communication 跨文化传播 64,64
stereotypes 刻板印象
See Stereotypes 参见刻板印象
Presentations 演示文稿 189-190
Primary questions 主要问题 104
Primary research 直接研究 156
Principles of communication 传播的原则 9-12
Privacy 隐私 93
Problem solution pattern 问题解决模式 245
Problem-solving 问题解决
decision making in 决策 128
in groups 群体 8,126-129

Process of communication 传播的过程 3-6,7
Process speeches 过程性演讲 223-224,224
Pronunciation 读音 202
Propositions 主张 234,234-235
Proxemics 空间关系学 47-49
See also Distance 又见距离
Proximity 接近性 180
Psychological context 心理语境 5
Psychological noise 心理噪音 6
Public distance 公共距离 48
Public speaking 演讲 147
attention gaining methods 注意获得方法 170,171-172
audience adaptation 受众适应 179-186
See also Visual aids 又见视觉教具
audience analysis 受众分析 149-150,149
audience predispositions 受众倾向 185 235-236,235,237
body of speech 讲话的主体 164-169
citing sources in speeches 在讲话中引用资料来源 160,160
conclusion 结论 172-173
credibility establishment of 可信度的建立 183-184,184
cultural differences in 文化差异 185-186
goal(s) 目标 152-154,153
information sources 信息来源 154-160
See also Information sources 又见信息来源
informative speeches 解说性演讲
See Informative speaking 参见解说性演讲
introduction 导语 170-172
main points 主要论点 164-168
organizational pattern 组织模式 167-168,167
organizing the speech 组织讲话 163-176
outline review 提纲的审视 174-175
outlining the speech 概括讲话 165-169,166,176
persuasive speeches 劝说性演讲
See Persuasive speaking 参见劝说性演讲
section transitions 部分过渡 169
settings 背景 8,151-152,151
skills training 技能培养 200
student subject lists 学生主题表 148
supporting material 支持素材 168-169
thesis statement 论题表述 165
topic identification 话题识别 148-149
topic selection 话题选择 152
visual aids 视觉教具
See Visual aids 参见视觉教具
Purpose of communication 传播的目的 9-10

Q

Quality of voice 音质 47,202
Questions of fact 事实性问题 127
Questions of policy 政策性问题 127
Questions of value 价值性问题 127
Questions/questioning 问题或提问 81-82,82
demographic audience analysis 人口统计学上的受众分析 149
during interviews 访谈 103-104
during job interviews 工作面试 111
rhetorical 反问的 171,183
sample survey questions 调查问题实例 150
types of questions 问题的种类 103-104
Quotations, books of 引用语,图书 155

R

Race 种族 56-57
Rapport-talk 关系式谈话 93
Rate of speech 讲话的语速 46-47,201
Reasons supporting arguments 理由支持论据 236-240
Recording information 记录信息 159-160
Reframing 重构 87
Rehearsing for job interviews 为工作面试排练 111
Rehearsing speeches 排练讲话 207-208
Relational dialectics 关系辩证法 91
Relational nature of communication 传播的关系性质 10-11
Relationships 关系 69
beginning and developing 开始和发展 74-75
de-escalating and ending 降低和结束 76-77,77
developing 发展 7
disclosure and feedback ratios in 披露和反馈率 72-73
intimacy in 亲密性
See Intimacy in relationships 参见关系中的亲密性
maintaining 保持 75-76
types of 种类 69-72
Relevance 相关性 179-180
Religion 宗教 57-58
Remembering 记忆 83
Repeating information 重复信息 83

in informative speeches 解说性讲话 219
Report-talk 报道式谈话 93
Research 研究
See also Information sources 又见信息来源
primary 直接的 156
secondary 间接的 154 - 156
Respect 尊重 12
Responsibility 责任 12
Résumés 简历 108 - 109
electronic 电子的 109,111
sample résumé 简历实例 110
Retaining information 保持信息 83 - 84
Rhetorical questions 反问 171,183
Roles 角色 21,131
maintenance 维护 132 - 133
self-centered 自我中心的 133 - 134
task-related 任务相关的 131
Romantic 浪漫的 71

S

Sapir-Whorf hypothesis 萨丕尔-沃尔夫假设 32
Scripted messages 照搬讯息 10
Scripted speeches 照稿讲话 206 - 207
Secondary questions 次要问题 104
Secondary research 间接研究 154 - 156
Self 自我
developing and maintaining 发展和保持 7
perception of 知觉
See Self-concept; Self-esteem 参见自我概念;自尊
Self-centered roles 自我中心角色 133 - 134
Self-concept 自我概念 19
accuracy of 准确性 21 - 23
changing 改变 22 - 23
and communication 传播 23
cultural influences 文化影响 23 - 24
forming and maintaining 形成和保持 19 - 20
Self-disclosure 自我披露 72 - 73
friendship guidelines 友谊指导方针 70
in intimate relationships 亲密关系 91 - 93
Self-esteem 自尊 19
accuracy of 准确性 21 - 23
changing 改变 22 - 23
and communication 传播 23
cultural influences 文化影响 23 - 24
developing and maintaining 发展和保持 20 - 21
Self-fulfilling prophecies 自我实现预言 22
Self-monitoring 自我监控 21
Self-perception 自我知觉 19 - 20
Self-presentation cues 自我表现暗示 49 - 50
Self-talk 自我交谈 23
Semantic noise 语义噪音 6
Sequential order 连续顺序 167
Settings 背景 8 - 9,151 - 152
for public speaking 演讲 151 - 152,151
Sexual orientation 性取向 57
Shared language 分享的语言 28
Similes 明喻 37
Sistine Chapel, description of 西斯廷教堂,描述 221
Situational leadership 情境型领导力 136
Skills 技能 13
improving 提高 13,14,14,35 - 39,67,200
Slang 俚语 39 - 40
Slides 幻灯片 187
Smart boards 交互式电子白板 191
Social class 社会阶层 58
Social construction of self 自我的社会构建 21
Social context 社会语境 5
Social distance 社交距离 48
Social ease 社交风度 13 - 14
Social needs 社会需求 7
Social perceptions 社会知觉 24 - 27
Space 空间 47 - 49
See also Distance; Proxemics 又见距离;空间关系学
Speaking appropriately 适当地讲话 39 - 41
Speaking/speeches 演讲或讲话
See generally Public speaking 参见一般演讲
information sources 信息来源 154 - 160
informative speeches 解说性演讲
See Informative speaking 参见解说性演讲
persuasive speeches 劝说性演讲
See Persuasive speaking 参见劝说性演讲
visual aids 视觉教具
See Visual aids 参见视觉教具
Specific goal 具体目标 117 - 118
Specific speech goal 具体讲话目标 153
Specific words 具体的词语 36 - 37
Speech communities 语言集团 31 - 32
Speech notes 讲话笔记 208
Speech outline 讲话提纲 165,169,174 - 175,176
Speech source cites 讲话资料来源引用 160,160

Spontaneity 自发性 204-205
Spontaneous expressions 自发表达 10
Statement of reasons 理由的表述 244
Statistical sources 统计资料来源 155
Statistics 统计数据 157
Stereotypes 刻板印象 25-26,27,64,64
Stimuli 刺激
attention and selection 注意和选择 17-18
interpretation of 解释 19
organization of 组织 18-19
Storming 锤炼阶段 124-125
Subject 主题 148
Subjects for speeches 讲话主题 148-149,148,152
expository speeches 解说性演讲 225-226,225,226
Supportive messages 支持讯息 85
Surveys/surveying 调查或进行调查 150,156
sample survey questions 调查问题实例 150
Symbols 符号 4
Sympathetic responsiveness 同情反应 81
Sympathy 同情 81
Synergy 协同作用 121-122
Synonyms 同义词 222

T

Talking points 论据 113-114
Task-related roles 任务相关角色 131
Team-building activities 团队创建活动 119
Television interviews 电视采访 113-114
Text messaging 文本讯息 9
Thesis statement 论题表述 165
Time, use of 时间,使用 50
cultural/gender influences 文化或性别影响 52
Timely information 及时性信息 180
Time order 时间顺序 167
Topic 话题 148
Topic order 话题顺序 167
Topics for speeches 讲话的话题 148-149,148,152
expository speeches 说明性演讲 225-226,225,226
Touching behavior 触摸行为 46
cultural/gender influences 文化或性别影响 51
Transformational leadership 变革型领导力 137
Transitions 过渡 169
in informative speeches 解说性演讲 219-220
speech section transitions 讲话部分过渡 169
Trust 信任 71
Trustworthiness 可信性 184
Truthfulness and honesty 真实和诚实 11
TV interviews 电视采访 113-114

U

Unanimous decision method 一致决定法 128
Uncertainty avoidance 不确定性规避 60-61
Uncertainty reduction 不确定性降低 24
Understanding 理解 80-83
Uninformed audiences 不了解情况的受众 235
Unintentional nonverbal communication 无意图的非语言传播 44

V

Video clips 视频剪辑 187
Virtual meetings 虚拟会议 122-123
Visual aids 视觉教具 186,186
choosing 选择 191-192,192
cluttered-and-cumbersome sample 混乱而笨拙的实例 195
color, use of 颜色,使用 194-195
designing 设计 192-195
displaying 表现 189-191
in informative speeches 解说性演讲 219
items to include 要包括的条目 193
layout 排版 193
simple-but-effective sample 简单而有效的实例 195
typeface formatting 字体格式 193,194
types of 种类 186-191
Visualization 心像 199
Vivid wording 生动的措辞 37
Vocabulary 词汇量
See Words/word usage 参见词语或词语用法
Vocal expressiveness 嗓音表现力 204
Vocalics 音性学 46-47
Vocalized pauses 嗓音停顿 47
Volume of speech 讲话的音量 46,201

W

Weblogs 网络日志 9
1980 Winter Olympics U. S. ice hockey team 1980 年冬季奥运会美国冰球队 121
Withdrawers 撤出者 133-134
Withdrawing 回避化解冲突 100
Wittgenstein, Ludwig 维特根斯坦,路德维希 32

Women 女性

See Gender 参见性别

Word chart 文字图表 188

Words/word usage 词语或词语用法 31

choice of words 词语的选择 39

choosing specific word 选择特定的词语 36-37

concrete words 具体的词语 36

connotation 内涵 32-33

cultural influences 文化影响 34-35

denotation 外延 32

emotions/feelings 情绪或感受 95

jargon 行话 39,40

parallel wording 平行性措辞 166

personal pronouns 人称代词 182-183

precise words 准确的词语 36

slang 俚语 39-40

specific words 具体的词语 36-37

vivid wording 生动性措辞 37

Work groups 工作群体 117

See also Groups/work groups 又见群体或工作群体

参考文献

Affifi, W. A., & Guerrero, L. K. (2000). Motivations underlying topic avoidance in close relationships. In S. Petronio (Ed.), *Balancing the secrets of private disclosures* (pp. 165-180). Mahwah, NJ: Erlbaum.

Anderson, J. (1988). Communication competency in the small group. In R. Cathcart & L. Samovar (Eds.), *Small group communication: A reader.* Dubuque, IA: Wm. Brown.

Andersen, P. A., Hecht, M. L., Hoobler, G. D., & Smallwood, M. (2003). Nonverbal communication across cultures. In W. B. Gudykunst (Ed.), *Cross-cultural and intercultural communication.* Thousand Oaks, CA: Sage.

Aron, A., Aron, E. N., Tudor, M., & Nelson, G. (2004). Close relationships as including other in the self. In H. T. Reis & C. E. Rusbult (Eds.), *Close relationships* (pp. 365-379). New York: Psychology Press.

Aronson, E. (1999). *The social animal.* New York: Worth.

Axtell, R. E. (1991). *Gestures: The do s and taboos of body language around the world* (rev. ed.). New York: Wiley.

Ayres, J. (1991, June-December). Using visual aids to reduce speech anxiety. *Communication Research Reports,* 73-79.

Ayres, J., & Hopf, T. S. (1990, January). The long-term effect of visualization in the classroom: A brief research report. *Communication Education, 39,* 75-78.

Ayres, J., Hopf, T. S., & Ayres, D. M. (1994, July). An examination of whether imaging ability enhances the effectiveness of an intervention designed to reduce speech anxiety. *Communication Education, 43,* 252-258.

Baerwald, D. Narrative. Northshore School District, http://ccweb.norshore.wednet.edu/writingcorner/narrative.html.

Baker, D. C. (1990). A qualitative and quantitative analysis of verbal style and the elimination of potential leaders in small groups. *Small Group Research,* 38, 13-26.

Bales, R. F. (1971). *Personality and interpersonal behavior.* New York: Holt, Rinehart & Winston.

Balgopal, P. R., Ephross, P. H., & Vassil, T. V. (1986). Self help groups and professional helpers. *Small Group Research, 17,* 123-137.

Barge, J. K. (1994). *Leadership: Communication skills for organizations and groups.* New York: St. Martin's.

Baron, R. A., Bryne, D., & Brascombe, N. R. (2006). *Social psychology* (11th ed.). Boston: Allyn & Bacon.

Bass, B. M. (1981). Traits of leadership: A follow-up to 1970. In R. M. Stogdill (Ed.), *Handbook of Leadership* (pp. 73-96). New York: Free Press.

Baxter, L. (1982). Strategies for ending relationships: Two studies. *Western Journal of Speech Communication, 46,* 223-241.

Beebe, M. B., Anthony, T., Salas, E., & Driskell, J. E. (1994). Group cohesiveness and quality of decision making. *Small Group Research, 25,* 189-204.

Behnke, R. R., & Carlile, L. W. (1971). Heart rate as an index of speech anxiety. *Speech Monographs, 38,* 66.

Berger, C. R., & Brada, J. J. (1982). *Language and social knowledge: Uncertainty in interpersonal relations.* London: Arnold.

Bommelje, R., Houston, J. M., & Smither, R. (2003). Personaltity characteristics of effective listeners: A five factor perspective. *International Journal of Listening, 17,* 32-46.

Bonito, J. (2000). The effect of contributing substantively on perceptions of participation. *Small Group Research, 31,* 528-553.

Bonvillain, N. (2003). *Language, culture and communication: The meaning of messages.* (4th ed.). Upper Saddle River, NJ: Prentice-Hall.

Boon, S. D. (1994). Dispelling doubt and uncertainty: Trust in romantic relationships. In S. Duck (Ed.), *Dynamics of Relationships* (pp. 86-111). Thousand Oaks, CA: Sage.

Bormann, E. (1990). *Small group communication: Theory and practice.* New York: Harper & Row.

Bostrom, R. (1970). Patterns of communicative interaction in small groups. *Speech Monographs, 37,* 257-263.

Boyd, A. (1999). *How to handle media interviews.* London: Mercury.

Brownell, J. (2002). *Listening: Attitudes, principles, and skills* (2nd ed.). Boston: Allyn & Bacon.

Burgoon, J. K., & Bacue, A. E. (2003). Nonverbal communication skills. In J. O. Greene & B. R. Burleson (Eds.), *Handbook of communication and social interaction skills* (pp. 179-220). Mahwah, NJ: Erlbaum.

Burgoon, J. K., Coker, D. A., & Coker, R. A. (1986). Communicative effects of gaze behavior: A test of two contrasting explanations. *Human Communication Research, 12,* 495-524.

Burgoon, J. K., & Hoobler, G. D. (2002). Nonverbal signals. In M. L. Knapp & J. A. Daly (Eds.), *Handbook of interpersonal communication* (3rd ed., pp. 240-299). Thousand Oaks, CA: Sage.

Burke, K. (1968). *Language as symbolic action.* Berkeley: University of California Press.

Burleson, B. R. (2003). Emotional support skills. In J. O. Green & B. R. Burleson (Eds.), *Handbook of communication and social interaction skills* (pp. 551-594). Mahwah, NJ: Erlbaum.

Burleson, B. R., & Goldsmith, D. J. (1998). How the comforting process works: Alleviating emotional distress through conversationally induced reappraisals. In P. A. Andersen & L. K. Guerrero (Eds.), *Handbook of communication and emotion: Research, theory, applications, and contexts* (pp. 248-280). San Diego, CA: Academic Press.

Carlo-Casellas, I. R. (January 14, 2002). Marketing to US Hispanic Population Requires Analysis of Cultures, p. 9.

Cegala, D. J., & Sillars, A. L. (1989). Further examination of nonverbal manifestations of interaction involvement. *Communication Reports, 2,* 45.

Chen, G. M., & Starosta, W. J. (1998). *Foundations of intercultural communication.* Boston: Allyn & Bacon.

Chuang, R. (2004). An examination of Taoist and Buddhist perspectives on interpersonal conflict, emotions and adversities. In F. E. Jandt (Ed.), *Intercultural communication: A global reader* (pp. 38-50). Thousand Oaks, CA: Sage.

Claes, M. T. (2002). Women, men and management styles. In P. J. Dubeck & D. Dunn (Eds.), *Workplace/women's place: An anthology* (2nd ed., pp. 121-125). Los Angeles: Roxbury.

Clevenger, T., Jr. (1959, April). A synthesis of experimental research in stage fright. *Quarterly Journal of Speech, 45*, 134-145.

Criscito, P. (2000). *Résumés in cyberspace* (2nd ed.). Hauppauge, NY: Barron's Educational Series, Inc.

Cupach, W. R., & Metts, S. (1986). Accounts of relational disclosure: A comparison of marital and non-marital relationships. *Communication Monographs, 53,* 319-321.

Dahl, S. (2004). Intercultural research: The current state of knowledge. Middlesex University Discussion Paper no. 26. Available at SSRN, http://SSRN.com/abstrate=658202.

Darling, A. L., & Dannels, D. P. (2003, January). Practicing engineers talk about the importance of talk: A report on the role of oral communication in the workplace. *Communication Education, 52,* 1-16.

Deavenport, E. W. (1995, July 15). Walking the high wire: Balancing stakeholder interests. *Vital Speeches of the Day,* 595-597.

Demo, D. H. (1987). Family relations and the self-esteem of adolescents and their parents. *Journal of Marriage and the Family, 49,* 705-715.

Dennis, A. R. (1996). Information exchange and use in small group decision making. *Small Group Research, 27,* 532-550.

Derlega, V. J., Metts, S., Petronio, S., & Margulis, S. T. (1993). *Self-disclosure.* Newbury Park, CA: Sage.

Dikel, M. Prepare your resume for e-mailing or posting on the Internet. The Internet-ready resume. Retrieved 9/06/2006 from http://www.rileyguide.com/eresume.html.

Dindia, K., Fitzpatrick, M. A., & Kenny, D. A. (1997). Self-disclosure in spouse and stranger interaction: A social relations analysis. *Human Communication Research, 23,* 388-412.

Dindia, K., & Timmerman, L. (2003). Accomplishing romantic relationships. In J. O. Greene & B. R. Burleson (Eds.), *Handbook of communication and social interaction* (pp. 685-722). Mahwah, NJ: Erlbaum.

Donoghue, P. J., & Seigel, M. E. (2005). *Are you really listening?: Keys to successful communication.* Notre Dame, IN: Sorin Books.

Downey, G., Freitas, A. L., Michaelis, B., & Khouri, H. (2004). The self-fulfilling prophecy in close relationships: Rejection sensitivity and rejection by romantic partners. In H. T. Reis & C. E. Rusbult (Eds.), *Close relationships* (pp. 153-174). New York: Psychology Press.

Duck, S. (1987). How to lose friends without influencing people. In M. E. Roloff & G. R. Miller (Eds.), *Interpersonal processes: New directions in communication research.* Beverly Hills, CA: Sage.

Duck, S. (1999). *Relating to others.* Philadelphia: Open University Press.

Dunkel, P., & Pialorsi, F. (2005). *Advanced listening comprehension: Developing aural and notetaking skills.* Boston: Thomson Heinle.

Durst, G. M. (1989, March 1). The manager as a developer. *Vital Speeches of the Day,* 309-314.

Dwyer, K. K. (2000, January). The multidimensional model: Teaching students to self-manage high communication apprehension by self-selecting treatments. *Communication Education, 49,* 79.

Ekman, P. (1999). Facial expressions. In T. Dalgleish & M. Power (Eds.), *Handbook of cognition and emotions* (pp. 301-320). New York: John Wiley & Sons Ltd.

Ellis, K. (1995, January). Apprehension, self-perceived competency, and teacher immediacy in the laboratory-supported public speaking course: Trends and relationships. *Communication Education, 44*, 64-78.

Encyclopedia.com. (2002). [Online]. Available: www.encyclopedia.com

Estes, W. K. (1989). Learning theory. In A. Lesgold & R. Glaser (Eds.), *Foundations for a psychology of education* (pp. 1-49). Hillsdale, NJ: Erlbaum.

Evans, C., & Dion, K. (1991). Group cohesion and performance: A meta-analysis. *Small Group Research, 22,* 175-186.

Forgas, J. P. (1991). Affect and person perception. In J. P. Forgas (Ed.), *Emotion and social judgments* (pp. 387-406). New York: Pergamon Press.

Forgas, J. P. (2000). Feelings and thinking: Summary and integration. In J. P. Forgas (Ed.), *Feeling and thinking: The role of affect in social cognition* (pp. 387-406). New York: Cambridge University Press.

Gilbert, D., & Kahl, J. A. (1982). *The American class structure: A new synthesis.* Homewood, IL: Dorsey.

Gmelch, S. B. (1998). *Gender on campus: Issues for college women.* New Brunswick, NJ: Rutgers University Press.

Goleman, D. (1998). *Working with emotional intelligence.* New York: Bantam Books.

Gudykunst, W. B., & Kim, Y. Y. (2003). *Communicating with strangers: An approach to intercultural communication* (4th ed.). Boston: Allyn & Bacon.

Hall, B. J. (2002). *Among cultures: The challenge of communication.* Belmont, CA: Wadsworth.

Hall, E. T. (1959). *The silent language.* Greenwich, CT: Fawcett.

Hall, E. T. (1969). *The hidden dimension.* Garden City, NY: Doubleday.

Hattie, J. (1992). *Self-concept.* Hillsdale, NJ: Erlbaum.

Haviland, W. A. (1993). *Cultural anthropology.* Fort Worth, TX: Harcourt, Brace, Jovanovich.

Hayes, J. (2002). *Interpersonal skills at work* (2nd ed.). New York: Routledge.

Henman, L. D. (2003). Groups as systems: A functional perspective. In R. Y. Hirokawa, R. S. Cathcart, L. A. Samovar, & L. D. Henman (Eds.), *Small group communication theory and practice: An anthology* (8th ed., pp. 3-7). Los Angeles: Roxbury.

Hirokawa, R. Y. (1987). Why informed groups make faulty decisions. *Small Group Behavior, 18,* 3-29.

Hirokawa, R. Y. (1988). Group communication and decision-making performance: A continued test of the functional perspective. *Human Communication Research, 14,* 487-515.

Hofstede, G. (1997). *Cultures and organizations: Software of the mind.* New York: McGraw Hill.

Hofstede, G. (1980). *Culture's consequences.* Beverly Hills, CA: Sage.

Hofstede, G. (Ed.) (1998). *Masculinity and femininity: The taboo dimension of national cultures.* Thousand Oaks, CA: Sage.

Hofstede, G. (2000). The cultural relativity of the quality of life concept. In G. R. Weaver (Ed.), *Cultural communication and conflict: Readings in intercultural relations.* Boston: Allyn & Bacon.

Holtgraves, T. (2002). *Language as social action: Social psychology and language use.* Mahwah, NJ: Erlbaum.

Hotz, R. L. (April 15, 1995). Official racial definitions have shifted sharply and often. *Los Angeles Times,* p. A14.

Ice Man, http://www.digonsite.com/drdig/mummy/22.html.

Jackson, R. L. II (Ed.) (2004). *African American communication and identities.* Thousand Oaks, CA: Sage.

Jandt, F. E. (2001). Intercultural communication: An introduction (3rd ed.). Thousand Oaks, CA: Sage.

Janis, I. L. (1982). *Groupthink: Psychological studies of policy decisions and fiascoes.* Boston: Houghton Mifflin.

Johnson, D., & Johnson, F. (2003). *Joining together: Group theory and group skills* (8th ed.). Boston: Allyn & Bacon.

Jones, M. (2002). *Social psychology of prejudice.* Upper Saddle River, NJ: Prentice-Hall.

Jones, R., Oyung, R., & Pace, L. (2005). *Working virtually: Challenges of virtual teams.* Hershey, PA: IRM Press.

Jussim, L. J., McCauley, C. R., & Lee, Y.-T. (1995). Why study stereotype accuracy and inaccuracy? In Y.-T. Lee, L. J. Jussim, & C. R. McCauley (Eds.), *Stereotype accuracy: Toward appreciating group differences* (pp. 3-28). Washington, DC: American Psychological Association.

Kaplan, R. M. (2002). *How to say it in your job search: Choice words, phrases, sentences and paragraphs for résumés, cover letters and interviews.* Patamus, NJ: Prentice-Hall.

Kapoun, J. (2000, January 25). *Teaching undergraduates Web evaluation: A guide for library instruction* [Online]. Available: http://www.ala.org/acrl/undwebev.htm [Accessed October 17, 2001].

Katz, J. E., & Aspden, P. (2004). Social and public policy Internet research: Goals and achievements. www.communitytechnology.org/aspden.

Kelly, L., Phillips, G. M., & Keaen, J. A. (1995). *Teaching people to speak well: Training and remediation of communication reticence.* Cresskill, NJ: Hampton.

Keyton, J. (1993). Group termination: Completing the study of group development. *Small Group Research, 24,* 84-100.

Klyukanov, I. E. (2005). *Principles of intercultural communication.* New York: Pearson.

Knapp, M. L., & Hall, J. A. (2006). *Nonverbal communication in human interaction* (5th ed.). Belmont, CA: Thomson Wadsworth.

Knapp, M. L. & Vangelisti, A. L. (2000). *Interpersonal communication and human relationships* (4th ed.). Boston: Allyn & Bacon.

Koncz, A. (2006). Employers cite communication skills as key, but say many job seekers lack them. *Job Outlook 2006.* Bethlehem, PA: National Association of Colleges and Employers.

Krotz, J. (2006). 6 tips for taking control in media interviews. www.microsoft.com /smallbuiness/resources/management/ leadership_training_6 tips.

Leary, M. R. (2002). When selves collide: The nature of the self and the dynamics of interpersonal relationships. In A. Tesser, D. A. Stapel, & J. V. Wood (Eds.), *Self and motivation: Emerging psychological perspectives* (pp. 119-145). Washington, DC: American Psychological Association.

Listening Factoid. (2003). [Online]. International Listening Association. Available: http://www.listen.org/pages/ factoids.html.

Littlejohn, S. W., & Foss, K. A. (2005). *Theories of human communication.* Belmont, CA: Thomson Wadsworth.

Luckmann, J. (1999). *Transcultural communication in nursing.* New York: Delmar Publishers.

Luft, J. (1970). *Group processes: An introduction to group dynamics.* Palo Alto, CA: Mayfield.

Lulofs, R. S., & Cahn, D. D. (2000). *Conflict: From theory to action* (2nd ed.). Boston: Allyn & Bacon.

Malmkjaer, K. (2004). *The Linguistic Encyclopedia* (2nd ed.). New York: Routledge.

Martin, J. N., & Nakayama, T. K. (2000). *Intercultural communication in contexts* (2nd ed.). Mountain View, CA: Mayfield.

Martin, M. M., Anderson, C. M., & Horvath, C. L. (1996). Feelings about verbal aggression: Justifications for sending and hurt from receiving verbally aggressive messages. *Communication Research Reports, 13*(1), 19-26.

Maslow, A. H. (1954). *Motivation and personality.* New York: Harper & Row.

Masters, M. F., & Albright, R. R. (2002). *The complete guide to conflict resolution in the workplace.* New York: Amacom.

Mehrabian, A. (1972). *Nonverbal communication.* Chicago: Aldine.

Menzel, K. E., & Carrell, L. J. (1994). The relationship between preparation and performance in public speaking. *Communication Education, 43,* 17-26.

Michener, H. A., & DeLamater, J. D. (1999). *Social psychology* (4th ed.). Orlando, FL: Harcourt Brace.

Midura, D. W., & Glover, D. R. (2005). *Essentials of teambuilding.* Champaign, IL: Human Kinetics.

Motley, M. (1997). COM Therapy. In J. A. Daly, J. C. McCroskey, J. Ayres, T. Hopf, & D. M. Ayres (Eds.), *Avoiding communication: Shyness, reticence, and communication apprehension* (2nd ed., pp. 379-400). Cresskill, NJ: Hampton Press.

Mruk, C. (1999). *Self-esteem: Research, theory, and practice* (2nd ed.). New York: Springer.

Munger, D., Anderson, D., Benjamin, B., Busiel, C., & Pardes-Holt, B. (2000). *Researching online* (3rd ed.). New York: Longman.

Nabi, Robin L. (2002). Discrete emotions and persuasion. In J. P. Dillard and M. Pfau (Eds.), *The persuasion handbook: Developments in theory and practice* (pp. 291-299). Thousand Oaks, CA: Sage.

Neuleip, J. W. (2006). *Intercultural communication: A contextual approach* (3rd ed.). Thousand Oaks, CA: Sage.

Ogden, C. K., & Richards, I. A. (1923). *The meaning of meaning.* London: Kegan, Paul, Trench, Trubner.

Omdahl, B. L. (1995). *Cognitive appraisal, emotion, and empathy.* Mahwah, NJ: Erlbaum.

Patterson, B. R., Bettini, L., & Nussbaum, J. F. (1993). The meaning of friendship across the life-span: Two studies. *Communication Quarterly, 41,* 145.

Patton, B. R., & Downs, T. M. (2003). *Decision-making group interaction* (4th ed.). Boston: Allyn & Bacon.

Pearson, J. C., West, R. L., & Turner, L. H. (1995). *Gender & communication* (3rd ed.). Dubuque, IA: Brown & Benchmark.

Petri, H. L. (1996). *Motivation: Theory, research, and applications* (4th ed.). Belmont, CA: Wadsworth.

Petronio, S. (2002). *Boundaries of privacy: Dialectics of disclosure.* Albany: State University of New York Press.

Phillips, G. (1977). Rhetoritherapy versus the medical model: Dealing with reticence. *Communication Education, 26*, 34-43.

Rabby, M., & Walther, J. B. (2003). Computer mediated communication effects in relationship formation and maintenance. In D. J. Canary & M. Dainton (Eds.), *Maintaining relationships through communication* (pp. 141-162). Mahwah, NJ: Erlbaum.

Rayner, S. G. (2001). Aspects of the self as learner: Perception, concept, and esteem. In R. J. Riding & S. G. Rayner (Eds.), *Self perception: International perspectives on individual differences,* vol. 2. Westport, CN: Ablex.

Renz, M. A., & Greg, J. B. (2000). *Effective small group communication in theory and practice.* Boston: Allyn & Bacon.

Rhode, D. L. (Ed.) (2003). *The difference "difference" makes: Women and leadership.* Stanford, CA: Stanford Law and Politics.

Richmond, V. P., & McCroskey, J. C. (1995). *Communication: Apprehension, avoidance, and effectiveness* (4th ed.). Scottsdale, AZ: Gorsuch Scarisbrick.

Rockwell, Llewellyn B. (2006, March 1). Iraq and the democratic empire. *Vital Speeches of the Day*, 302.

Rosenfeld, L. B. (2000). Overview of the ways privacy, secrecy, and disclosure are balanced in today's society. In S. Petronio (Ed.), *Balancing the secrets of private disclosures* (pp. 3-18). Mahwah, NJ: Erlbaum.

Rusbult, C. E., Olsen, N., Davis, J. L., & Hannon, P. A. (2004). Commitment and relationship maintenance mechanisms. In H. T. Reis & C. E. Rusbult (Eds.), *Key readings on close relationships* (pp. 287-304). Washington, DC: Taylor & Francis.

Samovar, L. A., & Porter, R. E. (2001). *Communication between cultures* (4th ed.). Belmont, CA: Wadsworth.

Samovar, L. A., Porter, R. E., & McDaniel, E. R. (2007). *Communication between cultures* (6th ed.). Belmont, CA: Thomson Wadsworth.

Samter, W. (2003). Friendship interaction skills across the lifespan. In J. O. Greene & B. R. Burleson (Eds.), *Handbook of communication and social interaction skills* (pp. 637-684). Mahwah, NJ: Erlbaum.

Scott, P. (1997, January-February). Mind of a champion. *Natural Health, 27*, 99.

Shaw, M. E. (1981). *Group dynamics: The psychology of small group behavior* (3rd ed.). New York: McGraw-Hill.

Shimanoff, M. (1992). Group interaction and communication rules. In R. Cathcart & L. Samovar (Eds.), *Small group communication: A reader.* Dubuque, IA: Wm. Brown.

Spitzberg, B. H. (2000). A model of intercultural communication competence. In L. A. Samovar & R. E. Porter (Eds.), *Intercultural communication: A reader* (9th ed., pp. 375-387). Belmont, CA: Wadsworth.

Stewart, C. J., & Cash, W. B. (2000). *Interviewing: Principles and practices* (9th ed.). Dubuque, IA: William C. Brown.

Stewart, L. P., Cooper, P. J., Stewart, A. D., & Friedley, S. A. (1998). *Communication and gender* (3rd ed.). Boston: Allyn & Bacon.

Stiff, J. B., Dillard, J. P., Somera, L., Kim, H., & Sleight, C. (1988). Empathy, communication and prosocial behavior. *Communication Monographs, 55,* 198-213.

Sundstrom, E., DeMeuse, K. P., & Futrell, D. (1990, February). Work teams: Applications and effectiveness. *American Psychologist,* 120-133.

Tannen, D. (1990). *You just don't understand.* New York: HarperCollins.

Taylor, D. A., & Altman, I. (1987). Communication in interpersonal relationships: Social penetration theory. In M. E. Roloff & G. R. Miller (Eds.), *Interpersonal processes: New directions in communication research* (pp. 257-277). Beverly Hills, CA: Sage.

Temple, L. E., & Loewen, K. R. (1993). Perceptions of power: First impressions of a woman wearing a jacket. *Perceptual and Motor Skills, 76,* 345.

Tengler, C. D., & Jablin, F. M. (1983). Effects of question type, orientation, and sequencing in the employment screening interview. *Communication Monographs, 50,* 261.

Terkel, S. N., & Duval, R. S. (Eds.) (1999). *Encyclopedia of ethics.* New York: Facts on File.

Thames, T. B. (2006, March 1). Window of opportunity: The AARP perspective on reforming America's health care system. *Vital Speeches of the Day,* 315.

Thurlow, C., Lengel, L., & Tomic, A. (2004). *Computer mediated communication: Social interaction and the Internet.* Thousand Oaks, CA: Sage.

Tillerson, R. W. (2006, May 6). Economic and environmental solutions in the global energy system. *Vital Speeches of the Day,* 441.

Ting-Toomey, S. (1999). *Communicating across cultures.* New York: Guilford Press.

Ting-Toomey, S., Yee-Jung, K., Shapiro, R., Garcia, W., Wright, T., & Oetzel, J. G. (2000). Cultural/ethnic identity salience and conflict styles. *International Journal of Intercultural Relations, 23,* 47-81.

Trujillo, S. D. (2002, April 15). The Hispanic destiny: Corporate responsibility. *Vital Speeches of the Day,* 406.

Tuckman, B. W. (1965). Developmental sequence in small groups. *Psychological Bulletin, 6393,* 384-399.

Valacich, J. S., George, J. F., Nonamaker, J. F., Jr., & Vogel, D. R. (1994). Idea generation in computer based groups: A new ending to an old story. *Small Group Research, 25,* 83-104.

Valian, V. (1998). *Why so slow? The advancement of women.* Cambridge, MA: MIT Press.

Vegan Society's Web site, http://www.vegansociety.com.

Walther, J. B. (1996). Computer-mediated communication: Impersonal, interpersonal and hyperpersonal interaction. *Western Journal of Communication, 57*, 381-398.

Walther, J. B., & Parks, M. R. (2002). Cues filtered out, cues filtered in: Computer-mediated communication and relationships. In M. C. Knapp & J. A. Daly (Eds.), *Handbook of interpersonal communication* (pp. 529-563). Thousand Oaks, CA: Sage.

Ward, C. C., & Tracy, T. J. G. (2004). Relation of shyness with aspects of online relationship involvement. *Journal of Social and Personal Relationships, 21,* 611-623.

Weaver, J. B. III, & Kirtley, M. B. (1995). Listening styles and empathy. *Southern Communication Journal, 60,* 131-140.

Weiten, W. (1998). *Psychology: Themes and variations* (4th ed.). Pacific Grove, CA: Brooks/Cole.

Wheelen, S. A., & Hochberger, J. M. (1996). Validation studies of the group development questionnaire. *Small Group Research, 27*(1), 143-170.

Widmer, W. N., & Williams, J. M. (1991). Predicting cohesion in a coacting sport. *Small Group Research, 22*, 548-570.

Wilson, G. L. (2005). *Groups in context: Leadership and participation in small groups* (7th ed.). New York: McGraw Hill.

Wolvin, A., & Coakley, C. G. (1996). *Listening* (5th ed.). Dubuque, IA: Brown & Benchmark.

Wood, J. T. (2007). *Gendered lives: Communication, gender, and culture* (7th ed.). Belmont, CA: Wadsworth.

Wood, J. T., & Inman, C. (1993). In a different mode: Recognizing male modes of closeness. *Journal of Applied Communication Research, 21,* 279-295.

Wright, J. W. (2002). *New York Times Almanac.* New York: New York Times.

Young, K. S., Wood, J. T., Phillips, G. M., & Pederson, J. D. (2000). *Group discussion: A practical guide to participation and leadership* (3rd ed.). Prospect Heights, IL: Waveland Press.

Zempke, R., Raines, C., & Filipczak (2000). *Generations at work.* New York: Amacom.

译后记

一部译著付梓之时，是译者托付一种情绪、标明一个人生轨迹坐标的时候。从2009年初夏开始，我仍然像翻译《传播!》(Communicate! 第11版）一样，利用每天早晨上班前的时间翻译本书。我能够翻译同一作者不同版次的作品不仅是我的荣幸，也是我伴随着原著的发展变化、加深对作品理解的过程，同时也是改正在前一个版次中译文出现的错误的机会。

翻译本书依旧给译者造成不小的压力。这个压力主要源于本书所涉猎的诸多学科内容给自己的知识结构所带来的挑战。因此，翻译本书的过程既是我学习、理解和思考的过程，又是对自己意志考验的过程。现在回想起来，如果说我翻译这两本书的过程有什么不同的话，那么，除了作品内容本身发生变化外，也许最大的不同就是我自己的翻译心境了。在我耳畔唱响、咏诵的清晨的悠扬乐章，不再是法国作曲家约瑟夫—莫里斯·拉威尔（Joseph-Maurice Ravel，1875—1937）的《达菲尼和克罗埃》(Daphnis et Chloé) 第二组曲第一乐章《日出》(Lever du jour) 中，长笛、小提琴及牧笛描述的迷蒙、和缓的情景，而是挪威作曲家爱德华·哈格吕普·格里格（Edvard Hagerup Grieg，1843—1907）的《培尔·金特》(Peer Gynt) 第一组曲第一乐章《晨绪》(Morning Mood) 中，长笛在单簧管与双簧管和声背景下表现的幽深、宁静的情景，以及俄罗斯作曲家莫杰斯特·彼得罗维奇·穆索尔斯基（Modest Petrovich Mussorgsky，1839—1881）的交响诗《荒山之夜》(A Night on Bald Mountain) 中，牧笛诠释的清澈、爽朗的情景。

翻译本书的过程同样也是译者扛着自己的岁月，在心灵深处继续追寻秋末远山脚下那最后一片泛绿的牧场的过程。高山的身影和花儿的容貌在晨曦的镶嵌下，飘然洒落在我内心深处宽敞、明亮的高坡上，斑驳陆离，错落有致，层次分明。通往远山脚下的那条崎岖、晦暗的小路依然美丽诱人，明暗相间，曲曲折折，若隐若现。在小路旁狭小的天地里，五颜六色的花儿夹杂在草丛中随处生长着，它们在微风中摇曳，在细雨里绽放，在朝霞下微笑，那样身姿，那般容貌，那种执着，不正是在歌唱生命的顽强，咏叹命运的考验，喝彩生活的旋律吗？望着形态各异、婀娜多姿、争相斗艳的花儿，我企盼它们能够规避漠然的践踏，能够无视无奈的宿命，能够伴着晨风的吹拂，把果实播撒到远方广袤的牧场上，让它们在远山朦胧的身影里，在明亮清澈的露珠中，在清晨和煦的阳光下繁茂生长。我眷恋着那片牧场，那是花儿生活的天地。

一部译著付梓之时，也是译者抒发对作品感受的时候。与《传播!》一书相比，本书秉承教师的视野和思考，学者的严谨和智慧，作家的敏感和笔触，按照传播基础、人际传播、群体传播和演讲4个部分，全面而系统地讲述了传播学的概念、理论和技能，继续在突出传播技能的实用性、操作性的基础上，涉猎了传播学及心理学、管理学、语言学、组织文化理论等诸多内容。本书针对的读者是传播学专业的学生，传播学研究渐趋深入，而且现代化技术不断发展，因此本书在章节数量、内容结构和写作程度上已经出现了多处变化和诸多改动，主题进一步清晰，逻辑结构也更加紧凑。

首先，本书在章节数量上出现了变化。本书删掉了《传播!》第5章“把握有效的谈话”，增加了第5章“跨文化传播”，将《传播!》第12章“确定你的讲话目标”和第13章“进行研究”合并为第12章“发展话题和进行研究”，因此，本书在章节数量上要比《传播!》少一章。

其次，本书在结构上出现了诸多变化。本书删掉了《传播!》中的“不同声音”、“聚焦学者”、“你会怎么做?”、每章结尾部分出现的“总结”（除第11章“群体中的成员角色和领导力”外）以及为每个部分设计的“复习测验”等内容，在部分章节中增加了“事实一点通”、“总体印象”，在本书结尾部分附有各章的总结、关键词及小测验，其中，小测验采取客观性测验的形式，有判断题、单项选择题两种题型，这些内容可以帮助读者（学生）掌握在各章中学到的知识。

第三，本书在内容上出现了许多变化。作者对大量的章节均进行了改写，对《传播!》一书进行了多处跨章节的整合，增加了许多新的内容、新的提法以及新的概念划分，从而使本书的4个部分的主题在逻辑上进一步清晰，针对性也更强。

在新增内容方面，第2章“自我知觉和他人知觉”增加了“自我的社会构建”、“自我监控”、“讯息知觉（语境原则、分享的语言、编码和解码讯息的技能）”等内容。

第3章“语言传播”将《传播!》第3章“语言传播”和第16章“练习你的语言表达”进行了整合，增加了“萨丕尔—沃尔夫假说”、“文化和性别对语言使用的影响”、“女性语言风格”、“男性语言风格”、“发展语言的生动性和侧重点”、“有节制地使用行话”、“使用俚语要符合情境的要求”、“表明语言的敏感性”等内容。

在第4章“通过非语言行为进行传播”中，作者就该主题进行了全面的改写，对概念、定义进行重新划分，依次阐述了“非语言行为的特征”、“非语言传播的来源”、“自我表现暗示”、“非语言传播的文化和性别变化”、“提高非语言传播的指导方针”以及“发送非语言讯息”等内容。

第5章“跨文化传播”是新增加的一章。作者在介绍一些基本的文化概念的基础上，找出了将文化区分开的重要的价值观和规范，进而，作者讨论了由于文化差异造成的障碍，并提出了提高跨文化能力的策略。本章依据的主要理论是格特·霍夫斯泰德提出的组织文化理论。

在第6章“关系传播”中，作者描述了3种关系类型，提供了熟人、友谊和亲密关系的指导方针。另外，作者还对关系的披露和反馈进行了剖析，并解释了典型关系经历的阶段。与《传播!》第8章“关系传播”相比，第6章“关系传播”删掉“电子媒介关系”一节，将“关系冲突”一节移至本书第8章“在关系中发展亲密性：自我披露、反馈及冲突解决方案”中，另辟“管理关系冲突”一节。第8章“在关系中发展亲密性：自我披露、反馈及冲突解决方案”是由《传播!》的第7章“分享个人信息：自我披露与反馈”和第8章“关系传播”中的“关系冲突”一节发展而来，其中增加了“管理关系冲突”一节。

在第10章“参与群体传播”中，作者增加了“协同作用”一节，加入了“面对面会议”和“虚拟会议”的划分。

在第11章“群体中的成员角色和领导力”中，作者对“成员角色”进行了重新划分，讨论了关于领导力的不同观点，并对“性别和领导力”、“会议之前的领导力职责”以及“会议期间的领导力职责”进行改写和补充。但译者认为，本章包括“总结”部分似有不妥，这是因为这个“总结”部分的出现，既造成了本书在章节体例上的不统一，另外，在“总结”部分，所提到的“构建”（frame）概念在本书中也未曾涉及，这个概念是由辛辛那提大学传播学教授盖尔·T·费尔赫斯特（Gail T. Fairhurst）女士提出的，是指领导者管理群体意义的方式。

在第13章“组织讲话”的“行动步骤3：组织和发展讲话素材，以满足特定受众的需求”中，突出了“发展讲话的主体”的环节。在第14章“语言适应和视觉适应”中，作者不仅增加了“信息理解”一节内容，将针对受众讲话的方法加以整合，也增加了“选择在文化上敏感的素材”，这一部分与“克服语言问题”一起被用作阐述适应受众在语言和文化上存在的差异。

在第15章“通过练习讲话方式来克服讲话焦虑”中，作者增加了“讲话方式的要素”内容，对影响讲话方式的身体因素进行了详细的解说，明确了谈话方式的5个特征，其中，“嗓音”表现力是新增加的特征。其次，作者补充了保持目光接触的3个原因。此外，作者还增加了“讲话方式的类型”。

在第16章“解说性演讲”中，作者明确了解说的3个显著特征，并就描述、定义、比较和对比、叙述和演示等5种解说方法进行了讨论，这与《传播!》中有关定义、演示（过程解释）和说明等3种解说的方法已经迥然有别了。另外，作者还对过程性演讲和说明性演讲两种最常见的解说性演讲类型进行了讨论，这两种最常见的解说性演讲类型的差异在于，过程性演讲是一种演示怎么做或如何做某事，抑或事情是如何运作的解说性演讲，而说明性演讲则是一种提供经过仔细研究，获得有关一个复杂性话题的深入信息的演讲。

在第17章“劝说性演讲”中，作者在《传播!》第18章“劝说性演讲”相关内容的基础上，将“通过情感诉求提高受众参与”作为单独一节进行阐述，增加了许多新的内容；在“劝说性演讲的组织模式”中，作者提出了一种新的组织模式——“标准满足模式”。

最后，本书在写作上也出现了很大变化。本书除在章节数量、内容结构上发生变化外，作者在文字上也进行了必要的修改，从而使得文字进一步精练、流畅，易于读者阅读。

一部译著付梓之时，还是译者要向帮助过自己的人们表达谢意的时候。在完成这部译作之际，我要向策划编辑司马兰女士、翟江虹女士，责任编辑竹琳女士和终审骆骁女士表达诚挚的谢意，感谢她们给予我的鼓励与帮助，也感谢她们为本书所付出的辛苦！另外，我要向中国人民大学出版社对本书出版的支持表示感谢！

需要指出的是，为弥补人名、地名、报刊名、作品名、机构名等在翻译时可能出现的缺陷，也为体例的统一，译者在其第一次出现后附有原文（英文或其他语种）。为便于读者理解，译者在本书各种专业术语、专有名词后也附带原文，并对一些内容加有脚注。

由于译者知识和水平有限，加之翻译时间较短，译作难免会出现这样或那样的错误，恳请读者批评指正。

周黎明

2009年初冬初稿于北京

2012年初夏终稿于北京

COMM，2008 Edition
Rudolph F. Verderber，Kathleen S. Verderber，Deanna D. Sellnow.

Cengage Learning Asia Pte. Ltd.
5 Shenton Way，# 01-01 UIC Building，Singapore 068808

北京市版权局著作权合同登记号 图字：01-2010-3393

图书在版编目（CIP）数据

传播学/（美）韦尔德伯尔等著；周黎明译．—北京：中国人民大学出版社，2013.1
（新闻与传播学译丛·国外经典教材系列）
ISBN 978-7-300-16700-8

Ⅰ.①传…　Ⅱ.①韦…②周…　Ⅲ.①传播学-教材　Ⅳ.①G206

中国版本图书馆 CIP 数据核字（2012）第 280419 号

新闻与传播学译丛·国外经典教材系列
传播学
鲁道夫·F·韦尔德伯尔（Rudolph F. Verderber）
[美] 凯瑟琳·S·韦尔德伯尔（Kathleen S. Verderber）著
迪安娜·D·塞尔诺（Deanna D. Sellnow）
周黎明　译
Chuanboxue

出版发行	中国人民大学出版社		
社　址	北京中关村大街 31 号	**邮政编码**	100080
电　话	010－62511242（总编室）		010－62511398（质管部）
	010－82501766（邮购部）		010－62514148（门市部）
	010－62515195（发行公司）		010－62515275（盗版举报）
网　址	http：//www.crup.com.cn		
	http：//www.ttrnet.com（人大教研网）		
经　销	新华书店		
印　刷	三河市汇鑫印务有限公司		
规　格	215 mm×275 mm　16 开本	**版　次**	2013 年 1 月第 1 版
印　张	22 插页 2	**印　次**	2013 年 1 月第 1 次印刷
字　数	536 000	**定　价**	49.80 元

CENGAGE Learning™

Supplements Request Form（教辅材料申请表）

Lecturer's Details（教师信息）			
Name： （姓名）		Title： （职务）	
Department： （系科）		School/University： （学院/大学）	
Official E-mail： （学校邮箱）		Lecturer's Address / Post Code： （教师通讯地址/邮编）	
Tel： （电话）			
Mobile： （手机）			

Adoption Details（教材信息）　原版□　翻译版□　影印版 □			
Title：（英文书名） Edition：（版次） Author：（作者）			
Local Publisher： （中国出版社）			
Enrolment： （学生人数）		Semester： （学期起止时间）	
Contact Person & Phone/E-Mail/Subject： （系科/学院教学负责人电话/邮件/研究方向） （我公司要求在此处标明系科/学院教学负责人电话/传真及电话和传真号码并在此加盖公章。） 教材购买由　我□　我作为委员会的一部分□　其他人□［姓名：　　　］决定。			

Please fax or post the complete form to（请将此表格传真至）：

CENGAGE LEARNING BEIJING
ATTN：Higher Education Division
TEL：(86) 10-82862096/ 95 / 97
FAX：(86) 10 82862089
ADD：北京市海淀区科学院南路2号
融科资讯中心C座南楼12层1201室　100080

Note：Thomson Learning has changed its name to CENGAGE Learning

VERIFICATION FORM/CENGAGE LEARNING

出教材学术精品　育人文社科英才

中国人民大学出版社读者信息反馈表

尊敬的读者：

感谢您购买和使用中国人民大学出版社的________________一书，我们希望通过这张小小的反馈卡来获得您更多的建议和意见，以改进我们的工作，加强我们双方的沟通和联系。我们期待着能为更多的读者提供更多的好书。

请您填妥下表后，寄回或传真回复我们，对您的支持我们不胜感激！

1. 您是从何种途径得知本书的：

 ❑ 书店　❑ 网上　❑ 报刊　❑ 朋友推荐

2. 您为什么决定购买本书：

 ❑ 工作需要　❑ 学习参考　❑ 对本书主题感兴趣

 ❑ 随便翻翻

3. 您对本书内容的评价是：

 ❑ 很好　❑ 好　❑ 一般　❑ 差　❑ 很差

4. 您在阅读本书的过程中有没有发现明显的专业及编校错误，如果有，它们是：________________

 ____

 ____

 ____

5. 您对哪些专业的图书信息比较感兴趣：________________________________

 ____

 ____

6. 如果方便，请提供您的个人信息，以便于我们和您联系（您的个人资料我们将严格保密）：

 您供职的单位：________________________________

 您教授的课程（教师填写）：________________________

 您的通信地址：________________________________

 您的电子邮箱：________________________________

请联系我们：

电话：62515637

传真：62510454

E-mail：gonghx@crup.com.cn

通讯地址：北京市海淀区中关村大街31号　100080

中国人民大学出版社人文出版分社